2022 개정 교육과정 교실에서 바로 통하는 프로젝트 수업

AI와 만난 지속가능발전교육

박길자 · 정보배 · 심은희 · 김재우
송혜진 · 박해원 · 장영주 · 최상희

교육과학사

머리말

"선생님, 인공지능(AI)을 수업에 어떻게 활용할 수 있어요?"
"2022 개정 교육과정에서 지속가능발전교육은 왜 중요한가요?"
"AI를 활용해 지속가능발전교육을 어떻게 실시할 수 있나요?"

학교 현장에서 지속가능발전교육을 실행할 때 교사와 학생들로부터 종종 위와 같은 질문을 듣습니다. 이 책에서 주목하는 AI 활용 지속가능발전교육 프로젝트 수업은 다음의 세 가지 측면에서 출발합니다. 우선, 최근의 사회 변화를 주도하고 있는 AI의 교육적 활용에 대한 방안입니다. 그리고 인류가 직면한 문제인 기후 위기, 감염병의 확산, 경제적 불평등 등의 문제를 해결할 수 있는 지속가능발전교육의 가능성입니다. 또한, 지속가능발전목표의 실행 방안 탐구를 통해 비판적 사고, 창의력, 협력과 소통 능력, 통합적인 문제해결 역량을 키우는 교수법을 탐색하고자 합니다.

최근 사회적으로 가장 주목받는 키워드는 AI입니다. 생성형 AI 기술은 나날이 발전을 거듭하여 초연결 사회를 더욱 확장해 가고 있습니다. 사람들과 일상적인 대화를 나누고, 사람들이 원하는 이미지와 텍스트, 동영상을 즉각적으로 생성하는 AI는 사람의 감정과 상황을 읽고 분석하며, 사람의 요구에 맞춰 다양한 결과물을 만들어 냅니다. 인간의 상상력이 현실로 전환되는 놀라운 시대가 열린 것입니다. 이렇게 진화를 거듭하고 있는 AI를 교육에 효과적으로 활용할 수 있는 방안에 대한 고민은 학생들의 미래 핵심 역량 강화와 관련됩니다.

또한, 지속가능발전교육은 2022 개정 교육과정에서 가장 중요한 주제 중의 하나입니다. 인공지능 기술 발전에 따른 디지털 전환, 감염병 대유행 및 기후·생태환경 변화를 비롯한 지속가능발전교육의 문제가 개정 교육과정에 적극적으로 반영되어 있습니다. 지속가능발전교육은 미래 사회의 불확실성에 능동적으로 대응하며, 개방적·포용적 가치와 태도로 지속 가능한 발전에 적극적이고 책임감 있게 참여하여, 자신의 삶과 학습을 주도적으로 이끌어 갈 수 있는 핵심 역량을 키우는 데 중점을 두고 있습니다. 이러한 취지를 반영해 고등학교 사회탐구 영역에서는 〈기후변화와 지속 가능한 세계〉, 과학탐구 영역에서는 〈기후변화와 생태환경〉이라는 새로운 과목이 신설되었습니다. 또한, 국어, 영어, 수학, 사회, 과학, 미술, 정보, 진로 등 전 교과의 교육과정 내용에서 지속가능발전 문제를 중요한 주제로 다루도록 하고 있습니다.

이러한 AI 활용 지속가능발전교육 실행에 최적의 방법은 프로젝트 수업입니다. 우리 '프로젝트 수업 연구회'는 생성형 AI를 활용하여 지속가능발전교육을 실행하는 최적의 교수법으로 프로젝트 수업 방법을 선정했습니다. 프로젝트 수업을 통해 학생들은 '지속가능발전'을 키워드로 개인, 사회, 국제적인 차원에서 해결해야 할 문제를 분석하고, 문제해결 방안을 도출하며 실천 방안을 탐색할 수 있습니다. 예를 들어, 생성형 AI를 활용해 기후변화 관련 데이터를 분석하고, 이를 바탕으로 해결 방안을 제시하는 프로젝트 수업을 실시한다면 학생들의 실천적인 문제해결 역량을 키울 수 있습니다. 또한, 문제를 해결해 가는 과정에서 협력과 소통 역량도 함께 기를 수 있습니다. 최종적으로 프로젝트 수업을 통해 학생들은 단순히 지식만 배우는 것을 넘어, 지속가능한 삶의 가치를 지향해 가는 주체적인 시민으로 성장할 수 있습니다.

이 책은 교사들이 교실 수업에서 생성형 AI를 활용해서 지속가능발전교육 프로젝트 수업을 바로 실행하는 데 길잡이 역할을 하고자 합니다. 따라서 크게 세 개의 주제로 구성되어 있습니다.

첫 번째는 '지속가능발전교육이 무엇이며, 2022 개정 교육과정에는 어떻게 반영되어 있는가?', '유네스코가 제시한 지속가능발전교육을 실행하기 위한 교육과정은 어떻게 구성할 것인가?'에 대해서 고찰했습니다.

두 번째는 'AI를 활용해서 프로젝트 수업을 어떻게 실행할 것인가?', '프로젝트 수업으로 지속가능발전교육을 어떻게 진행할 것인가?', '프로젝트 수업의 절차,

설계, 실행, 평가 방안은 무엇인가?'에 대해서 살펴보았습니다.

세 번째는 2022 개정 교육과정을 염두에 두고 국어, 영어, 수학, 사회, 과학, 진로, 미술에서 직접 실천한 수업 사례를 정리하였습니다. 수업 실천 사례는 지속가능발전의 세 영역인 사회영역, 경제영역, 환경영역, 그리고 이들 영역 간 융합을 중심으로 주제를 선정하여, 지속가능발전목표 실현을 위한 지속적인 경제성장과 환경보존이 균형을 이루는 공정하고 정의로운 사회발전 방안을 제시하고자 했습니다.

이 책은 지속가능발전교육 및 생성형 AI에 관심 있는 초·중·고 교사, 프로젝트 수업을 시도하려는 교사, 교수, 교육대·사범대생, 사회운동가, 인류의 지속가능한 발전을 바라는 독자들에게 유용한 아이디어를 제공할 것입니다. 우리 모두가 지속 가능한 사회발전으로 나아가는 길에 '바로 지금!' 그리고 '함께하는 시민'이 되길 기대해 봅니다.

2025년 4월 집필진 일동

목차

왜 '지속가능발전교육'인가

이 장에서는 지속발전교육이란 무엇인지 살펴보고, 그 발전 과정과 함께 2022 개정 교육과정에서 지속가능발전교육을 실현하기 위한 실행 방향에 대해서 고찰하고자 한다.

1. 지속가능발전이란 무엇인가

지속가능발전교육을 이해하려면 지속가능발전(Sustainable Development)의 개념을 먼저 이해해야 한다. 지속가능발전은 환경문제로 시작해서 경제성장과 사회발전을 포괄하는 통합적인 접근 방식으로 발전해 왔으며, 현세대와 미래세대 모두를 위한 균형 잡힌 발전을 추구하는 패러다임으로 자리 잡았다. 이에 따라 그 과정을 간략히 살펴볼 필요가 있다.

환경보호의 필요성이 대두된 1960~70년대는 환경파괴와 자원 고갈 문제가 심화되면서 지속가능성 논의가 시작된 시기다. 1972년 로마 클럽의 '성장의 한계' 보고서는 인구 증가와 환경파괴가 지속될 경우 100년 내에 자원 고갈과 환경 악화로 인류의 성장이 한계에 이를 것이라고 예측했다. 같은 해 열린 UN 인간 환경회의는 환경과 개발 문제를 국제적으로 논의하기 시작한 첫 사례로, 이를 통해 지구환경에 대한 위기의식과 국제적인 대응이 본격화되었다.

1987년 브룬트란트 보고서 《우리 공동의 미래》 에서 지속가능발전은 "미래 세대의 필요를 해치지 않으면서 현재 세대의 필요를 충족시키는 발전"으로 정의되었다. 이 보고서는 경제성장이 단순한 물질적 부의 증대가 아니라, 미래 세대를 위해 자원을 보존하며 이루어져야 한다고 강조했다. 이를 통해 지속가능발전은 환경보호와 경제성장을 통합하는 개념으로 발전하며, 국제적인 논의의 기틀을 마련했다.

1990년대부터 2000년대까지 지속가능발전에서 사회발전의 중요성이 점진적으로 강조되었다. 1992년 리우회의에서 '리우선언'과 '의제 21'은 빈곤 퇴치, 지역사회 개발, 교육, 여성 권한 강화 등 사회적 문제를 지속가능발전의 핵심 요소로 포함시켰다. 2000년 '유엔 새천년 정상회의'에서 채택된 '새천년개발목표(MDGs)'는 빈곤 문제해결과 사회발전을 위한 글로벌 협력을 강조했으며, 이는 2015년 채택된 지속가능발전목표(SDGs)로 발전했다. 지속가능발전목표 17개 목표 중 빈곤종식, 건강과 웰빙, 양질의 교육, 성평등 등 사회적 측면에 중점을 두게 되었다.

이상에서 살펴본 것처럼 지속가능발전의 개념은 환경보호의 필요성에서 시작해서 경제성장, 사회발전의 의미를 포괄하는 개념으로 확장되어 왔다. 지속가능발전 개념은 [그림 1-1]과 같이 환경보호, 경제성장, 사회발전을 포괄한다.

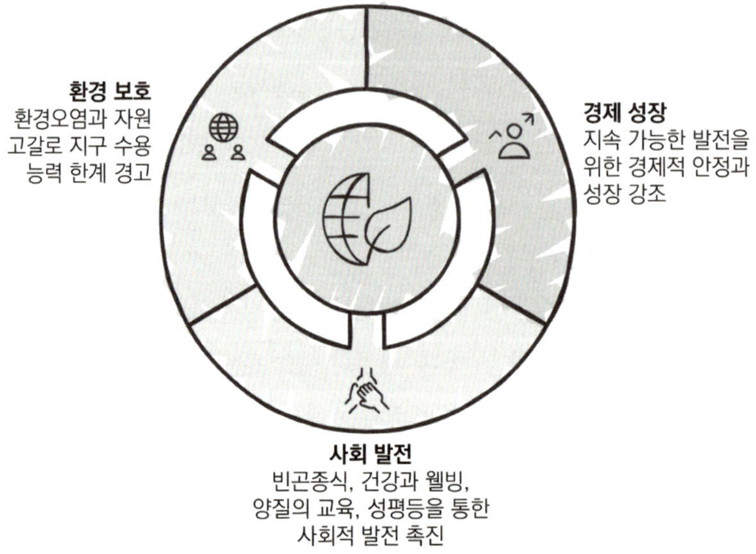

[그림 1-1] 지속가능발전 개념[1)]

1) 출처: 생성형 AI '냅킨(napkin.ai)'을 활용해 생성한 이미지이며, 원저작물 및 저작자를 찾을 수 없음. 필자가 재구성함.

지속가능발전 개념은 환경보호에서 시작해 경제성장과 사회발전을 포함하는 방향으로 발전했다. 1960~70년대에는 환경오염과 자원 고갈로 인해 지속 가능한 개발의 필요성이 대두되었고, 1980년대에는 미래세대를 위해 자원을 보존하며 현재 세대의 필요를 충족하는 경제성장이 강조되었다. 1990년대 이후에는 빈곤 종식, 건강, 교육, 성평등 등을 통해 사회발전이 중요한 요소로 통합되었다.

2. 지속가능발전교육은 어떻게 발전해 왔나

지속가능발전교육(Education for Sustainable Development: ESD)은 지속가능발전의 개념과 관련된 학습 과정을 통해 학습자들이 지속가능성을 이해하고 실천할 수 있는 역량과 실천 의지를 기르는 교육이다. 이는 환경, 사회, 경제문제를 비판적으로 분석하여, 창의적으로 해결하며 지속 가능한 행동을 실천하도록 돕는 교육으로, 개인에서 국제사회에 이르기까지 지속가능성 관련 쟁점을 이해하고 해결하는 것을 목표로 한다. 이러한 의미의 지속가능발전교육이 국제적으로 어떻게 발전되어 왔는지에 대해서 살펴보자.

지속가능발전교육의 개념적 틀 형성기(1992~2004년): 이 시기는 1992년 리우데자네이루 '유엔 환경개발회의(UNCED)'와 2002년 '지속가능발전세계정상회의(WSSD, 리우+10)' 같은 주요 국제회의가 개최되었다. 지속가능발전교육이 지속가능발전 실현을 위한 핵심 도구로 인식된 첫 선언은 1992년 '유엔환경개발회의'에서 채택된 '의제 21'에서이다. '의제 21'의 36장은 지속가능발전을 위한 교육의 중요성을 강조하며, 교육과정 재정향을 통해 지속가능성과 관련된 주제를 통합하고 대중의 인식과 행동을 촉진할 것을 명시했다. 2002년 '리우+10' 회의에서는 유엔 지속가능발전교육 10년(DESD)의 필요성을 제안하며, 교육의 중요성을 국제사회가 공식적으로 인정했다.

지속가능발전교육의 실천적 확산기(2005~2014년): 유네스코의 '유엔 지속가능발전교육 10년(2005~2014)'과 2014년 아이치-나고야 지속가능발전교육 세계회의가 중요한 역할을 했다. 이는 유엔 총회에서 공식 채택되어 지속가능발전교육 개념 확립과 실천적 확산을 목표로 설정되었으며, 교육과정 재정향, 지속가능발전 학습 모델 개발, 글로벌 네트워크 구축을 주요 내용으로 포함했다. 2014년 아이치-나고야 지속가능발전교육 세계회의에서는 '지속가능발전교육 10년'의 성과를 기반으로 한 '지속가능발전교육 글로벌 액션 프로그램(GAP)'이 구체적인 실행 방향을 제시하며, 정책, 교육기관, 지역사회 협력을 강화하고 지속가능발전교육의 글로벌 실행력을 확대하는 데 중점을 두었다. 이 시기는 지속가능발전교육의 실천 모델 개발과 국제적 협력을 통해 전 세계적으로 확산된 시기다.

지속가능발전교육의 통합적 발전기(2015~2030년): 2015년 유엔의 '2030 지속가능발전 의제'에서 지속가능발전목표 17개 항목 중 4.7에 지속가능발전교육이 공식 포함되었다. 2019년 유네스코 총회에서 '지속가능발전교육 2030(ESD for 2030, 2020~2030)'이 채택되고 유엔 총회에서 승인되었다. 'ESD for 2030'은 지속가능발전목표(Sustainable Development Goals, SDGs) 실현을 위해 교육의 중추적 역할을 강조하며, 보편적이고 변혁적이며 포용적인 지속가능발전목표를 지원한다. 이 프로그램은 교육 시스템에 지속가능발전교육을 깊이 통합하고 행동 중심 학습을 강화하여 학습자가 지속가능발전 목표 달성에 적극 참여하도록 격려한다. 이 시기는 지속가능발전교육과 지속가능발전목표의 연계를 강화하며 교육을 지속가능발전의 핵심 요소로 자리 잡게 한 시기이다. 특히, 교육을 통해 학습자들이 지속가능발전 목표 달성에 주체적으로 참여하고, 지속가능한 사회를 구축하는 데 기여하도록 했다.

이상의 내용을 종합해서 지속가능발전교육의 개념 형성 과정을 국제회의 및 문서를 중심으로 정리해 보면 다음과 같다.

〈표 1-1〉 **지속가능발전교육 개념 형성의 시대별 특징**

시대 구분	주요 특징	국제회의
개념 형성기	ESD의 개념적 기틀 마련, 교육의 중요성 강조	리우회의(1992), 리우+10(2002)
실천 확산기	ESD의 구체적 실행 모델 개발 및 전 세계적 확산	DESD(2005~2014), 아이치-나고야 회의(2014)
통합 발전기	SDGs와 연계, 교육 시스템 통합, 행동중심 학습 강조	SDGs(2015), ESD for 2030(2019)

지속가능발전교육은 개념 틀 형성기, 실천적 확산기, 통합적 발전기를 거쳐 학습자들이 기후변화, 환경문제, 빈곤, 불평등 등 지구 공동체의 과제를 해결할 지식과 역량을 갖추도록 돕는 교육으로 정의되었다. 이는 학습자가 환경적, 경제적, 사회적으로 지속 가능한 미래를 위해 책임 있는 행동을 할 수 있는 역량 강화에 중점을 둔다. 즉, 그 궁극적인 목표는 개인이 지역적 및 전 지구적 관점에서 현재와 미래의 사회적, 문화적, 경제적, 환경적 영향을 고려해 자신의 행동을 성찰할 수 있는 역량을 개발하는 데 있다(유네스코한국위원회, 2019).

3. 2022 개정 교육과정에서 지속가능발전교육 실행 방향

국내에서도 초기의 지속가능발전교육은 1980년~1990년대 환경보호와 관련된 기본적 지식과 태도 함양에 중점을 둔 환경교육에서 시작되었다. 2000년대 들어와서 지속가능발전교육의 필요성이 대두되면서 교육과정에 점차적으로 반영되기 시작했다. 2007 개정 교육과정에서 지속가능발전교육이 범교과 학습 주제로 도입되었고, 2009 개정 교육과정에서는 녹색성장 교육과 연계하여 실천적인 행동 중심 교육으로 발전되었다. 2015 개정 교육과정에서는 지속가능발전목표를 실현하기 위한 지속가능성을 주제로 다루는 교과의 비율이 증가하였으며, 문제해결 중심의 실천적 학습을 통한 행동의 변화가 강조되었다. 그러나 이들 교육과정은 환경영역에 치중된 내용구성, 사회·경제적 지속가능성 관련성 및 실천적 행위 중심의 역량 강화 방안의 미흡, 지속가능발전교육에 대한 교사의 인식 부족으로 제대로 된 지속가능발전교육의 실행에 한계가 있었다.

올해부터 전면적으로 실시되는 2022 개정 교육과정에서 지속가능발전교육은 어떻게 실행해야 할까? 그 실행 방향을 탐색하기 위해서 먼저 2022 개정 교육과정과 지속가능발전교육과의 연계성을 검토할 필요가 있다.

2022 개정 교육과정의 핵심은 '미래 변화에 대응하는 역량 및 기초 소양 함양 강화'에 중점을 두고, 그 내용은 '지속 가능한 사회를 위한 생태 전환교육 및 민주시민교육을 전 교과에 반영'하여, '미래세대 핵심 역량으로 디지털 기초 소양 강

화 및 정보교육 확대'를 강조한다.[2] 이러한 내용은 2022 개정 교육과정에 반영되어 '초・중등학교 교육과정 총론'에 명시하고 있다(교육부, 2022: 4~6[3]).

> 첫째, 인공지능 기술 발전에 따른 디지털 전환, 감염병 대유행 및 기후・생태환경 변화, 인구구조 변화 등에 의해 사회의 불확실성이 증가하고 있다.
>
> 둘째, 사회의 복잡성과 다양성이 확대되고 사회적 문제를 해결하기 위한 협력의 필요성이 증가함에 따라 상호 존중과 공동체 의식을 함양하는 것이 더욱 중요해지고 있다.

본 교육과정 개정의 중요한 배경은 '인공지능 기술 발전에 따른 디지털 환경 전환, 감염병 대 유행 및 기후・생태환경 변화, 인구구조 변화에 따른 불확실성이 증가'하는 사회에서, 복잡성과 다양성이 확대되고, 그로 인해 야기되는 사회적 문제를 해결하기 위한 협력과 공동체 의식 함양에 있다. 불확실성이 증가하는 사회에 대비하기 위해 "미래 사회가 요구하는 핵심 역량을 함양하여 포용성과 창의성을 갖춘 주도적인" 학생을 기르고자 한다. 이를 위해서 교육과정 구성의 중점을 "디지털 전환, 기후생태환경 변화 등에 따른 미래 사회의 불확실성에 능동적으로 대응할 수 있는 능력과 자신의 삶과 학습을 스스로 이끌어 가는 주도성을 함양"할 수 있는 핵심 역량을 키우는 데에 두고 있다.

이러한 교육과정 총론의 취지는 교과별 교육과정에 적극적으로 반영되어 고등학교 사회탐구 영역에서는 〈기후변화와 지속 가능한 세계〉, 과학탐구 영역에서는 〈기후변화와 생태환경〉이라는 새로운 과목이 신설되었다. 또한, 전 교과에 기후위기, 환경정의, 생태 윤리 등의 내용이 대폭 강화되었다. 사회과의 기후 위기와 환경정의, 경제정의, 과학과의 기후변화와 대응 방안, 도덕과의 생태 윤리 등이 반영되었다. 이러한 성격의 2022 개정 교육과정은 환경 중심 교육에서 벗어나 환경・사회・경제 영역의 균형적 발전을 위한 지속가능발전교육을 지향하고 있다.

2) 출처: 교육부(2022), 2022 개정 초・중등학교 및 특수교육 교육과정 확정・발표-배움의 즐거움을 일깨우는 미래교육으로의 전환, 보도자료, 2022.12.21.
3) 출처: 교육부(2022), 초・중등학교 교육과정 총론, 교육부 고시 제2022-33호 [별책 1].

이상과 같은 연계성을 가진 지속가능발전교육은 2022 개정 교육과정에서 다음과 같은 방향으로 실행되어야 한다.

첫째, 학생들이 지속 가능한 미래 사회를 위해서 교과에 반영된 기후위기, 환경정의, 생태윤리, 경제정의 등의 내용을 지속가능발전의 관점에서 통합적으로 이해하고, 환경·사회·경제 영역의 균형적 발전을 탐색할 기회를 통해 환경과 사회에 대한 책임감 있는 민주시민으로 성장할 수 있도록 해야 한다.

둘째, 미래 세대에게 요구되는 핵심 역량으로 디지털 전환 사회에 대비할 수 있는 디지털 기초 소양을 강화하고, 정보교육을 확대하여 디지털 시대에 적응할 수 있도록 지원해야 한다. 예를 들어, 인공지능 기술 AI를 활용하여 지속가능한 사회발전을 위한 문제해결 방안을 탐색할 수 있는 학습 경험을 제공한다.

셋째, 실천적인 행위 중심의 교육이 강화되어야 한다. 지속가능발전교육과 관련한 단순한 지식 중심의 학습을 넘어 개인·국가·세계적 차원에서 직면하는 실제적인 문제해결 방안을 탐구할 수 있는 학습 경험을 제공한다. 그 결과 실천적인 행위를 통해 사회문제 개선에 참여하는 시민으로 성장하도록 교육한다.

넷째, 학생들의 미래 핵심 역량을 강화하는 미래 시민교육이 진행되어야 한다. 이를 통해서 불확실성의 사회에서 복잡성과 다양성의 증가로 인해서 야기되는 사회문제 해결을 위한 창의적 문제해결 역량, 비판적 사고역량, 협업과 소통 역량, 상호 존중과 공동체 의식을 함양할 수 있도록 해야 한다.

다섯째, 지속가능발전교육에 대한 교사의 인식과 실천적 의지가 필요하다. 교과 내용을 지속가능발전의 관점에서 통합적으로 이해하고, 지속가능발전을 추구할 수 있는 프로젝트 학습을 도입하는 등의 교수·학습의 변화가 필요하다. 또한, 학생들의 문제해결 능력을 평가하는 등의 평가 방식의 전환도 필요하다.

이상과 같이 2022 개정 교육과정에서 지속가능발전교육은 학생들이 지속가능발전의 관점에서 교과 내용에 대한 통합적 이해, 디지털 기술 활용을 비롯한 미래 핵심 역량 강화, 실천적 행위 중심의 교육, 지속가능발전교육에 대한 교사의 인식과 실천적 의지를 강화하는 방향으로 진행되어야 한다. 그리하여 학생들이 지속 가능한 사회발전을 만들어가는 주체로서 공동체 의식을 갖춘 능동적인 시민으로 성장할 수 있는 역량을 강화하는 교육이 진행되어야 한다.

제2장

지속가능발전교육의 모든 것

이 장에서는 지속가능발전교육을 실행하기 위한 교육과정의 영역을 교육 목표, 교육 내용, 교육 방법, 교육 평가의 관점에서 살펴보고자 한다. 이를 기반으로 지속가능발전교육 실행을 위한 교육과정 체계를 구성해 보고, 지속가능발전교육을 위한 교사의 역할에 대해서 고찰해 보고자 한다.

1. 지속가능발전교육의 교육과정 영역

유네스코한국위원회(2017)에 따르면, 지속가능발전교육은 학생들에게 공정하고 지속 가능한 세계 발전을 위해 지역사회에서 적극적으로 수행해야 할 역할을 탐색하며, 환경, 사회, 경제의 균형적인 발전 방안을 찾는 방법을 가르치는 것이 중요하다. 또한, 지속가능발전교육은 학습자가 문화적 다양성을 존중하면서, 환경적 온전성, 경제적 생존력 및 현재 세대와 미래세대에 걸쳐 모든 성별의 사람들에게 권한을 부여하는 공정한 사회를 위해 **지식**, **기술**, **가치**, **태도**를 가지고 정보에 기반한 의사 결정과 책임 있는 행동을 할 수 있도록 돕는다(2021: 8)

유네스코한국위원회(2017)는 〈지속가능발전을 위한 세계시민 교사용 지침서〉에서 지속가능발전교육 실행 영역을 다음 네 영역으로 제시한다(유네스코한국위원회, 2017: 9). 이들 네 영역은 다음과 같이 표현할 수 있다.

[그림 2-1] **지속가능발전교육의 영역(유네스코한국위원회, 2017: 9)**[1)]

유네스코한국위원회(2017, 9)는 교육목표, 교육내용, 교육방법과 교육환경, 사회변화에 대해서 다음과 같이 설명하고 있다.

【교육목표】 학습 동기를 부여하고, 비판적, 체계적 사고, 협의에 따른 의사 결정, 현세대와 미래 세대에 대한 책임감과 같은 핵심 역량을 증진하는 것이다.

【교육내용】 기후변화, 생물다양성, 재난위험감소(DRR), 지속가능한 소비와 생산(SCP) 같은 핵심 현안을 교육과정에 포함시키는 것을 권장한다.

【교육방법과 교육환경】 탐구적이고 행동 지향적이며 변화를 추구하는 교육이 가능하도록 학생 중심의 쌍방향 교육을 기획하고, 학생들이 지속가능성을 위해 행동할 수 있도록 물리적 환경, 온라인 환경을 포함해 전반적인 교육환경을 제고하는 것을 권장한다.

【사회변화】 모든 이들이 어떤 교육환경에서든 자신과 사회를 변화시킬 수 있는 능력을 갖추도록 하는 것, 환경친화적인 사회로의 이행을 가능하게 하는 것, 지역에서나 세계에서나 세계적 도전과제를 직시하고 해결하기 위한 역할을 떠맡고, 궁극적으로는 더욱 공정하고, 평화롭고, 관용적이고, 포용적이고, 안전하고, 지속가능한 세계를 창조하는 데 적극 기여하는 '세계시민'이 될 수 있는 능력을 부여하는 것이다.

---

1) 출처: 생성형 AI '냅킨'을 활용해 생성한 이미지이며, 원저작물 및 저작자를 찾을 수 없음. 필자가 재구성함.

이들 내용을 기반으로 그동안 유네스코한국위원회에서 발간한 문서를 중심으로 지속가능발전교육의 교육목표, 교육내용, 교육방법에 대해서 살펴보자.

2. 지속가능발전교육의 목표

유네스코한국위원회(2019)에 따르면, 지속가능발전교육은 학습자가 현세대와 미래세대를 위해 환경적으로 온전하고, 경제적으로 생존가능하며, 정의로운 사회를 이루기 위한 올바른 결정과 책임 있는 행동을 할 수 있는 역량 강화에 있다. 따라서 개인이 지역적 및 지구적 관점에서 현재와 미래의 사회적, 문화적, 환경적 영향을 고려해 자신의 행동을 성찰할 수 있는 역량은 지속가능발전교육의 교육목표가 될 수 있다. 그 핵심 역량은 시스템 사고, 예측, 규범 파악과 이해, 전략, 협력, 비판적 사고, 자아 인식, 통합적 문제해결 역량이다. 이는 다음 〈표 2-1〉과 같다.

〈표 2-1〉 지속가능발전교육의 핵심 역량[2)]

핵심역량	내용
시스템 사고역량	관계를 인지하고 이해하는 능력, 복잡한 시스템을 분석하는 능력, 시스템들이 어떻게 다양한 영역 및 척도에 내재되어 있는지 생각하는 능력, 불확실성에 대처하는 능력
예측 역량	가능한 미래, 개연성 있는 미래, 바람직한 미래 등 다양한 미래를 이해하고 평가하는 능력, 미래에 대한 자신의 비전을 창조하는 능력, 예방 원칙을 적용하는 능력, 행동의 결과를 평가하는 능력, 위험과 변화에 대처하는 능력
규범적 역량	자신의 행동에 기초가 되는 규범과 가치를 이해하고 성찰하는 능력, 이해충돌과 절충, 불확실한 지식 및 모순의 맥락에서 지속가능성의 원칙, 목표 및 세부 목표를 조율하는 능력
전략적 역량	지역 수준 및 더 높은 수준에서 지속가능성을 증진시키는 혁신적인 행동을 집단적으로 개발하고 이행하는 능력

2) 출처: 유네스코한국위원회, 2019: 10쪽.

핵심역량	내용
협업역량	타인으로부터 배우는 능력, 타인의 필요, 관점 및 행동을 이해하고 존중하는 능력, 타인을 이해하고 관계를 맺으며 민감하게 반응하는 능력, 집단 내 갈등에 대처하는 능력, 협력적이고 참여적인 문제해결을 용이하게 하는 능력
비판적 사고 역량	규범, 관행 및 의견에 의문을 제기하는 능력, 자기 자신의 가치, 인식 및 행동을 성찰하는 능력, 지속가능성 담론에서 자신의 입장을 취하는 능력
자아 인식 역량	지역사회 및 글로벌 사회에서 자신의 역할을 성찰하는 능력, 자신의 행동을 지속적으로 평가하고 동기부여를 하는 능력, 자신의 감정과 욕구에 대처하는 능력
통합적 문제해결 역량	복잡한 지속가능성 문제에 다양한 문제 해결의 틀을 적용하고, 위에서 언급한 역량들을 통합해 지속가능발전을 촉진하여 실행가능하고, 포용적이며, 공평한 해결책을 개발할 수 있는 가장 중요한 능력

유네스코한국위원회(2019: 10)에 따르면, 역량은 다양하고 복잡한 맥락이나 상황에서 개인이 행동하고 자기 구조화하는 데 필요한 특정한 속성을 말한다. 역량은 인지적, 정서적, 의지적, 동기적 요소를 포함한다. 따라서 역량은 지식, 능력과 기술, 동기와 정서적 성향의 상호작용이다. 역량은 경험과 성찰을 바탕으로 실행하는 과정 중에 습득된다. 여기서 제시한 8대 역량 중에서 시스템적 사고역량, 예측역량, 규범적 역량, 전략적 역량이 특히 강조된다.

시스템적 사고역량을 통해 환경・경제・사회문화 영역 간 통합적 연계성, 인간과 환경 간 연계성을 파악하고 관련지어 사고한다. 예측 역량을 통해 가능한 미래, 개연성이 있는 미래 등 다양한 미래를 예측하고 평가하는 능력으로 미래지향적 발전을 추구한다. 규범적 역량을 통해 개인의 사회생활에서 기초가 되는 규범과 가치를 이해하고 성찰하여 지속가능성에 필요한 가치, 원칙을 조율할 수 있는 능력이 함양된다. 전략적 역량을 통해 지속가능한 발전 전략을 수립하고 실행할 수 있는 능력이 키워진다.

지속가능발전교육의 핵심 역량은 학습 목표를 통해서 추구되어야 한다. 학습 목표는 인지적 영역, 사회・정서적 영역, 행동적 영역으로 제시하고 있다. 인지적 영역은 지속가능발전목표와 그 달성에 따른 수행 과제를 이해하는 데 필요한 지식과 관련 인지 활동에 필요한 지식과 사고력을 포함한다. 사회・정서적 영역은 학습자가 스스로를 개발시킬 수 있는 자아 성찰 능력, 가치, 태도, 태도, 동기부여

뿐만 아니라, 지속가능발전목표 증진을 위해 협력, 협상, 소통을 할 수 있도록 사회적 기술을 포함한다. 행동적 영역은 행동 역량을 서술하고 있다. 이들 세 영역의 학습 목표는 다음과 같이 정리된다.

〈표 2-2〉 **지속가능발전교육 학습목표**[3)]

학습목표	내용
인지적 영역	SDGs와 그 달성에 따른 도전 과제를 이해하는 데 필요한 지식과 사고력
사회 · 정서적 영역	학습자가 스스로 개발할 수 있는 자아 성찰 능력, 가치, 태도, 동기부여 및 SDGs 증진을 위해 협력, 소통할 수 있는 사회적 기술
행동적 영역	행동 역량 서술

지속가능발전교육은 인지적, 사회 · 정서적, 행동적 영역의 총체적 접근을 통해서 혁신적 접근, 구조적 변화, 미래 기술 활용과 결부되어 지속가능발전목표의 핵심 가치를 실현하기 위한 변혁적 행동을 수반해야 한다.

3. 지속가능발전교육의 내용

지속가능발전교육 내용은 '유엔 지속가능발전교육 10년'과 'ESD for 2030'의 두 영역으로 나누어서 살펴볼 수 있다. 먼저, '유엔 지속가능발전교육 10년'에서는 지속가능발전교육을 위한 내용을 사회문화 영역, 환경 영역, 경제 영역으로 접근하고 있다(UNESCO, 2004). 우리나라의 대통령자문 지속가능발전위원회에서 선정한 내용도 그와 유사하다. 이들 내용은 〈표 2-3〉과 같다.

2019년에 채택된 'ESD for 2030'은 지속가능발전목표의 달성에 중점을 두고 있다. 지속가능발전교육이 유엔이 제시한 17개의 지속가능발전목표 달성에 기여함으로써 보다 정의롭고 지속가능한 세계를 만드는 것을 목적으로 한다(유네스코한국위원회, 2021: 14). 유네스코 한국위원회는 지속가능발전교육에 관한 홍보 영

3) 출처: 유네스코한국위원회, 2019: 11쪽; 김다원 외, 2022: 13쪽.

상을 통해서 지속가능발전목표를 'ESD for 2030'의 필수 요소로 강조하고 있다.

〈표 2-3〉 **지속가능발전교육의 내용**[4)]

연구주제	지속가능발전교육 내용		
	사회문화영역	환경영역	경제영역
UNESCO (2004)	• 인권 • 평화 • 양성평등 • 문화적 다양성 • 건강과 에이즈 • 거버넌스	• 자연자원(물, 에너지, 농업 등) • 기후변화 • 농촌개혁 • 지속가능한 도시화 • 재해 예방 및 완화	• 빈곤퇴치 • 기업의 책무 • 시장경제
대통령자문 지속가능발전위원회 (이선경 외, 2005)	• 인권 • 평화 • 양성평등 • 문화적 다양성 • 건강과 에이즈 • 거버넌스: 갈등해소, 통일, 사회혁신, 연대(파트너십), 매체소양	• 기후변화 • 농촌개혁 • 지속가능한 도시화 • 재해예방 및 완화: 자연자원(물, 에너지, 대기능), 생물종 다양성, 재해예방/축소, 교통, 주거환경	• 빈곤퇴치 • 기업의 책무 • 시장경제: 지속가능한 생산과 소비, 빈부격차의 완화

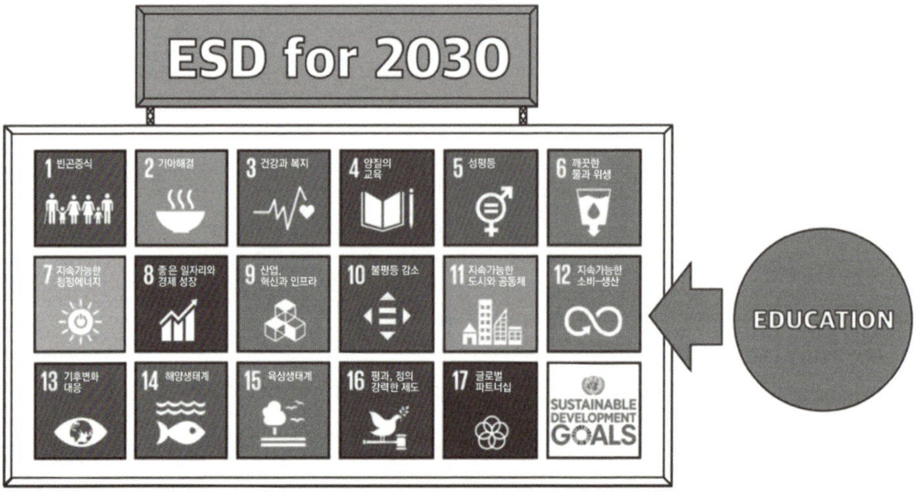

[그림 2-2] **'ESD for 2030'의 구현 핵심 내용 지속가능발전목표**[5)]

4) 출처: 김다원 외, 2022: 13쪽. 부분 발췌함.
5) 출처: 유네스코한국위원회. https://en.unesco.org/themes/educatio...

유네스코한국위원회(2019)가 제시한 지속가능발전목표의 17개 항목을 정리하면 다음과 같다.

〈표 2-4〉 지속가능발전목표의 17개 항목

연번	구분	내용
1	빈곤종식	모든 곳에서 모든 형태의 빈곤 종식
2	기아종식	기아 해결, 식량안보와 영양 상태 개선 달성, 지속 가능한 농업 증진
3	건강과 웰빙	모두를 위한 전 연령층의 건강한 삶 보장과 웰빙 증진
4	양질의 교육	모두를 위한 포용적이고 공평한 양질의 교육 보장 및 평생학습 기회 증진
5	성 평등	성평등 달성 및 모든 여성과 여아의 권한 강화
6	깨끗한 물과 위생	모두를 위한 물과 위생 시설의 이용 가능성 및 지속 가능한 관리 보장
7	적정 가격의 깨끗한 에너지	모두를 위한 적정 가격의 신뢰할 수 있고 지속가능하며 깨끗한 에너지 접근의 보장
8	양질의 일자리와 경제성장	모두를 위한 지속적이고 포용적이며, 지속 가능한 경제성장과 완전하고 생산적인 고용 및 양질의 일자리 증진
9	산업, 혁신과 인프라	회복력 있는 인프라 구축, 포용적이고 지속 가능한 산업화 증진 및 혁신 장려
10	불평등 감소	국내 및 국가 간 불평등 감소
11	지속가능한 도시와 지역사회	포용적이고 안전하며 회복력 있는 지속가능한 도시와 거주지 조성
12	책임감 있는 생산과 소비	지속 가능한 소비와 생산 양식 보장
13	기후변화 대응	기후변화와 그 영향에 대응하는 긴급 행동
14	해양 생태계	지속가능발전을 위한 대양, 바다, 해양 자원의 보전 및 지속가능한 이용
15	육상 생태계	육상 생태계의 보호, 복원 및 지속가능한 이용 증진, 지속가능한 삼림 관리, 사막화 방지, 토지 및 황폐화 중지 및 복구, 생물 다양성 손실 중단
16	정의, 평화, 강력한 제도	지속가능발전을 위한 평화롭고 포용적인 사회 증진, 모두를 위한 정의에 대한 접근성 제공, 모든 수준에서 효과적이고 책무성 있는 포용적인 제도 구축
17	SDGs를 위한 파트너십	지속가능발전을 위한 이해 수단 강화 및 글로벌 파트너십 활성화

한편, 지속가능발전목표를 인간(People), 지구(Planet), 번영(Prosperity), 평화(Peace), 파트너십(Partnership)의 5P 관점으로 재분류하기도 한다. 이를 정리하면 다음과 같다.

〈표 2-5〉 5P의 관점에서 지속가능발전목표 구성 요소 분류[6)]

SDGs구성요소		지속가능발전목표(SDGs)
부문	5P	
사회발전	사람	1. 빈곤종식 2. 기아종식 3. 건강과 웰빙 4. 양질의 교육 5. 성 평등 6. 깨끗한 물과 위생
경제성장	번영	8. 양질의 일자리와 경제성장 9. 산업, 혁신과 인프라 10. 불평등 감소 11. 지속가능한 도시와 지역사회
환경보존	지구환경	7. 적정 가격의 깨끗한 에너지 12. 책임감 있는 생산과 소비 13. 기후변화 대응 14. 해양 생태계 15. 육상 생태계
전제조건과 방법	평화	16. 정의, 평화, 강력한 제도
	파트너십	17. SDGs를 위한 파트너십

지속가능발전목표는 환경보존, 사회발전, 경제성장의 균형 있는 발전을 추구한다. 그 지향점은 포용성과 형평성을 기반으로 누구도 소외되지 않는 발전을 위해 경제성장, 사회발전, 환경보존이 조화로운 균형을 이루는 지속 가능한 발전을 추구한다. 나아가 현재와 미래의 사람을 위해 지구상에 평화와 번영을 위한 지속가능한 삶을 지향한다.

4. 지속가능발전교육의 방법

지속가능발전교육은 학습자가 인류의 지속 가능한 발전을 위해 환경적, 사회적, 경제적 지속가능성의 문제를 이해하고, 창의적인 문제해결을 통해 실천적인 행동을 할 수 있는 역량 강화를 추구한다. 이러한 핵심 역량 강화를 위한 교육

6) 출처: 조영철 · 이상원, 2019: 255~256쪽. 5P의 관점에서 지속가능발전목표 구성 요소를 분류한 표의 내용을 필자가 축소 정리함.

방법은 무엇인가? 유네스코는 지속가능발전교육 실현을 위한 교육 방법을 여러 가지 자료를 통해서 제안하고 있다. 유네스코한국위원회(2013)에 발간한 〈지속가능발전교육 길잡이〉는 학교에서 실현할 수 있는 4가지 교수법을 안내하고 있다. 이들 내용을 요약하면 다음과 같다.

〈표 2-6〉 **지속가능발전교육을 위한 교수법**[7)]

교수법	특징
모의실험	교사가 학생들이 상호작용할 부분에 대한 맥락을 정의해 주는 교수·학습 시나리오. 학생들은 시나리오 활동에 참여하고, 여기서 의미를 찾게 됨. 복잡하고 추상적인 개념을 간소화하는 동시에, 실제 상황들을 그대로 옮겨온 것이므로 실제와 같은 느낌을 줌으로써 모든 연령대의 학습자들과 연계되고 이들에게 동기를 부여하게 됨.
학급토론	교사가 학생에게 일방적으로 정보를 전달하는 것이 아니라, 교사와 학생, 학생과 학생 간의 언어적 상호작용이 가능함. 폭넓고 다양한 삶의 경험을 가진 학생들이 무엇이 지속 가능하고 지속 불가능한지 자기 주변을 관찰한 경험을 토대로 지속가능성 관련 토론에 큰 기여를 할 수 있음.
문제분석	지역사회가 직면하고 있는 환경적·사회적·경제적·정치적 문제의 근간을 탐구하는 구조화된 교수법, 문제분석은 학생들이 지역사회의 문제를 비롯해, 이러한 문제들과 관련된 핵심 이해관계자들과 이들의 관점, 목표, 추측 내용을 파악하는 데 도움을 줌.
스토리텔링	지속 가능성에 대한 생각을 전달하고 설명하기 위해 이야기(story)를 교수법과 연계함. 이야기는 시사, 역사, TV 프로그램, 문학, 드라마, 개인적 경험 또는 토착 사회와 민속예술에서의 구전 활용 가능. 스토리텔링은 세대에 걸쳐 오락, 교육, 문화 보존적인 수단으로 행해져 왔으며, 젊은 세대에 도덕적 가치를 심어주고, 연장자의 지혜와 창조 이야기는 환경과 문화유산에 대한 존중을 전달하는 데 있어 도움을 줌.

한편, 유네스코한국위원회에서 2017년에 발간한 〈교사용 지침서: 지속가능발전을 위한 세계시민〉에서 지속가능발전교육을 위해 제안한 '교육방법과 교육환경'에서 '탐구적이고 행동 지향적이며 변화를 추구하는 교육이 가능하도록 학생 중심의 쌍방향 교육을 기획하고, 학생들이 지속가능성을 위해 행동할 수 있도록 물리적 환경, 가상환경, 온라인 환경을 포함해 전반적인 교육 환경을 제고하는

7) 출처: 유네스코한국위원회, 2013: 21~27쪽. 필자가 요약 정리함.

것'이라고 밝히고 있다.

유네스코한국위원회에서 2021년에 발간한 '지속가능발전교육(ESD) 로드맵'에서 "교수・학습 접근에 시사점을 주는 것은 학습자들이 지속가능성을 위한 변혁적 행동을 장려할 수 있는 접근법을 강조한다. 비판적 탐구를 시작할 기회, 여러 현실에 대한 노출, 자신의 삶과의 관련성, 영향력 있는 동료・멘토・역할모델의 존재, 전환점 등은 개인이 결정적인 행동을 취할 수 있도록 권한을 강화하는 데 있어 중요한 역할을 한다. 또한, 학습자가 새로운 파괴적 발상을 실험할 수 있는 공간을 확보하는 것도 중요하며, 이는 비판적 관점을 촉진하고 전환점을 가져올 수 있다"(유네스코한국위원회, 2021: 57)고 했다.

한편, 김세현 외(2018)는 '사회문제해결형 지속가능발전교육(ESD) 수업모델이 초・중등 학생들의 지속가능발전교육 역량 향상에 미치는 효과' 논문에서 지속가능발전교육 수업모델에 활용한 수업모형을 학교급에 따라 다양하게 적용할 것을 권장하고 있다(김세헌 외, 2018: 115~117). 초등학교 수준에서는 프로젝트 수업모형, 그룹탐구 수업모형, 문제해결 수업모형, 가치분석 수업모형, 갈등해결 학습모형을 활용한다. 중학교 수준에서는 그룹탐구 수업모형, 창의적 문제해결 수업모형을 활용한다. 고등학교 수준에서는 배려 수업모형, 그룹탐구 수업모형, 프로젝트 수업모형, 문제해결 수업모형을 활용한다.

이들 수업모형은 학교급에 따라, 교과의 성격에 따라, 수업에서 선정한 주제에 따라 적합하다고 고려되는 방법을 선정하여 지속가능발전교육 수업을 설계하고, 실행하는 데에 도움을 줄 것이다. 이들 여러 가지 수업모형 중에서 프로젝트 수업은 생성형 AI를 활용하여 지속가능발전교육을 추진함에 있어서 매우 의미 있는 방법이다.

5. 교육과정 구성 체계와 교사의 역할

지속가능발전목표 구현을 위한 지속가능발전교육의 목표, 내용, 방법을 기본으로 한 교육과정 구성 체계는 다음 〈표 2-7〉과 같이 정리할 수 있다.

〈표 2-7〉 **지속가능발전교육 실현을 위한 교육과정 구성 체계**

지속가능발전교육 목표 -지속가능발전교육 핵심 역량 강화, 세계시민의식 함양

⬇⬆

지속가능발전교육 내용 -지속가능발전목표 17개 목표를 중심으로 구성		
사회발전	경제성장	환경보존
빈곤종식, 기아종식, 건강과 웰빙, 양질의 교육, 성 평등, 깨끗한 물과 위생	양질의 일자리와 경제성장, 산업, 혁신과 인프라, 불평등 감소, 지속가능한 도시와 지역사회	적정 가격의 깨끗한 에너지, 지속가능한 생산과 소비, 기후변화 대응, 해양 생태계, 육상 생태계
전제조건과 방법: 정의, 평화, 강력한 제도, SDGs를 위한 파트너십		

⬇⬆

지속가능발전교육 방법		
• 모의실험 • 스토리텔링 • 프로젝트 학습 • 의사결정학습	• 토의토론 • 탐구학습 • 문제해결학습 • 현장학습	• 개념학습 • 쟁점중심학습 • 가치갈등해결학습 • 문제분석법

【교육 목표】 학습자가 지속가능발전목표를 달성하기 위한 핵심 역량을 강화하여 세계 시민의식을 함양하는 데에 있다. 이를 통해 학습자가 현세대와 미래세대를 위해 환경적으로 온전하고, 경제적으로 생존가능하며, 정의로운 사회를 이루기 위한 바른 의사 결정과 책임 있는 행동을 할 수 있는 역량을 갖게 된다.

【교육 내용】 지구 공동체의 지속가능성을 저해하는 문제와 쟁점을 기본 내용으로 한다. 지속가능발전목표의 17개 항목 중에서 교과와 관련된 주제를 선정하여 내용으로 선정한다. 주제 중심의 통합으로 수업을 운영하거나 교과 간의 융합 수업을 설계하여 수업을 실행한다. 그 과정에서 생성형 AI를 활용해서 디지털 전환 시대에 대비할 수 있는 역량을 강화할 수 있다.

【교육 방법】 교사는 쟁점중심학습, 문제해결학습 등의 교육 방법을 활용한다. 교사는 적절한 교육 방법을 선정하여 학습자가 지속가능발전목표의 목표 달성에 중요한 지식, 기술, 가치, 태도 함양과 함께 정보에 기반한 의사 결정과 창의적인 문제해결 역량을 강화하여 책임 있게 행동하는 시민으로 성장하도록 돕는다.

이상과 같은 지속가능발전교육을 통해서 교사는 유네스코한국위원회가 주장한 "혁신적 실천, 구조적 변화, 미래 기술 활용"을 할 수 있는 학습자의 역량 강화에 힘써야 한다. 그리하여 학습자가 문화적 다양성을 존중하면서, 환경적 온전성, 경제적 생존력 및 현재 세대와 미래세대에 걸쳐 모든 성별의 사람들에게 권한을 부여하는 공정한 사회를 위해 지식, 기술, 가치, 태도를 가지고 정보에 기반한 의사결정과 책임 있는 행동을 할 수 있도록 도와야 한다(유네스코한국위원회, 2021, 8).

현재 초·중등학교에서 지속가능발전교육은 충분히 실행되고 있지 않다. 김은혜(2023)의 연구에 따르면, 교사들은 지속가능발전교육의 필요성은 인식하지만, 이를 체계적이고 구체적으로 적용하는 방법에 관한 연구는 부족한 실정이다(2020: 37). 지속가능발전교육의 충실한 실행을 위한 교사의 역할이 무엇인지에 대해서 살펴보자.

첫째, 교사는 지속가능발전교육에 대한 정확한 지식을 바탕으로 지속가능발전교육을 교과와 연계해 실천하고자 하는 인식의 전환이 요구된다. 이를 위해 지속가능발전의 의미, 지속가능발전교육의 정의, 역사적 전개 과정을 이해하고 이를 학교 교육과정에서 실천하고자 하는 의지가 필요하다. 이러한 인식 전환을 통해 다양한 방법으로 지속가능발전교육을 실행에 옮겨야 한다.

둘째, 지속가능발전교육을 통해 지속가능발전목표 달성에 필요한 교육자 역량을 강화해야 한다. 'ESD for 2030'에서 강조하는 교육자 역량 개발에 초점을 맞춰, 지속가능발전교육이 요구하는 지식, 기술, 가치, 행동을 습득하고, 다양한 교수방법을 활용해 지속가능발전교육을 실행할 수 있는 전문성을 갖춰야 한다. 이를 통해 학생들이 지속가능발전을 실천할 수 있는 변혁적 행동을 이끌어야 한다.

셋째, 교사는 학습자를 '지속가능성 시민'으로 키우기 위해 지속가능발전목표와 연계된 지속가능발전 이슈를 자신의 교과에 반영하여 수업의 주제로 선정하고, 학생들의 행동 중심의 변혁적 교수법을 활용할 수 있어야 한다. 이를 통해 학생들의 지속가능성 역량 개발을 촉진하고, 학생들이 지속가능발전목표와 관련된 학습 결과를 행동으로 실천할 수 있도록 지도해야 한다.

이상과 같이, 교사는 지속가능발전교육에 대한 정확한 이해와 강한 실천 의지를 바탕으로 지속가능발전교육을 교과와 연계해 실천해야 한다. 또한, 지속가능발전목표 달성을 위한 교육자 역량을 강화하고 변혁적 교수법을 활용해 학생들이 지속가능성을 실천할 수 있도록 지도해야 한다. 이러한 과정을 바탕으로 학생들이 지속가능한 삶을 실천하고 사회 변화에 기여할 수 있는 세계시민으로 성장할 수 있도록 도와야 한다.

제3장

AI로 프로젝트 수업 준비

이 장에서는 AI로 프로젝트 수업 준비를 위해서 AI로 달라진 교육 현장을 살펴보고, 프로젝트 수업을 현장에 적용하기 위해서 꼭 필요한 내용에 대해서 살펴보고자 한다. 그리고 생성형 AI 활용 수업 자료 준비와 글쓰기 방안에 대해서 고찰해 보고자 한다.

1. AI로 달라진 교육 현장

오늘날 우리는 교육의 새로운 전환점을 목격하고 있다. 오랫동안 교실은 교사와 학생이 대면하여 지식을 전수하고 학습하는 공간으로 여겨져 왔다. 그러나 인공지능(AI)의 등장과 함께 교육의 모습은 급격히 변하고 있다. 학습의 경계는 물리적인 교실을 넘어 디지털 세계로 확장되고 있으며, 학생들은 AI를 통해 자신만의 학습 여정을 만들어가고 있다.

과거의 교육은 모든 학생에게 동일한 속도로 지식을 전달하는 방식에 의존했지만, 이러한 접근법은 개별 학습자의 능력과 필요를 충분히 반영하지 못한다는 한계가 있었다. 이런 문제를 해결하기 위해 도입된 AI 기술은 이제 개개인의 학습 스타일과 수준에 맞춘 맞춤형 교육을 가능하게 하고, 교사의 역할을 단순한 지식 전달자에서 학습 가이드로 변화시키고 있다. 더 나아가, AI는 팬데믹 이후 가속화된 비대면 학습 환경에서도 중요한 역할을 하고 있다. 온라인 수업을 보조하는 AI 챗봇부터 학습 데이터 분석을 통해 학업 성취도를 높이는 시스템까지, AI는 학생들의 학습 경험을 혁신적으로 바꾸고 있다. 이러한 변화는 단순한 기술적 진보를 넘어 교육의 본질과 철학에 대한 새로운 질문을 던지고 있다. 이 글에서는 AI가 어떻게 교육 현장을 변화시키고 있는지, 그리고 그 과정에서 발생하는 기회와 도전에 대해 살펴 보고 이를 통해 AI와 함께 만들어 가는 미래의 교육이 어떤 모습이어야 하는지, 그리고 우리가 어떤 준비를 해야 할지에 대한 통찰을 제공하고자 한다.

1) AI 기술의 도입 배경 및 필요성

AI는 교육의 새로운 가능성을 열며 필수적인 기술로 자리 잡았다. 기존 교육은 모든 학생에게 동일한 방식으로 지식을 전달하는 데 한계가 있었지만, AI는 학습 데이터를 기반으로 개별 학생의 능력과 필요에 맞춘 맞춤형 교육을 제공한다. 이를 통해 학생들은 자신만의 학습 속도를 유지하며 더 깊은 성취감을 경험할 수 있다.

특히 생성형 AI는 개인화된 학습을 넘어 창의적이고 역동적인 교육환경을 만들어가고 있다. AI는 학생들의 질문에 실시간으로 답하건, 에세이 작성과 프로젝트 구상에서 창의적인 아이디어를 제시하는 등 학습의 질을 높이고 있다. 교사 역시 생성형 AI를 통해 수업 자료 제작, 평가 보고 작성 등 반복적인 업무를 줄이고, 학생들과의 상호작용에 더 많은 시간을 투자할 수 있다. AI 기술은 단순히 교육의 효율성을 높이는 데 그치지 않고, 학생들이 문제해결과 창의적 사고를 통해 미래 사회에 필요한 역량을 기를 수 있도록 돕는다.

결국 AI는 교육의 본질을 보존하면서도 새로운 패러다임을 제시하고 있으며, 이를 활용한 혁신적인 교육은 학생과 교사 모두에게 더 나은 기회를 제공하고 있다. AI는 미래 교육의 핵심 도구로, 교육의 질적 도약을 이끌어 갈 것이다.

2) 글로벌 경쟁력 강화를 위한 필수 요소

생성형 인공지능(Generative AI)은 현대 사회에서 글로벌 경쟁력을 강화하는 핵심 도구로 자리 잡고 있다. 창의성과 문제해결 능력이 강조되는 시대에 AI는 단순한 자동화를 넘어 창의적인 아이디어 생성과 효율적인 문제해결을 가능하게 한다. 이는 학생들에게 새로운 방식으로 사고하고, AI 도구를 활용해 실질적인 결과물을 도출하는 역량을 길러 준다.

글로벌 경제에서는 데이터 분석, 아이디어 시뮬레이션, 창의적 솔루션 제안과 같은 디지털 기술 활용 능력이 필수적이다. AI는 학생들이 이러한 기술을 습득하고 글로벌 시장에서 경쟁력 있는 인재로 성장할 수 있도록 돕는다. 또한, 다국어 번역과 문화적 이해를 통해 국제 협업을 촉진하며, 세계시민으로서 필요한 소통과 협력의 기회를 제공한다. 생성형 AI는 교육에서 단순한 보조 기술을 넘어 미래를 준비하는 핵심 요소이다. 이를 통해 학생들은 창의성과 디지털 역량을 겸비한 글로벌 인재로 성장하며, 국가와 개인의 경쟁력을 높이는 데 기여할 것이다.

3) 생성형 AI 최신모델 차이점 및 교육적 활용[1)]

생성형 AI 모델은 각기 다른 설계와 글로벌 경제에서는 데이터 분석, 아이디어 시뮬레이션, 창의적 솔루션 제안과 같은 디지털 기술 활용 능력이 필수적이다. AI는 학생들이 이러한 기술을 습득하고 글로벌 시장에서 경쟁력 있는 인재로 성장할 수 있도록 돕는다. 또한, 다국어 번역과 문화적 이해를 통해 국제 협업을 촉진하며, 세계시민으로서 필요한 소통과 협력의 기회를 제공한다. 생성형 AI는 교육에서 단순한 보조 기술을 넘어 미래를 준비하는 핵심 요소이다. 이를 통해 학생들은 창의성과 디지털 역량을 겸비한 글로벌 인재로 성장하며, 국가와 개인의 경쟁력을 높이는 데 기여할 것이다.

(1) 챗GPT(ChatGPT) 최신모델

챗GPT 최신모델은 자연어 처리와 생성에서 매우 높은 수준의 언어 이해와 응답 생성 능력을 보유하고 있다. 문법적으로 정확한 텍스트 생성뿐만 아니라, 맥락을 이해하며 구체적이고 유용한 답변을 제공한다. 창의적인 글쓰기와 복잡한

1) 출처: https://openai.com (챗GPT모델), https://www.anthropic.com (Claude3.5모델), https://deepseek.com (Deep Seek v3모델)

질문에 대한 논리적 답변에 강점을 보인다. 이 모델의 교육적 활용은 **학습 보조**로 학생들이 에세이를 작성하거나 보고서를 작성할 때 아이디어를 정리하거나 초안을 생성하는 데 도움을 준다. **개별 학습 지원**으로 질의응답 형식으로 학습자를 지원하며, 복잡한 개념을 이해하기 쉽게 설명한다. **교사 지원**으로는 강의 자료나 학습 콘텐츠를 작성하는 데 유용하며, 교사의 부담을 줄인다.

(2) 클로드(Claude) 최신모델

클로드는 인간의 의도를 이해하고 대화 흐름을 유지하는 데 탁월한 모델로, 사용자의 요구에 맞춘 상호작용에 중점을 둔다. 더 많은 맥락을 처리하며, 특히 긴 문서를 요약하거나 분석하는 데 강점을 보인다. 윤리적이고 사용자 친화적인 응답을 생성하는 데 중점을 둔 점도 특징적이다. 교육 활용은 **긴 텍스트 요약 및 분석**으로 학생들이 긴 논문이나 자료를 읽을 때 클로드를 활용해 요약본을 생성하거나 핵심 내용을 빠르게 파악할 수 있다. **학습 피드백 제공**으로는 학생들이 작성한 과제에 대한 피트백을 자동으로 제공하거나 개선 방향을 제시할 수 있다. **토론 및 비판적 사고** 지원으로는 학생들과의 대화를 통해 문제 해결을 돕고, 토론 형식으로 비판적 사고를 유도한다.

(3) 딥시크((DeepSeek) v3

딥시크 v3는 텍스트 생성과 분석 외에도 데이터 검색과 정교한 정보 처리에 강점을 가진 모델이다. 특정 주제에 대한 깊이 있는 검색과 정교한 정보 요약이 가능하며, 교육 자료의 구조화된 제공에 유용하다. 교육 활용은 **학술 정보 검색**으로 학생이나 교사가 특정 주제에 대한 학술 자료를 빠르게 검색하고, 관련 정보를 정리하는 데 도움 줄 수 있다. **연구 및 과제** 지원으로는 복잡한 데이터 세트를 분석하고 필요한 통찰을 제공하며 연구 기반 학습을 지원한다. **맞춤형 콘텐츠 생성**으로는 교육 자료를 특정 학습자 그룹의 요구에 맞게 개인화하여 생성할 수 있다.

챗GPT, 클로드, 딥시크 v3는 각각의 강점과 특성을 기반으로 교육 현장에서 다방면으로 활용될 수 있다. 창의적 학습 지원, 정보 검색과 분석, 교사 보조 등 다양한 분야에서 이들 모델은 교육 혁신의 핵심 도구로 자리 잡고 있다. 이를 효과적으로 통합하여 사용하면, 학생들의 학습 경험을 향상시키고 미래 사회에서 요구되는 기술적 역량을 키울 수 있을 것이다.

2. 알고 보면 재미있는 '프로젝트 수업'

1) 프로젝트 수업이란

'프로젝트(project)'란 원래 '앞으로'를 의미하는 'pro'와 '던지다'를 의미하는 'jacere'에서 파생된 'projectum'에서 유래한 '앞으로 던지다'의 의미를 가지고 있다. 그 의미는 발전하여 '앞으로 계획된 일' 또는 '목표를 향해 진행되는 작업'이라는 의미로 사용되기 시작하여 오늘날 특정 목표를 달성하기 위해 체계적으로 계획하고 실행하는 행동을 의미하게 되었다.

오늘날 프로젝트 학습과 유사한 접근법은 19세기 초반부터 시작되었으며, 1918년 킬 패트릭이 발표한 '프로젝트 학습법'이란 논문에서 체계화되기 시작했다. 그는 프로젝트를 "목적을 가진 일련의 활동"으로 정의하고, 학생들이 학습 목적을 스스로 설정하도록 하는 것이 중요하다고 강조했다. 그는 학생들이 자유롭게 학습 목표를 설정하고, 그 목표에 맞춰 활동을 수행하도록 하여 학습 동기를 높이고자 했다. 그에 따라 학생들의 자율성과 선택권이 프로젝트 학습의 중요 요소로 자리 잡게 되었다(존 라머 외, 2017; 권태근 외, 2019).

킬 패트릭의 프로젝트 교수법은 당대에 큰 반향을 불러일으켰지만, 존 듀이는 그의 생각에 비판적이었다. 존 듀이는 무제한적인 학생 선택권과 자발적이고 전면적인 학생 참여, 목적 지향적 활동 강조에 대해 비판했다. 물론, 존 듀이도 프로젝트 활동에 학생을 적극적으로 참여시켜 학생의 의사를 반영하고 어느 정도 선택권을 부여하는 것이 필요하다고 했다. 하지만, 학생의 참여와 의사 결정만으로는 결코 충분한 학습이 이루어질 수 없다고 보았다. 그는 프로젝트 활동에서 충분한 학습이 이루어지기 위해서는 학생의 '사고 행위'와 '교사의 역할'이 중요하다고 보았다.

교사는 학생들이 프로젝트 과정에서 배움이 일어날 수 있는 환경을 만들어 학생들이 자유롭게 사고하고, 탐구하며, 성찰할 수 있는 상황을 만들어줄 수 있는 주제를 구상하고 수업을 설계해야 한다. 교사는 학생이 배울 가치가 있는 문제를 붙들고 씨름할 수 있도록 이끌어 프로젝트가 성공할 수 있도록 학습에 대한 비계와 자료를 제공해야 한다. 학습 과정을 평가하고 학습 목표에 도달하도록 학생을 참여시키고 지도해야 한다. 생산적인 프로젝트를 위해 학생에게 최대한 많은 책임감을 부여하고, 학생들이 프로젝트의 목표를 파악하고 그들 자신의 배움에 대해 책임감을 갖도록 프로젝트 과정을 관리해야 한다(존 라머 외, 2017, 29~30).

존 듀이는 프로젝트 수업에서 교사가 수업을 구상, 계획, 운영, 지도, 평가와 성찰에 주도적인 역할을 해야 한다고 보았다. 그는 반성적인 사고와 성찰을 통해 학생들이 실제 삶과 관련된 문제뿐만 아니라 추상적인 문제도 다룰 수 있도록 지도해야 한다고 했다. 이러한 존 듀이의 기본 입장은 미국 '벅 교육협회'와 교육전문가들(존 라머, 존 머겐달러, 수지 보스 등)에 의해 계승, 발전되었다. 이들은 프로젝트 학습이 '실제로 무언가를 행함으로써 배운다'는 개념에 기반하며, 의미 있는 프로젝트는 학생 활동의 결과물을 창출하고, 실세계 관련된 과제를 해결하고, 개방형 질문에 답을 탐구하는 것으로 보았다.

본 글에서는 프로젝트 수업은 '실제로 무언가를 행함으로써 배운다'라는 존 듀이의 개념에 따른다. 학생은 프로젝트 수업을 통해서 개방형 질문에 대한 답을 탐구하고, 문제를 해결하기 위해 자신이 이해한 것을 적용해 보는 방식으로 의미를 창출하거나 독창적인 무엇인가를 만들어 낸다. 일반적으로 프로젝트 학습은 소집단 혹은 전체 학생이 학습할 가치가 있다고 고려되는 특정 주제에 관해 깊이 연구하는 것으로 교사의 지도와 안내를 받아 서로 협력하면서 심층적으로 연구하는 목적 지향적 학습 활동이다. 더 나아가서 "프로젝트는 복잡하고 실제적인 질문 그리고 매우 주의 깊게 설계된 결과물과 과제들을 둘러싼 탐구 과정을 통해 학습자들이 지식과 기술을 학습하도록 유도하는 체계적인 교수·학습 방법이다"

(마크햄, 라머, & 래비츠, 2003: 정경원, 재인용[2]).

이상의 내용을 종합하면, 프로젝트 학습은 소집단 학생들이 관심과 흥미를 가진 특정 주제나 실제적인 문제에 대해서, 교사의 지도를 받아, 팀원의 상호 협력적인 탐구활동을 통해서, 심층적으로 연구한 결과물을 도출해 내는 목적 지향적인 학습 활동이다. 학생이 실제로 무엇인가를 행함으로써 배우는 프로젝트 학습에서 교사의 역할은 매우 중요하며, 교사의 치밀한 교육 전략은 학생의 사고를 적극적으로 이끌어내어, 잠재력을 발휘하도록 돕는다. 교사가 주도하여 학생들이 특정 주제나 문제를 탐구하여 연구 결과물을 도출해 내는 목적 지향적인 활동을 통해, 최종적으로 학생의 다양한 잠재력이 발현되도록 돕는 수업이 프로젝트 수업이다.

2) 프로젝트 수업의 목표

존 라머 외(2017)에 따르면, 프로젝트 수업의 궁극적인 목표는 핵심 지식과 이해 및 핵심 성공 역량 강화에 있다. 핵심 지식을 이해하고, 자신이 배운 지식을 총동원하여 사회문제나 쟁점을 분석하고 해결 방안을 도출하는 과정에서 핵심 성공 역량이 길러진다.

그들이 제안한 핵심 성공 역량은 '비판적 사고력/문제해결력, 협업능력, 자기관리능력'이다. "모든 프로젝트가 반드시 갖춰야 할 것은 바로 학생들이 깊이 사고하여 문제를 해결하고, 다른 사람들과 협업을 통해, 자신의 학습 · 시간 · 과업을 관리할 수 있는 기회를 제공하는 것이다"(2017, 1권, 43). 성공 역량은 프로젝트의 학습 목표이다. 만약 학생들이 문제해결력을 갖추기를 원한다면, 교사는 그들에게 문제해결을 연습할 수 있는 문제상황과 학습 경험을 제공해야 한다. 비판적 사고력과 협업 능력, 의사소통 능력, 자기 관리 능력도 마찬가지이다. 학생들이 이런 능력들을 함양하기 위해서 구조화된 학습 기회를 제공해야 한다.

존 라머 외(2017)는 깊이 있고 의미 있는 프로젝트 학습을 진행하기 위해서 프

2) 출처: 정경원, 프로젝트학습과 역량중심교육과정, 경상북도교육청 학교 지원 종합 자료실. https://www.gbe.kr › cmmn › download

로젝트를 구성하는 필수 요소로 '어려운 문제나 질문, 지속적인 탐구, 실제성, 학생의 의사와 선택권, 성찰, 비평과 개선, 공개할 결과물'의 7가지를 제안한다(존 라머 외, 2017: 44~57). 이들이 제안한 내용을 살펴보면 다음과 같다.

〈표 3-1〉 프로젝트 수업의 필수 요소

프로젝트 수업의 필수 요소		
① 어려운 문제나 질문	② 지속적인 탐구	③ 실제성
④ 학생의 의사와 선택권	⑤ 성찰	⑥ 비평과 개선
⑦ 공개할 결과물		

① 교사는 학생들이 도전할 수 있는 '어려운 문제나 질문'을 제기하고, 학생들이 어려운 문제를 이해하는 데에 필요한 자료를 비계로 제공한다. 이후에 이어질 탐구활동은 학생들이 주어진 문제를 해결하거나 질문에 답을 찾아가는 과정이라고 할 수 있다.

② '어려운 문제 또는 질문'은 '지속적인 탐구'를 통해서 조사와 연구를 통해 완성해야 할 과업을 확인하고 이를 자신이 만들어 낼 '공개할 결과물'을 통해 완성된다. '지속적인 탐구'를 통해서 질 높은 '공개할 결과물'을 도출하기 위해 실제성, 학생의 의사와 선택권, 성찰, 비평과 개선이 요구된다.

③ '실제성'은 탐구할 '문제나 과제'가 학생들의 학습 경험으로 가능한가의 문제이다. 이는 프로젝트 상황에서 드러날 수 있고, 프로젝트를 완성하는 데에 활용한 도구가 실생활과 관련을 갖거나, 프로젝트의 결과가 실제 세상의 변화에 영향을 줄 수 있거나, 다루는 내용이 학생들의 흥미와 관심사와 직·간접적으로 관련성을 가질 경우 갖추어진다.

④ '학생의 의사와 선택권'은 어려운 문제나 질문을 탐구해 가는 과정에서 자신들의 아이디어를 표현하고 선택하여 비판적 사고력과 문제해결력을 기르기 위해 필요한 요소이다. 따라서 프로젝트 전 과정에서 학생들의 의사를 존중하고 선택권을 부여하도록 해야 한다.

⑤ '성찰'은 '탐구와 프로젝트 활동이 효율적인가?', '결과물의 수준은 어떤가?',

'장애물은 무엇이며 어떻게 극복할 수 있는가?' 등의 질문을 통해 프로젝트 과정에 필요한 자신의 문제해결 전략을 스스로 수정하고, 보완하게 해주는 인지적 사고 행위이다. 프로젝트 전 과정에 대한 성찰을 통해서 학생들의 인지적 사고행위가 메타인지 능력으로 향상될 수 있다.

⑥ '비평과 개선'을 통해서 교사, 전문가, 멘토, 동료 학생들로부터 학습에 대한 피드백을 받을 수 있다. 학생들은 피드백을 반영하여 이를 자신들이 만들어 낸 결과물의 질을 높이는 데에 활용할 수 있다.

⑦ '공개할 결과물'은 프로젝트 활동을 통해서 학생들이 도출하게 될 결과물이다. 학생들은 프로젝트 결과 도출한 결과물을 학교 안과 밖의 다양한 청중에게 공개하여 동료, 학생, 교사, 외부 전문가들의 피드백을 받을 수 있다. 이러한 과정을 통해서 학생들은 자신들의 프로젝트 활동의 결과물이 학교, 지역사회, 국가, 국제적 차원에서 지속가능발전에 기여할 수 있는 가치 있는 활동이라는 것을 인식할 수 있다.

3) 프로젝트 수업의 절차

프로젝트 수업은 어떻게 진행해야 할까?

차드(Chard, 1994)는 프로젝트 접근을 3단계로 제시하였다. 1단계는 프로젝트 시작, 2단계는 프로젝트 전개, 3단계는 프로젝트 마무리로 제안하였다. 1단계 프로젝트 시작 단계에서는, 먼저 주제 대한 각자의 경험을 교사, 부모, 친구들과 상호 공유하고, 이를 이용하여 그리기와 쓰기, 놀이, 질문 만들기 등을 한다. 2단계 프로젝트의 전개 단계에서는 현장 활동과 면담을 준비하고, 실천하며, 책이나 면담, 현장 조사를 통해 새롭게 알게 된 것을 지도, 쓰기, 그리기, 심화된 질문 등으로 표현한다. 3단계 프로젝트 마무리 단계에서는 프로젝트 과정과 결과물을 정리하여 주변 사람들에게 소개하고 그동안 이루어진 활동을 검토하고 평가한다(김태희, 2019: 18~20).

카츠, 차드, 코건(Katz, Chard, & Kogan, 2014)도 프로젝트 절차를 3단계로 제안한다. 1단계는 프로젝트 계획과 시작, 2단계는 프로젝트 전개, 3단계는 프로젝트의 반성과 마무리로 이루어진다. 프로젝트 계획과 시작 단계에서는 프로젝트 주제에 대해 학습자 정보, 생각, 경험 등을 공유하여 주제에 대한 이해를 돕거나 주제망을 작성하고, 조사 활동, 현장 방문, 전문가 초청 계획을 세우고 탐구할 질문을 만든다. 프로젝트 전개 단계에서는 학습자들이 새로운 정보를 습득하여 심층적으로 탐구하는 활동을 진행한다. 현장 방문이나 전문 지식을 습득이나 시연해 줄 전문가를 초청한다. 학습자들이 새롭게 알게 된 정보나 기능을 활용하여 관찰, 의사소통, 그림 그리기, 색칠하기 등의 활동을 진행한다. 프로젝트의 반성과 마무리 단계에서는 학습자가 프로젝트 전개 과정에서 탐구한 내용을 소개하여 공유하고, 자신들이 활동한 내용에 대해서 성찰해 보고 마무리한다(Katz, Chard, & Kogan, 윤은주・이진희 옮김, 2019: 38-45).

김대현 외(1999)는 프로젝트 학습을 준비하기, 주제 결정하기, 활동 계획하기, 탐구 및 표현하기, 마무리하기, 평가하기의 6단계로 제시한다. 준비하기 단계에서는 주제망과 자원목록을 잠정적으로 결정하여 작성한다. 주제 결정하기 단계에서는 교사와 학생이 함께 주제를 확정하고 관련 주제 망을 작성한다. 활동 계획하기 단계에서는 학습할 소주제를 결정하고, 팀을 구성하며 질문 목록을 작성하여 학습 활동을 계획한다. 탐구 및 표현하기 단계에서는 문헌조사, 현장조사, 실험, 전문가 면담 등의 활동을 진행하여 표현하는 활동을 진행한다. 마무리하기 단계에서는 결과를 출판물, 그림, 구성물, 멀티미디어 자료 등의 형식으로 만들어 발표 및 전시를 진행한다. 평가하기 단계에서는 프로젝트 활동 전 과정의 성과에 대해서 판단하는 평가를 실시한다(김대현 외, 1999: 17).

강인애(2011)는 프로젝트 학습의 절차를 준비, 주제 선정, 계획, 진행, 최종 산출물 완성 및 발표, 평가의 6단계로 설명한다. 준비 단계는 프로젝트에 필요한 정보를 수집, 활용 매체를 선정, 수업 계획이 이루어진다. 주제 선정 단계는 학습자가 수행할 주제를 선정, 주제 망 구성, 세부적인 목표 설정이 진행된다. 계획 단계는 어떠한 방법으로 활동을 진행할 것인지 결정하고, 소집단을 형성하고 활동할 기간을 정한다. 진행 단계는 학습자가 주제와 관련된 자료를 수집, 조사, 탐구한 뒤 프로젝트 활동의 최종 산출물을 완성한다. 최종 산출물 완성 및 발표 단계는 프로젝트 활동의 과정을 설명하고, 산출물을 발표 및 공유한다. 마지막 평가 단계는 활동에 대한 평가와 반성이 이루어진다(장형찬, 2022: 38).

본 글에서는 프로젝트 학습을 수업 설계, 수업 실행, 수업 성찰의 3단계로 설정하고자 한다. 【수업 설계】 단계에서는 교육과정 재구성, 교수・학습과정안 설계, 프로젝트 활동 및 결과물과 평가 계획을 세운다. 【수업 실행】 단계에서는 프로젝트 시작, 도입 활동, 결과물 도출 및 발표에 이르는 일련의 프로젝트 활동을 진행한다. 【수업 성찰】 단계에서는 프로젝트 전 과정에 대해서 성찰하고 프로젝트의 의미를 공유한다. 이들 단계에 따른 수업 진행 절차 및 주요 활동은 다음과 같다.

〈표 3-2〉 **프로젝트 수업의 절차 및 주요 내용**

수업 설계	수업 실행	수업 성찰
교육과정 분석 교수·학습과정안 설계 프로젝트 활동 설계 결과물 산출 및 평가 계획	프로젝트 시작 프로젝트 활동 진행 결과물 도출 및 완성 발표· 평가·기록	프로젝트 활동 전 과정에 대한 반성적 성찰 및 의미 공유

프로젝트 수업의 절차에 따라서 'AI 활용 지속발전가능교육 프로젝트 수업' 실행을 위한 '수업 설계-수업 실행-수업 성찰'은 〈제4장〉에서 살펴보고자 한다.

3. 생성형 AI 활용 수업 자료 준비와 글쓰기

사람들은 생성형 AI를 통해 얻은 산출물을 그대로 사용하는 것에 익숙한 편이다. 이는 자기 주도적 학습에서 요구하는 자신의 생각 과정과 표현 과정을 소홀히 여기는 경우다. 즉 생성형 AI의 산출물에 대한 검증이나 비판적인 활용이 아닌, 의존적인 정보 수용 태도를 가지게 되어 사람의 자기주도적인 정보 활용을 방해한다. 생성형 AI에 의존적인 이유는 교육목표를 수행할 때 읽기가 아닌 보기에 그치고, 자신이 글을 쓰기보다 산출물을 더 신뢰하는 인식 때문이다. 대부분 사람이 생성형 AI를 통한 자료 검색과 이용에 관심을 둘 뿐, 스스로 정보에 대한 판단과 표현에 대한 중요성을 이해하지 못했을 가능성이 높다.

생성형 AI가 아닌 사람 스스로 '생각과 표현' 관련 활동은 이 책의 〈4~11장〉을 살펴보면 많이 요구하고 있음을 발견할 수 있다. '생각과 표현'은 프로젝트 수업 절차(→제3장 2절) 중 '실행'에서 중요한 수단이다. 즉 프로젝트 수업의 필수 요소로 제시한 △어려운 문제나 질문, △지속적인 탐구, △실제성, △학생의 의사와 선택권, △성찰, △비평과 개선, △공개할 결과물 등과 관련성이 높다.

1) 정보 활용 어떻게

(1) 정보와 자료

우리는 지금 이 순간에도 엄청난 양의 정보와 자료를 접한다. 가만히 있어도 스마트폰 등 전자 장비를 이용하면 정보와 자료가 쏟아진다. 원하는 정보나 자료가 있다면 디지털 기기에서 검색 기능으로 손쉽게 얻을 수도 있다. 최근에는 생성형 AI를 활용해 새로운 콘텐츠를 만들거나, 사실 확인 또는 판단의 보조적인 도구로 활용한다. 때로는 정보나 자료에 대한 조언을 얻기 위해 참고하거나, 잠재적인 아이디어를 구상하는 데 도움받기도 한다.

여기서 주목해야 할 사항이 있다. 우리가 디지털 자료에 쉽게 접근하지만, 정작 그중에서 자신에게 필요한 정보는 적다는 점이다. 수많은 정보와 자료가 떠돌고 있지만 대부분은 나에게 필요성이 낮다는 의미다.

그렇다면 정보(情報)와 자료(資料)란 무엇일까. 이들의 정의에 대해 다양한 견해가 있지만, 이 책에서는 다음과 같이 이해하기로 한다.

'자료'는 사실이나 현상을 가공 또는 정리하지 않고 모은 글, 사진, 영상, 그림, 아이디어 등을 말한다. 아직 특정한 의미가 부여되기 전 상태로, 무엇을 만들어 내기 위한 가공되기 전의 재료다. '정보'는 사실, 소식, 자료, 지식들을 의사결정자의 목적에 따라 '가치 있게' 가공·정리한 것을 말한다. 어떠한 의미를 부여하거나 특정한 목적으로 '알고자 하는 것'으로 변하는 상태다.

(2) 나만의 정보 만들기와 활용

온라인 및 오프라인에서는 가공 또는 정리되지 않은 자료가 매일 엄청난 분량으로 쌓이고 있다. 정보 홍수 속에서 나의 목적에 부합하는 필요한 정보로 생성되려면 무엇이 필요할까? 무작정 정보 생성에 욕심내기보다, 나에게 맞는 효율적인 정보 만들기와 활용 방법이 필요하다.[3)]

정보 생성 과정은 대체로 △정보 이용 태도 설정 → △정보 탐색 방법 결정 → △효율적인 스크랩 방법 결정 → △ 정보의 활용 → △지속적인 정보 관리의 단계를 거친다. 다만, 일부 단계가 생략되거나 여러 단계가 혼합되기도 하며, 상황에 따라 순서가 바뀔 수도 있다. 단계별로 설명하면 다음과 같다.

첫째, 정보 이용 태도를 설정한다. 시간이 많고 능력이 탁월하다면 다양한 주제를 카테고리 삼아 다양한 정보를 생성하면 된다. 대부분의 사람은 이러한 상황이 아니어서 몇 가지 주제를 특정하여 정보를 생성한다. 생성형 AI에서 얻은 정보를 의존적으로 신뢰하는 데에 정보 활용 태도가 문제다. 생성형 AI에서 얻은 자료를 검증하거나 비판적으로 수용하려는 태도가 중요하다.

둘째, 정보 탐색 매체를 정한다. 우선, 자료 수집을 위해 각자 가장 적합한 생성형 AI를 선택한다. 조금 불편하겠지만 정보 확인, 아이디어 생성 등을 위해 책, 신문, 방송 등 전통적 정보 매체도 연계할 필요가 있다.

셋째, 생성형 AI를 통해 수집한 자료에 대한 효율적인 스크랩이 필요하다. 즉 모으는 노력 못지않게 분류와 정리도 중요한 것이다. 수집한 자료는 스크랩 항목을 '대주제-중주제-소주제'로 설정하여 분류한다. 이러한 기준에 맞춰 스크랩할 도구를 △디지털 기기 중심으로 정리 △스크랩북 중심으로 정리 △디지털 기기와 스크랩북을 병행하여 정리할지 정한다. 유의할 것은 수집한 정보나 자료는 가급적 당일 정리한다는 원칙을 세워 지킨다. 또한 수집한 정보나 자료마다 출처와 함께 '포인트', '특이점', '핵심', '비교', '참고' 등에 대해서도 메모하는 습관을 가진다. 모두 메모할 필요는 없으나, 최소한의 수집 이유를 표시해 둔다. 이 같은 메모는 시간이 흘러 다시 살펴볼 때, 왜 스크랩했는지 이유를 빨리 파악할 수 있고,

3) 출처: 최상희(2015), 디지털 시대 NIE 이해와 활용, 커뮤니케이션북스.

정보로 가공할 방향을 잡는 데 도움이 되는 좋은 방법이다.

넷째, 정보를 목적에 맞게 활용해야 한다. 각자의 목적에 따라 '가치 있게' 가공·정리하여 활용하는 과정이다. 생성형 AI를 통해 수집한 자료를 제대로 이용한다면 자기 주도적 학습 성과를 얻을 것이지만, 무비판적인 수용만 한다면 의존적이며 수동적인 학습에만 그칠 것이다. '활용'에는 참고와 응용이라는 뜻이 함께 담겨있다. 생성형 AI에게 얻은 자료를 베끼기 위한 수단으로만 이용한다면 의존적인 사람이 될 수밖에 없다. 각자의 활용 목적에 맞춰 의미를 부여하며 생성형 AI가 제시한 자료를 토대로 새로이 가공, 응용, 주장·의견을 제시하려는 노력이 필요하다.

다섯째, 지속적인 정보 관리가 필요하다. 정보는 살아 있는 생명처럼 수명이 있으므로, 신선도 관리가 중요하다. 또한 정보의 과잉 축적을 막고 불필요한 공간을 줄이기 위해서도 자신의 정보 창고의 지속적인 첨삭이 요구된다. 수명을 다했거나 중복된 경우는 과감히 버리고, 새로운 정보들로 수혈한다. 부지런함은 정보의 신선도를 유지하는 비결이다.

2) 수업용 뉴스 자료 준비해 볼까

생성형 AI가 내놓는 산출물은 창조한 것이 드물다. 대부분은 기존 축적된 자료 또는 학습한 결과물을 토대로 인용, 응용, 모방, 융합 등이 이루어진 결과물이다. 생성형 AI는 △개발자의 자료 축적, △언론 뉴스, 서적, 논문 등의 기존 자료, △SNS, 블로그, 포털 사이트 등의 인터넷 자료 등에서 학습하고 이를 저장한다. 그리고 정보 요청자의 질문(주문)에 맞춰 그동안 학습한 원저작물을 바탕으로 산출물을 제시한다.

그래서 AI를 활용한 지속가능발전교육 프로젝트 수업에서도 효율적인 진행을 위해 교사의 치밀한 계획과 유의할 점이 많아진다. 수업에 생성형 AI를 활용한다는 것은 일반적인 자료의 활용 수업과는 사뭇 다른 환경과 상황을 맞이하는 것이기 때문이다. 학생들도 교구인 생성형 AI를 교구로 활용하면 교사-학습자 및 학습자 또래 간의 상호작용 빈도도 잦아진다. 이는 또한 일반 교과 수업과 달리 많은 변수가 생길 수 있음을 의미한다.

수업에서 생길 변수를 최소화하는 방법의 하나는 수업용 자료의 방향을 정하고 예상 자료를 준비하는 것이 좋은 대안이다. 수업용 자료는 교사에게 동기유발용, 추가 제시용, 마무리 확인용(검증용) 등으로 쓰이고, 학생에게 수업 및 과제 수행용, 발표 자료용 등으로 활용될 수 있다.

교사는 수업 목표와 범위, 다루는 주제를 바탕으로 미리 주제를 탐색하여 필요한 자료들을 저장해 둔다. 또한 수업 중 쟁점이 될 만한 사항, 핵심 자료, 예상 질문에 대한 답변도 간략하게 정리해 둔다.

수업용 자료는 이 책의 〈4~11장〉을 진행할 때 필요하다고 언급되어 있다. 여기서는 수업용 자료 중 뉴스를 중심으로 다룬다. '뉴스'에 대해 설명하는 이유는 생성형 AI가 학습하는 원저작물 가운데 뉴스가 많이 사용되고 있고, 산출물 내용에서도 뉴스 또는 뉴스 형태로 자주 제시되기 때문이다. 생성형 AI가 학습 및 산출물인 다른 자료들 또한 이 책에서 다루는 '뉴스 유형별 특징'을 참고하면, 수업 준비와 진행에 있어서 도움을 얻을 수 있다.

(1) 수업용으로서의 뉴스의 특징

뉴스는 생성형 AI가 생성하는 자료 중 자주 등장하는 원저작물이다. 다만, 산출물의 원저작물인 뉴스는 '날것'이어서, 수업용 자료로 쓸 때 약간은 조심할 필요가 있다.

교과서, 백과사전, 참고서 등은 상당한 시간 동안 검증 절차를 거친다. 그렇지만 뉴스는 '신속 보도'라는 특성상 빨리 생산되고 빠른 속도로 확산된다. 이 과정에서 검증된 뉴스 못지않게 그렇지 못한 뉴스도 쏟아진다. 사실 여부가 불분명한 뉴스가 원저작물이고, 생성형 AI가 참고해 제시한 산출물이 수업에 사용되었다고 가정해 보자. 산출물의 검증이나 비판적인 수용을 거치지 않고, 수업에 활용하는 것은 모험일 수 있다. 그래서 원저작물인 뉴스의 특징을 개괄적인 수준이라도 이해하고 있다면, 생성형 AI가 생성한 자료라고 할지라도 수업용으로 쓰지 않아야 할 부적합 자료를 걸러내는 데 도움이 된다.

(2) '텍스트 중심 뉴스'의 유형별 특징

① 정치 뉴스

지속가능발전교육과 관련성이 높은 뉴스다. 생성형 AI가 생성하는 자료의 단골 메뉴 가운데 하나이기도 하다. 지속가능발전교육 관련 정치 현상, 정책, 법령 등의 산출물이 많은 편이다. 유의한 것은 산출물을 수용하기보다, 검증 후 활용해야 한다는 점이다. 비판적인 수용이 필요한 경우로는 △일부 뉴스에서 과장 또는 과대 보도하는 경우, △논쟁의 소지가 있는 주제에서 한쪽 주장만 제시하는 경우, △뉴스의 출처와 취재원이 익명으로 처리한 경우가 있다. 이와 같은 내용들이 의심된다면 생성형 AI가 생성하는 자료에 대해 반드시 검증 절차를 거쳐야 한다.

② 경제 뉴스

경제 현상과 경제 문제를 다룬 뉴스다. 정치 뉴스와 함께 생성형 AI의 지속가능발전교육 관련 산출물이 많은 뉴스다. 그래서 산출물에 나온 각종 수치, 즉 금리, 환율, 수출, 세금 등에 대한 검증이 반드시 요구되는 뉴스이기도 하다. 특히 경제 관련 산출물은 관점과 입장에 따라 의미가 달라질 수 있으므로, 여러 뉴스를 찾아 비교해 보는 비판적인 수용 습관이 중요하다.

③ 과학 뉴스

지속가능발전교육 활동에서 생성형 AI에게 과학분야 질문(주문)을 종종 하게 된다. 생성형 AI가 산출물을 내놓을 때 원저작물로 논문보다 뉴스가 더 자주 등장한다. 그 까닭은 복잡한 논문내용을 읽기 쉽게 요약 또는 핵심사항을 풀어 놓았기 때문이다. 그럼에도 산출물에 대한 비판적인 수용 태도로 검증을 필요로 한다.

④ 환경 뉴스

자연환경과 환경문제를 다루는 뉴스다. 뉴스를 통한 감시와 대안 제시로 여론 형성은 물론 여러 문제 해결에 도움을 주고 있다. 생성형 AI에서 얻은 산출물을 이용하기 앞서 △지역 이기주의적 소식이나 의견의 경우 △지나치게 전문용어나 이론 중심인 경우 △특정 집단이나 특정 기업에게 유리한 정보 제공이나 주장을 펼친 경우 △환경 정책 및 제도의 개선에 대한 대안 제시 없이 단순히 비판이나 비난에 그칠 경우, 이를 비판적으로 수용하고 검증하는 태도가 필요하다.

⑤ 사설

언론사의 의견·주장을 밝힌 글이다. 글의 유형은 투쟁형, 주장형(성명형), 해설형(강의형), 회고형, 전망형, 성찰형(명상형) 등이 있다. 생성형 AI에게 주장이나 의견에 대해 물어볼 경우 사설을 원저작물로 한 산출물을 얻을 수 있다. 우리가 사설을 주목해야 할 이유는 특정 사안에 대한 주장이나 의견 제시 방법을 익힐 수 있다는 것이다. 생성형 AI가 제시한 의견·주장 샘플을 그대로 사용하기보다, 사람 스스로가 의견·주장을 생각하고 판단하여 결정하여야 한다.

(3) '시청각 중심 뉴스'의 유형별 특징

① 사진

생성형 AI가 제시하는 사진은 축적이나 학습을 통해 이루어진다. 산출된 사진은 보통 원저작물에 대한 응용, 모방, 융합의 방법이 동원된다. 그래서 생성형 AI에게 질문(주문)하고 제시받은 사진을 그대로 쓴다면 저작권법 위반 가능성이 높다. 그래서 사진을 산출받았다면, 생성형 AI에게 제시한 사진의 출처가 어디인지 추가로 질문(주문)하여 이를 정리해 두는 것도 중요하다.

② 일러스트

생성형 AI에게 특정 주제와 관련해 일러스트를 요청(주문)하는 경우가 가끔 있다. 이때 생성형 AI는 자신이 축적하거나 학습한 저작물을 바탕으로 응용, 모방, 융합한 산출물을 제시한다. 사진과 마찬가지로 산출물의 출처를 생성형 AI에게 추가로 묻고 정리해야 한다.

③ 표 · 그래프

비교, 통계 등을 글로 작성된 것으로 읽으면 이해도 어렵고 혼란스러울 수 있다. 이때 표나 그래프는 데이터를 단순화할 뿐만 아니라 내용을 한결 알기 돕는다. 그래서 생성형 AI에게 표나 그래프의 제작을 요청(주문)하면 다양한 형태로 산출물을 얻을 수 있다. 이때 유의할 점은 생성형 AI에게 사진, 그림 등 이미지를 제외하고 요청(주문)한다. 왜냐하면 생성형 AI가 나름 보기 좋게 하려고 학습된 이미지를 표나 그래프와 함께 노출되도록 산출할 가능성이 높다. 그러나 이렇게 제작된 산출물은 저작권 분쟁 가능성이 생길 수 있기 때문이다.

④ 동영상

요즘 학생들은 영상에 익숙한 세대다. 의사소통은 물론 오락, 뉴스, 영화・드라마・음악 등 여가생활, 일상 기록까지 동영상으로 즐기고 공유한다. 동영상 자료는 TV 영상, 유튜브 등이 대표적이다. 생성형 AI에게 질문하면 동영상 자료는 방송・신문 등 언론, 인터넷 언론, 정부 부처 및 지방자치단체, 공기업・연구소 등 공공기관, 민간 기업・협회, 소셜미디어 계정 등에서 제작한 것이 나온다. 또한 뉴스 채널은 아니지만 연구자・전문가, 일반인 등이 운영하는 개인 유튜버가 제작한 동영상이 검색되기도 한다.

동영상 자료는 교수・학습과정에서 학생들의 관심을 이끌고 기본적 지식을 미리 익히는 데 활용할 수 있다. 특히 학생 스스로 학습 속도를 조절할 수 있고 내용적 이해를 향상시키는 데 효과적이다. 다만, 교구로서 효과적인 측면이지만 수업 준비를 위한 교사의 검색・준비 시간 및 노력이 많을 수 있어 이에 대한 대책이 마련되어야 한다. 생성형 AI를 활용하여 이를 단축할 수 있으나, 특정 주제에 대한 동영상을 검색 또는 제작을 요청(주문)할 때 조심해야 한다. 생성형 AI가 제시한 동영상은 기존 동영상에서 편집했을 가능성이 높다. 이를 그대로 사용한다면 저작권, 초상권, 상표권 등을 위반할 가능성이 높다. 따라서 생성형 AI에서 얻은 동영상은 출처를 생성형 AI에게 추가로 요청(주문)하여 정리하고, 초상권 위반이 의심될 경우는 가급적 사용을 자제해야 한다.

(4) 수업용 뉴스 자료의 재구성

교과서의 장점 가운데 하나가 표준화된 구조로 검증된 내용을 담았다는 것이다. 그래서 연구・집필・검증 절차가 오랜 기간 소요된다. 문제는 교과서 내용

중 일부가 학습자 수준에게 흥미를 가져 주지 못하거나, 발행 시기가 오래된 자료들이 많다는 것이다.

생성형 AI는 교과서의 문제점을 해결하거나 보완하는 데 도움을 줄 수 있다. 다만, 산출된 뉴스는 교육적 목적을 염두에 두고 만들어진 것이 아니다. 따라서 난이도, 표현 수위, 맞춤법 등을 교육적 취지에 맞게 검토하는 과정이 필요하다. 즉 생성형 AI가 산출한 뉴스를 그대로 쓸 수 있는 것도 있겠지만, 뉴스에 따라 산출물을 재구성한 후 활용해야 한다는 의미다.

'재구성'은 기존에 구성된 것을 새롭게 첨삭하거나 보완하는 것이다. 뉴스 자료의 재구성이란 교육과정 및 교과서가 요구하는 수업 목표와 학습 내용을 수행하고자 제시된 여러 자료를 뉴스로 새롭게 구성하는 것을 말한다. 즉, 뉴스 자료 재구성의 목적은 학습자의 자발적인 학습과 능동적인 참여를 이끌어 내기 위해 수업에 필요한 개념이나 소재를 뉴스에서 찾아 더 흥미롭게 수업할 수 있도록 하는 것이다(최상희, 2015)

재구성은 교육과정의 학습 주제에 맞게 뉴스 자료를 신별하고 엄선해 학습자의 이해를 돕거나 창의적 아이디어를 창출하는 데 기여하는 것이지, 학습 주제를 벗어나 교사의 주관에 따라 원본 자료를 바꾸거나 원본 내용을 본질과 다르게 임의로 변형시켜 사용한다는 것이 아니다.

수업용 뉴스 자료의 활용법은 크게 원본 사용과 재구성 후 사용으로 구분할 수 있다.

재구성의 유형은 △일부 보완, △일부 생략, △축약, △교과자료와 결합 등 네 가지로 나눈다.

'일부 보완'은 교과가 요구하는 학습 주제 수행을 위해 제공한 뉴스 자료에 또 다른 자료를 일부 추가 제공하는 것을 말한다. '일부 생략'은 학습자에게 뉴스 자료를 제공하기에 앞서 교사의 교육적인 의도에 따라 일부 내용을 삭제하는 것을 말한다. '축약'은 학습자에게 제공될 뉴스 자료의 분량이 많거나 내용이 방대할 경우 그 개념과 내용 설명을 요약, 정리하는 것을 말한다. '교과 자료와 결합'은 교과서에 나온 자료를 주 자료로 쓰고 교사의 교육적인 의도가 반영된 뉴스 자료를 부자료로 제공하는 것을 말한다.

(5) 수업용 자료 읽기

뉴스 읽기는 기사, 사진, 일러스트, 동영상 등을 토대로 능동적으로 그 의미를 재구성해 나가는 사고 과정이다. 생성형 AI에서 얻은 뉴스 또는 뉴스 형태의 산출물에 대한 읽는 방법은 다음과 같다.

첫째, 훑어 읽기로, 대충 읽어 가는 방법이다. 검색한 다양한 뉴스의 제목, 사진, 기사 요약 중심으로 훑어가며 읽는 방법이다. 이 방법은 짧은 시간 내에 많은 뉴스를 탐색할 수 있는 장점이 있지만, 자칫 정보를 놓치거나 오독(誤讀)할 가능성이 있다.

둘째, 발췌하며 읽기로, 추려서 읽는 방법이다. 검색한 뉴스에서 중요한 부분과 필요한 사항만 체크하여 집중적으로 읽는 방법이다. 이 방법은 정보의 목적에 따라 선택하여 읽어 간다는 점에서 훑어 읽는 법보다 정보이해도가 높은 편이다.

셋째, 정독하기로, 생각하며 읽어 가는 방법이다. 자신에게 필요한 뉴스들만 선택해 분석적으로 면밀히 따져가며 읽는 방법이다. 개요, 주장 내용, 용어의 의미 등 음미해 가며 심층적으로 해석하기 때문에 비록 시간은 소요되나 오독의 가능성은 적은 편이다.

넷째, 숙독하기로, 비교하며 읽어 가는 방법이다. 읽고자 하는 뉴스를 시간에 구애받지 않고 내용을 분석하거나 의미・전망 등을 파악하고 나름대로 결론을 이끌어내는 읽기 방법이다.

3) 무엇을 묻고 답할까

생성형 AI는 사람의 아이디어와 콘텐츠 생성에 많은 도움을 주는 도구다. 자료를 찾아 정보로 변환하는 데 필요한 노력과 시간을 크게 줄여주는 역할을 한다. 원하는 정보를 얻는 과정에서 주목할 부분은 과정의 처음과 끝에 사람의 생각과 판단이 요구된다는 점이다. 어떤 주제나 분야에서 무엇을 얻고자 하는지는 사람이 정해야 하고, 이를 바탕으로 생성형 AI에게 필요한 부분을 제공받고, 마지막으로 그 산출물에 대한 신뢰도, 정확도를 사람이 판단하고 사용 여부를 결정하기 때문이다. 생성형 AI에게 의존하는 것이 아니라, 사람과 생성형 AI가 협업해야 한다는 마음가짐이 요구된다.

이 책의 〈4~11장〉에서도 △질문과 질문목록 작성, △질문·답변 과정, △정보 탐색, △답변 자료 검토, △아이디어 얻기 등 다양한 목적과 수단으로 언급되고 있다.

(1) 묻는다는 것

자신이 원하는 정보·자료를 생성형 AI에서 얻고자 할 때 어떠한 질문을 해야 할까. 생성형 AI는 박사급 수백만 명이 쏟아내는 정보·자료의 보유량을 가졌다. 그렇지만 에둘러 표현하거나 단답식으로 물으면, 직설적인 초등학생의 답변에 가까울 때가 많다. 원하는 결과물을 얻기 위해서는 명확한 표현과 맥락적인 단서를 집중해 요청(주문)해야 고급적인 산출물을 아낌없이 꺼내준다. 그래서 질문을 할 때는 전략적인 질문요령이 필요하다.

질문의 유형은 크게 △육하원칙형 질문, △확장형 질문, △압축형 질문, △연계형 질문, △대화형 질문, △역지사지형 질문, △논쟁·비판형 질문 등이 있다.

육하원칙형 질문은 궁금한 부분을 누가(Who), 무엇을(What), 어떻게(How), 어디서(Where), 언제(When), 왜(Why)의 5W1H의 의문사를 묻는 유형으로, 알고자 하는 상황이나 내용에 대해 짧은 시간 동안 체계적으로 알 수 있다.

확장형 질문은 어떠한 사실이나 논점에서 출발하여 분야·영역·난이도 등을 점점 넓혀가는 유형으로, 다양한 관점을 이해하고 자료 수집 분량이 많아지는 특징이 있다.

압축형 질문은 여러 사실이나 논점을 공통점·차이점, 예·아니오, 선다형 선택 등으로 알고자 하는 범위를 줄여 가는 유형으로, 핵심 파악이나 신속한 결론을 내리기에 적합하다.

연계형 질문은 어떠한 사실이나 논점과 관련 있는 분야·영역·사람·사물 등과 관련지어 추정 또는 가설의 증명을 위한 유형으로, 짐작은 가지만 명확하지 않은 사항을 입증하는 방법으로 자주 쓰인다.

대화형 질문은 특정한 사실이나 논점을 두고, 방향성 없이 대화를 주고받는 유형으로, 브레인스토밍처럼 자유로운 질문과 답변 속에서 아이디어를 찾을 때 활용된다.

역지사지형 질문은 답변하는 입장을 염두에 두고 의도나 주장을 예측해 질문하는 유형으로, 다양한 관점과 변수를 예측해 봄으로써 공감력 및 문제 해결력을 향상하는 데 도움이 된다.

논쟁·비판형 질문은 찬·반, 긍정·부정, 옳고 그름, 비교 선택 등을 진행하는 유형으로, 어떠한 사실이나 논점에 대해 치밀한 분석과 쟁점의 명확성을 확보하는 데 유용하다.

생성형 AI에게 동일한 주제를 시차를 두고 질문했다고 해서 동일한 수준의 산출물이 나오지 않을 때가 종종 있다. 원하는 자료를 찾기 위해서 상황에 맞게 질문을 해야 한다. 생성형 AI에게 질문할 때 기본적인 요령은 다음과 같다. ① 키워드는 주제와 논점을 염두에 두고 명확하게 입력한다. ② 관련성이 없는 단어, 이름, 명칭을 쓰지 않는다. ③ 원하는 사항을 구체적으로 묻는다. ④ 사자성어, 속담, 특정 기호, 약칭 등은 피한다. ⑤ 알고자 하는 것과 관련된 자료, 배경 정보, 의미 제시, 근거 등 맥락을 제공한다. ⑥ 질문자의 경험이나 지식이 있다면 제시한다. ⑦ 가끔은 '만일~', '~라면' 등 가정법을 사용하여 질문의 폭을 확장해 본다.

생성형 AI를 활용해 얻은 산출물에 의구심이 간다면 어떻게 해야 할까? 숫자·용어, 적절성, 발언 내용상 오류, 관련 정보의 해석 실수, 충돌·상반된 부분 등이 의심된다면 생성형 AI에게 다시 한번 검증해야 한다.

(2) 답변하는 것

답변은 생성형 AI만 하는 것이 아니다. 이 책의 〈4~11장〉에서도 △발표, △비평, △공유, △의견 제시 등 다양한 활동 유형이 언급되고 있다. 이러한 활동 유형들은 생성형 AI에게 산출물을 얻었지만, 그대로 사용하지 않고 사람이 판단하고 결정해야 하는 영역이다.

온라인상에서 대표적인 답변은 댓글이다. 댓글은 인터넷상 게시판, 뉴스, 게시글 등에 자신의 주장, 의견, 평가, 제보하는 짧은 글을 말한다. 답글이라고도 부르며, 리플(reply) 또는 코멘트(comment)라고 쓰기도 한다. 댓글은 인터넷상의 어떠한 사안에 반응하는 또 다른 형태의 적극적인 여론 생산·참여 방식이다.

사람들이 댓글을 쓰는 이유는 무엇일까. 이용자들은 개방된 인터넷상의 수많은 정보·자료를 접하면서 자신의 생각에 대한 의사를 표현하려는 욕망이 강해졌기 때문이다. 댓글의 동기는 ① 다른 사람의 생각에 동조하거나 반하는 것에 대한 표현 욕구가 강한 경우, ② 인터넷의 게시판, 뉴스, 게시글 등에서 제시하지 않은 정보·자료를 알리는 욕구가 강한 경우, ③ 댓글 쓰는 자체에 즐거움을 느끼는 경우, ④ 여론형성에 주도하고자 하는 욕구가 있는 경우 등이 대표적이다.

댓글의 유형은 △의견제시형, △투쟁형, △충고형, △캠페인형, △고발형, △재담가형, △비평형, △해설형, △해명형, △회고형 등이 있으며, 주제나 상황에 따라 두 가지 이상의 유형이 섞여 작성되기도 한다.

댓글도 하나의 짧은 글쓰기다. 또한 짧은 발표의 원고가 되기도 한다. 자신의 주장과 의견을 보다 명확하게 의사전달하려면 댓글 쓰는 연습이 요구된다.

기초훈련인 '한 줄 쓰기'로 답변의 완성도를 높여보자. (→ 59~60쪽 참고)

4) 정보 · 자료의 검증이란

사람의 입장에서 생성형 AI는 공생관계다. 생성형 AI에서 얻은 산출물은 사실상 미완의 정보다. 중요 내용이나 핵심 사항에 관한 확인 절차가 필요하다. 생성형 AI에서 얻은 산출물은 인터넷 포털에 나온 정부 부처 및 지방자치단체, 공기업·연구소 등 공공기관, 민간 기업·협회, 뉴스, 소셜미디어 계정 등에서 검증해야 한다.

새롭게 산출한 정보·자료는 확인 절차를 거치는 것이 중요하다. 생성형 AI는 쉽고 빠르게 원하는 산출물을 얻을 수 있다는 장점이 있다. 반면 정확성, 저작권, 초상권, 진위 여부 확인이 어렵다는 단점이 있다. 또한 생성형 AI가 탐색에 동원한 정보·자료의 맥락을 이해하지 못한 경우나 독특한 표현, 고사성어, 풍자, 유행어 등의 미묘한 차이를 이해하지 못하여 원하지 않는 산출물이 나올 수도 있다. 질문(주문)이 민감한 주제이거나 논쟁의 소지가 있는 사안도 주의가 필요하다. 결국 생성형 AI가 제시한 산출물은 사람이 판단하고 결정해야 한다.

검증이란 어떠한 명제나 대상을 검사하는 것이다. 정보·자료의 검증은 의심에서 시작하지만, 궁금증 해소의 시간이자 또 다른 아이디어를 확장해 가는 기회이기도 하다.

정보·자료의 정확성과 신뢰도를 높일 수 있는 검증 방법 몇 가지를 살펴보면 다음과 같다.

첫째, 생성형 AI가 제시한 산출물에서 사실과 주장을 구분하여 의심하며 살핀다. 특히 주장의 경우 지나치게 자극적이거나 감정적인 내용, 가치관이 신념으로 답을 정한 확증편향적인 내용, 일방적인 비판 등은 다른 자료로 교체한다.

둘째, 생성형 AI가 제시한 산출물에서 출처를 살펴본다. 산출된 텍스트형 정보·자료, 사진, 동영상, 표·그래프에서 중요 내용, 핵심 사항, 이름, 숫자 등을 확실히 확인해야 실수나 오류를 줄일 수 있다. 특히 원저작자 여부를 반드시 확인한다.

셋째, 생성형 AI가 제시한 산출물에서 근거자료를 살펴본다. 산출물에서 제시한 정보·자료의 정확성과 신뢰성 여부를 파악한다.

넷째, 생성형 AI가 제시한 산출물의 제목과 내용이 동일한지 살핀다. 간혹 산출물 가운데 제목과 내용이 일치하지 않거나, 비슷하게 보이지만 미세하게 내용이 다른 경우도 있어 주의할 필요가 있다. 그래서 산출물은 반드시 끝까지 읽어봐야 한다.

다섯째, 생성형 AI가 제시한 산출물이 자신의 관점과 일치하는 점이 맞는지 살핀다. 생성형 AI는 자신의 콘텐츠(정보·자료) 품질 향상을 위한 도구로서 사람의 가치관이나 판단을 도울 뿐이다.

여섯째, 생성형 AI가 제시한 산출물에서 원본의 조작, 위·변조 여부도 확인한다. 산출물이 인용된 자료인 경우, 그 인용한 자료를 찾아 원본과 대조 및 비교를 통해 변화 여부를 살핀다.

5) 표현의 완성은 쓰기… "나는 쓸 수 있다"

디지털 기술 혁신은 끊임없다. 지금도 인공지능(AI)을 포함한 다양한 변화와 발전이 꾸준히 일어나고 있다. 사람들은 그 어느 때보다 스마트폰을 비롯해 디지털 기기와 함께 시간을 보내는 경우가 늘고 있다. 이러한 디지털 시대라 하더라도 문자 중심의 의사소통은 더욱 잦을 수밖에 없다. 특히 생성형 AI로 탐색된 산출물도 알고 보면 문자 언어를 많이 사용한다. 나아가 문자가 그림, 음성이나 소리, 동영상 등과 결합하면서 새로운 산출물이 탄생하기도 한다. 여기서 중요한 것은 생성형 AI의 산출물을 대체로 그대로 사용하는 의존적인 태도로 수용을 할지, 자신의 생각과 주장을 담아 재구성하는 자기 주도적인 활용을 할지 선택해야 한다.

(1) 혼자 쓸까, 생성형 AI와 함께 쓸까

좋은 글은 읽는 사람이 이해하기 쉽게 쓴 글이다. 나의 생각이나 주장이 상대방에게 제대로 전달된 글이다. 사람들은 글쓰기를 잘하고자 하지만 막상 쓰려고 하면 망설여진다. 그 이유는 간단하다. 쓰고 싶은 것은 머릿속에 있으나, 단어·문장·소재·맞춤법 등이 먼저 생각나면서 고통을 겪는다.

글은 어렵게 생각하면 쓰지 못한다. 거꾸로 말하면 글은 쉽게 생각하면 쓸 수 있다. 여기서 약간의 기초적 준비와 연습이 뒤따라야 한다.

글을 쓰기에 앞서 먼저 준비할 것이 아이디어의 축적이다. "무에서 유를 만드는 것을 할 수 있을까", "새로운 무언가를 생각해 낼 수 있을까"라는 생각을 버린다. 다시 말해 "무에서 유를 만들 수 있겠다", "새로운 무언가를 생각해 낼 수 있겠다"라는 마음가짐부터 필요하다. 아이디어는 메모라는 도구가 필요하다. 평소 어떠한 생각이나 떠오르는 무언가가 있다면 수첩, 노트, 디지털 기기 등에 메모한다. 내가 쓰려고 하는 글이 있다면 이 같은 아이디어 조각을 활용 또는 조합하여 새로운 아이디어를 만들어 낼 수 있는 것이다.

둘째, 준비할 것은 글쓰기 연습이다. 베껴 쓰기(필사), 한 줄 쓰기 등 글쓰기 기초훈련부터 글의 구조, 전개 방법, 표현법 등까지 차근차근 익힌다. 이 곳에서는 기초훈련인 한 줄 쓰기에 대해 살펴보기로 한다.(→ 59쪽 참고)

셋째, 준비할 것은 '글의 설계도' 작성 연습이다. 쓰고자 하는 글의 구조를 짜임

새 있게 구성하는 개요나 윤곽이다.

넷째, 준비할 것은 발표 연습이다. 자신이 쓴 글을 직접 읽어보는 것이다. 글을 눈으로 보는 것은 감상에 불과하다. 또한 착시현상으로 오류나 오차 등을 놓치기 쉽다. 그래서 글을 작은 소리로 천천히 읽어보면, 화면이나 모니터에서 살펴볼 때는 몰랐던 어떤 문제점을 많이 발견할 수 있다. 비록 시간이 걸리더라도 반드시 읽어보는 습관을 가진다.

이러한 준비와 연습이 바탕이 된 글을 잘 쓰기 위한 핵심 요령은 다음과 같다. ① 글의 설계를 치밀하게 한다. ② 읽는 사람들의 입장에서 이해하기 쉽게 써야 한다. ③ 문장은 가급적 짧게 써야 한다. ④ 주장은 선명하게, 사실 여부는 정확성을 유지해야 한다. ⑤ 어려운 용어나 한자 사용은 자제한다. ⑥ 재미있는 사례를 제시한다.

위와 같은 글쓰기 기초를 잡을 때 생성형 AI는 유용한 도구가 될 수 있다. 글쓰기의 첫발을 내딛기 어렵다면 생성형 AI에게 원하는 주제와 소재를 제시하여, 글의 뼈대(구조), 구성, 사례 등을 도움 받는다. 이후 자신의 생각과 경험 등으로 살을 채워나가면 글의 자신감을 얻을 수 있기 때문이다. 하지만, 여기서 주의해야 점은 생성형 AI와 사람 간의 '협업'에 목적을 두고 수단으로써 활용해야 한다는 것이다. 생성형 AI가 여러분의 글을 모두 써주는 '의존'에 목적을 두어서는 안 된다.

글쓰기에 조금 자신이 있는 사람에게도 생성형 AI는 유익한 도구가 될 수 있다. 기존의 정보·자료에 대한 정확성이나 신뢰도 검토를 맡겨 시간을 절약할 수 있다. 작성한 글에 대한 추가적인 아이디어를 제시받으면 콘텐츠 품질이 한층 더 향상될 수도 있다. 생성형 AI가 집필을 마친 글을 검토하여 보완 및 개선 사항에 대한 도움을 받을 수 있다. 이러한 생성형 AI의 장점을 활용하며 아낀 시간에 글쓴이는 아이디어 발굴과 콘텐츠 품질 향상에 더 신경 쓸 수 있어 글의 완성도가 높아질 것이다.

생성형 AI의 자기 주도적 활용 방법은 다음과 같다. ① 원하는 정보·자료는 검색어를 명확하게 제시하고, 문장 표현이 맥락적으로 이해될 수 있도록 정보 탐색이 이루어져야 한다. ② 산출물에 대해 근거 확인, 비교, 대조 등 검증 과정을 거쳐 면밀한 분석이 이루어져야 한다. ③ 생성형 AI와의 토의가 필요하다. 처음 한 번 나온 산출물을 살펴 이를 바탕으로 추가적인 질문이나 요청을 통해 최종 산출물에 대한 정확성과 신뢰도를 더 높일 수 있다. ④ 산출물에 대한 전문가, 동료 교사, 또래 학생 등과 의사소통하기가 요구된다. ⑤ 앞서 진행한 단계를 거친 산출물에다 자신의 생각과 주장을 표현한다. 이렇게 표현이 재구성된 산출물이 바로 자신이 만든 진정한 완성품이다.

(2) 쓰기의 기초훈련 '한 줄 쓰기'

글쓴이는 생성형 AI와 협업으로 본문 쓰기에 대한 도움을 받을 수 있다. 하지만 자신이 바라는 주장이나 의견까지 생성형 AI에게 의존하면 안 된다.

논제와 관련해서 입장을 일목요연하게 표현하는 것은 쉬운 일은 아니다. 그렇지만 몇 가지 표현 방법과 기초 연습만으로도 자신의 견해나 입장을 충분히 밝힐 수 있다. 이 가운데 누구나 쉽게 해 볼 수 있는 방법은 '한 줄 쓰기'다.

인디넷상에 올리는 짧은 콘텐츠를 짤방이라고 일컫는다. 한 줄 쓰기는 짧고 쉬운 요약이나 핵심을 정리한 것으로 '짤글'로 부르고자 한다. 짧은 글쓰기 유형의 하나인 댓글도 있다.(→ 55쪽 참고)

글쓰기는 분량도 중요하지만, 질적 품질이 더 좋아야 한다. 질적 품질은 잘 표현된 문장들이 모이고, 이를 다듬으면서 만들어진다.

글의 분량을 급히 채우기보다 한 줄이라도 제대로 쓰겠다는 마음가짐이 필요하다. '한 줄만 쓰면 된다'는 분량 부담감에 벗어나 글쓰기 연습을 시작하면 작은 성취감을 자주 느낄 수 있다. 한 줄, 한 줄 쓴 것을 모아보면 분량이 많다는 것을 직접 확인해 볼 수 있고, 스스로 자신감을 가질 수 있다. 나아가 한 줄 이상 쓸 수 있다는 도전 의식도 자라난다. 그래서 글쓰기를 처음 시작할 때 한 줄의 소중함을 깨닫고, 이를 통해 경험을 쌓는 것이 필요하다.

한 줄 쓰기는 몇 가지 방법만 알면 쉽게 시작할 수 있다. 각자에게 맞는 1가지를 선택해 쓰다가, 차츰 2~3가지씩 늘려가며 실천한다. 한 줄 쓰기 활동 가운데 주요 연습 사례를 제시하면 다음과 같다.

첫째, 요약하기 활동이다. 뉴스, 책, 만화, TV 프로그램, 유튜브 등에서 중요하다고 생각하는 부분을 적는다. 중요한 내용은 사람, 사물, 상황, 숫자, 쟁점, 결론 등에서 찾아 작성한다.

둘째, 발췌하기 활동이다. 중요한 부분, 마음에 드는 부분, 새롭게 알게 된 부분, 흥미로운 부분 등을 옮겨 적는다. 비록 한 줄이라도 쓰기가 부담될 때 시도하면 좋다.

셋째, 등장인물 중심 활동이다. 정보・자료에 나온 인물을 선택하여 그 사람의 말 또는 행동 중에서 중요하다고 여기는 것을 적는다. 이 활동은 한 줄 속에 중요하다고 여긴 부분에 대한 이유도 함께 표현한다.

넷째, 육하원칙 활동이다. 육하원칙은 누가(Who), 무엇을(What), 어떻게(How), 어디서(Where), 언제(When), 왜(Why)의 5W1H를 말한다. 중요한 부분을 찾는 데 어려움이 있을 때, 육하원칙의 의문사를 질문하며 알고자 하는 내용을 찾아 작성하면 부담을 낮추며 쓸 수 있다.

다섯째, 연대기 쓰기 활동이다. 정보・자료에서 시기 또는 시간대 가운데 중요한 지점을 선택하여 일이 일어난 순서나 일정 간의 묶음으로 적는다.

여섯째, 사진 설명 쓰기 활동이다. 사진 설명은 사진・영상 등 이미지 장면을 설명하는 짧은 글이다. 뉴스, 도서, 만화, TV 프로그램, 유튜브 등에 나온 장면을 선택하여 설명글 쓰기, 자기 생각이나 주장을 제시한다.

일곱째, 사실과 의견 쓰기 활동이다. 정보・자료에서 '사실'에 바탕을 둔 한 줄 쓰기를 해본 다음, '의견'에 바탕을 둔 한 줄 쓰기를 함께 해 본다. 이 활동을 통해 의사 표현에서 사실과 의견의 다름을 이해한다.

여덟째, 공통점과 차이점 찾기 활동이다. 정보・자료에서 닮은 점을 중심으로 한 줄 쓰기를 한다. 또 다른 점을 중심으로 한 줄 쓰기를 해 보기도 한다. 공통점과 차이점 찾기를 함께 해도 된다.

(3) 이해하기 어려운 제목과 쉬운 제목

제목은 읽는 사람의 입장에서 정보・자료를 한눈에 파악할 수 있는 나침반이다. 정보・자료의 의미, 핵심 등을 압축적으로 알려주기 때문이다. 그래서 제목은 많은 내용을 담기보다 많은 내용을 버린 결과물이다. 여러 중요한 것들 가운데 가장 핵심만 담아 표현해야 한다는 의미다. 버리기가 아까워 이것저것 담아낸다면 제목은 산으로 가고 만다.

제목 뽑기에 고민이 많다면 생성형 AI에 여러 제목 샘플을 제시받을 수 있다. 짧은 시간에 제목 샘플을 얻음으로써 제목을 구안하는 고민을 덜 수 있어 유익한 도구다. 그렇지만 일부 정보・자료의 핵심을 잘못 이해하거나, 맥락을 이해하지 못해 엉뚱한 제목이 생성될 수 있다. 또한 자신과 생성형 AI 간의 가치 판단 기준이 다를 때도 원하지 않는 제목이 나올 수 있다. 따라서 산출물이 나오더라도 가치 판단과 결정은 반드시 사람이 수행해야 한다.

생성형 AI에게 제시 받은 제목 샘플을 바탕으로 직접 제목을 다듬거나 새로이 뽑을 수 있다.

제목이란 무엇이고 어떻게 뽑는지에 대해 살펴보기로 한다. 제목 형태는 크게 △1줄형, △2줄형(주제－부제), △여러 줄형(3줄 이상)으로 나눌 수 있다.

제목 뽑는 방법 내지 원칙을 제시하면 다음과 같다.

첫째, 전달하고자 하는 핵심 내용 1가지만 제목에 표현한다.

둘째, 전달하려는 주제, 핵심 내용을 가급적 첫째 줄에 나타낸다. 제목 유형에 따라 두 번째 줄에 제시할 수 있다.

셋째, 읽는 사람의 입장에서 제목을 읽고 글이나 사진 등의 내용을 이해할 수 있어야 한다.

넷째, 적정한 제목 글자 수는 첫 줄 기준 15자 내외로 한다. 고유명사, 지명 등이 긴 경우라도 첫 줄 기준 20자를 넘기지 않는다.

다섯째, 핵심 내용을 직설적 표현으로 할지, 은유적으로 표현할지 결정한다. 은유적 표현의 경우 암시한 제목이 읽는 사람의 입장에서 알 수 있어야 한다. 애매하거나 추상적인 표현은 피한다.

여섯째, 제목에서 장황한 수식어를 피한다. 지나친 장식은 오히려 핵심 내용의 이해를 방해한다.

일곱째, 하나의 제목에서는 중복된 단어나 유사한 뉘앙스를 반복해 사용하지 않는다.

제4장

AI 프로젝트 수업 실천

이 장에서는 지속가능발전교육에서 프로젝트 수업이 가지는 의의가 무엇인지를 살펴보고, 프로젝트 수업 절차를 탐색해 보고자 한다. 그리고 생성형 AI 활용 지속가능발전교육을 프로젝트 수업 절차에 따라서 수업 설계, 수업 실행, 수업 성찰의 각 단계에서 이루어지는 구체적인 활동에 대해 고찰해 보고자 한다.

1. 지속가능발전교육과 프로젝트 수업의 만남

지속가능발전교육에서 '프로젝트 수업'이 가지는 의의는 무엇인가?

첫째, 프로젝트 수업은 교실을 넘어 실제 세계와 연결하는 교수법이다. 지속가능발전교육에서 프로젝트는 학생들 개인의 삶뿐 아니라 지역사회, 국가, 그리고 국제사회가 직면한 문제에 대한 관심에서 출발한다. 이에 따라 학생들은 자신이 살아가는 생활 공간에서 지속가능발전 관련 주제를 탐구할 수 있으며(남영숙, 지승현, 2011: 25~26), 특히, 프로젝트 수업은 지속가능발전목표를 실현하기 위한 다양한 해결책을 탐색하는 활동을 통해 교실과 교실 밖의 실제 세계를 유기적으로 연결해 준다.

둘째, 프로젝트 수업은 지속가능발전교육에서 요구되는 지식, 기술, 가치를 통합적으로 이해할 수 있는 학습경험을 제공한다. 또한, 하나의 주제를 중심으로 경제, 사회, 환경과의 통합적인 관점에서 접근할 수 있는 기회를 제공한다. 이러한 프로젝트 수업을 통해 학생들은 지속 가능한 발전에 대한 깊은 통찰력을 가질 수 있다. 이는 단순히 물리적·기술적 해결책을 학습하는 것을 넘어, 지속 가능한 발전이 추구하는 가치와 목표를 통합적으로 탐구할 수 있는 학습경험을 제공해 줄 수 있다. 이러한 프로젝트 활동을 통해 학생들은 지속 가능한 경제발전, 환경보존, 사회발전에 필요한 가치를 삶의 영역에 적용할 수 있도록 돕는다.

셋째, 프로젝트 수업은 융합적인 사고력을 함양하는 데 효과적인 교수법이다. 프로젝트 수업의 목표는 지속가능발전에 대한 지식 습득을 넘어서, 학생들이 지속가능한발전 목표를 실현하는 데에 필요한 실천적인 태도 개선과 고등 사고력, 협업역량, 통합적 문제해결력을 비롯한 융합적 사고력을 증진시킨다. 이와 같이 이론과 실천이 결합되고, 학습자의 주도성을 자극하는 프로젝트 수업은 환경 보존, 경제 성장, 사회 정의 실현을 위한 지식과 가치 함양은 물론, 시스템적 사고, 예측 능력, 전략적 역량, 규범적 역량 등의 지속가능발전교육 역량을 강화하는 데 최적화된 교수법이다.

넷째, 프로젝트 수업은 학생들의 실천 역량 강화에 도움을 준다. 프로젝트 수업에서 학생들은 문제 해결에 필요한 지식과 역량을 키우고, 지속가능발전을 저해하는 사회 구조적인 문제를 탐구해서 문제 해결을 위한 실천적인 방안을 도출할 수 있다. 이러한 과정은 지속가능발전교육의 핵심 개념인 변혁적 실행을 돕는 데에 프로젝트 수업이 중요한 역할을 할 수 있음을 말한다. 변혁적 실행을 통해 학습자가 지속가능한 미래를 위해 필요한 변혁적인 행동을 실천하고, 이를 통해 사회의 구조적 변화에 기여할 수 있는 실천적인 역량을 가진 시민으로 성장할 수 있도록 돕는다.

AI 활용 지속가능발전교육에서 프로젝트 수업을 어떻게 진행할까?

AI 활용 지속가능발전교육에서 프로젝트 수업은 개인, 지역사회, 국가, 국제적인 관계 속에서 '혁신적 실천, 구조적 변화, 미래 기술 활용'의 관점에서 총체적인 접근이 필요하다. 학교 교육과정에서 이상적인 지속가능발전교육 프로젝트 수업은 교과 간의 융합을 통한 통합적 접근이다. 그러나 이는 교과 간 협의를 통한 수업 설계와 수업 실행에 어려움이 있다. 현실적인 대안은 교사가 자신의 교과를 중심으로 지속가능발전교육을 실행하거나, 다학문적 관점에서 관련 교과를 중심으로 통합 주제를 선정해서 공동 수업을 설계하여 실행하는 것이다.

AI 활용 지속가능발전교육 프로젝트 수업은 초·중·고 학교급에 따라서, 교과에 따라서, 주제에 따라서, 통합의 정도에 따라서 다양한 형태로 실행할 수 있다. 이를 실현하기 위한 지속가능발전교육 프로젝트 수업 절차를 구성해 보는 것은 중요하다. 여기서는 '지속가능발전교육 프로젝트 수업 절차'를 프로젝트 수업의 일반적인 절차인 '수업 설계-수업 실행-수업 성찰'을 중심으로 다음과 같이 설정하고자 한다.

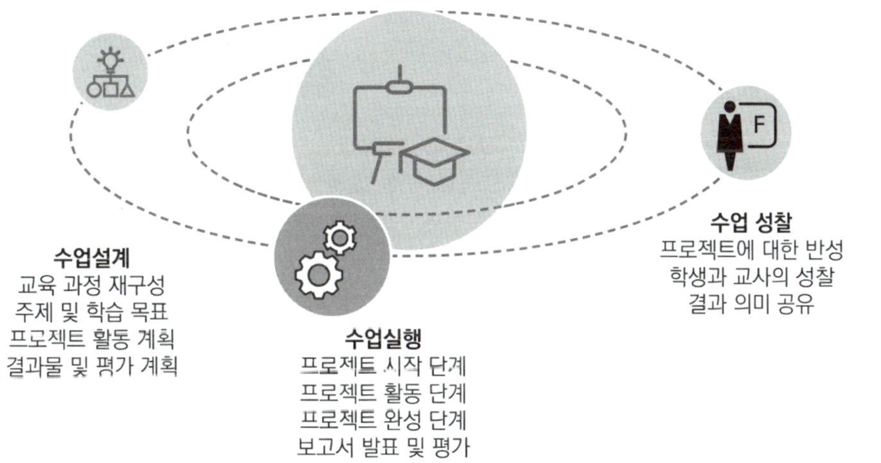

[그림 4-1] AI 활용 지속가능발전교육 프로젝트 수업 절차

AI 활용 지속가능발전교육 프로젝트 수업을 수업 설계, 수업 실행, 수업 성찰의 단계로 다음에서 자세히 고찰해 보자.

2. 수업 설계

AI 활용 지속가능발전교육 프로젝트 수업 설계는 교육과정 재구성, 주제 및 학습 목표 설정, 프로젝트 활동 계획, 결과물 산출 및 평가 계획을 중심으로 세운다. 먼저, 프로젝트 실시 배경을 분석하고, 교육과정 재구성을 통해서 지속가능발전 목표 관련 단원 선정 및 성취기준을 분석한 후 주제 선정 및 학습 목표를 설정한다. 이를 통해서 단계별 주요 활동을 차시별로 짜서 프로젝트 활동을 계획하고,

산출물 및 평가 계획을 세운다. 이러한 내용으로 AI 활용 지속가능발전교육 프로젝트는 다음과 같은 내용으로 수업을 설계한다.

[그림 4-2] AI 활용 지속가능발전교육 프로젝트 수업 설계 개요

1) 프로젝트 실시 배경

AI 활용 지속가능발전교육 프로젝트 수업은 지속가능발전목표 달성에 필요한 핵심 지식을 이해하고, 지속가능발전목표 실현에 필요한 핵심 역량을 키워나가는 데에 있다. 프로젝트가 추구하는 궁극적인 목표는 경제성장, 환경보존, 사회정의의 실현을 통해서 현세대와 미래 세대가 균형을 유지하면서 지속가능발전을 추구할 수 있는 세계 시민성 함양에 있다. 이는 단순히 지속가능발전목표에 필요한 지식을 습득하는 데에 있는 것이 아니라. 지속가능발전목표 달성에 필요한 사고능력, 실천 능력, 의지와 태도와 관련된 역량을 기르는 데에 있다.

이러한 내용을 고려하여 프로젝트 실시 배경을 시대적 요구와 교육적 과제로 분석한다. 먼저, 시대적 요구는 ① 지속가능발전목표 가치 실현의 차원에서 글로벌 도전과제 해결을 위한 국제적 합의를 비롯해서, 지속가능발전목표와 개인 삶과의 관련성을 고려한다. ② 디지털 전환 시대와 AI 활용의 차원에서 AI를 통해 데이터 분석, 문제 예측 및 해결 방안 도출 등과 관련성을 고려한다.

교육적 과제는 ① 지속가능발전목표와 교과와의 관련성을 관점에서 지속가능발전교육 프로젝트 수업이 갖는 배경을 분석하여 지속가능성에 대한 통찰력과 실천력 노력의 필요성을 고려한다. ② 지속가능발전교육 프로젝트 실시를 통해서 함양하고자 하는 미래지향적 시민 역량과 어떤 관련성이 있는지를 분석한다.

2) 교육과정 재구성

교육과정 재구성을 위해서 프로젝트 실시에 적합한 교과 단원과 성취기준을 선정하여 지속가능발전목표 관련성을 탐색한다. 학생들의 실생활 문제, 지역사회 현안, 국가 및 국제사회에서 지속가능발전교육과 연계할 수 있는 성취기준을 선정하는 것이 중요하다. 예를 들어, 고등학교 '통합사회' 교과와 관련하여 지속가능발전교육 프로젝트 수업을 진행한다고 생각해보자. [IX. 미래와 지속가능한 삶]에 해당하는 단원의 성취기준과 관련 지속가능발전목표를 선정해 보자.

〈표 4-1〉 단원 및 성취기준 및 지속가능발전목표 관련성 분석

성취기준	관련 SDGs
[10통사09-02] 지구적 차원에서 사용가능한 자원의 분포와 소비 실태를 파악하고, 지속가능한 발전을 위한 개인적 노력과 제도적 방안을 탐구한다. [10통사09-03] 미래 지구촌의 모습을 다양한 측면에서 예측하고, 이를 바탕으로 자신의 미래 삶의 방향을 설정한다.	SDG1~SDG17

선정한 성취기준의 핵심 내용과 특징을 분석하면 다음과 같다.

〈표 4-2〉 성취기준의 핵심 내용 및 특징

핵심 내용	• 지구촌의 사용가능한 자원의 분포와 소비 실태 • 지구촌의 미래모습을 다양한 측면에서 예측 • 지속가능한 발전을 위한 개인적 노력과 제도적 방안 탐구 • 자신의 미래 삶의 방향 설정
특징	지구촌의 지속 가능한 발전을 위해 인류가 당면한 지구촌의 문제점과 문제 해결 방안을 모색하여 바람직한 미래 사회의 변화를 탐색할 수 있다.

3) 주제 및 학습 목표 설정

성취기준 분석을 토대로 프로젝트 주제를 도출한다. 주제는 학생들의 삶의 문제와 관련성을 가지면서, 학생들의 흥미와 관심사, 삶의 문제와 직·간접적으로 관련성을 갖는 실제성 있는 문제를 중심으로 선정한다. 성취기준의 핵심 내용을 담아내면서 프로젝트 활동을 통해서 주제 실행을 위한 수행과제도 함께 설정한다. 다음과 같이 주제 및 수행과제를 도출할 수 있다.

〈표 4-3〉 프로젝트 주제 및 수행 과제

주제	수행 과제
지속가능한 사회 발전 탐구 프로젝트	지구촌 미래 문제 하나를 선정하여 지속가능발전 방안 및 실천 방안 도출하고, 지속가능한 사회발전을 위한 실천 방안을 제안해 보세요.

주제와 수행과제를 선정했다면, 프로젝트를 통해서 달성하고자 하는 학습 목표와 역량을 분석한다. 학습 목표는 인지적 목표, 사회·정서적 목표, 행동적 목표를 중심으로 분석한다. 예를 들어, '기후 위기 대응 방안 탐구 프로젝트'를 주제로 설정할 경우 다음과 같이 학습 목표와 역량을 설정할 수 있다.

〈표 4-4〉 학습 목표와 역량 설정

주제	기후 위기 대응 방안 탐구 프로젝트	관련 SDGs	SDG13
수행 과제	기후 위기의 실태와 원인 및 해결 방안을 탐구해서 보고서로 완성하고, 기후 위기 문제 해결을 위해서 내가 실천할 방안을 마련해서 실천해 보세요.		
영역	학습목표		역량
인지적 학습목표	기후변화의 실태를 파악하고, 기후변화에 영향을 미치는 요인을 정치, 경제, 사회적 관점에서 총체적으로 분석할 수 있다.		시스템적 역량
사회·정서적 학습목표	기후변화로 인해 나타난 문제점에 대해 환경적, 사회적, 경제적 및 윤리적 관점에서 해결 방안을 설명할 수 있다.		통합적 문제해결 역량
행동목표	기후변화로 위협 받는 지구촌의 지속가능한 발전을 위해서 필요한 실천적인 활동 계획을 세울 수 있다.		규범적 역량

인지적 학습목표는 기후변화의 실태 파악과 기후변화에 영향을 미치는 요인으로 정치, 경제, 사회적 관점에서 총체적으로 분석하는 것이다. 이 과정은 기후변화가 정치, 경제, 사회의 전반적인 시스템이 상호 연결되어 있음을 총체적인 관점에서 분석할 수 있는 시스템 역량을 기르고자 한다. 사회·정서적 학습목표는 기후변화에 영향을 미치는 복잡한 요인을 해결하기 위해서 환경, 사회, 경제, 윤리의 다양한 관점에서 문제해결 방안을 탐구할 수 있으며, 이를 통해서 통합적 문제해결 역량을 기를 수 있다. 행동 목표는 기후변화를 저해하는 원인을 분석하여 도출한 해결 방안을 세계시민의 관점에서 실천 방안을 도출하여 실천해 보는 것이다. 이 과정을 통해서 지구촌의 구성원으로서 지속가능발전을 위한 문제 해결 주체로서 규범적 역량을 기르고자 한다.

4) 프로젝트 활동 계획

AI 활용 지속가능발전교육 프로젝트는 주제, 수행과제, 학습 목표와 역량을 설정한 후에 프로젝트 활동을 단계별로 계획해서 교수·학습 활동 개요를 구성한다.

〈표 4-5〉 **프로젝트 단계별 주요 활동 계획**

단계		주요 활동 내용	차시 운영
프로젝트 시작단계	활동 안내		
	도입 활동		
	모둠 구성		
프로젝트 활동단계			
프로젝트 완성단계			
발표 및 평가			

【시작 단계】 프로젝트 안내, 도입 활동, 모둠 구성을 진행한다. 프로젝트 안내는 취지 및 평가 계획, 활동 결과 산출물에 대해서 자세히 설명한다. 도입 활동은 동기유발을 통해서 문제상황을 제시하고, 수행과제를 안내하고 모둠을 구성한다.

【활동 단계】 학생들은 모둠별로 수행과제 해결을 위한 프로젝트 활동 계획서를 세운다. 팀 협업을 통해서 생성형 AI 도구를 활용해서 구체적인 활동을 진행한다. 학생들은 최종 결과물을 산출되기 전에 학생 상호 간의 비평 활동이나 교사의 피드백을 받는다.

【완성 단계】 이 단계의 학습자들은 교사의 피드백과 동료 학생들의 비평 활동을 통해서 제안받은 내용을 반영하여 프로젝트 활동 결과물의 질을 높인다. 학생들은 최종적인 프로젝트 활동 결과물을 보고서 형식으로 완성하여 발표 준비를 한다.

【발표 및 성찰 단계】 모둠별로 완성된 결과물을 발표하고, 프로젝트 전 과정에 대한 성찰의 시간을 갖는다. 교사는 학생들의 발표 결과에 대해서 평가와 함께 피드백을 제공한다. 학생은 프로젝트 활동 전 과정에서 배우고 느낀 점을 중심으로 기록한 성찰일지를 발표하고, 전체 프로젝트 활동의 의미를 공유한다.

이상과 같이 프로젝트 활동 계획은 학생들의 삶의 영역과 밀접한 관련성을 가진 문제상황을 설정하여 수행과제로 제시된 문제를 해결하는 구체적인 활동으로 진행될 수 있도록 설계한다. 수업 설계 단계에서 학생들이 프로젝트 활동 결과물을 보고서 형식으로 완성하여 발표 및 성찰의 과정으로 프로젝트를 마무리하는 과정까지를 치밀하게 계획해야 한다.

5) 산출물 및 평가 계획

프로젝트 활동을 통해서 최종적으로 도출해야 할 산출물과 평가 계획을 세운다. 이때 최종 결과물은 어떤 형태이며, 평가는 어떻게 진행할 것인지에 대해 구체적인 계획을 세워야 한다. 교사의 의도 및 차시별 수업 계획에 따라 다양한 결과물을 산출할 수 있다. 〈표 4-6〉 사회과 프로젝트 수업 예시를 참고로 각 학습

목표별 프로젝트 결과물 및 평가 계획은 다음과 같은 형태로 계획할 수 있다.

〈표 4-6〉 프로젝트 결과물 산출 및 평가 계획 예시

영역	주요 결과물	평가요소	기대 역량
인지적 영역	기후변회 실대 파익 및 기후변화에 영향에 대한 요인의 총체적 분석 자료	기후변화 실태 파악 및 기후변화에 영향을 미치는 요인의 총체적 분석의 타당성	시스템적 역량
사회 · 정서적 영역	기후변화로 인해 나타난 환경적, 사회적, 경제적 및 윤리적 관점의 해결방안 수립	기후변화로 인해 나타난 문제 해결방안 수립의 적절성	통합적 문제해결 역량
행동적 영역	기후변화를 해결하여 지속가능한 지구촌의 발전을 위한 실천 계획 수립	기후변화의 지구촌 문제 해결을 위한 실천 계획의 실천 가능성	규범적 역량

산출물 및 평가는 비교적 장시간에 진행되는 프로젝트 활동의 방향성을 설정해주고, 질 높은 결과물을 산출하기 위한 중요한 이정표 역할을 한다. 교사는 학생 활동 결과물의 질을 높이기 위해 필요한 피드백 계획도 함께 세운다. 필요하다면, 동료 최종 결과물을 대상으로 갤러리 워크 형식으로 전시하여 동료 학생들의 비평을 받아 결과물 개선에 활용한다. 학생들은 '비평과 개선'을 통해서 동료 학생들뿐만 아니라, 교사, 전문가, 멘토의 의견을 반영할 수도 있다. 중요한 것은 학생들이 생성형 AI 활용을 통해 질 높은 결과물을 산출할 수 있도록 교사는 세심한 지도가 필요하다는 점이다.

3. 수업 실행

AI 활용 지속가능발전교육 프로젝트 수업 실행은 본격적인 학생 활동이 진행되는 과정이다. 이는 '프로젝트 시작 단계, 활동 단계, 완성 단계, 발표 및 평가 단계'로 구성한다. 시작 단계는 프로젝트 활동 안내, 도입 활동, 수행 과제 파악 및 모둠 구성이 이루어진다. 활동 단계는 학생들이 수행과제를 해결하는 구체적

인 모둠 활동 과정이다. 완성 단계는 프로젝트 활동 결과를 최종 보고서로 완성하여 발표를 준비하는 과정이다. 발표 및 평가 단계는 프로젝트 활동 결과 최종 보고서를 발표하고 평가를 진행하는 과정이다. 이들 전체 수업 실행 과정은 다음 [그림 4-3]과 같다.

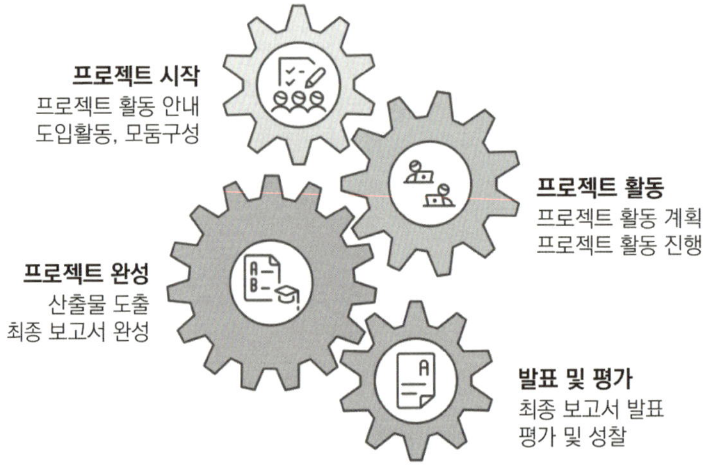

[그림 4-3] 지속가능발전교육 프로젝트 수업 실행 개요[1)]

1) 프로젝트 시작 단계

이 단계에서는 프로젝트 활동 안내 및 도입 활동, 수행 과제 파악 및 모둠 구성을 비롯해서 프로젝트 활동에 필요한 전반적인 내용이 상세히 안내된다. 교사는 프로젝트 활동 안내를 통해 프로젝트 활동의 취지, 활동 과정, 산출물에 대해서 안내한다. 도입 활동에서는 동기유발을 통해 문제상황을 이해하기 쉽게 설명한다. 학생들이 문제상황을 충분히 이해했다면, 학생들이 해결해야 할 수행과제를 파악하도록 한다. 그리고 프로젝트 활동 진행을 위한 모둠을 구성한다.

1) 출처: 생성형 AI '냅킨'을 활용해 생성한 이미지이며, 원저작물 및 저작자를 찾을 수 없음. 필자가 재구성함.

2) 프로젝트 활동 단계

프로젝트 활동 단계는 본격적으로 'AI 활용 지속가능발전교육 프로젝트' 활동을 진행한다. 학생들은 모둠별로 선정한 수행 과제 해결을 위한 여러 가지 프로젝트 활동을 진행한다. 먼저, 학생들이 지속가능발전교육 프로젝트 시작 단계에서 선정한 수행과제 해결을 위해서 필요한 프로젝트 활동 계획서를 작성하도록 한다. 프로젝트 활동 계획서는 주제에 따라서 다양한 항목을 포함할 수 있다.

교사는 프로젝트 활동에서 학생들이 수행 과제 해결에 어려움이 있다고 판단되면, 관련 자료를 활용해서 활동에 필요한 비계를 제공할 수 있다. 존 라머 외(2017)는 비계를 계획할 때는 프로젝트의 주요 결과물에서부터 시작할 것을 추천한다(2017: 260). 비계는 지속가능발전교육 프로젝트 활동 이해에 필요한 읽기 자료, 사진 자료, 시청각 자료, 신문 자료, 인터넷 자료, 학술 자료 등을 활용하여 프로젝트 활동 진행 과정에서 적절하게 제공한다.

생성형 AI 역시 학습자에게 적절한 비계 역할을 할 수 있다. 교사는 학생들의 의사와 선택권을 존중하고 주도적으로 문제를 해결하기 위해서 생성형 AI를 활용해서 문제를 해결해 갈 수 있도록 격려한다. 교사는 학생들이 프로젝트 활동 계획을 수립하고, 팀 협업을 통해서 수행과제를 해결하도록 지도한다. 이때, 교사가 제공하는 평가 계획과 평가 기준은 학생들의 지속가능발전교육 프로젝트 활동을 학생 주도적으로 이끌어 가는 방향성을 제공해 주는 데에 도움을 주며, 질 높은 산출물을 도출하는 데에 길잡이 역할을 하게 한다. 교사는 학생들에게 활동의 결과물 및 결과물을 통해서 평가하고자 하는 역량 및 평가 요소를 구체적으로 안내하는 안내문을 게시하고, 학생들이 프로젝트 활동 중에 수시로 확인할 수 있도록 한다. 이는 다음 〈표 4-7〉과 같이 제시할 수 있다.

〈표 4-7〉 **프로젝트 탐구 활동별 결과물 및 평가 요소와 기대 역량**

결과물	활동①	활동②	활동③	최종 결과물
평가 요소				
기대 역량				

프로젝트의 전 과정에서 프로젝트 활동 계획서, 산출물 및 기대 역량, 생성형 AI 활용, 교사의 피드백과 동료 학생들의 비평 활동은 학생들이 질 높은 프로젝트 결과물을 산출하는 데에 도움을 준다. 완성도 높은 결과물은 학생들의 지속가능발전 역량을 이끌어 내는 데에 중요한 의미를 갖는다.

3) 프로젝트 완성 단계

완성도 높은 프로젝트 활동의 결과물을 산출하기 위해서는 교사의 피드백과 동료 학생들의 비평을 반영하고, AI 활용 방안에 대한 세심한 지도 또한 필요하다. 이러한 과정을 통해서 프로젝트 활동의 최종 결과물은 보고서 형태로 완성한다. 보고서 이외도 최종 결과물은 여러 가지 형태로 표현할 수 있다. 지속가능발전 홍보물, 캠페인, 공연, 브이로그, 전자책, 프리젠테이션 보고서, 카드 뉴스, 정책토론회, 정책포럼, 시사토론형식, AI 활용 동영상 제작 등 다양한 유형으로 표현할 수 있다. 교사는 학생들이 프로젝트 활동을 통해서 도달하고자 하는 학습목표에 도달 정도를 최종적으로 점검하여 프로젝트 결과물을 완성하도록 한다.

최종 결과물이 완성되면, 결과물 공개 방법을 결정한다. 프로젝트의 성격에 따라 학생들은 다양한 방식으로 공개할 수 있다. 청중과 직접 대면하거나, 혹은 작품을 인터넷에 올리거나 물리적 공간에 전시할 수도 있다. 사용 가능한 제품인 경우는 사용자에 나누어 줄 수도 있으며, 문서 형태의 결과물일 경우 독자에게 배부할 수도 있다(존 라머 외, 2017: 278). 또한, 교실 공간을 활용한 오프라인 공간 전시회나 온라인 공간을 활용한 온라인 전시회를 개최하는 방법도 있다. 특히, 본 프로젝트는 지속가능발전목표의 가치 실현을 중시하기 때문에 온라인에 공개하여 지역사회나 세계 여러 지역의 사람들과 함께 공유하여 실천적인 행동을 이끌어 내는 것도 매우 의미 있는 일이 될 것이다.

4) 발표 및 평가 단계

최종 결과물은 보고서 형식으로 완성해서 발표한다. 발표는 모둠원들이 직접 발표하거나, AI 활용한 동영상을 제작해서 발표할 수 있다. 발표가 마무리되면 교사는 평가 계획에 따라서 프로젝트 활동 과정 및 활동 결과물을 평가한다. '활동 과정에 대한 평가'는 차시별 활동 상황 및 활동 중간에 산출되는 결과물, 교사와 동료의 피드백을 반영해서 개선한 내용, 모둠 활동 과정에서의 협업 역량을 중심으로 평가한다. '활동 결과에 대한 평가'는 최종적으로 산출되는 결과물과 발표를 중심으로 평가한다. 이는 다음과 같이 정리할 수 있다.

〈표 4-8〉 프로젝트 활동 과정 및 활동 결과물 평가 목록

구분	평가 목록	관련 활동
활동 과정 평가		
최종 결과물 및 발표		

평가는 다음 예시를 참고로 구체적인 평가 루브릭을 작성해서 실시한다.

〈표 4-9〉 평가요소 및 평가기준 예시

평가 영역	평가요소	평가 기준	배점
인지적 영역	기후변화 실태 파악 및 기후변화에 미치는 영향의 총체적 분석의 타당성	• 기후변화의 실태를 타당하게 분석하였는가? • 기후변화에 영향을 미치는 요인을 정치, 경제, 사회의 관점에서 총체적 분석의 타당성이 있는가?	
사회·정서적 영역	기후변화로 인해 나타난 문제 해결방안 수립의 적절성	• 기후변화로 인해서 나타난 문제를 환경적, 사회적 관점에서 적절한 해결방안을 수립하였는가? • 기후변화로 인해서 나타난 문제를 경제적, 윤리적 관점에서 적절한 해결방안 수립하였는가?	
행동적 영역	기후변화로 인한 지구촌 문제 해결을 위한 실천 계획 수립의 실천 가능성	• 기후변화로 인한 지구촌 문제 해결을 위한 실천 방안은 적절한가? • 기후변화로 인한 지구촌 문제 해결을 위한 실천 방안은 실천 가능성이 높은가?	

4. 수업 성찰

AI 활용 지속가능발전교육 프로젝트 수업은 성찰로 마무리한다. 성찰은 학생과 교사의 입장으로 진행한다. 학생의 입장은 프로젝트 활동 과정에서 배우고 느낀 점을 성찰일지로 쓰게 하거나 설문조사를 통해서 학생의 성장 역량을 분석한다. 교사의 입장은 학생의 성장 역량에 대한 객관적인 통찰과 프로젝트 전 과정에 대한 교사의 역할을 체크리스트로 체크해 봄으로써 반성적으로 전체 교육활동을 성찰을 할 수 있다.

1) 학생의 입장에서 성찰

성찰이란 무엇인가? 듀이(Dewey, 1933)는 성찰은 "최종적인 의사결정을 내리는 데 도움이 되는 믿음이나 지식에 대한 적극적이며 사려 깊은 고차원적 사고"라고 하였다. 그에 따르면, 성찰은 의심이나 주저함, 혼돈, 정신적 혼란에서 시작되어 이러한 문제들을 해결하기 위해 자료를 탐색하는 데서 나타난다고 하였다(김동식 외, 2002: 93).

냅(Knapp, 1993)에 따르면, 성찰이란 "경험에 대한 복기 또는 재검토의 수단"이 되어 이전 경험에 대한 이해, 또는 이전 활동을 통해 배운 바를 좀 더 명확하게 인식하게 하고, 나아가 이전 활동에 대한 새로운 이해와 시각을 덧붙인다고 한다. 따라서 성찰활동을 통해 일종의 통찰력이라든지, 혹은 미래 경험에 대하여 좀 더 바람직한 방향이나 모습으로 실천할 수 있는 근거를 마련해 줄 수 있다고 한다(강인애, 정은실, 2009: 95).

위의 듀이에 따르면 성찰은 인지적 혼란의 과정에서 직면한 문제를 해결해 가는 반성적 사고 과정이다. 냅에 따르면 성찰활동은 이전의 경험에 대한 복기를 통해서 미래 경험을 바람직한 방향으로 실천할 근거가 될 통찰력을 제공한다. 김동식 외에 따르면, 성찰적 사고는 복잡한 문제를 해결해 가는 과정에서 유의미한 의미 생성과 지식구성 과정에서 필수적인 활동이다.

강인애 외(2009)는 "성찰적 사고 또는 활동에 대한 이론적 논의는 결국 성찰적 활동은 인지적 활동으로서뿐만 아니라 정의적 측면까지를 포함한 총체적인 활동으로서 학습자들의 성장에 결정적인 역할을 하는 것"(강인애, 정은실, 2009: 97)이라 했다.

이상의 내용을 종합해 보면, 성찰일지는 인지적 활동뿐만 아니라 정의적 측면까지 포함하는 총체적인 활동으로, 학생들에게 인지적 갈등을 유발하고 도전적인 상황을 제공하는 구체적인 학습 경험은 매우 중요하다. 학생들은 성찰일지를 작성하는 과정을 통해 AI 활용 지속가능발전교육 프로젝트 수업에서 직면한 인지적, 정의적 문제를 발견하고, 이들 문제를 능동적으로 해결해 가는 과정에서 개인 또는 모둠이 문제를 해결해 가면서 발견한 지식, 가치, 규범 등을 구체적으로 표현하고 내면화할 수 있다.

성찰일지는 완전 개방적인 비구조화된 형식을 따를 수도 있으며, 또는 몇 가지 질문을 제시하여 자신의 성찰적 활동과 사고를 구체적으로 표현할 수 있는 일부 비구조화된 형식을 따를 수도 있다. 비구조화된 형식에 따른 성찰일지는 다음 〈표 4-10〉을 참고로 몇 가지 질문을 선택해서 쓸 수도 있다.

〈표 4-10〉 성찰일지의 단계별 질문 내용

단계	질문	공통질문
프로젝트 시작하기	① 도입 활동에서 지속가능발전교육 프로젝트를 충분히 이해했는가? 아니라면 그 이유는 무엇인가? ② 자신의 삶의 영역과 연계성을 가진 수행과제를 선정했는가? 아니라면 그 이유는 무엇인가? 그 과정에서 느끼는 어려움은 무엇이었는가? ③ 수행과제 해결에서 느낀 어려움은 무엇이었는가? 그 문제를 어떻게 해결했는가? 아직도 해결되지 않은 문제는 무엇인가?	① 모둠 토의 및 토론 활동은 원활히 진행되었는가? 그렇지 않다면 그 이유는 무엇인가? ② 각 단계에서 직면한 문제는 무엇이고, 그 문제를 어떻게 해결했나?
프로젝트 활동진행	① 프로젝트 활동 계획서를 활용하여 모둠 프로젝트 활동을 진행하였는가? 아니라면 그 이유는 무엇인가? ② 프로젝트 활동을 위해서 선생님이 제공한 도움 자료는 충분하였는가? 아니라면 그 이유는 무엇인가? 아직도 해결되지 않은 문제는 무엇인가?	
결과물 완성 및	① 최종 결과물 발표 준비와 연습 시간을 충분하였는가? 그렇지 않다면 그 이유는 무엇인가?	

단계	질문	공통질문
발표	② 발표는 평가 기준을 안내받고, 배움의 분위기에서 활발히 진행되었는가? 그렇지 않다면 그 이유는 무엇인가?	
평가 및 기록	① 프로젝트 활동 결과는 타당하게 평가받았다고 생각하는가? 그렇지 않다면 그 이유는 무엇인가? ② 활동 결과 기록은 나의 프로젝트 활동의 내용과 역량을 잘 표현하고 있다고 생각하는가? 그렇지 않다면 그 이유는 무엇인가?	
총괄 질문	① 지속가능발전교육 프로젝트 활동을 통해서 배우고 느낀 점은 무엇인가? ② 지속가능발전교육 프로젝트 활동에서 성장한 나의 역량은 무엇인가? ③ 지속가능발전교육 프로젝트 활동에서 생성형 AI 활용은 도움이 되었나?	

학생들은 성찰일지를 통해서 프로젝트 전 과정에서 배우고 느낀 점이 무엇인지를 글로 쓰고, 공유하는 경험을 가짐으로써 프로젝트 전 과정에 대해서 성찰 기회를 가지게 된다. 이러한 성찰은 학생들의 인지적 사고행위를 메타인지 능력으로 향상시켜 준다.

2) 교사의 입장에서 반성 성찰

AI 활용 지속가능발전교육 프로젝트 수업에 대한 교사의 반성적 성찰은 프로젝트 수업의 설계와 실행 과정에서 '프로젝트 수업 설계는 효율적인가? 실행 과정에서 학생 활동을 활성화했나? 프로젝트 활동 결과는 만족스러웠나?' 등의 질문을 체크리스트로 작성해서 체크해 봄으로써 가능하다. 교사의 체크리스트는 수업 설계, 실행, 성찰 과정을 중심으로 〈표 4-11〉과 같이 정리할 수 있다.

〈표 4-11〉 수업 설계-실행-성찰 과정 점검 체크리스트

요소		내용	Yes	No
설계	교육과정 재구성	• 교과 단원과 지속가능발전교육의 연계성을 충분히 고려하여 교육과정을 재구성하였는가?		
	주제선정 학습목표	• 학생들의 삶의 문제와 연결성을 고려하여 주제를 설정하였는가? • 수행과제 해결을 위해서 학습목표 설정은 적절한가?		
	수업 설계	• 교수 · 학습 활동은 학습 목표 관련 내용을 포괄하고 있는가? • 지속가능발전 프로젝트 수업의 요소를 표현하고 있는가?		
	결과물 평가계획	• 수행과제의 탐구 결과물을 적절하게 설계하고 있는가? • 평가계획은 학습목표와 역량을 반영하여 설계하였는가?		
실행	프로젝트 시작하기	• 도입활동은 지속가능발전 프로젝트 동기유발에 적합하였는가? • 수행과제는 학생들의 삶의 영역과 연계성을 고려하였는가?		
	프로젝트 활동단계	• 프로젝트 활동 계획서 수립 활동을 적절하게 지도하였는가? • 평가기준을 활용하여 모둠 프로젝트 활동을 활성화하였는가?		
	피드백과 비평	• 피드백은 프로젝트 활동 과정에서 적시에 제공하였는가? • 동료 학생의 비평은 최종 결과물의 질 개선에 기여하였나?		
	결과물 완성 및 발표	• 최종 결과물 완성은 학생들의 창의성을 유도하기에 적절하였는가? • 최종 결과물 발표를 위한 준비와 연습 시간은 충분히 제공하였나? • 발표는 평가기준을 안내하고 배움의 분위기를 활성화하였는가?		
	평가 및 기록	• 평가요소와 평가기준은 프로젝트 평가에 타당성이 있는가? • 기록은 프로젝트 활동의 내용과 역량을 잘 표현하고 있는가?		
성찰	성찰일지	• 성찰일지를 써서 발표를 통해 의미를 공유하도록 하였는가?		
	반성적 성찰	• 학생 설문조사 실시 및 분석을 통해서 반성적 성찰을 하였는가? • 지속가능발전 프로젝트 수업 실행은 충분히 효율적이었는가?		

교사는 체크리스트를 활용해서 자신의 수업을 스스로 점검해 보고, 수업 설계-실행-성찰의 과정에서 'AI 활용 지속가능발전교육 프로젝트 수업이 충분히 의미 있었는지?', '지속가능발전교육 프로젝트 실행은 충분히 효율적이었는지?', '학생 활동 과정을 통해서 학생들의 역량은 충분히 이끌어 냈는지?', '프로젝트 수업은 학생들의 성장을 돕는 방식으로 진행되었는지?', '학생들이 지속가능발전을 위한 실천 방안은 잘 이끌어 내도록 지도하였는지?' 등에 대해서 반성적 성찰을 할 수 있다. 이러한 반성적 성찰 결과는 다음 수업을 설계할 때 반영한다.

제5장 사회영역

'한 권 읽기'와 지속가능발전목표 실천 프로젝트

I 실시 배경

1. 문학적 감수성과 공감적 실천이 필요한 세대

[그림 5-1] A Long Walk to Water 표지

수능과 입시에 맞춰 바쁘게 돌아가는 고등학교 영어 수업, 그 속에서도 학생들이 흥미로운 영어 소설을 통해 잠시나마 학습의 무게를 내려놓을 수 있다면 어떨까? 어휘가 어렵지 않아 쉽게 이해할 수 있으면서도, 지구 반대편 또래들의 이야기를 담은 작품은 단순히 흥미를 끌 뿐만 아니라, 학생들에게 자신의 삶을 돌아보는 성찰의 기회를 제공한다. 특히, 어떤 학생들에게는 처음 접하는 호흡이 긴 영어 소설일 수 있는데, 이왕이면 그 첫 경험이 아름답고 인상적이길 바란다. 다른 언어로 쓰인 책을 읽는다는 것은 경이로운 새로운 지평을 열어주는 경험이며, 향후에도 학생들이 원서 읽기에 도전할 수 있는 자신감을 심어줄 것이다.

문학 읽기 수업은 단순한 읽기를 넘어, 학습자 내면의 감정에 스며들어 사고를 바꾸고 행동을 이끌어 내는 힘을 가지고 있다. 교과서의 독해 지문이 아닌, 생생하고 흥미로운 영어 소설을 학생들이 직접 읽고 깊이 이해하는 과정에서 문학이 주는 감동과 사고의 변화를 경험할 수 있다. 이러한 경험은 단순한 깨달음에 그치지 않고, 일상에서 감정과 행동의 변화로 이어질 것이라 기대한다.

린다 수 파크(Linda Sue Park)의 〈A Long Walk to Water〉는 이러한 교육적 요구를 충족시키기에 적합한 텍스트다. 실화를 바탕으로 한 이 소설은 학생들에게 전쟁, 기근, 아동 문제, 물 부족 등 세계가 직면한 문제를 감성적으로 전달하며, 독자들에게 자기 성찰의 기회와 함께 문제 해결의 동기를 부여한다. 학생들은 지구 반대편에 살고 있는, 같은 또래 인물들의 삶의 이야기를 통해 흥미를 느끼고, 자신의 현재 삶을 되돌아보며 새로운 관점을 가지게 될 것이다.

본 프로젝트 수업은 생성형 AI 등 디지털 도구를 활용하여 영어로 된 원서 읽기에서 언어 능력 향상의 기회를 얻고, 배경지식을 조사하며, 독서 활동을 하면서 자연스럽게 떠오르는 문제의식을 지속가능발전목표와 연결하여 구체적인 결과물로 제작하고자 한다. 이를 통해 학생들은 문학 읽기를 통해 얻은 감성과 지식과 행동의 변화를 자신의 일상생활에서도 지속 가능하게 이어갈 수 있기를 기대한다.

2. 2022 개정 교육과정과의 연계성[1)]

2022 개정 교육과정에서 영어 교과의 궁극적인 목표는 '미래사회를 대비하여 언어와 문화의 배경이 다른 세계인과 영어로 의사소통하는 역량을 기르는 것이다'. 본 프로젝트 수업은 고등학교 2학년 이후 주로 선택하게 되는 일반 선택과목인 '영어 I'과 진로 선택과목인 '영미 문학 읽기' 교과의 목표에 근거하여 설계 방향과 수업 방법의 아이디어를 구성하였다.

'영어 I' 교과의 세부 목표 중 다음과 같은 목표와 연결된다.

"영어 사용을 통해 우리 문화 및 타 문화의 다양한 관점과 고유성을 존중하는 태도로 공동체의 문제해결에 적극적으로 참여한다."와 "영어로 표현된 다양한 자

1) 출처: 교육부(2022). 영어과 교육과정. 교육부 고시 제2022-33호 [별책 14]. 83쪽, 169쪽.

료와 작품의 의미를 파악하여 인간에 대한 공감적 이해와 심미적 감수성을 기른다."이다.

한편, '영미 문학 읽기' 교과의 세부 목표는 다음과 같다.

"영미 문학 작품을 통해 영어를 이해하고 표현하는 능력을 심화하고, 주체적으로 감상함으로써 비판적 · 창의적 사고력을 배양하고 심미적 소양과 인문학적 상상력을 기르며, 다양한 매체를 활용하여 포용적인 태도로 타 문화의 가치를 이해하고, 다양하고 흥미로운 문학 경험을 통해 다양한 관점에 대해 공감하고 상호 협력적으로 소통한다."로 표현되어 있다.

이 두 과목에서 소통, 문제해결, 협업을 중요한 역량으로 간주하고 있으며, 심미적 소양을 기르고 작품 속 다양한 삶과 사회문화적 가치를 이해하는 과정을 통해 학습자들이 소통 능력과 비판적 사고력을 길러 주고, 최종적으로는 자발적으로 작품을 찾아 읽는 학습자를 기르는 것이 목적이라 할 수 있다.

본 프로젝트는 문학책 읽기로 영어 이해 능력을 확장하고 문학적인 감수성과 타 문화에 대한 공감 능력을 기르고 '지속가능발전목표'를 중심으로 시구 공동체의 문제해결에 적극적으로 참여하는 구체적인 실천 결과물을 제작하는 활동이다. 따라서, 이러한 '영어 I'과 '영미 문학 읽기' 교과의 목표를 광범위하게 구현할 수 있게 된다.

또한, 본 프로젝트는 전 과정에서 생성형 AI 등 디지털 도구를 필요한 경우에 적극적으로 활용하고자 한다. 영어 원서 읽기에 디지털 도구를 활용하면 학습을 한층 더 풍부하고 입체적으로 진행될 수 있을 것이다. 우선 디지털 도구는 영어 소설을 읽는 학생들에게 복잡한 텍스트를 이해하고 분석할 수 있는 언어적 지원을 제공할 수 있다. 생성형 AI는 지속가능발전목표와 관련된 정보를 추가로 탐색하거나, 학생들이 행동 계획을 설계하는 데 필요한 자료를 효과적으로 정리하는 데에 도움을 줄 수 있고 새로운 아이디어를 창출하고 문제해결 방안을 구체화하는 것에도 보조 역할을 할 수 있을 것이다.

이처럼 책 읽기와 활동 과정에 생성형 AI를 활용한 본 프로젝트 수업은 언어 능력과 문학적 감수성을 키우는 동시에, 디지털 · AI 교육환경을 고려한 교수 학습평가 개발이라는 2022 개정 교육과정의 방향과 일치하며 디지털 리터러시를 포함한 미래 사회를 대비하는 역량을 확장시키는 데 기여할 것이다. 이는 단순한 교육 활동을 넘어, 문학과 기술을 통해 더 나은 미래를 상상하고 만들어가는 의미 있는 교육적 실천이 될 것이다.

Ⅱ 수업 설계

1. 교육과정 재구성

1) 관련 지속가능발전목표(SDGs) 선정

본 프로젝트 수업에서는 17개의 지속가능발전목표 중 'One Book Reading(한 권 읽기)'의 도서 〈A Long Walk to Water〉(Linda Sue Park 지음)를 읽고 관련하여 탐구하고 싶은 분야를 선정하고 결과물을 제작하도록 하였다.

〈표 5-1〉 프로젝트 수업 관련 지속가능발전목표 선정

지속가능발전목표 영역[2]	
	빈곤 퇴치(No Poverty) 모든 곳에서 모든 형태의 빈곤을 종식시킨다. (End poverty in all its forms everywhere.)
	양질의 교육(Quality Education) 모두를 위한 포용적이고 공평한 양질의 교육을 보장하고 평생교육 기회를 증진한다.(Ensure inclusive and equitable quality education and promote lifelong learning opportunities for all.)
	깨끗한 물과 위생(Clean Water And Sanitation) 모두를 위해 물과 위생 설비의 사용과 지속가능한 관리를 보장한다. (Ensure availability and sustainable management of water and sanitation for all.)

2) 출처: 그림과 영어 글은 https://sdgs.un.org/goals에서 인용함.

이러한 지속가능발전목표와 관련하여 선정하게 된 소설 〈A Long Walk to Water〉는 실화에 바탕을 둔 이야기이다. 남수단의 내전으로 고향을 떠나 난민이 된 소년 살바(Salva)는 고난을 겪으며 성장하여 이후 깨끗한 물을 제공하는 단체 'Water for South Sudan'을 설립한다. 한편, 물을 길어오기 위하여 학교에 다니지 못하고 매일 긴 거리를 걸어야 하는 소녀 니아(Nya)의 이야기가 교차하며 그려진다. 살바는 니아의 마을에 우물을 설치하는 일을 하게 되면서 두 사람은 만나게 되고, 그 후, 니아의 마을은 물 부족 문제에서 벗어나게 된다는 극적인 소설이다.

프로젝트 수업에서 학생들은 내전과 교육의 부재와 물 부족을 겪는 아이들이 극한 상황에서도 희망을 잃지 않고 회복해 나가는 지속 가능한 삶으로의 변화 모습을 책 읽기와 함께 따라갈 수 있다. 따라서, 위의 〈표 5-1〉과 같이 지속가능발전목표 중 3가지 목표를 선정하게 되었다.

2) 교육과정 영역 및 성취기준 선정

'One Book Reading'과 지속가능발전목표 실천 결과물 제작은 다음과 같이 2022 개정 영어과 교육과정과 연결할 수 있는 활동이다. 고등학교 '영어Ⅰ' 과정의 과정 중심 평가에서 활용할 수 있고, 영어 원서 읽기에 집중하는 '영미 문학 읽기' 과정에서도 적용이 가능하다. 2022 개정 영어과 교육과정이 교육내용을 언어의 사회적 목적 관점에 따라 '이해(reception)'와 '표현(production)'의 두 가지 영역을 설정한 것에 따라 활동 내용을 분류하여 기술하였다. 다만, 이해 영역과 표현 영역은 독자적인 영역으로 기능하기도 하고, 결합된 형태로 구성하여, 학습과정에서 사용자 간 상호작용도 가능하게 한다.

2022 개정 영어과 교육과정에 따른 내용 체계를 본 프로젝트 수업과 연결하여 〈표 5-2〉와 같이 발췌하여 비교표를 구성하였다.

〈표 5-2〉 2022 개정 교육과정에서 본 프로젝트 수업의 내용 체계 비교

<table>
<tr><td>프로젝트 주제</td><td colspan="4">'One Book Reading(한 권 읽기)'과 지속가능발전목표 실천 프로젝트</td></tr>
<tr><td>교과목</td><td colspan="2">영어 I</td><td colspan="2">영미 문학 읽기</td></tr>
<tr><td rowspan="2">핵심 아이디어</td><td>이해</td><td>• 우리 문화 및 타 문화의 다양한 관점에 대한 포용적인 태도는 공감적 이해와 문화적 감수성을 향상한다.</td><td>이해</td><td>• 문학 작품을 이해하고 감상하며 비평하는 활동은 비판적 · 창의적 사고력을 함양하는 기초가 된다.</td></tr>
<tr><td>표현</td><td>• 효과적인 정보 전달이나 의견 교환을 위해서는 적절한 전략과 창의적인 사고 과정이 필요하다.</td><td>표현</td><td>• 문학 작품은 작품의 예술성에 대한 심미적 가치를 통해 독자와 소통한다.</td></tr>
<tr><td rowspan="2">지식 · 이해</td><td>언어</td><td>• 다양한 단어나 어구
• 다양한 구조의 문장
• 이야기나 서사 및 운문</td><td>언어</td><td>• 이야기 구조</td></tr>
<tr><td>맥락</td><td>• 우리 문화 및 타 문화의 생활양식, 사고방식, 의사소통 방식</td><td>맥락</td><td>• 다양한 문학 장르와 주제
• 우리 문화 및 타 문화의 생활양식, 사고방식, 의사소통 방식</td></tr>
<tr><td>과정 · 기능</td><td colspan="2">• 주제나 요지 파악하기
• 글의 분위기나 심정 추론하기
• 다양한 매체로 표현된 말이나 글 이해하기
• 적절한 듣기 또는 읽기 전략 적용하기</td><td colspan="2">• 주요 내용 요약하기
• 자신의 느낌이나 감상 공유하고 표현하기
• 매체를 활용하여 다양한 관점에서 분석
• 비평하기</td></tr>
<tr><td>가치 · 태도</td><td colspan="2">• 문제 해결을 위한 자기주도적 참여 태도
• 우리 문화 및 타 문화의 다양한 관점에 대한 공감적 이해와 문화적 감수성</td><td colspan="2">• 문학 작품 이해와 표현에 대한 흥미와 즐거움
• 문학 작품에 대한 심미적 태도
• 문학 작품에 나타난 다양한 사회 · 문화적 관점에 대한 이해와 공감</td></tr>
</table>

'영어 I', '영미 문학 읽기' 두 교과목의 내용 체계의 공통점과 개별적 특성을 종합하여 본 프로젝트 수업에 활용할 수 있도록 〈표 5-3〉과 같이 간략하게 재구성할 수 있다.

〈표 5-3〉 2022 개정 교육과정에서 본 프로젝트 수업의 내용 체계 비교

프로젝트 주제	'One Book Reading(한 권 읽기)'과 지속가능발전목표 실천	
교과목	영어 I	영미 문학 읽기
핵심 아이디어	• 다양한 문화적 관점에 대한 포용적 태도를 통해 공감적 이해와 문화적 감수성을 함양한다. • 문학 작품의 감상과 비평을 통해 비판적이고 창의적인 사고력을 기른다.	
지식 · 이해	• 다양한 어휘, 문장 구조, 서사의 언어적 지식과 문학적 장르 특성 이해 • 자국 및 타 문화의 생활 양식, 사고방식, 의사소통 방식 탐구와 문화적 맥락 이해	
과정 · 기능	• 주제나 요지 파악, 글의 분위기 파악 등 읽기 전략 활용 • 다양한 매체를 활용한 문학 작품 비평 활동	
가치 · 태도	• 문학 작품에 대한 심미적 태도 • 문제 해결을 위한 자율적이고 주도적인 참여 태도 • 다양한 사회적 · 문화적 관점에 공감적 이해와 문화적 감수성	

위의 내용 체계에 기반한 본 프로젝트 수업의 성취기준은 〈표 5-4〉와 같다.

〈표 5-4〉 'One Book Reading(한 권 읽기)'과 지속가능발전목표 실천을 위한 성취기준

프로젝트 주제	'One Book Reading(한 권 읽기)'과 지속가능발전목표 실천	
성취기준	영어 I	영미 문학 읽기
	[12영 I -01-07] 적절한 전략을 활용하여 다양한 매체로 된 말이나 글의 의미를 파악한다. [12영 I -01-08] 우리 문화 및 타 문화의 다양한 관점에 대해 포용하고 공감하는 태도를 가진다. [12영 I -02-04] 듣거나 읽은 내용을 말이나 글로 요약한다. [12영 I -02-07] 다양한 매체와 적절한 전략을 활용하여 정보를 창의적으로 전달한다. [12영 I -02-08] 협력적이고 능동적으로 말하기나 쓰기 과업을 수행한다.	[12영문01-01] 다양한 장르와 주제의 문학 작품을 읽고 주요 내용을 요약한다. [12영문01-03] 문학 작품을 읽고 자신의 느낌이나 감상을 공유하고 표현한다. [12영문01-06] 다양한 매체를 활용하여 문학 작품의 내용을 다양한 관점으로 분석 · 비평한다.

2. 주제 및 학습 목표 설정

본 프로젝트 수업은 영어 원서를 독서 일지를 기록하며 읽고 공유하는 것으로 시작된다. 그 후, 원서 읽기 후의 감상을 '지속가능발전목표'와 연결하여 실천 방안 결과물을 제작하고 공유할 수 있게 하였다. 따라서, 프로젝트의 주제와 수행 과제를 다음과 같이 설정하였다.

〈표 5-5〉 **프로젝트 주제와 수행 과제**

주제	'One Book Reading(한 권 읽기)'과 지속가능발전목표 실천	관련 SDGs	SDGs 1, 4, 6
수행과제	영어 소설을 읽고 느낌과 감상을 공유하며 만화(영상) 콘텐츠로 제작하고 지속가능발전목표 실천 방안을 공유해 보세요.		

또한, 프로젝트 활동을 통하여 학생들은 영어 능력을 확장하고 문학적인 감수성을 기를 수 있을 뿐 아니라, 작품의 배경과 상황을 이해하는 과정에서 지속가능발전목표의 측면에서 우리 사회문제의 통합적 이해를 유도하는 인지적 학습목표와 사회·정서적 학습목표를 설정하였다. 이를 위해 지속가능발전목표의 달성이 문학 감상 활동의 뒤에 자연스럽게 연결되도록 하였으며 학생들이 스스로 지속가능발전목표를 선정하고 협업하여 결과물의 형태와 내용을 구성하고, 프로젝트 활동에 있어 학생들의 자기 주도성을 높이는 내용으로 설정하였다. 학습목표와 이에 관련된 교과 역량은 〈표 5-6〉과 같다.

〈표 5-6〉 **학습 목표와 기대 역량**

영역	학습목표	교과 역량 (2022 개정 교육과정)
인지적 학습목표	• 문학 작품을 이해하고 의견을 교환하는 활동을 통하여 의사소통능력을 향상시킨다. • 지속가능발전목표에서 작품과 관련한 문제를 선정하고 문제와 관련한 지식을 파악하며 이를 분석하고 통합적으로 이해한다.	지식정보처리 역량 · 심미적 감성 역량

영역	학습목표	교과 역량 (2022 개정 교육과정)
사회 · 정서적 학습목표	• 문학작품에 나타난 인물과 상황에 공감하고 수업 활동 과정에서 다양한 관점에 대해 포용적인 태도를 가진다. • 작품의 배경이 되는 사회 문화적, 경제적 상황에 대해 조사하고 문제에 대한 자신의 해결 방안을 제시할 수 있다.	협력적 소통 역량 · 창의적 사고 역량
행동목표	• 작품의 주제와 연결된 지속가능발전목표를 실천 방안 계획을 세우고 공유할 수 있다.	공동체 역량 · 협력적 소통 역량

3. 프로젝트 활동 설계

1) 차시별 학습 계획

One Book Reading(한 권 읽기)과 연계한 지속가능발전목표 실천 프로젝트는 흥미롭고 접근하기 쉬운 원서를 선정하고, 다양한 방식으로 원서 읽기의 장벽을 낮추는 과정을 선택하였다. 우선, 독서일지 작성을 통해 책 읽기의 감동을 놓치지 않고 기록하며 읽기의 긴장과 흥미를 지속할 수 있도록 설계하였다. 책을 읽은 후 내용을 충분히 이해하였는지 확인하고 서로 다른 생각을 가진 학생들끼리 배운 것을 공유함으로써 이해를 확장하는 방식으로 설계하였다. 지속가능발전목표 관련 활동을 읽기 후에 배치하여 독서 초기에는 심미적 감성 역량 함양에 초점을 맞추었고, 후반부에 지속가능발전목표의 이해와 실천 방안을 모색할 수 있도록 하는 활동을 구성하였다. 또한 전 과정에서 AI를 포함한 디지털 도구를 효과적이고 제한적으로 활용할 수 있게 하였다. 차시별 활동 계획은 다음과 같다.

〈표 5-7〉 **프로젝트 차시별 활동 계획**

단계	차시	활동 주제	활동 내용
1단계	1차시	프로젝트 활동 안내 읽기 전략 익히기	프로젝트 활동 안내 개별 읽기 및 독서일지 작성 익히기
2단계	2~3차시	개별 읽기	개별 읽기와 독서일지 작성 심화
3단계	4차시	함께 읽기	모둠별 및 학급 내 직소 읽기
4단계	5차시	소감 공유 및 스토리 구성	느낀 점을 공유하고 만화 스토리보드 작성
5단계	6차시	Comics(만화) 제작	생성형 AI를 활용한 협업 만화 제작
6단계	7차시	SDGs(지속가능발전교육)란?	지속가능발전목표(SDGs) 이해 및 목표 선정
7단계	8차시	실천 방안 게시 및 평가와 공유	지속가능발전목표(SDGs) 실천 방안 게시, 프로젝트 전 과정을 통하여 배운 점 공유하기

1차시에는 프로젝트에 관한 전반적인 안내를 한다. 첫 번째 활동인 문학 작품 읽기를 위한 독서일지 작성을 시작하고 자신의 읽기 속도를 측정할 수 있는 읽기 전략을 익힌다. 이 활동은 학생들이 진도에 대한 압박감을 느끼지 않고 자신의 속도로 문학 작품을 읽을 기회를 제공한다.

2~3차시에는 전 차시에 학습한 읽기 전략으로 개별적 읽기를 하여 작품을 온전히 감상하며 읽는 시간을 갖게 한다. 학생들이 집중할 수 있도록 독서일지 작성 과제를 주고 시간별 읽기 이후에 과제를 작성하게 한다.

4차시에는 모둠별로 장을 나눠 읽는 모둠별 직소(Jigsaw) 읽기 활동으로 전체 내용을 파악하고 전체 학급에서 내용을 공유하여 작품의 전체 내용과 흐름을 완성하고 파악한다. 이는 책 한 권을 주어진 시수에서 완독하기 어려운 현실적 여건을 고려한 것이다.

5차시에는 읽은 내용을 바탕으로 느낀 점을 기록하고 공유하며 모둠별로 내용을 요약하거나 인상적인 부분을 중심으로 만화 스토리보드를 작성한다.

6차시에는 디지털 도구를 활용한 만화 제작 방법을 익히고, 생성형 AI를 활용하여 만화 스토리보드를 바탕으로 협업 만화를 제작한다.

7차시 지속가능발전목표가 무엇인지 조사하고 이해하며 작품과 관련된 지속가능발전목표를 선정한다.

8차시에는 지속가능발전목표 실천 방안을 게시하고 프로젝트 전 과정을 통하여 배운 점을 기록하고 공유한다.

2) 학습 자료 및 도구 준비

본 프로젝트에서는 생성형 AI 도구 및 온라인 학습 플랫폼을 〈표 5-8〉과 같이 활용하였다.

〈표 5-8〉 디지털 도구와 학습 자료

AI 도구 및 온라인 학습 플랫폼	활동
• 구글 클래스룸(Google Classroom) • 구글 시트(Google Sheet) • 패들렛(Padlet) • 캔바(Canva) • 북그리에이터(Book Creator) • 퀼봇(QuilBot), 그래멀리(Grammarly)	• 학습 활동 안내 및 피드백 • 독서일지 작성 및 공유 • 공유 활동과 생성형 AI 이미지 제작 • 생성형 AI 이미지 제작 • 협업 만화 제작 • 영작하기, 어법 및 어휘 사용

4. 결과물 산출 및 평가 계획

본 프로젝트는 8차시 수업으로 걸쳐서 진행된다. 활동은 크게 세 부분으로 나누어지며, 각 부분마다 산출되는 결과물로 평가가 이루어진다. 첫째, 책을 읽고 독서 일지를 작성하는 과정이다. 학생들은 책 읽기 과정에서 읽기 전략을 배우고 자신의 속도로 책을 읽으며 요약하고, 인상적인 구절을 기록하며, 감상 등을 차시마다 독서일지에 기록한다. 둘째, 책을 읽은 후, 내용과 감상을 근거로 AI를 활용한 전자 만화책을 제작한다. 이때, 협업의 과정과 창의적 사고 역량이 평가의 기준에 포함된다. 셋째로 프로젝트의 최종 결과물인 지속가능발전목표 실천 방안과 전 프로젝트 과정 중에 시행하는 성찰 및 피드백의 기록이 평가의 내용이 될 것이다. 각 활동에서의 주요 결과물과 평가 요소, 그리고 기대되는 교과 역량은 〈표

5-9〉와 같다. 이러한 평가 계획을 바탕으로 평가 루브릭을 작성하고 학생들에게 안내한다.

〈표 5-9〉 결과물 및 평가 요소와 교과 역량

영역	주요 결과물	평가 요소	교과 역량 (2022 개정 교육과정)
활동1	독서 일지 작성	문학작품에 대한 언어적 이해, 요약과 감상 및 공감적 표현	지식정보처리 역량 · 심미적 감성 역량
활동2	AI 활용 전자 만화책(영상) 제작	활용 매체에 나타난 작품에 대한 이해와 심미적 태도	협력적 소통 역량 · 창의적 사고 역량
활동3	지속가능발전목표의 실천 방안과 성찰과 피드백	유의미하고 구체적인 실천 방안과 성실하고 공감적인 성찰과 피드백	공동체 역량 · 협력적 소통 역량

Ⅲ 수업 실행

1. 프로젝트 도입과 책 읽기 활동

1) 프로젝트의 시작

"오늘부터 수업 시간 몇 차시에 걸쳐서 영어로 된 소설을 직접 읽어볼 거예요."

"읽기를 통해 문학 읽기가 주는 정서를 함께 느껴 볼 겁니다."

"처음 읽는 사람도 있어서 쉽지 않겠지만, 자신의 속도에 맞춰서 읽기 시작할 것입니다."

"읽기로 지구 반대편에 있는 친구들의 삶의 이야기를 만날 겁니다. 그 만남으로 생긴 정서는 우리 안에서 행동하게 하는 힘이 생기게 할 겁니다. 그 에너지를 삶의 실천으로 연결하여 보도록 할까요?"

도입 단계에서는 프로젝트 실행의 의의를 설명하고 실행 과제들을 안내하였다. 실행 과제의 평가 기준을 안내하며, 학생들에게 기대하는 산출물의 형태와 과정을 명확히 설명하였다. 프로젝트 산출물에는 개별 독서일지 작성, 모둠별 직소 읽기, 협업 만화책 제작 및 영상 업로드 등 단계별로 산출물이 있어야 함을 안내하였다.

2) 책 읽기 활동: 자신의 읽기 속도 파악하기

프로젝트에 대한 설명 후 첫 차시에서는 〈A Long Walk to Water〉의 개별 읽기가 시작된다. 학생들에게 책을 배부하고, 개별 읽기 속도를 측정하는 연습을 진행하였다(예: 100words/min). 이런 방식으로 개별 읽기를 진행하는 이유는 학생들이 자신의 읽기 속도로 읽을 수 있도록 격려하고 정서적 부담을 낮추어 책 읽기의 즐거움을 알게 하기 위해서이다. 읽기 속도를 측정할 때는, 모르는 단어가 있더라도 글을 이해할 수 있을 정도의 속도로 읽었을 때 분당 단어 수를 기록하도록 한다. 읽고 난 후에 각 단락당 모르는 단어는 몇 개인지 파악하게 하고, 줄거리를 기록하게 하면 학생들의 대략적인 이해도를 파악할 수 있다. 또한 새로 만난 단어 중 몇 개를 기록할 수 있게 하면 어휘력 향상에도 도움이 되며, 평소 접하지 못하는 어휘들을 알게 된다. 지속적으로 속도를 측정하면서 읽게 되면 속도가 조금씩 빨라지는 것을 경험하게 되면서 읽기에 흥미를 갖게 될 것이다. 〈표 5-10〉은 학생들이 개별 읽기 속도를 측정하여 기록한 예이다.

〈표 5-10〉 개별 읽기 속도 측정 기록 예시

Date	words/min		New Words	Summary
2024-5-9	1회	208	2	Salva was not paying attention to he teacher. He already knew the lesson. He has brothers who already had gone to school.
2024-5-9	2회	120	2	
2024-5-9	3회	153	4	
New Words			bake	굽다
			droned on	계속 웅얼거리다
			herding	구집

2. 개별 읽기 독서 일지(Reading Log) 기록하기

2~3차시는 읽기에 좀 더 긴 시간을 집중하게 하였다. 차시별로 25~30분 읽기 시간을 주고 15~20분간 개별 독서일지를 작성하게 하였다. 독서 일지에는 읽은 내용을 영어나 우리말로 요약하고, 읽은 내용에서 느낀 점과 인상적인 구절을 옮겨 쓰고 인상적인 이유를 작성한다. 어법적으로 기억할 만한 문장이나 새 단어 등을 정리하여 작성할 수도 있다. 또한 읽으면서 궁금한 질문들을 기록하고 답변이 될 수 있는 내용을 조사하여 이를 간단히 기록하는 것도 권장할 만하다. 이렇게 영어와 우리말로 병기된 독서일지는 개인 학습의 성과를 시각화하며, 독서 내용을 구체적으로 정리하는 데 도움을 준다. 다만, 독서 시간보다 독서일지 기록 시간이 길지 않도록 적절히 과제를 조정하는 것이 중요하다. 다음 〈표 5-11〉은 위의 형식으로 구글 클래스룸의 과제방에 한 학생이 읽은 내용을 요약하고, 인상적인 표현과 그 이유 및 새로 배우게 된 어법과 단어를 정리하여 작성한 것이다. 먼저 자신이 글을 쓰고 생성형 AI나 퀼봇(QuillBot), 그래멀리(Grammarly) 등 웹사이트에서 어색한 문장이나 단어들을 변경하여 어법적으로 오류가 없고 자연스러운 흐름의 글을 완성하였다.

〈표 5-11〉 독서일지 기록 예시

- Summary 1:
  Nya was walking on a thorny road carrying a large plastic container. One day, Salva's school was attacked by gunfire from rebels. A war broke out in Sudan for religious confronts. Salva ran away, but he found that soldiers discovered his village.
- Impressvie Verses: He knew the answer: because he was a child...who might tire easily and slow them down, and complain about being hungry, and casue trouble somehow.
  - 선정 이유: Salva가 잠자는 사이에 무리의 사람들에게 버려진 이유를 깨닫고 낙담하는 것이 안타깝고 인상적이다.
- Grammar: Squatting on his haunches next to her, Salva shelled the nuts and ate them.
  - 선정 이유: 분사구문이 사용됨.
- New Words:
  - gleams: 어슴푸레 빛나다 - restless: 들썩이는 - gourd: 박 - squat: 쪼그리고 앉다

3. 모둠별 및 학급 내 직소 읽기

모둠별 활동에서는 주로 4인 1조로 구성된 7개의 모둠이 책 한 권을 장(챕터)별로 나누어 읽고 내용을 정리하였다. 각 모둠원은 자신이 읽은 분량을 정리해 학급 온라인 공유 플랫폼(예: 패들렛)에 업로드하고, 모둠장은 모둠의 내용을 요약하여 영어와 우리말로 기록하였다. 이를 통해 학생들은 협업의 결과물을 통해 전체 내용을 이해하고, 학급 내 다른 모둠들과 학습 결과를 공유한다.

[그림 5-2] 모둠별 및 학급 내 직소 읽기 활동 공유

[그림 5-2]의 온라인 공유 플랫폼(패들렛)은 책의 남은 부분을 장별로 나누고, 다시 모둠원들이 분량을 나눠서 읽는 직소(Jigsaw) 활동 후에 게시한 글이다. 학생들이 자신이 맡은 부분을 읽고 한글로 요약하여 빠른 속도로 전체 내용을 파악할 수 있게 하였다. 또한 게시된 각 모둠의 글을 읽고 장별로 요약 글을 모둠 칼

럼에 기록하였다. 학생들은 실제로 자신의 부분만 읽고 요약문을 게시하기 때문에 다음 이야기와 전체 이야기가 어떻게 진행되는지 궁금할 가능성이 높다. 이러한 동기로 인해 모둠별 이야기와 전체 이야기를 읽게 하여 전체 줄거리를 파악하게끔 유도한다. 〈표 5-12〉는 〈A Long Walk To Water〉 제10장을 읽고 학생들이 요약하여 게시한 글의 일부이다.

〈표 5-12〉 직소 읽기 후 내용 요약 글 예시

'A Long Walk To Water' 제10장
모둠원1(P. 57~58) 사람들은 회의를 마치고 나의 집을 지나 나무가 있는 곳에 멈췄다. 그들은 두 나무 사이의 중간 지점에서 물을 찾을 수 있다고 믿었다. 그러나 니야는 그곳에 물이 없다는 것을 알고 있었다. / 살바가 자신의 물병이 가벼워진 것을 느꼈다. 삼촌을 살바가 아직 약하기 때문에 물이 없으면 버틸 수 없다고 말했다. 몇 명의 사람들이 물을 주었지만 끝내 5명의 사람들은 죽어버렸다.
모둠원2(P. 59~60) 살바는 시체를 보며 많은 생각을 했다. 사막에 들어선 지 3일째였고, 살바는 삼촌에게 원래 마을에 돌아갈 수 있을까 물었다. 그러자 삼촌은 마을은 이미 불타고 아무도 없을 거라 했고 삼촌 자신은 살바를 난민 수용소까지 데려다준 뒤, 다시 전쟁에 참여할 거라 했다. 살바는 그 말을 듣고 삼촌에게 가지 말랬지만 결국 납득하고 마음을 굳게 먹었다. 살바는 삼촌에게 수단으로 가면 부모님을 만날 수 있을 거 같다고 얘기를 하였다. 삼촌은 바로 대답하지 않고 늦게 대답을 하였다. 그래도 살바는 찾을 수 있다는 말에 작은 희망의 불꽃을 느꼈다.
모둠원3(P. 61) 이틀 동안 아무것도 먹지 못하였고, 물도 거의 사라지고 있었다. 그래도 사막을 떠날 수 있다는 환상이 그들을 더위와 먼지 속에서 계속 움직이게 하였다. 사막으로부터 멀어진다고 느끼고 있었다. 첫 번째로 흙탕물의 웅덩이 근처에 발육이 부진한 나무들이 있었다. 물을 마시기에는 부적합하였지만 죽은 황새가 연못 가장자리에 있어 새를 요리하고 먹을 준비를 하였다. 살바는 불을 지피기 위해 나뭇가지를 모으는 것을 도왔다. 새를 요리할 동안 살바는 눈을 떼지 못하였다. 한두 입 양이지만 기다릴 수가 없었다.
모둠원4(P. 62~63) 총격전이 시작됐다. 살바는 무기를 두려워했다. 한 남자가 그룹에 오더니 삼촌을 묶었다. 살바는 그들이 자신들을 더 이상 괴롭히지 않을 거라고 생각했지만 그들은 웃으며 삼촌에게 총을 겨눈다. 세 발의 총성이 울려퍼지고 만다.

4. 종합 및 스토리보드 작성

책의 전체 내용을 종합적으로 이해한 다음, 각자의 감상을 공유하는 시간을 갖는다. 이후 생성형 AI 도구를 활용해 만화 제작 방법을 배우고, 모둠별 협업 만화책 제작을 위한 스토리보드를 작성한다. 이 단계에서는 책의 주제와 스토리를 시각적으로 재구성하는 창의적인 활동이 이루어진다.

1) 느낀 점과 배운 점 공유하기

개인이 읽은 부분과 모둠이 읽은 부분, 그리고 전체 줄거리를 파악한 후, 다음 질문을 참고하여 느낀 점을 게시하고 공유하도록 안내한다.

〈What I've Learned – English & Korean〉

1. Write about the emotions you felt after reading the book.
2. How has this story influenced me?

〈A Long Walk to Water〉를 읽은 후 느낀 점과 내가 영향을 받은 점과 배운 점을 기록하시오.

(1) ○○원 학생의 사례

책을 처음에 읽을 때는 '단순히 종교 문제 때문에 한 나라에서 정부와 남부가 대립하는 내용이구나' 하는 식으로 파악하였는데, 실제 사실을 배경으로 쓰였다는 이야기를 듣고 난 뒤에 충격을 받았다. 정부가 무슬림으로 종교를 바꾸라고 억압하는 것 때문에 저항하는 사람들이 생겨났고 이로 인해 아무런 관련 없는 사람들이 피해를 보게 될 거라 생각하니 그렇게 느끼게 되었다. 또한 어린아이 혼자서 나름 가족을 찾기 위해 열심히 살아 보려고 하는 모습이 대견하고 한편으로는 대단하다고 생각했다. Sudan이라는 나라의 역사에 대해 알게 되었고 중간중간에 평소에는 잘 안 쓰는 수식어구와 단어들을 배우게 되어 뜻깊은 시간이 되었다.

(2) 배○○ 학생의 사례

It was greatly influenced by seeing the stories of Nya and Salva overcome difficulties and find hope in their respective ways. The story of Nya walking long distances in search of water every day told us the importance of water, and Salva's story reminded us of the importance of not losing our courage by not losing hope even after wars and hardships.

(Nya와 Salva의 이야기가 각각의 방식으로 어려움을 극복하고 희망을 찾는 모습을 보고 큰 영향을 받았다. Nya가 매일 물을 구하러 긴 거리를 걷는 이야기는 물의 소중함을 알려주고 Salva의 이야기는 전쟁과 고난을 겪고도 희망을 잃지 않아서 용기를 잃지 않는 것의 중요성을 일깨워 주었다.)

(3) 하○○ 학생의 사례

There are many people suffering from war and poverty throughout the world for various reasons, such as religious and political conflicts, in addition to South Sudan from the book. Therefore, as a person who is a little more relaxed and safe than them, I pledged to help them in a variety of ways I could. I made a determination to have a positive impact on the world, from small methods such as donation to direct assistance as an international public servant, which is my career path.

(책에서 나온 남수단 이외에도 세계 곳곳에는 종교적 갈등, 정치적 갈등 등 다양한 이유로 전쟁과 빈곤으로 고통받는 사람들이 많다. 그렇기에 나는 그들보다는 조금 더 여유롭고 안전한 사람으로서 그들을 내가 할 수 있는 다양한 방법으로 그들을 도와야겠다고 다짐했다. 기부와 같은 작은 방법부터 나의 진로인 국제공무원으로서 직접적인 도움을 주는 등 세계에 긍정적인 영향을 미쳐야겠다고 다짐했다.)

(4) 김○○ 학생의 사례)

Seeing Salva bravely move forward despite the war taught me an important lesson. If I want to achieve something, I will pursue it relentlessly until I succeed.

(전쟁 속에서도 용감하게 앞으로 나아가는 살바의 모습을 보고 본받은 점이 있다. 내가 무언가 성취하고자 하는 게 있다면 어느 것도 마다하지 않고 끝까지 쫓아가 성취할 것이다.)

(5) 정○○ 학생의 사례

At first, I found it difficult and unfamiliar to understand stories in English books, but as I kept reading, I developed the skill to read English books. Now, I feel more confident and motivated to read more English literature in the future.

(영어로 된 책의 이야기를 파악하는 게 처음엔 낯설어서 힘들었지만 계속 읽으면서 영어 책 읽는 스킬을 얻었고 앞으로도 영어 원서를 읽을 용기가 생겼다.)

위와 같이 학생들은 독서 활동을 통해 다양한 깨달음과 성장을 경험한 것을 볼 수 있다. 책의 배경인 실제 역사와 종교적 갈등, 전쟁의 비참함 등을 책을 읽으면서 생생하게 경험하게 된 것을 표현하였고, 지속가능발전목표와 관련하여 물의 소중함, 평화의 중요성, 빈곤의 문제를 인식하고 세계에 긍정적인 영향을 미치는 세계시민으로 자신의 진로 계획을 구체화하기도 하였다. 무엇보다 고무적인 것은 영어 원서를 읽으면서 영어 읽기 초기의 어려움을 극복하고 영어 독서에 대한 자신감과 동기를 얻게 되었다는 점이다.

2) 생성형 AI 활용 제작 방법 익히기

생성형 AI를 활용한 만화(Comics) 제작 방법 및 동영상 제작 방법을 익힌다. 캔바(Canva) 패들렛(Padlet), 북크리에이터(Book Creator) 등을 대표적으로 사용할 수 있다. 학생들은 모둠별로 파악한 줄거리의 내용을 만화로 표현하기 위하여 인상적인 장면을 추출하여 제시하고, 이 과정에서 다른 모둠과 이야기가 어떻게 연결되는지 시각적으로 확인하게 된다. 이러한 제작 과정에서 학생들은 책의 내용을 더 깊이 있게 관찰하고 읽게 되며, 시각적으로 표현하기와 핵심적인 구절을 추출하는 과정을 통하여 요약하기 기능과 언어적 지식을 다른 지능으로 표현하는 창의적 전달력을 기를 수 있게 된다. 특히, 생성형 AI를 활용하여 그림을 그리거나 영상을 제작할 때는 자신이 원하는 바를 표현하려면 정확한 프롬프트를 주어야 하는데, 그 과정에서 자기 생각을 정교화하는 기회를 얻을 수 있다.

[그림 5-3] 생성형 AI 활용 만화 제작 방법[3)]

3) 모둠별 스토리보드 작성하기

이렇게 만화 제작을 위한 도구들의 사용법을 습득한 후, 모둠별로 줄거리를 중심으로 한 스토리보드를 작성한다. 이끔이(모둠장)를 중심으로 각 모둠이 맡은 장(Chapter)의 내용을 요약하고 모둠원의 수에 따라 요약한 내용을 나누어 스토리보드로 만든다. 최종적으로 모둠별로 4~5컷의 만화를 제작한다.

5. 생성형 AI를 활용한 협업 만화 제작

디지털 도구를 활용한 협업 만화 제작 활동은 미래사회에 필요한 디지털 도구 활용 능력을 키울 뿐만 아니라, 창작 과정을 통해 학생들이 자기 생각과 감성을

3) 출처: 그래픽 디자인 플랫폼 캔바(Canva), 북크리에이터(Book Creator)에서 제작.

다양한 방식으로 표현할 수 있도록 돕는 중요한 활동이다. 이 차시에서는 학생들이 캔바, 패들렛, 북크리에이터 등 다양한 디지털 도구를 활용하여 협업 만화를 완성하는 과정을 진행하였다.

학생들은 패들렛과 캔바 프로그램 내의 AI의 기능을 활용하여 이미지를 제작하고, 창의적인 대사들을 넛붙였다. 북크리에이터를 활용하여 협업 전자 만화를 출판하고 공유하며, 학급 내외에서 그 결과물을 감상하고 상호 피드백하였다. 이 협업 과정을 통해 학생들은 개별적인 이해를 넘어 작품의 전체 구조와 흐름을 새로운 시각에서 이해하게 될 것이다.

특히, 모둠별로 협력하여 한 권의 전자 만화를 완성하는 과정에서 학생들은 창의성을 발휘할 뿐만 아니라 공동 작업을 통해 공동체 역량을 함양할 수 있으며, 생성형 AI를 활용한 창작 활동은 미래사회를 준비하는 데 필요한 디지털 리터러시를 강화하는 동시에 학생들에게 창의적이고 의미 있는 학습 경험을 제공하게 될 것이다.

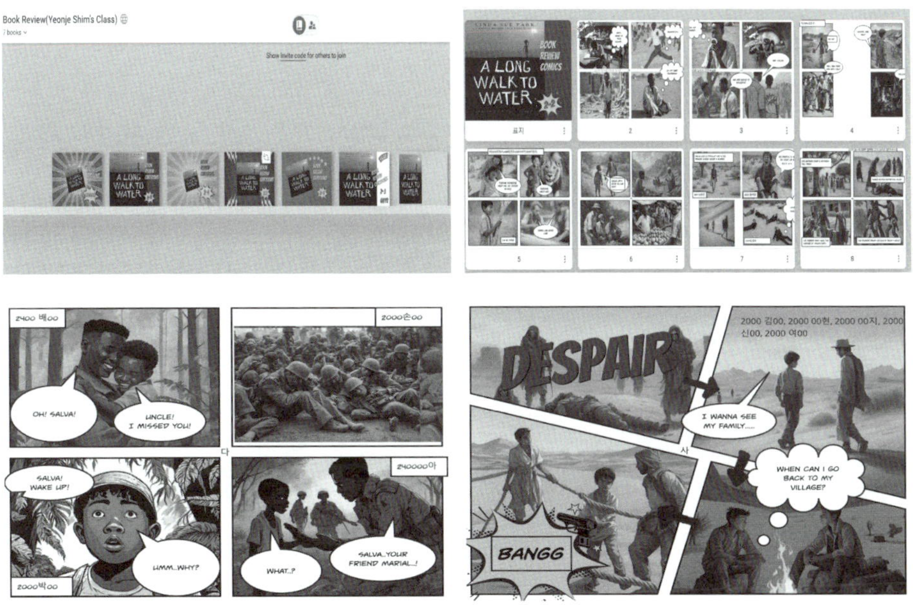

[그림 5-4] 생성형 AI 기반 캔바와 북크리에이터를 활용한 협업 만화 제작 사례4)

4) 출처: 그래픽 디자인 플랫폼 캔바(Canva), 북크리에이터(Book Creator)에서 제작.

6. 지속가능발전목표 이해 및 목표 선정

본 차시에서는 지속가능발전목표를 이해하고 소설 〈A Long Walk to Water〉와 관련한 지속가능발전목표를 선정하고자 하였다. 먼저, 지속가능발전목표를 설명한 영상을 제시하여 시청하게 하고, 17개 목표의 의미와 중요성을 이해하도록 안내하였다. 더 깊은 이해를 위하여 지속가능발전목표 17개의 목표가 무엇인지 [그림 5-5]와 같이 하나씩 살펴볼 수 있도록 모둠 활동을 통하여 한번 더 자세하게 내용을 파악할 수 있게 하였다. 소설의 배경을 이해하기 위하여 [그림 5-6]과 같이 〈A Long Walk To Water〉의 배경이 되는 남수단의 역사적·사회적 배경을 챗GPT 등의 생성형 AI 및 검색 도구를 활용하여 질문하고 조사하여 온라인 공유 플랫폼(패들렛)에 공유하게 하였다. 이렇게 지속가능발전목표와 소설의 배경을 살펴본 후에 지속가능발전목표 중 모둠별로 1~2개의 목표를 선정하도록 하였다.

지속가능발전목표 중 대부분의 모둠이 '빈곤퇴치', '양질의 교육', '깨끗한 물과 위생'을 선택하여 이 세 가지를 중심으로 다음 활동을 전개하였다.

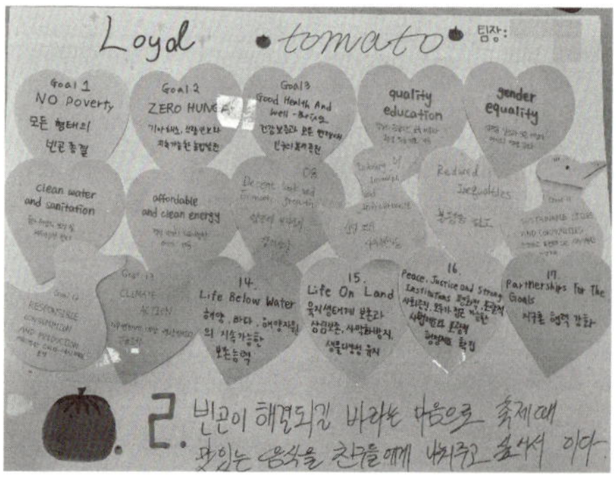

[그림 5-5] 지속가능발전목표(SDGs) 모둠활동

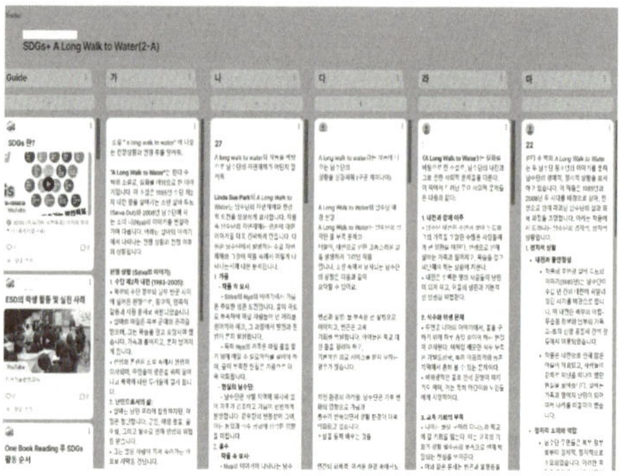

[그림 5-6] 역사적, 사회적, 지리적 배경 조사

7. 실천방안 결과물 공유 및 프로젝트 성찰

프로젝트의 마지막 차시에서는 학생들이 활동을 통해 배운 점과 실천할 점을 정리하여 공유한다. 패들렛을 활용해 작성한 내용을 서로 피드백하고, 팀 활동 보고서를 작성한다. 각 모둠은 자신들의 활동 내용을 기록하며 협업의 성과를 정리한다. 완성된 전자 만화책을 출력하여 영어교과실에 배치하며, 사회관계망 서비스(SNS)에 공유할 수 있게 하였다. 사전에 후기에 들어갈 내용을 다음과 같은 질문의 답으로 구성할 것을 권장했다.

- Based on A Long Walk to Water, record the field or activities in which you would like to make an impact. Using the SDGs as a basis, include both aspects that you want to change or take immediate action on.
  『A Long Walk to Water』를 통하여 자신이 영향을 미치고 싶은 분야나 활동을 기록하시오. 지속가능발전목표를 근거로 미래의 관심뿐만 아니라 당장 실천하고 싶거나 변화하고 싶은 내용을 추가하시오.

[그림 5-7]은 프로젝트 과정을 통하여 배운 점, 실천할 점 등을 기록하고 공유한 패들렛 캡처 화면이다.

학생들은 지속가능발전목표와 관련하여 자기 모둠이 선정한 항목에 대한 실천 사항을 쓰거나, 자신이 실천 항목을 정하여 기록하기도 하였다. 솔직하고 용기 있게 구체적인 실천 사항을 기록한 것이 인상적이다. 어떤 학생들은 챗GPT 등 생성형 AI를 활용하기도 하였는데, 이 경우는 최대한 자신의 말로 자기 생각을 기록하도록 안내하는 것이 필요하다. 다음은 몇몇 학생들의 후기를 정리한 것이다.

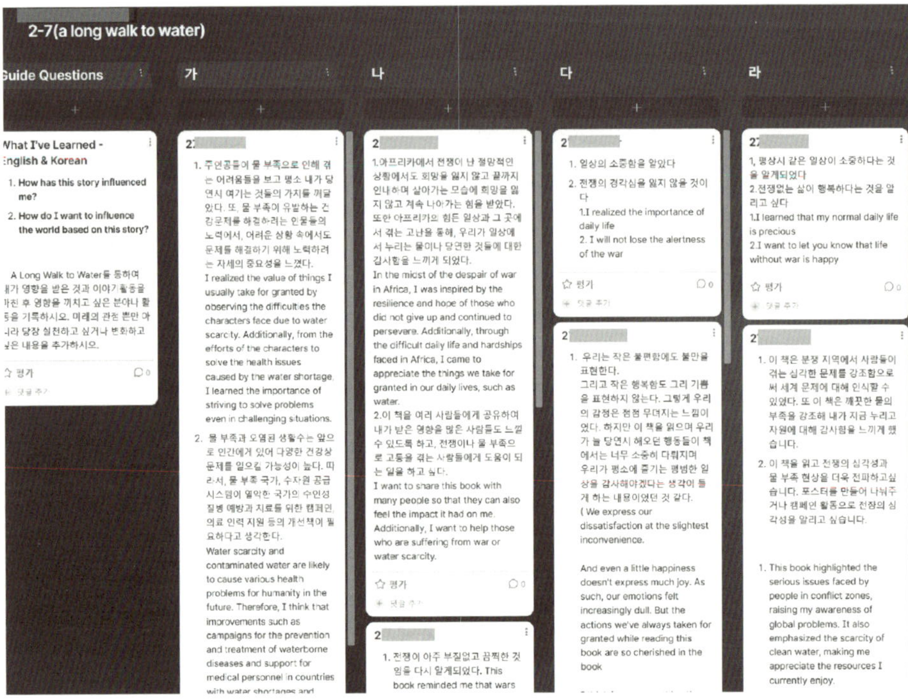

[그림 5-7] 프로젝트 과정을 통하여 배운 점, 실천할 점 기록하고 공유하기

(1) [SDG 1] No Poverty(빈곤퇴치) 관련 후기

(전○○ 학생 사례)

So I want to help people in difficult situations like books by actively participating in activities that make them interested in various campaigns, fundraising, and activities for various poor people for global civic ethics.

(세계시민윤리를 위해서 다양한 가난한 사람들을 위한 다양한 캠페인, 모금, 활동 등을 찾아보고 그들에게 관심을 갖도록 만드는 활동에 적극적으로 참여하여 책과 같이 어려운 상황을 사람들을 돕고 싶다.)

(2) [SDG 4] Quality Education(양질의 교육) 관련 후기

(손○○ 학생 사례)

I would like to create a campaign to help poor children such as the children in this article and inform people through mass media such as newspapers to ask for help.

(이 글에서 나오는 아이들과 같은 불쌍한 아이들을 돕기 위하여 캠페인을 만들어 신문과 같은 대중 매체를 통해 사람들에게 알려서 도움을 청하고 싶다.)

(3) [SDG 6] Clean Water And Sanitation(깨끗한 물과 위생)

(○○연 학생 사례)

I want to inform more people about the water shortage problem and the refugee problem and help them understand the difficulties they face, such as education on water scarcity, donation, and a water conservation campaign.

(물 부족 문제와 난민 문제에 대해 더 많은 사람에게 알리고 그들이 겪는 어려움을 이해하도록 돕고 싶습니다. 예를 들면, 물 부족 뮤제에 대한 교육, 기부, 물 절약 캠페인 등이 있습니다.)

(○○솔 학생 사례)

Seeing the harsh reality of countries suffering from water shortages made me realize a lot. Despite enjoying ample conveniences, I find myself reflecting on how we complain about even the slightest inconvenience.

물 부족국가의 힘든 현실을 보고 많은 것을 느꼈다. 충분한 편의를 누리고 있음에도 불구하고 조금이라도 불편하면 불평하는 우리의 모습을 반성하게 되었다.

(전○○ 학생 사례)

물 부족과 오염된 생활수는 앞으로 인간에게 있어 다양한 건강상 문제를 일으킬 가능성이 높다. 따라서, 물 부족 국가, 수자원 공급 시스템이 열악한 국가의 수인성 질병 예방과 치료를 위한 캠페인, 의료 인력 지원 등의 개선책이 필요하다고 생각한다.

Water scarcity and contaminated water are likely to cause various health problems for humanity in the future. Therefore, I think that improvements such as campaigns for the prevention and treatment of waterborne diseases and support for medical personnel in countries with water shortages and poor water supply systems are necessary.

Ⅳ 수업 성찰

1. 단계별 결과물과 평가 루브릭

본 프로젝트 수업은 3단계인 독서 일지 작성, AI 활용 전자 만화책 제작, 지속가능발전목표 실천 방안과 성찰 및 피드백의 크게 3단계로 수업을 진행하고 평가하였다. 성찰과 피드백 과정은 독서일지 작성 중 하나의 요소로 포함하였고 전체 활동 후에도 과정 전체를 돌아보고 과정 중 소감과 구체적인 실천 사항을 기록하고 평가하였다. 이에 따라 〈표 5-13〉과 같은 평가 루브릭을 작성하여 학생들이 수행한 프로젝트의 평가 기준으로 활용했다.

〈표 5-13〉 평가요소 및 평가기준 중심의 평가 루브릭

평가항목	평가요소	평가기준	배점
1. 독서일지 작성	작품의 언어적 이해와 공감적 감상	작품의 주요 내용과 주제를 정확히 파악하고 자신의 언어로 요약하였는가?	10
		작품에 대한 감상을 공감적으로 깊이 있게 표현하였는가?	10
		작품에 대해 독창적인 해석을 제시했으며, 창의적인 사고가 돋보였는가?	10
2. AI 활용 전자 만화 제작	작품이해와 창의적 표현력 및 협업	원 작품의 주요 내용과 주제를 정확히 이해하고 반영하였는가?	10
		만화의 디자인이 주제와 분위기를 조화롭고 효과적으로 표현되어 독자의 흥미를 유발하는가?	10
		디지털 도구의 기능을 창의적이고 적절하게 활용하였는가?	10
		모둠원들과 협력하고 역할을 분담하여 제작에 적극하여 작품의 완성도를 높였는가?	10

평가항목	평가요소	평가기준	배점
3. 지속가능 발전목표의 실천 방안 및 성찰과 피드백	창의적 문제 해결력, 의사소통 능력	작품과 관련한 지속가능발전목표를 명확히 인식하고, 구체적인 실천 방안을 기록하였는가?	10
		제시한 실천 방안이 실현가능한 동시에 창의적이고 지속가능한 혁신적인 접근을 포함하였는가?	10
		동료의 작품에서 창의성과 표현력, 메시지 전달력을 구체적으로 언급하고 건설적인 피드백을 제공하였는가?	5
		프로젝트 과정에서 스스로 성장한 점과 개선할 점을 명확히 표현하였는가?	5

2. 학생의 입장에서 본 프로젝트 수업 성찰

본 프로젝트 수업의 주요 활동 중에 배운 점이나 느낀 점을 기록하게 함으로써 배움의 과정을 성찰하도록 하였다. 학생들은 독서일지를 작성할 때 요약하기와 더불어 읽은 부분에 대해 인상적인 구절을 찾아 감상과 함께 배운 점을 기록하였다. 책 읽기가 완성된 후, 만화를 제작하고 지속가능발전 실천 방안을 기록하는 활동에서 활동을 통해 영향을 받은 것과 생활에서 실천할 방안들을 구체적으로 기록하게 함으로써 성찰을 통하여 배움이 삶의 실천으로 이어지는 데 중점을 두었다. 생성형 AI를 각 활동에 활용하게 한 것도 학생들에게는 참신하고 다양한 방식으로 인식되고 있었다. 자신이 영향을 끼치고 싶은 분야나 활동을 기록하되, 지속가능발전목표를 근거로 실천하고 싶은 분야를 기록하는 후기에서는 다음과 같이 일상의 감정과 생각의 변화부터 지구적 문제에 대한 실천의 부분까지 진지하게 글로 표현하기도 하였다. 다음은 각 과정에서 학생들이 기록한 성찰 기록의 예이다.

〈표 5-14〉 학생 성찰 기록의 예

‘〈A long walk to water〉 책을 읽은 것이 몰랐던 단어나 난민들의 어려움을 알 수 있어서 인상 깊었다.’ ‘다양한 수업 방식으로 우리의 눈과 귀를 즐겁게 해주셔서 감사하다. 인공지능에 관심이 많은데 인공지능을 이용해서 다양한 활동들을 해서 진로에 도움이 되었던 것 같다.’ ‘AI를 활용하여 과제를 수행한 것이 기억에 남는다. 대부분의 과제에 AI를 활용하며 변화한 사회에 맞게 움직이는 느낌이 들었다. AI 영상을 만들어본 것이 새로운 경험이라 기억에 남았다.’ ‘영어로 요약하기와 우리말로 요약하기에서 영어와 한국어 표현의 질감이 다른 것을 느끼고 신기했다.’ ‘모둠수업을 통해 함께 전자 만화를 제작하고 다른 모둠의 만화를 이어서 읽는 즐거움이 컸다. 책의 이야기가 하나의 만화로 연결되어 새로운 이야기가 만들어지는 느낌이었다.’ ‘우리는 작은 불편함에도 불만을 표현한다. 그리고 작은 행복함도 그리 기쁨을 표현하지 않는다. 그렇게 우리의 감정은 점점 무뎌지는 느낌이었다. 하지만 이 책을 읽으며 우리가 늘 당연시 해오던 행동들이 책에서는 너무 소중히 다뤄지며 우리가 평소에 즐기는 평범한 일상을 감사해야겠다는 생각이 절로 든다.’ ‘이 책을 여러 사람에게 공유하여 내가 받은 영향을 많은 사람도 느낄 수 있도록 하고, 캠페인이나 포스터를 제작하여 상황을 알리고, 전쟁이나 물 부족으로 고통을 겪는 사람들에게 도움이 되는 진로를 택할 것이다.’

3. 교사의 입장에서 본 프로젝트 수업 성찰

본 프로젝트는 학생들이 ‘한 권 읽기’ 활동으로 시작하여 문학이라는 장르에서 영어의 언어적 지식을 함양하고 문학적 감수성과 공감적 표현 능력을 갖추게 하고자 하였다. 후반부에는 이러한 문학적 ‘앎이 실천’으로 이어지기 위해 지속가능발전목표에 근거한 실천 방안을 모색하도록 하였다. 또한 전 과정에서 적절하게 디지털 도구를 활용하고 생성형 AI를 활용한 전자 협업 만화를 제작함으로써 학습에 필요한 디지털 리터러시를 기르도록 하였다.

디지털 도구와 AI라는 새로운 매체를 도입함으로써, 기초적인 영어 의사소통 능력이 부족한 학생들도 영어 작문과 번역 및 만화 제작과 지속가능발전목표 관련 활동까지 참여할 수 있게 되는 등 기존 영어 능력의 한계를 쉽게 보완하는 모습을 발견할 수 있었다. 이를 통해 모든 수준의 학습자들이 다양한 방식으로 학습에 흥미를 느끼고 적극적으로 참여하게 되었으며, 여러 매체를 활용한 표현 활동을 통해 언어적 지능뿐만 아니라 예술적 지능 등 다중 지능의 다양한 영역을 개발할 기회를 가질 수 있음을 확인할 수 있었다.

특히, 학생들이 각 활동을 통해 배운 점을 기록하고 발표하는 모습을 지켜보면서, 교사로서 깊은 감동을 느꼈다. 학생들은 영어 학습을 새로운 관점에서 경험하며 인지적으로 성장할 뿐만 아니라, 다양한 감정을 경험하고 사고의 폭을 넓히는 모습을 보였다. 또한, 영어사용에 있어서 표현력이 향상되는 과정도 뚜렷하게 확인할 수 있었다.

결론적으로, 이번 프로젝트 수업은 학생들이 영어라는 언어를 기반으로 문학적 리터러시를 심화하고, 디지털 도구와 지속가능발전목표(SDGs)를 활용하여 공감과 실천으로 이어지는 의미 있는 학습 경험을 할 수 있도록 돕는 효과적인 방법이 될 것이라 기대한다.

제6장 경제영역

생성형 AI 활용 진로 연계 데이터 분석 프로젝트

I 실시 배경

1. 학생들에게 필요한 교육이란?

21세기를 살아가는 우리 학생들에게 필요한 교육은 무엇일까? 단순히 교과서를 통해 지식을 전달받는 것만으로는 부족하다. 우리 사회는 기후 변화, 빈곤, 불평등과 같은 글로벌 문제들로 인해 많은 도전에 직면하고 있다. 이러한 문제들은 단순히 어른들의 문제로 국한되지 않고, 학생들이 미래 사회에서 반드시 해결해야 할 중요한 과제로 자리 잡고 있다. 따라서 학생들이 이러한 문제를 이해하고, 이를 해결하기 위한 창의적 사고와 문제 해결 능력을 기를 수 있는 교육이 그 어느 때보다도 절실히 필요하다.

최근 들어 지속가능발전목표(SDGs)는 전 세계적으로 중요한 교육 주제로 자리 잡고 있다. 지속가능발전목표는 단순한 이론이 아니라, 학생들이 직접 체험하고 탐구할 수 있는 실제적인 문제를 제공한다. 예를 들어, 기후 변화에 대응하거나 빈곤 문제를 완화하기 위한 데이터 기반의 접근은 학생들에게 실질적인 학습 동기를 부여할 수 있고 이를 통해 학생들은 단순히 학습에 그치지 않고, 사회와 연계된 해결 방안을 모색하며 미래를 준비하는 데 필요한 역량을 자연스럽게 배울 수 있다.

이러한 변화 속에서 탐색적 데이터 분석과 디지털 기술은 필수적인 도구로 자리 잡고 있다. 데이터 분석을 통해 학생들은 복잡한 문제를 구조화하고, 이를 바탕으로 논리적이고 창의적인 해결책을 도출할 수 있다. 또한, 생성형 AI와 같은 최신 디지털 기술은 학생을 데이터에 기반한 창의적인 아이디어를 도출하거나 실질적인 프로젝트를 설계하는 데 도움을 줄 수 있다. 예를 들어, 챗GPT와 같은 도구는 학생들이 질문을 통해 아이디어를 확장하거나 시각화를 지원받는 데 유용한 역할을 한다.

2022 개정 교육과정은 이러한 시대적 요구를 적극 반영하여 데이터 활용과 디지털 리터러시를 강화하는 데 중점을 두고 있다. 학생이 단순히 기술을 배우는 것을 넘어, 데이터를 바탕으로 한 비판적 사고와 창의적 문제 해결 능력을 기를 수 있도록 설계되었다. 이번 프로젝트는 이러한 교육적 목표를 실현하는 데 초점을 맞추고 있다. 학생들이 데이터를 분석하고 생성형 AI를 활용하여 지속가능발전목표를 이해하며, 이를 자신의 진로와 연계하여 실질적인 문제 해결 방안을 모색할 수 있는 기회를 제공하고자 한다.

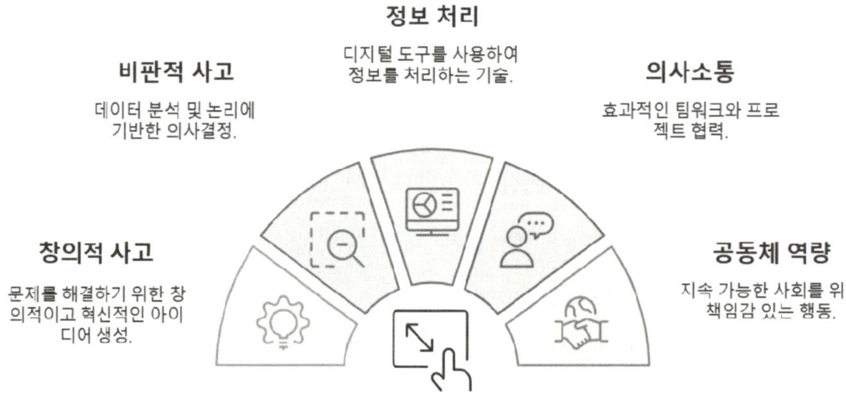

[그림 6-1] 2022 개정 교육과정에서 요구되는 학생 역량[1)]

1) 출처: 생성형 AI '냅킨'을 활용해 생성한 이미지이며, 원저작물 및 저작자를 찾을 수 없음. 필자가 재구성함.

2. 프로젝트 활동의 목표와 방향성

이번 프로젝트 활동은 지속가능발전목표와 데이터를 연계하여 학생들이 글로벌 문제를 탐구하고 창의적인 해결책을 제시하는 과정을 통해 미래 역량을 키우는 것을 목표로 하고 이를 위해 활동의 목표와 방향성을 구체적으로 설정하였다.

첫째, **지속가능발전목표에 대한 깊이 있는 이해**이다. 학생들은 17개의 지속가능발전목표 중에서 자신의 관심사와 연계된 주제를 선택하고 이를 탐구하게 되고 이를 통해 학생들은 단순히 이론적 지식을 배우는 것을 넘어, 글로벌 이슈에 대해 자신의 관점을 형성하고 이를 사회적 책임으로 연결할 수 있다.

둘째, **데이터 분석과 생성형 AI 활용 능력의 함양**이다. 학생들은 데이터를 수집하고 이를 분석하는 과정을 통해 문제의 본질을 파악하는 방법을 배우게 된다. 파이썬(Python), 엑셀(Excel), 구글 시트(Google Sheets)와 같은 도구를 활용하여 데이터를 정리하고 시각화하며, 챗GPT와 같은 AI 도구를 통해 데이터 기반의 창의적인 아이디어를 도출한다. 이를 통해 학생들은 디지털 리터러시를 향상시키고 데이터 기반 의사결정 능력을 배양할 수 있다.

셋째, **창의적 문제 해결과 진로 설계**이다. 학생들은 분석한 데이터를 바탕으로 지속가능발전목표와 연계된 창의적인 해결책을 설계한다. 이 과정에서 학생들은 실질적이고 구체적인 문제 해결 방안을 도출하며, 이를 자신의 진로와 연계하는 방법을 탐구하게 된다. 이러한 과정은 학생들에게 자신의 역할과 책임감을 인식시키고 미래에 대한 비전을 제시할 수 있도록 돕는다.

마지막으로, **협력적 학습과 의사소통 역량의 강화**이다. 프로젝트는 팀 활동을 중심으로 이루어지며, 학생들은 팀원들과 아이디어를 공유하고 협력하며 발표하는 과정을 통해 의사소통 역량을 기르게 된다. 이러한 협력적 환경은 학생들이 서로의 강점을 발견하고 이를 조화롭게 활용하는 방법을 배우게 한다.

이번 프로젝트는 학생들이 데이터 분석을 생성형 AI를 활용하여 지속가능발전목표를 탐구하고 창의적인 해결책을 설계하는 경험을 제공한다. 이를 통해 학생들은 글로벌 이슈에 대한 관심을 높이고, 자신의 진로와 사회적 역할을 연결하며, 미래를 준비하는 데 필요한 역량을 효과적으로 키울 수 있을 것이다.

Ⅱ 수업 설계

1. 데이터 분석 프로젝트 수업과 지속가능발전목표

'생성형 AI 활용 진로와 연계한 데이터 분석 프로젝트' 수업은 생성형 AI를 활용하여 흥미 있는 주제를 선정하고 올바른 프롬프트(prompt) 질문을 통해 데이터 수집과 탐색적 데이터 분석, 그리고 데이터 시각화를 단계별로 실시하여 문제 해결 방법에 대한 깊이 있는 학습을 하고 깊이 있는 질문을 통해 문제를 해결하기 위해 다양한 결과를 확인하여 주어진 문제와 대응 방안을 구체화할 수 있도록 한다. 교과 내용은 마지막 단원인 미래를 위한 인공지능으로 실생활의 문제를 발견하고 이를 해결하기 위한 인공지능 프로젝트를 협력적으로 수행한다.

파이썬(Python) 프로그래밍 언어를 잘 모르는 학생도 생성형 AI를 활용하여 데이터를 웹 사이트에서 찾아 표로 자동으로 만들어 주어 데이터를 수집한다. 학생들은 17개의 지속가능발전목표에서 실생활에서 접해 볼 수 있는 문제를 모둠별로 심도 있게 선정하여 모둠원 진로와 연계하여 선정하도록 하였으며 정보 문화 소양, 컴퓨팅 사고력과 협력적 문제 해결력 등의 핵심 역량을 함양하도록 한다.

본 '생성형 AI 활용 진로와 연계한 데이터 분석' 프로젝트 수업에서는 문제를 찾고 정리하는 과정에서 17개의 지속가능발전목표 중 팀원들이 탐구하고 싶은 분야를 협업하여 스스로 정하도록 하였고 학생들이 선택한 지속가능발전목표의 세부 목표는 〈표 6-1〉과 같다.

〈표 6-1〉 프로젝트 수업 관련 지속가능발전목표 선정

지속가능발전목표 영역[2]	
5 GENDER EQUALITY	차별과 폭력을 지속적으로 겪고 있는 여성과 소녀들을 위한 성평등 달성과 권익 신장은 평화와 번영을 추구하는 지속 가능한 세상에 필요한 필수 토대이다.
8 DECENT WORK AND ECONOMIC GROWTH	세계 인구의 절반은 하루 약 2달러로 살아 가고 있다. 경제적 · 사회적 정책을 재고하여 양질의 일자리를 가질 수 있는 사회를 요구하고 있다.

지속가능발전목표 영역[2]	
	바다는 빗물, 식수, 날씨, 기후, 음식, 심지어 우리가 호흡하는 산소까지 제공한다. 이 자원을 신중하게 관리하는 것은 지속 가능한 미래의 핵심이다.
	국제 살인 사건, 어린이 폭력, 인신매매 그리고 성폭력 위협을 다루는 것은 지속 가능한 발전을 위한 평화적이고 포괄적인 사회를 촉진하기 위해 중요하다.

2. 교육과정 영역 및 성취기준 선정

[SDGs 05], [SDGs 08], [SDGs 14], [SDGs 16]의 목표를 달성하기 위해 선정한 고등학교 정보과 정보과제 연구 교육과정의 영역은 '정보과제 연구' 영역으로 관련 교육과정 성취기준은 〈표 6-2〉와 같다.

〈표 6-2〉 **지속가능발전목표 관련 정보과 정보과제 연구 교육과정 및 성취기준 선정**

교과	고등학교 정보과 정보과제 연구
내용 요소	[지식・이해] 정보과제 연구, 컴퓨팅 사고력, 생성형 AI 개념 이해 [과정・기능] 생성형 AI 활용 데이터 분석한 내용을 적용・설명하기 [가치・태도] 정보과제 탐구 활동에서 문제에 대한 호기심, 문제해결력, 협업을 통한 창의성, 윤리성
핵심 아이디어	• 인공지능 프로젝트 단계 중 문제정의 단계에서 지속가능 발전 목표 17가지 중 한 가지를 선택하고 우리 지역사회에서 발생하는 문제를 적용하고 분석할 수 있다.
성취기준	[12정연01-01] 정보 과제 연구의 의미를 파악하고 컴퓨팅 사고력을 활용한 과제 연구의 의의를 설명할 수 있다. [12정연01-04] 정보 과제 연구의 의미에 부합된 주제를 선정하고 연구를 진행하는 과정에서 고려해야 할 요소를 검토하고 관련된 선행 연구자료를 탐색할 수 있다. [12정연01-11] 구도 또는 포스터 등의 방식으로 연구 결과를 발표할 수 있다.

2) 출처: 그림은 유엔경제사회부 https://sdgs.un.org/goals에서 인용함.

3. 프로젝트 수업 주제 설정

앞에서 선정한 지속가능발전목표를 정보과 인공지능 프로젝트 영역의 성취기준을 통해 효과적으로 달성하기 위해 다음과 같은 프로젝트 수업 주제를 설정하였다.

학생들의 조별 구성은 랜덤하게 구성을 하였고, 17개의 지속가능발전목표 중에서 주제를 협업하여 선정하였다. 각자 웹검색, 생성형 인공지능, 유튜브, 논문 검색 등을 통하여 자료를 조사하고 그에 해당하는 데이터를 찾도록 하고 데이터 정제 및 데이터 시각화를 통해 유의미한 내용을 찾아내고 실생활속 문제점에 대해 이해하도록 하였다. 또한 팀원들이 과제를 생성형 인공지능 챗GPT와 아바타를 활용해 탐구와 발표를 수행하게 함으로써, 학생들이 최신 기술을 직접 체험할 수 있도록 하였다. 이를 통해 디지털 교육 환경에서의 학습 경험을 더욱 풍부하게 만들고자 하였다. 이와 관련된 프로젝트 수업의 주제를 정리해 보면 〈표 6-3〉과 같다.

〈표 6-3〉 **프로젝트 수업 주제 및 수행 과제**

주제	생성형 AI를 활용한 인공지능 프로젝트 데이터 분석
수행 과제	생성형 AI를 활용하여 팀원들과 협업하여 탐구 배경을 조사해 보고 관련된 데이터를 수집하여 정제하고 시각화해 보도록 하자. 시각화 된 데이터를 분석하여 알게 된 점들을 기술하고 발표하여 공유하자.
도달점 (기대효과)	• 성별에 따른 불평등의 현황과 변화 추이를 파악할 수 있고 양성평등을 촉진하기 위한 정책적 개선점과 사회적 인식 변화를 이끌어 낼 수 있다. • 각국의 직업 만족도 수준과 그에 영향을 미치는 요인들을 이해할 수 있고 노동환경개선, 복지 제도를 강화하여 지속가능 발전을 촉진할 수 있다. • 해양 오염의 현황과 주요 오염 원인을 파악할 수 있고 이를 통해 해양 쓰레기 문제의 심각성을 인식하고 효과적인 규제와 개선 방안을 마련할 수 있다. • 각국의 범죄율과 살인사건의 주요 원일을 분석하고 이를 통해 효과적인 범죄 예방 정책을 개발하고 안전한 사회를 구축하는 데 기여할 수 있다.
팀별 SDGs	[SDG 05] 양성평등, [SDG 08] 양질의 일자리와 경제 성장 [SDG 14] 해양 생태계, [SDG 16] 평화롭고 정의로운 사회 증진

Ⅲ 수업 실행

1. 교수학습 과정안

프로젝트 수업 실행을 위한 교수·학습과정안의 개요는 〈표 6-4〉와 같다.

〈표 6-4〉 생성형 AI 활용 데이터 분석 프로젝트 수업 교수·학습과정안 개요

<table>
<tr><th>주제</th><td colspan="4">생성형 AI를 활용한 인공지능 프로젝트 데이터 분석</td></tr>
<tr><th>수행 과제</th><td colspan="4">생성형 AI를 활용하여 팀원들과 협업하여 탐구 배경을 조사해 보고 관련된 데이터를 수집하여 정제하고 시각화해 보도록 하자. 시각화된 데이터를 분석하여 알게 된 점들을 기술하고 발표하여 공유하자.</td></tr>
<tr><th>대상</th><td colspan="2">고등학교, 3학년</td><th>지도교사</th><td>김○○</td></tr>
<tr><th>관련 교과 및 단원</th><td colspan="4">고등학교 정보과제 연구</td></tr>
<tr><th>생성형 AI 활용 도구</th><td colspan="4">• ChatGPT(openai): 주제 선정을 위한 자료 검색
• 브루(Vrew): 파워포인트 프로젝트 보고서를 영상으로 제작</td></tr>
<tr><th>SDGs 핵심 내용</th><td colspan="4">[SDG 05] 양성평등, [SDG 08] 양질의 일자리와 경제 성장
[SDG 14] 해양생태계 보전, [SDG 16] 평화롭고 정의로운 사회 증진</td></tr>
<tr><th>SDGs 핵심 역량</th><td colspan="4">통합적 문제해결역량, 협업역량, 규범적 역량</td></tr>
<tr><th rowspan="2">SDGs 학습 목표</th><td>인지적 목표</td><td colspan="3">• [SDG 05] 성별에 따른 불평등의 원인과 현황, 법적·사회적 차별에 대한 이해를 증진한다.
• [SDG 08] 경제 성장의 원리와 양질의 일자리가 사회적 안정과 개인의 삶에 미치는 영향에 대해 이해한다.
• [SDG 14] 해양 생태계의 중요성과 해양 오염의 원인 및 그 영향에 대해 깊이 있는 지식을 습득한다.
• [SDG 16] 평화와 정의, 법치주의의 중요성과 공정한 제도의 역할에 대해 이해한다.</td></tr>
<tr><td>사회·정서적 목표</td><td colspan="3">• [SDG 05] 성평등에 대한 긍정적인 태도를 형성하고, 모든 사람의 권리와 존엄성을 존중하는 감수성을 기른다.
• [SDG 08] 공정한 노동 환경과 경제적 기회를 중시하며, 사회적 책임을 다하는 태도를 함양한다.
• [SDG 14] 해양 생태계 보호의 필요성을 인식하고, 해양 보호에 대한 책임감과 감수성을 기른다.
• [SDG 16] 공정과 정의를 중시하며, 타인과의 협력과 상호 존중을 바탕으로 평화를 추구하는 태도를 기른다.</td></tr>
</table>

	행동적 목표	• [SDG 05] 성평등을 촉진하는 정책과 프로그램을 지지하고, 일상생활에서 성차별적인 행동을 인식하고 바로 잡는다. • [SDG 08] 지속가능한 경제 성장과 양질의 일자리를 창출하는 활동에 참여하고 윤리적 소비와 투자에 동참한다. • [SDG 14] 해양 쓰레기 줄이기, 해양 보호 활동에 참여, 친환경적인 소비 습관을 통해 해양 생태계를 보호한다. • [SDG 16] 비폭력적 갈등 해결 방안을 지지하고, 정의롭고 투명한 제도를 강화하기 위한 사회적 참여를 촉진한다.

<table>
<tr><th colspan="2">단계</th><th>프로젝트 활동 내용</th><th>차시</th></tr>
<tr><td rowspan="2">프로
젝트
시작</td><td>도입
활동
안내</td><td>• 프로젝트 활동 수행 목적 및 평가 항목과 평가 기준 안내
• 지속가능발전의 의미와 지속가능발전목표(SDGs) 이해
• 인공지능 프로젝트 탐구 보고서 작성 안내
- 문제 정의 - 데이터 수집 - 데이터 정제
- 데이터 시각화 - 데이터 분석 - 보고서 작성</td><td rowspan="2">1차시</td></tr>
<tr><td>도전
과제
선정</td><td>• 모둠 구성: 3~4인 1조, 총 4모둠으로 구성
- 생성형 인공지능 및 웹 검색을 활용 랜덤 모둠 구성
• 지속가능 발전 목표 주제 선정: 모둠별 협업
• 지속가능 발전 목표 주제 내용 연구: 모둠별 각자 연구
- 탐구배경, 데이터 수집, 데이터 시각화, 데이터 분석</td></tr>
<tr><td colspan="2">프로젝트
활동진행</td><td>• [활동1] 인공지능 프록젝트 탐구 계획서 작성
- 지속가능발전 목표 주제 선정 프로젝트를 위한 탐구 계획서 작성
• [활동2] 주제 선정에 따른 데이터 수집 및 시각화
- 컴퓨터가 처리할 수 있는가?
- 획득 가능한 데이터인가?
- 시각화 툴은 다양한 방법을 사용해도 가능
(파이썬, 엑셀, 통그라미 등)
• [활동3] 데이터 시각화 한 내용을 분석하기
- 데이터 수집과 데이터 분석을 통해 알게 된 점을 작성</td><td>2차시</td></tr>
<tr><td colspan="2">프로젝트
결과물 완성</td><td>• 팀별 생성형 인공지능을 활용 인공지능 프로젝트 보고서 작성
- 브루(Vrew) 기능을 배우고 이해하여 자막이나 아바타를 활용하여 보고서 작성하기
• 팀별 인공지능 프로젝트 보고서 발표
- 팀 전원이 앞에 나가 인사하며 아바타를 활용하더라도 정숙과 발표 태도에 대해 숙지하며 서로를 응원하고 진지한 모습으로 팀원들의 자료를 공유
• 팀별 인공지능 프로젝트 자료 공유
- 구글 드라이브를 활용하여 발표 이후에도 자료를 공유하여 지나친 내용들을 숙지하고 발표 내용 공유</td><td>3차시</td></tr>
<tr><td colspan="2">발표 및 평가</td><td>• 발표: 팀별 인공지능 미래교실에서 발표
• 감상 및 평가: 자기평가 및 모둠 평가 실시</td><td>4차시</td></tr>
</table>

2. 프로젝트 활동

프로젝트는 지속가능발전목표를 참고하여 탐구할 문제를 정의한다. 정의된 문제해결을 위해 관련 데이터를 수집하고, 그 특성을 이해하며 분석한다. 수집된 데이터는 시각화 과정을 거쳐 보다 명확하게 표현하며 또한, 생성형 인공지능 영상 제작 도구인 브루(Vrew)를 활용하여 보고서를 작성한다. 작성된 보고서는 팀별로 발표하고, 이를 통해 성찰의 기회를 가지고 마지막으로, 학습 내용을 공유하며 함께 발전해 나간다. 모둠별로 프로젝트 주제를 선정하여 다음과 같이 탐구활동을 하였다.

1) 양질의 일자리와 경제 성장•나라별 직업 만족도 조사(1모둠)

이 프로젝트는 중국, 일본, 한국, 미국의 직업 만족도와 경제성상 간의 상관관계를 알아보기 위해 다음과 같이 프로젝트 주제와 관련 챗GPT 프롬프트를 구성하고 탐구를 진행한다.

> "중국, 일본, 한국, 미국의 직업 만족도와 경제성장 간의 상관관계를 알고 싶고 데이터 수집을 하고 탐색적 분석을 해줘. 요인들과의 필요한 상관관계는 데이터 시각화를 해줘"

주요 활동 목표는 직업 만족도와 경제 성장률이라는 두 변수 사이의 관계를 파악하고, 이를 바탕으로 국가 간의 차이를 분석하는 것이다. 이를 위해 데이터 수집, 탐색적 분석, 그리고 데이터 시각화라는 세 가지 주요 단계를 통해 모둠별로 분석을 진행한다.

먼저, 데이터를 수집하고 병행하는 단계인데, 직업 만족도 데이터는 각 국가의 통계청, OECD와 같은 신뢰할 수 있는 자료원을 통해 확보하고 직업 만족도의 평균값 또는 중앙값을 사용하여 국가별 데이터를 정리한다. 경제성장 데이터는 세계은행(World Bank) 또는 국제통화기금(IMF)에서 제공하는 GDP 성장률 자료를 기반으로 수집하며, 동일한 연도와 국가를 기준으로 정리한다. 이후 두 데이터를 연도와 국가를 기준으로 병합하고 분석에 적합하도록 결측치를 처리하고 이상치를 조정하는 등 필요한 데이터 정제 과정을 거친다. 다음으로, 수집된 데이터를 탐색적으로 분석하고 직업 만족도와 경제 성장률 간의 상관관계를 파악하기 위해 데이터 분포를 히스토그램이나 커널 밀도 플롯을 활용해 시각적으로 분석하고, 국가별 데이터 분포의 차이점을 확인한다.

마지막으로, 데이터 시각화를 통해 분석 결과를 효과적으로 전달하고 직업 만족도와 GDP 성장률 간의 관계를 산점도로 표현하여 변수 간의 상관관계를 시각적으로 확인하고 국가를 색상이나 모양으로 구분해 국가별 차이를 명확히 나타낸다.

이 프로젝트는 직업 만족도와 경제성장 간의 상관관계를 분석하며, 이를 통해 국가 간 정책적 차이나 경제적, 사회적 요인의 상호작용에 대한 통찰을 제공하고 데이터 기반의 결과는 사회적 만족과 경제성장의 관계를 이해하는 데 있어 중요한 시사점을 제시하였다. 1모둠의 주제 관련 학생 프로젝트 챗GPT 단계별 세부 상세 활동은 다음과 같다.

〈표 6-5〉 1모둠 챗GPT 단계별 세부 상세 활동 모음[3)]

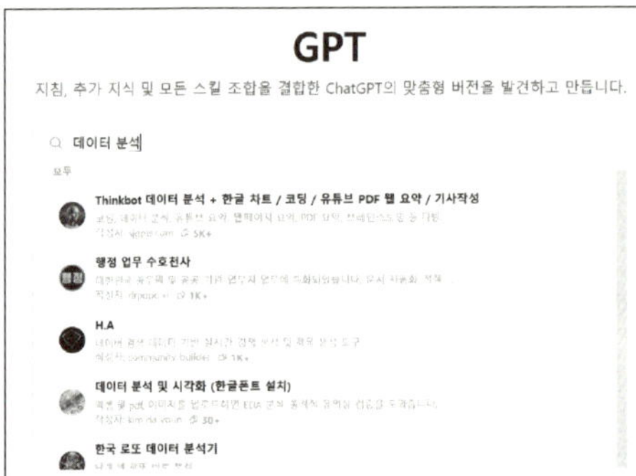 	
〈GPT 탐색: thinkbot 접속〉	〈데이터 수집을 위한 접속〉

3) 출처: 생성형 AI 챗GPT 활용 생성 자료.

〈데이터 수집 완료〉

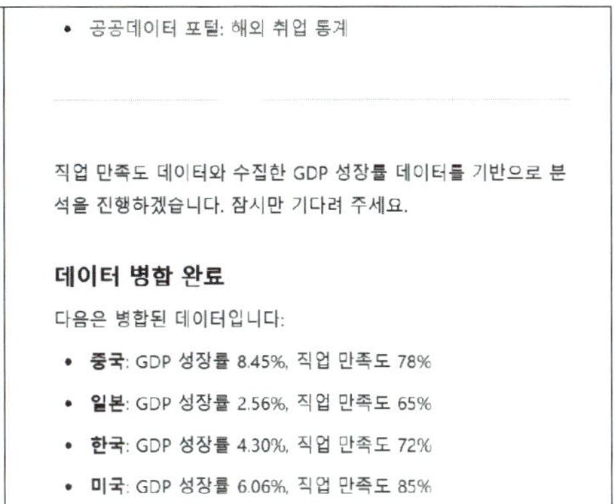

〈데이터 병합〉

〈데이터 시각화1〉

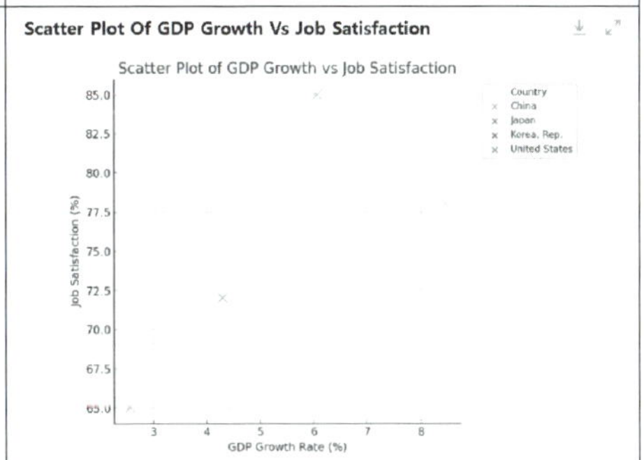

〈데이터 시각화2〉

생성형 AI를 활용한 데이터 분석은 이전과 비교하면 지속적인 모델의 발전으로 인해 데이터를 이해하고 분석하는 데 큰 도움을 주고 이전 파이썬 언어를 사용하여 데이터 분석을 하기 위해 많은 공부를 해야 했던 것에 비하면 데이터 수집의 용이함과 데이터 이해를 통해 보다 추가적인 질문을 통해 또 다른 데이터를 수집하고 질문에 대한 깊이 있는 탐색 시간을 보낼 수 있으며 데이터를 훨씬 심층 있게 분석하며 시사점과 정책을 제시할 수 있는 능력을 키울 수 있다. 먼저 챗GPT에 접속하여 GPT 탐색에서 데이터 분석이 용이한 씽크봇(ThinkBot)을 찾아 접속하고, 원하는 데이터를 찾아 데이터끼리 병합을 자동으로 해주며 관련된 내용에 대해 데이터 시각화를 해준다. 위의 표에 정리된 그림들은 학생들이 질문을 통해 주제에 따른 상관관계를 이해하는 프로젝트 활동의 일부분이며 GDP 성장률과 직업 만족도 비교 및 직업 만족도 대비 GDP 성장률 비율은 다음과 같다.[4]

4) 출처: 생성형 AI 챗GPT 활용 생성 자료.

1. **GDP 성장률과 직업 만족도 비교**:
   - **미국**: 높은 GDP 성장률(6.06%)과 직업 만족도(85%)를 기록하며 안정적인 비율을 유지.
   - **중국**: 높은 GDP 성장률(8.45%) 대비 직업 만족도(78%)가 상대적으로 낮음.
   - **일본**: 낮은 GDP 성장률(2.56%)과 직업 만족도(65%)로, 두 값 간 큰 차이를 보임.
   - **한국**: 중간 수준의 GDP 성장률(4.30%)과 직업 만족도(72%)로 안정적인 비율을 기록.
2. **직업 만족도 대비 GDP 성장률 비율**:
   - **일본**은 직업 만족도가 GDP 성장률 대비 매우 높은 비율(25.39)을 기록.
   - **중국**은 비율이 가장 낮아, 높은 경제 성장에 비해 직업 만족도가 낮은 수준.

위 결과에 대한 시사점도 일본은 경제성장률이 낮음에도 높은 직업 만족도를 유지하고 있어, 고용 안정성 및 근무 환경에 대한 사회적 요인이 직업 만족도에 긍정적으로 작용할 가능성이 있고 중국은 높은 경제성장에도 직업 만족도가 낮아, 근로자의 삶의 질과 직장 문화 개선이 필요하며 미국과 한국은 경제성장과 직업 만족도가 균형을 이루는 경향을 보인다고 하였다.

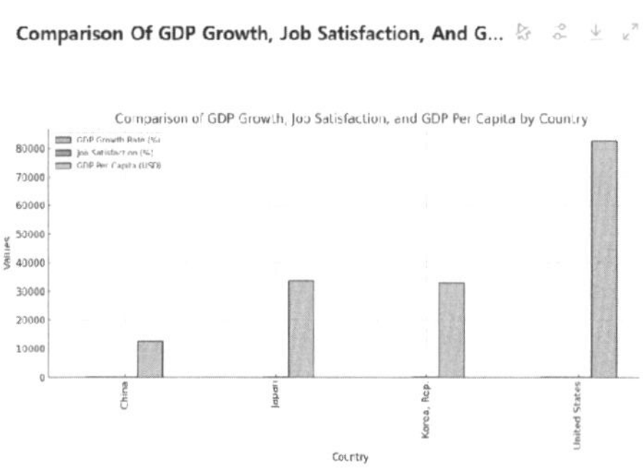

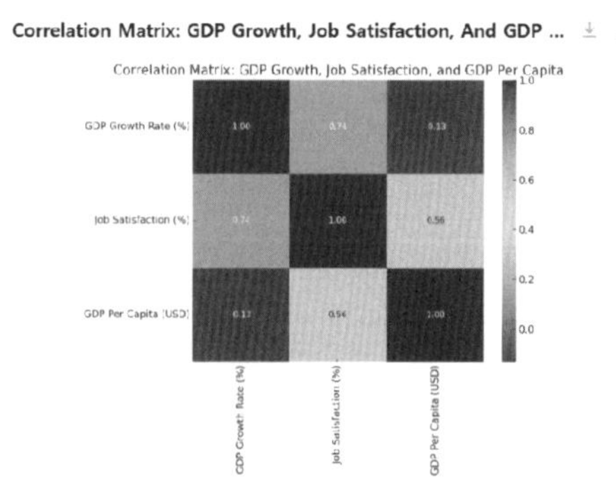

〈직업 만족도 대비 GDP 성장률 비율 데이터 시각화 자료[5]〉

원하는 국가와 주제에 대한 심층적인 질문을 통해 계속적인 연구가 가능하며 데이터에 대한 이해와 요인 간의 상관관계, 그리고 미래 예측도 가능한 회귀분석도 할 수 있어 프로젝트 활동에 학생들은 만족해하며 모둠별로 탐구한 내용을 서로 공유하며 삶에 있어 진로와 연계하며 지속 가능한 발전에 대해 생각해 보는 계기가 되었다고 한다.

5) 출처: 생성형 AI 챗GPT 활용 생성 자료.

2) 평화롭고 정의로운 사회증진: 국제살인사건 현황 및 대응 방안(모둠2)

이 프로젝트는 평화롭고 정의로운 사회를 증진하기 위해 국제적인 살인사건의 발생 현황과 이에 영향을 미치는 사회적 요인을 분석하는 것을 목적으로 한다. 이를 통해 살인사건 발생률의 분포를 이해하고, 감소 방안을 모색하기 위한 중용한 통찰을 얻고자 한다. 분석 과정은 데이터 수집, 탐색적 분석, 그리고 시각화라는 세 가지 주요 단계로 진행되고 다음과 같이 프로젝트 주제와 관련 챗GPT 프롬프트를 구성하고 탐구를 진행한다.

> "평화롭고 정의로운 사회 증진을 위해 국제 살인 사건 현황과 대응 방안에 대해 데이터를 수집하고 탐색적 분석을 하고 데이터 시각화를 단계별로 해줘"

먼저, 데이터를 수집하고 살인사건 발생률 데이디는 세계은행(World Bank)이나 유엔마약범죄사무소(UNODC)와 같은 신뢰할 수 있는 곳에서 데이터를 확보한다. 이 데이터는 국가별 및 연도별로 살인사건 발생률(인구 10만 명당 살인사건 수)을 주요 지표로 사용하고 동시에, 살인사건 발생에 영향을 미칠 수 있는 사회적 요인들에 대한 데이터를 수집한다. 소득수준(1인당 GDP, 빈곤율), 교육수준, 법 집행력 같은 변수가 포함된다. 데이터를 연도와 국가를 기준으로 병합하며, 데이터 정제를 통해 분석에 적합한 형태로 가공한다.

탐색적 데이터 분석(EDA)을 통해 수집된 데이터를 심층적으로 탐구하고 살인사건 발생률과 관련 요인의 분포를 확인하여 데이터의 특성을 파악하며, 이를 히스토그램이나 박스플롯을 통해 시각적으로 표현한다. 이를 통해 분석 결과를 보다 직관적으로 전달한다. 이 프로젝트는 살인사건 발생률과 사회적 요인의 관계를 분석함으로써, 살인사건 감소를 위한 효과적인 정책 설계를 지원하고 국제적인 문제해결에 기여할 수 있는 결과를 제공한다. 2모둠 주제 관련 학생 프로젝트 챗GPT 단계별 세부 상세 활동은 다음과 같다.

〈표 6-6〉 2모둠 챗GPT 단계별 세부 상세 활동 모음[6]

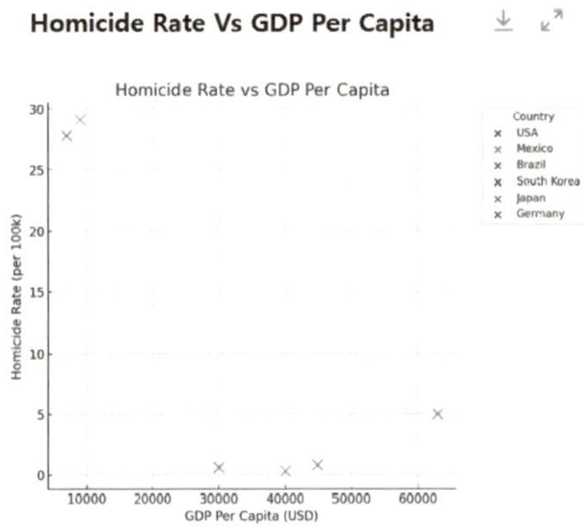 〈데이터 시각화3〉	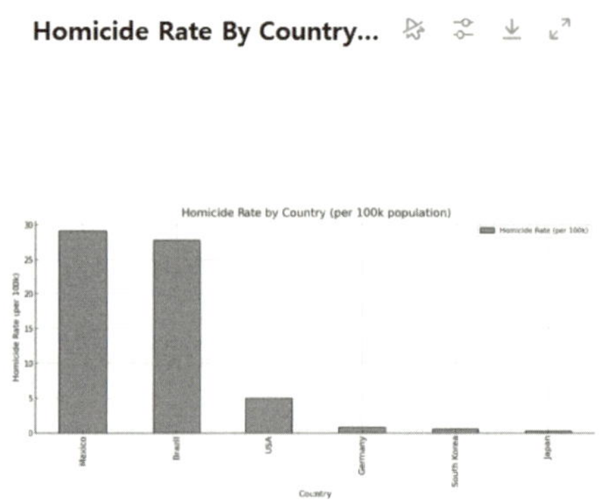 〈데이터 시각화4〉
먼저 국제 살인 사건 관련 데이터를 수집하겠습니다. 잠시만 기다려 주세요. gpts.webpilot.ai과(와) 대화 완료 ∨ **데이터 수집 완료** 국가별 살인 사건 발생률 데이터는 다음과 같은 자료를 통해 확인할 수 있습니다: • **UNODC 데이터베이스**: UNODC 살인 사건 데이터 • **한국형사·법무정책연구원 통계**: 세계의 살인범죄 데이터 〈데이터 수집〉	수집된 데이터를 정리하고 분석 가능한 형태로 준비하겠습니다. 잠시만 기다려 주세요. **데이터 준비 완료** 다음은 국제 살인 사건 데이터입니다: • **살인 사건 발생률(인구 10만 명당)**: 0.3(일본) ~ 29.1(멕시코). • **1인당 GDP(USD)**: 7,000(브라질) ~ 63,000(미국). • **교육 지수**: 0.6(브라질) ~ 0.9(미국, 일본, 독일). 〈데이터 변환〉
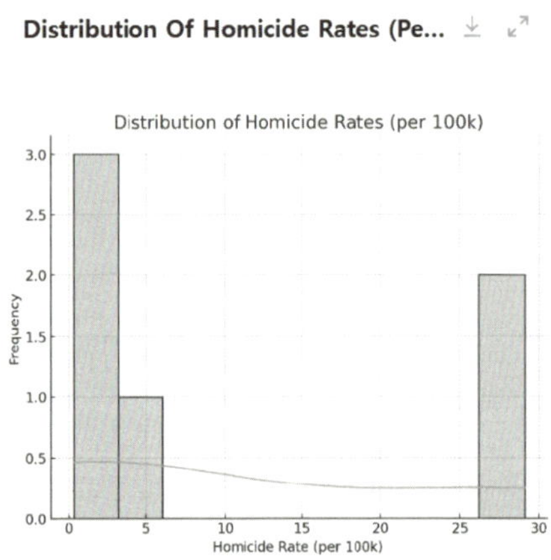 〈데이터 시각화1〉	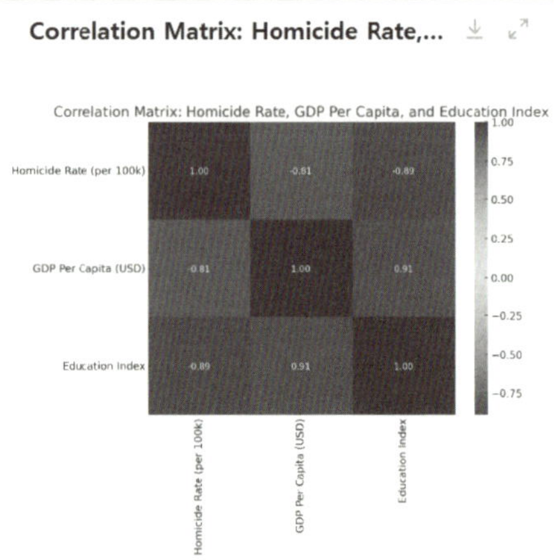 〈데이터 시각화2〉

먼저 챗GPT에 접속하여 GPT 탐색에서 데이터 분석이 용이한 씽크봇을 찾아 접속하고, 핵심 질문인 국제살인사건 현황 및 대응 방안에 대한 데이터를 수집한

6) 출처: 생성형 AI 챗GPT 활용 생성 자료.

다. 국제 살인사건 데이터는 다음과 같다.

- **살인 사건 발생률(인구 10만 명당)**: 0.3(일본) ~ 29.1(멕시코).
- **1인당 GDP(USD)**: 7,000(브라질) ~ 63,000(미국).
- **교육 지수**: 0.6(브라질) ~ 0.9(미국, 일본, 독일).

〈국제 살인사건 발생률 및 환경요인〉

위 데이터를 시각화한 그래프의 데이터를 통해 학생들이 분석한 내용은 다음과 같다. 살인사건 발생률은 대부분 0~5 사이에 분포하지만, 멕시코와 브라질 같은 일부 국가는 매우 높은 값을 보인다.

상관관계 분석에서는 1인당 GDP(GDP Per Capita)와 살인사건 발생률은 음의 상관관계(상관 관계수 약 -0.8)로 경제 수준이 높은 국가에서 살인사건 발생률이 낮은 경향이 있고, 산점도 분석에서는 멕시코와 브라질은 낮은 GDP와 높은 살인사건 발생률을 보이며, 일본과 독일은 높은 GDP와 낮은 살인사건 발생률을 보인다고 한다.

국가별 살인사건 발생률 막대그래프에서는 멕시코와 브라질의 살인사건 발생률이 가장 높으며, 일본과 독일은 상대적으로 낮고 미국은 중간 수준(5.0)을 기록하고 GDP 대비 살인사건 발생률 산점도에서는 1인당 GDP가 높은 국가(일본, 독일)일수록 살인사건 발생률이 낮은 경향을 보인다. 멕시코와 브라질은 낮은 GDP와 높은 살인사건 발생률을 기록한다.

한국과 다른 나라 비교에서는 살인사건 발생률은 한국(0.6), 미국(5.0), 멕시코(29.1), 브라질(27.8)에 비해 매우 낮은 수준으로 일본(0.3)과 유사한 안정적인 상태이고 이는 한국의 높은 사회적 규율과 치안 시스템의 효율성을 기인한다.

한국에 특화된 문제는 다른 국가와 달리 한국은 디지털 범죄와 가정 내 폭력이 증가하고 있어, 심리적 지원 및 디지털 안전망 구축이 중요한 과제로 대두되고 있다고 하며 대응 방안으로는 디지털 범죄 대응으로 사이버 범죄 전문 강화팀 확장 및 기술 투자와 디지털 성범죄 피해자 보호 프로그램과 상담 서비스가 확대되어야 한다고 한다.

3) 한국 직장 내 양성평등 문제와 개선 방향: 성별 임금 격차, 여성 관리직 비율, 고용률 차이를 중심으로(모둠3)

이 프로젝트는 한국 직장 내 양성평등의 정의와 필요성을 탐구하고, 이를 개선하기 위한 정책과 그 효과를 분석하는 것을 목적으로 한다. 이를 위해 데이터를 수집하고, 탐색적 분석을 통해 주요 특징을 파악하며, 결과를 시각화하여 효과적으로 전달하고자 한다. 탐구를 위한 핵심 내용과 질문은 다음과 같이 챗GPT 프롬프트를 구성하고 탐구를 진행한다.

> "한국 직장 내 양성평등을 위한 정책과 효과: 정의와 필요성에 대한 데이터를 수집하고 탐색적 분석과 데이터 시각화를 해줘"

프로젝트의 첫 번째 단계는 데이터 수집이고 한국의 직장 내 양성평등을 평가할 수 있는 다양한 데이터를 확보하는 것이 중요하다. 주요 지표로는 성별 임금 격차, 여성 관리직 비율, 성별 고용률 등이 포함된다. 이러한 데이터는 경제협력개발기구(OECD), 국제 노동기구(ILO), 통계청, 그리고 한국여성정책연구원과 같은 신뢰할 수 있는 자료원을 통해 수집한다. 이를 통해 양성평등과 관련된 현재 상황을 객관적으로 평가할 수 있는 기반을 마련한다.

수집된 데이터를 바탕으로 탐색적 분석을 수행하고 성별 임금 격차, 여성 관리직 비율, 성별 고용률 등 주요 지표를 중심으로 성별 간 차이를 분석한다. 이러한 분석은 직장 내 성별 불평등의 정도를 파악하는 데 유용하며 시간에 따른 변화를 분석하여, 과거와 현재의 양성평등 수준을 비교하고 추세를 확인한다.

마지막 단계는 분석 결과를 시각적으로 표현하는 것이다. 성별 임금 격차와 여성 관리직 비율을 직관적으로 보여줄 수 있는 그래프를 생성한다. 이 과정에서 한국의 데이터를 유럽경제협력기구(OECD) 주요 국가들과 비교하여, 국제적인 맥락에서 한국의 양성평등 수준을 평가한다.

이 프로젝트는 한국 직장 내 양성평등의 현황을 데이터 기반으로 분석하고, 이를 바탕으로 정책적 시사점을 도출한다. 이를 통해 한국이 양성평등한 직장 환경을 조성하기 위해 나아가야 할 방향을 제시하고, 더 나은 사회를 구축하는 데 기여할 수 있을 것이다. 3모둠 주제 관련 학생 프로젝트 챗GPT 단계별 세부 상세 활동은 다음과 같다.

〈표 6-7〉 3모둠 챗GPT 단계별 세부 상세 활동 모음[7)]

우선 주요 지표(성별 임금 격차, 관리직 비율 등)에 대한 데이터를 수집하겠습니다.

gpts.webpilot.ai과(와) 대화 완료

성별 임금 격차 데이터 수집 완료

OECD 데이터를 통해 성별 임금 격차 관련 정보를 확인할 수 있습니다:

- **정의**: 남성 중위소득 대비 여성 중위소득의 비율 차이.
- **한국의 성별 임금 격차**:
  - 한국은 OECD 국가 중 성별 임금 격차가 가장 높은 국가 중 하나로, 약 **31%** 수준으로 보고됨.

〈데이터 수집〉

다음 단계 바로가기:

- "A" 을 입력해 추가적인 데이터 분석
- "B" 을 입력해 정책 제안 보고서 작성
- "C" 을 입력해 더 심화된 국가 간 비교
- "D" 을 입력해 발표 자료 생성
- "E" 을 입력해 데이터 분석 확장

또는 "계속"을 입력하시면, 자동으로 계속 진행하겠습니다. :-)

〈데이터 변환〉

〈데이터 시각화1〉

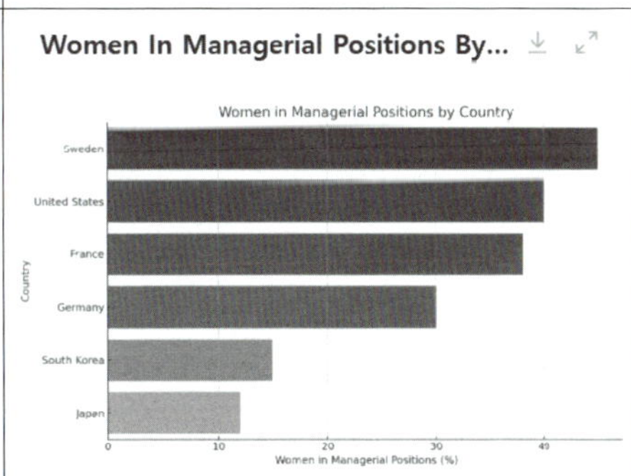

〈데이터 시각화2〉

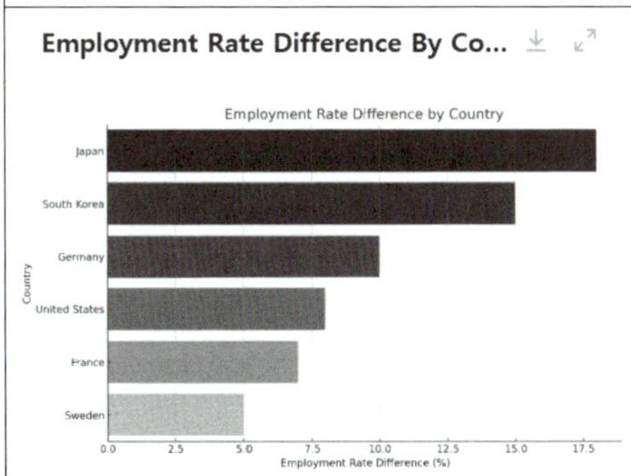

〈데이터 시각화3〉

Country	r Wage Ga	nagerial	t Rate Difference (%)	
South Kor	31	15	15	
Japan	24	12	18	
Germany	16	30	10	
United Sta	18	40	8	
France	12	38	7	
Sweden	8	45	5	

〈데이터〉

7) 출처: 생성형 AI 챗GPT 활용 생성 자료.

먼저 챗GPT에 접속하여 GPT 탐색에서 데이터 분석이 용이한 씽크봇을 찾아 접속하고, 핵심 질문인 한국 직장 내 양성평등 문제와 개선 방향에 대한 데이터를 수집한다.

위 데이터 수집을 통한 학생들의 분석에 따르면 성별 임금 격차로 보면 한국(31%)은 OECD 국가 중 가장 높은 수준이고 스웨덴(8%)은 가장 낮은 격차를 기록한다고 한다. 여성 관리직 비율은 한국(15%)은 낮은 비율을 보이며, 스웨덴(45%)은 가장 높은 비율을 보였다. 성별 고용률 차이는 한국(15%)은 성별 고용률 차이가 큰 국가로 확인되었다고 한다.

위 데이터 시각화의 결과로는 성별 임금 격차에서 한국(31%)과 일본(24%)은 높은 성별 임금 격차를 기록하며, 스웨덴(8%)은 가장 낮은 수준을 보였고, 여성 관리직 비율에서는 스웨덴(45%)과 미국(40%)은 높은 여성 관리직 비율을 보이며, 한국(15%)과 일본(12%)은 매우 낮은 수준이라고 한다. 성별 고용률 차이에서는 한국(15%)과 일본(18%)은 성별 고용률 차이가 큰 반면, 스웨덴(5%)과 프랑스(7%)는 작은 차이를 보인다고 한다.

분석 결과 및 정책적 시사점은 한국은 성별 임금 격차와 성별 고용률 차이 모두에서 높은 격차를 보이며, 여성 관리직 비율도 낮은 수준이며 이는 성별 간 평등한 기회 제공과 고위직 진출의 장벽 해소가 필요함을 나타낸다고 한다.

정책 제안으로는 임금 투명성 정책으로 기업 내 성별 임금 공개를 의무화하고 임금 격차 해소를 위한 기업 인센티브를 제공한다. 여성 리더십 강화 정책에서는 관리직 여성 비율 확대를 위한 할당제 도입과 여성 리더십 교육 및 멘토링 프로그램을 확대하고 고용률 격차 해소를 위해 여성 친화적 근무 환경 조성(유연 근무제, 육아 지원)이 필요하다고 하였다.

4) 심각한 해양 쓰레기의 문제점 및 해결 방안(모둠4)

이 프로젝트는 전 세계적으로 심각한 문제로 대두되고 있는 해양 쓰레기의 문제와 이를 해결하기 위한 방안을 탐구하는 것을 목표로 한다. 이를 위해 해양 쓰레기의 주요 유형과 발생 원인을 분석하고, 국가별 및 지역별로 분포와 발생량을 파악하며, 효과적인 해결 방안과 정책적 접근법을 제시한다. 우선, 프로젝트의 핵심 질문은 세 가지로 요약된다. 첫째, 주요 해양 쓰레기의 유형과 발생 원인은 무엇인가? 둘째, 국가별 및 지역별 해양 쓰레기의 분포와 발생량은 어떠한가? 셋째, 이러한 문제를 해결하기 위해 어떤 방안과 정책이 효과적인가? 이 질문들은 해양 쓰레기 문제를 다각도로 분석하고 실질적인 해결책을 마련하기 위한 기초가 된다. 다음과 같이 프로젝트 주제와 관련하여 챗GPT 프롬프트를 구성하고 탐구를 진행한다.

> "심각한 해양 쓰레기의 문제점 및 해결 방안에 대해 탐구하고자 하니 데이터를 수집하고 탐색적 분석과 데이터를 시각화해 줘"

데이터 수집은 신뢰할 수 있는 자료를 기반으로 이루어져야 한다. 해양 쓰레기의 발생량과 유형, 그리고 환경적 피해에 관한 데이터가 주요 대상이다. 여기에 국가별 및 지역별 해양 쓰레기 발생량, 플라스틱, 금속, 유리 등의 쓰레기 유형 비율, 그리고 해양 생물에 대한 피해와 같은 환경적 영향을 포함한다. 이러한 데이터는 유엔환경계획(UNEP), 세계은행(World Bank), 미국해양대기청(NOAA), 그리고 글로벌 플라스틱 폐기물 데이터베이스(Global Plastic Waste Database)와 같은 곳에서 수집한다.

수집된 데이터를 바탕으로 국가별, 지역별로 해양 쓰레기 발생량을 분석하고, 플라스틱 등 쓰레기 주요 쓰레기 유형의 비중을 파악하고 해양 쓰레기가 생태계에 미치는 영향을 정량적으로 평가하여 오염된 지역의 피해 규모를 구체적으로 이해한다. 분석 결과는 효과적인 시각화를 통해 전달되고 전 세계 국가별 해양 쓰레기 발생량을 색상으로 구분한 지도를 생성하여 국가 간 차이를 명확히 보여준다. 쓰레기 유형별 비중을 파이 차트로 나타내어 주요 문제 요인을 쉽게 이해할 수 있도록 하고 시간에 따른 해양 쓰레기 증가 추세를 선 그래프로 표현하여 변화 양상을 직관적으로 파악할 수 있게 한다.

이 프로젝트는 데이터를 기반으로 해양 쓰레기의 문제를 다각적으로 분석하며,

이를 통해 문제의 심각성을 알리고 실질적인 해결 방안을 제시한다. 이러한 결과를 바탕으로 모둠원이 협력하여 보고서를 작성하고 지속 가능한 해양 환경을 조성하는 데 기여할 수 있을 것이다. 4모둠 주제 관련 학생 프로젝트 챗GPT 단계별 세부 상세 활동은 다음과 같다.

〈표 6-8〉 **4모둠 챗GPT 단계별 세부 상세 활동 모음**8)

데이터 수집 완료 **Our World in Data**에서 해양 쓰레기와 플라스틱 오염에 관한 주요 데이터를 확보했습니다. 주요 내용은 다음과 같습니다: 1. **플라스틱 생산량 증가**: • 1950년대 200만 톤에서 2019년 4억 6천만 톤으로 증가. • 최근 20년간 생산량이 두 배 이상 증가. 2. **해양으로 유입되는 플라스틱**: • 매년 약 1~2백만 톤의 플라스틱이 해양으로 유입. • 대부분 중소득 국가에서 발생. 3. **주요 원인**: • 비효율적인 쓰레기 관리 시스템. 〈데이터 수집〉	**주요 데이터:** 1. **플라스틱 폐기물** (백만 톤 기준): • 동아시아·태평양(25.0 백만 톤)이 가장 많음. • 사하라 이남 아프리카(6.5 백만 톤)가 가장 적음. 2. **오염된 플라스틱 비율**: • 사하라 이남 아프리카(87%)와 남아시아(81%)가 가장 높은 비율을 기록. • 북미(2%)와 유럽(5%)은 낮은 수준. 3. **해양 플라스틱 기여량**: • 동아시아·태평양(1.5 백만 톤)이 가장 많으며, 유럽(0.2 백만 톤)은 상대적으로 적음. 〈주요 데이터 설명〉
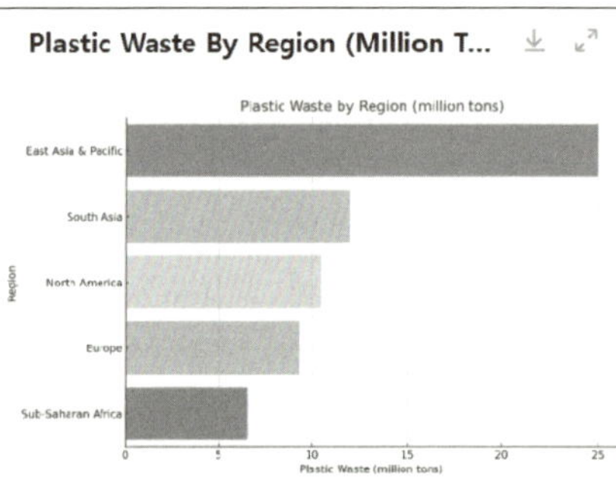 〈데이터 시각화3〉	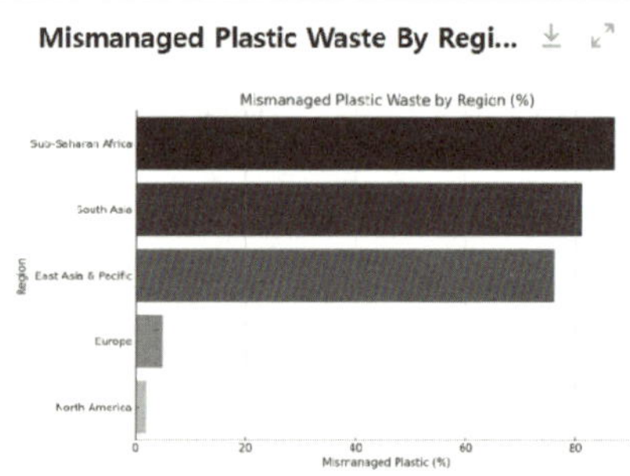 〈데이터 시각화4〉
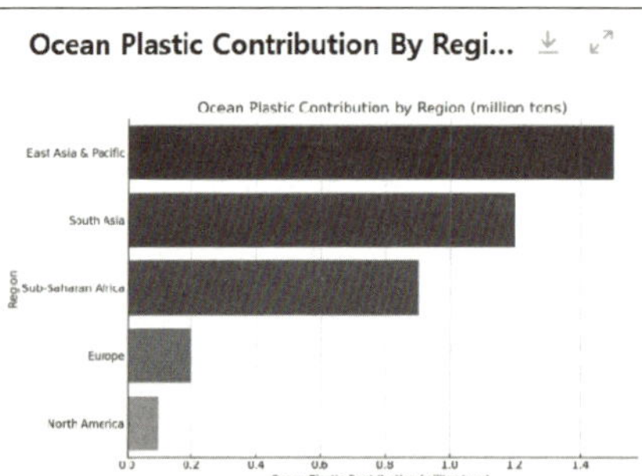 〈데이터 시각화 5〉	gpts.webpilot.ai과(와) 대화 완료 **한국 해양 쓰레기 데이터 수집** 환경부 홈페이지에서 제공되는 정보를 통해 지역별 해양 쓰레기 데이터를 추가로 요청하거나 활용할 수 있습니다. 하지만 현재 직접적인 데이터 접근이 제한적이므로 대체적으로 관련된 데이터를 가상으로 작성하여 탐색적 분석 및 시각화를 진행하겠습니다. 〈가상 데이터〉

8) 출처: 생성형 AI 챗GPT 활용 생성 자료.

먼저 챗GPT에 접속하여 GPT 탐색에서 데이터 분석이 용이한 씽크봇을 찾아 접속하고 핵심 질문인 심각한 해양 쓰레기 문제점 및 대응 방안에 대한 데이터를 수집한다.

위 데이터를 시각화한 그래프를 통해 학생들이 분석한 내용은 다음과 같다. 동아시아태평양 지역(25.0백만 톤)이 가장 큰 플라스틱 폐기물을 생성하고 사하라 이남 아프리카(6.5백만 톤)는 상대적으로 적었다고 한다. 오염된 플라스틱 비율은 사하라 이남 아프리카(87%)와 남아시아(81%)가 높은 비율을 기록하며, 북미(2%)는 낮은 수준이라고 하며 해양 플라스틱 기여량은 동아시아태평양(1.5백만 톤)이 가장 많이 기여하고 있으며, 유럽(0.2백만 톤)은 낮은 기여량이라고 한다.

이러한 심각한 해양 쓰레기 관련 시사점과 해결 방안을 제시한 것은 동아시아태평양과 남아시아가 높은 플라스틱 폐기물과 오염 비율을 기록하므로 플라스틱 관리 시스템의 개선이 가장 시급하다고 하였다. 또한 글로벌 협력 강화를 통한 국제 규정을 통해 폐기물 수출입 관리와 지역 맞춤형 정책을 통해 중소득 국가에서는 폐기물 관리 인프라 개선과 쓰레기 분리배출 및 재활용 문화 확대 대중 인식 제고, 어업 활동에서 배출되는 플라스틱 관리 강화가 필요하다고 하였다.

Ⅳ 수업 성찰

'생성형 AI 활용 진로와 연계한 데이터 분석 프로젝트' 활동을 마무리하면서 빠르게 변하는 AI의 발전에 대해 많은 생각을 하게 되는 수업이었다. KBS 다큐로 방영된 'AI 패권 전쟁'을 보며 AI 인재를 키우기 위해 어떻게 해야 할지를 더 깊이 생각했던 것 같다. 주변국들은 성장해 가는 모습과 AI 모델을 생성하여 스타트업 기업들이 늘어나고 연구 개발에 막대한 예산과 인재를 키우는 것을 보면 과연 고등학교 과정에서 학생들의 컴퓨팅 사고력과 문제를 해결하기 위해 창의적인 생각이 성장해 나가는 수업인지도 생각하게 한다. 프로젝트 활동을 통해 깊이 있는 학습과 깊이 있는 질문을 통해 학생들이 문제에 대해 통찰력을 넓히는 계기가 되었으면 한다. 모둠 활동을 통해 서로 협력하고 배려하며 생성형 AI 활용을 통해 수집한 데이터를 이해하는 데 더 많은 시간이 할애되어 데이터에 내재된 패턴 관계, 구조, 가치를 발견하였으면 한다.

'생성형 AI 활용 데이터 분석 프로젝트' 수업을 마무리하며 수업을 통해 확인한 데이터 분석 과정에서 발견한 내용을 정리하면 다음과 같다.

첫째, **주제에 따른 데이터 수집을 쉽게 수행**할 수 있었다. 이전 데이터 분석 수업 과정에서는 파이썬을 어렵게 가르치고 데이터 정제, 데이터 시각화를 통해 파이썬 문법을 잘 아는 학생들은 쉽게 하였지만 그렇지 못한 학생은 수업에 대해 힘들어했던 적이 있다. 이제는 프로그래밍 언어를 잘 몰라도 문제 해결을 위한 데이터에 대한 수집 활동을 일일이 찾을 필요 없이 직접 관련 데이터가 있는 사이트에 접속하여 원하는 데이터를 정리하여 데이터 분석을 하기 쉽도록 변환 및 병합을 하여 가져온다. 또한 데이터 수집을 하여 csv, xls 파일을 업로드하기만 하면 데이터 정제를 자동으로 해주고 기초 통계량을 보여주고 데이터에 적절한 시각화를 다양한 상관 변수들 간에 맞도록 알맞은 형태로 나타내었다.

둘째, **주제에 대한 데이터 탐색적 분석뿐만 아니라 추가 분석에 대해 안내**한다. 주제에 따른 데이터 수집 활동과 시각화 활동을 통해 탐색적 분석을 하고 시사점 및 대응 방안 등을 안내한다. 추가로 더 분석이 필요한 부분이 있거나, 다른 시각화를 요청하면 지속적으로 주제에 대한 데이터 이해 작업을 할 수 있다. 다음 단계 바로가기 메뉴가 나타나고 A, B, C, D, E 중 하나를 선택하면 분석 추가, 통계 요약, 보고서 생성, 파일 내보내기, 다른 분석 등을 쉽게 할 수 있도록 제공한다.

셋째, **프로젝트를 수행한 후 학생들은 주제에 대해 알게 된 내용을 공유**를 통해 데이터에 대해 깊이 있는 학습을 하게 되었다. 다른 학생들이 프롬프트 질문을 지속적으로 하여 탐구활동을 계속할 수 있었고, 모둠별 내용은 지속가능발전목표(SDGs)에서 실생활과 진로와 연계한 내용이라 학생들의 흥미는 높았었다.

넷째, **생성형 AI 활용에서 데이터 분석은 데이터 수집, 데이터 정제, 데이터 시각화, 탐색적 분석을 프롬프트 문장으로 완벽하게 구현**할 수 있었다. 필요한 정보를 GPT 탐색의 '데이터 분석'에서 씽크봇을 선택하여 사용하기를 추천하며 프로젝트 활동 과정에서 학생들은 과제 수행을 위해 보다 깊이 있는 질문법을 이해하게 되었다. AI를 활용해 다양한 컨텐츠를 제작함으로써 학생들에게 필요한 수준 높은 프로젝트 산출물을 제작할 수 있었다.

교사는 수업 전에 학생들의 학습 데이터를 분석하도록 예시를 제시하고 학습 수준과 필요를 정확히 파악하고, 이를 바탕으로 맞춤형 수업 계획을 수립하였다. 수업 중에는 데이터를 활용한 시각 자료와 실질적인 사례를 통해 학생들의 참여를 적극적으로 유도하였다. 학생들은 분석된 데이터를 통해 자신의 학습 상태를 이해하고, 모둠별로 더욱 능동적인 자세로 수업에 임하였다. 수업이 끝난 후 교사는 탐색 과정에 대해 조언을 아끼지 않았으며 탐색 보고서가 작성될 수 있도록 학생들의 도우미가 되어 질문에 답변해 주었다.

■ AI 활용 데이터 분석하기에 필요한 데이터 수집 관련 예시

연번	데이터 분석을 위한 진로진학 연계 관련 주제 예시(필요 데이터 검색어 추출)
1	인플레이션과 금리 정책의 상관관계
2	파킨슨병의 원인과 치료방법
3	비행기와 우주선의 경로예측을 위한 동역학 연구
4	CPA 시험 합격 현황 분석
5	조리 기술의 발전과 혁신
6	웹툰 작가의 월급과 업계 전망 분석
7	영화, 사회적 인식을 변화시키는 힘
8	현대 미디어 환경 분석: 동향과 전망
9	메타 휴먼과 3D 제작: 혁신적 기술의 비교 연구
10	사회복지 현황 및 분석
11	컴퓨터 구조와 동작 원리에 대한 연구
12	애니메이션 번역의 중요성
13	디지털 마케팅 전략의 변화와 미래 전망
14	미디어가 청소년에게 미치는 영향
15	웹 사이트 보안 현황
16	항공서비스 정책 및 개요 연구
17	빅데이터 개요 및 연구
18	외식업계의 푸드테크 혁명: 현재와 미래
19	해양 기술과 혁신의 중요성
20	실생활 화학물질의 안전한 사용과 관리
21	건축 내부 디자인 연구
22	네일아트: 아름다움을 손끝으로 표현하는 예술가

■ **매크로트렌드(macrotrends)가 일자리에 미치는 영향 전망(2023~2027)**[9)]

미래 직업 관련 기술

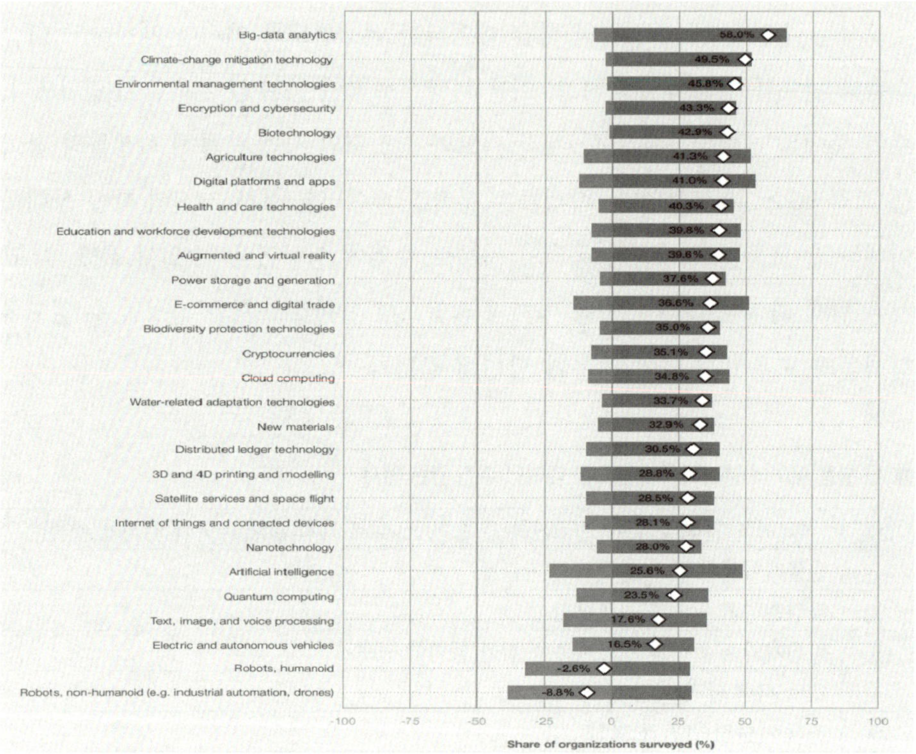

1. **빅 데이터 분석** - 58.0%
2. **기후 변화 완화 기술** - 49.5%
3. **환경 관리 기술** - 45.8%
4. **암호화 및 사이버 보안** - 43.3%
5. **생명공학** - 42.9%
6. **농업 기술** - 41.3%
7. **디지털 플랫폼 및 앱** - 41.0%
8. **보건 및 케어 기술** - 40.3%
9. **교육 및 인력 개발 기술** - 39.8%
10. **증강 및 가상 현실** - 39.6%
11. **에너지 저장 및 생산** - 37.6%
12. **전자상거래 및 디지털 무역** - 36.6%
13. **생물 다양성 보호 기술** - 35.9%
14. **암호화폐** - 35.1%
15. **클라우드 컴퓨팅** - 34.8%
16. **물 관련 적응 기술** - 33.7%
17. **신소재** - 32.9%
18. **분산 원장 기술** - 30.5%
19. **3D 및 4D 프린팅 및 모델링** - 28.8%
20. **위성 서비스 및 우주 비행** - 28.5%
21. **사물 인터넷 및 연결된 기기** - 28.1%
22. **나노 기술** - 28.0%
23. **인공지능** - 25.6%
24. **양자 컴퓨팅** - 23.5%
25. **텍스트, 이미지 및 음성 처리** - 17.6%
26. **전기 및 자율주행 차량** - 16.5%
27. **휴머노이드 로봇** - -2.6%
28. **비휴머노이드 로봇 (예: 산업 자동화, 드론)** - -8.8%

9) 출처: 세계경제포럼(WEF).
https://www.weforum.org/stories/2023/05/workplace-technology-jobs-impact/

감염병 확산을 막기 위한 서식지 보호 프로젝트

I 실시 배경

생명과학 내용 중 학생들이 대체로 관심을 많이 가지는 단원은 다른 단원에 비해 다소 어렵고 수능 출제에서 변별력이 좋은 유전이나 생명체의 특성에 관한 단원이다. 기후 위기로 인해 생태계 평형의 중요성이 대두되고 있지만, 실제 학교 수업에서는 생태계 관련 내용은 주로 학년 말에 다루는 경우가 많으며, 수능에서 차지하는 비중도 대체로 적다. 뉴스나 환경 실천가들이 기후 위기에 따른 생태계 평형과 생물다양성의 중요성을 강조하고 있지만, 학생들은 이에 대해 다소 관심이 적은 편이다. 심각한 기후 위기에 직면하여 시대적 요구와 필요성이 높지만, 상대적으로 소홀히 다루어지고 있는 문제라 인식되는 점도 있다. 그래서 인간의 탐욕에 의한 환경 파괴의 실상과 환경 파괴로 인한 생태계 변화, 인간에게 미치는 직접적인 영향을 더 잘 인식할 수 있게 본 수업을 기획하였다. 수업은 프로젝트 수업으로 진행하는 것이 적절하다고 판단된다. 단순히 자료를 조사하는 수업보다는 학생들에게 문제 상황을 제시하고, 이를 해결하기 위한 수행 과제를 선정하여 진행하는 프로젝트 수업이 성취감을 높이고 더 큰 목표를 향해 나아갈 동기를 부여한다. 또한, 문제를 함께 해결해 나가는 협업 활동이 필수적이기 때문에, 이는 2022 개정 교육과정에서 중요하게 여기는 방향과도 부합한다.

최근 들어 기후 변화, 생태계 파괴 등으로 인해 전 세계적으로 감염병의 발생과 확산이 빈번해지고 있다. 최근 몇 년 동안 전 세계인을 팬데믹으로 몰아넣었던 코로나 바이러스는 결국 서식지 파괴로부터 온 인수공통감염병이 인간을 침입한 사례라 볼 수 있다. 오늘날 서식지 파괴는 야생동물과 인간 간의 접촉을 증가시켜 새로운 바이러스의 출현이라는 위험을 증가시키며 이로 인해 감염병의 위협이 커지고 있다. 본 프로젝트 수업의 목적은 서식지 파괴와 감염병 습격의 상호 연관성을 강조하여 감염병에 관한 새로운 시각을 제공할 뿐만 아니라 서식지 보존이 새로운 바이러스의 출현을 막을 수 있으며, 동물의 서식지를 보호하여 함께 공존해야 하는 인식의 중요성을 알리는 것이다. 나아가 개인과 사회 차원의 실천 방안을 제시하여 긍정적 변화를 유도하고 특히 문제 해결을 위한 방법을 모색하기 위하여 생성형 AI를 이용하고자 한다. 이를 통해 프로젝트 과제수행에 효율성과 자기주도성을 높이고 실질적인 문제 해결 능력을 기를 수 있을 것으로 기대한다.

인공지능 기술의 빠른 발전에 따른 디지털 시대의 전환과 급격한 기후·생태환경 변화에 의해 사회의 불확실성과 복잡성, 다양성이 확대되고 있다. 이러한 사회를 살아가는 학습자에게는 다양한 지식 융합과 그 적용력, 협업 능력이 무엇보다 요구된다. 그러한 측면에서 본 프로젝트 수업은 의미가 크다고 본다.

미래를 연구하는 학자들은 인류의 지속 가능한 발전을 위하여 AI를 이용하여 다양한 분야에서 생기는 문제를 해결할 수 있다는 희망을 말하곤 한다. 본 프로젝트 수업 또한 고등학교 교육과정 속에서 생성형 AI를 활용하여 인류의 건강을 위협하고 있는 서식지 파괴에 따른 감염병의 위험 현황을 조사하고 이를 해결할 방안을 모색해 보는 활동이다.

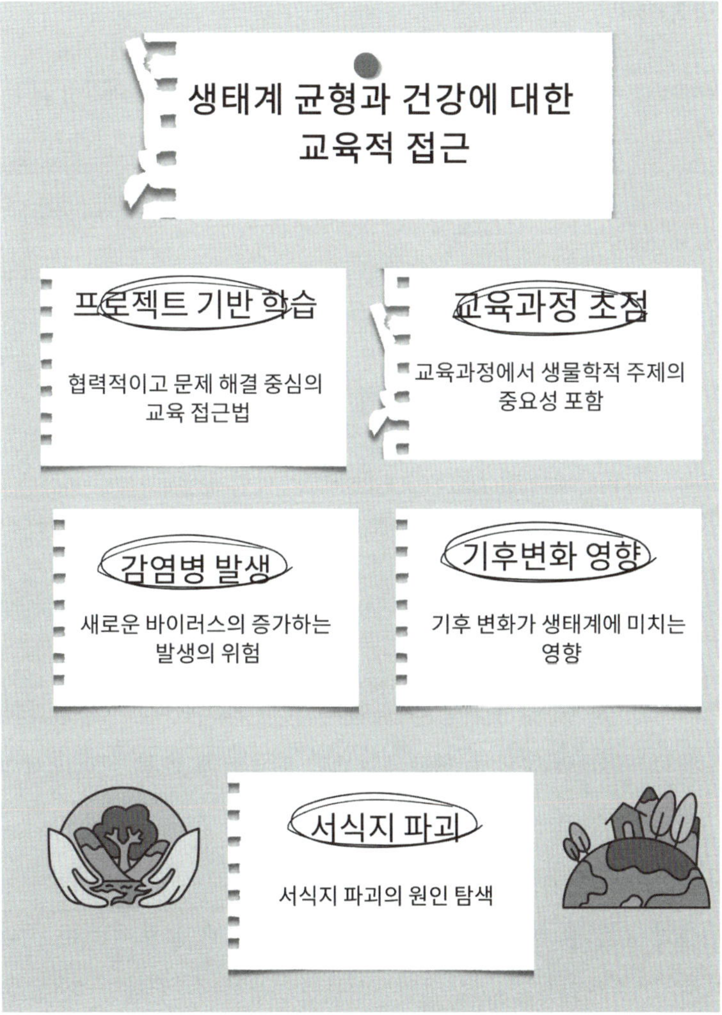

[그림 7-1] 생태계 균형과 건강에 대한 교육적 접근[1]

본 프로젝트 활동의 기반이 되는 교육과정 내용은 2022 개정 교육과정이다. 2022 개정 교육과정에서 강조하고 있는 것 중 하나로 '지속 가능한 미래를 위한 공동체 역량 강화' 및 '환경・생태교육 확대', '디지털 기초 소양 강화 및 정보교육 확대'이다. 본 프로젝트 수업은 환경과 생태계의 중요성을 학생들에게 인식시키고, 지속 가능한 삶을 위한 실천 능력을 기르는 데 적합한 수업이라고 할 수 있다.

본 프로젝트 수업 주제와 관련된 성취 기준을 살펴보면 다음과 같다.

1) 출처: 그래픽 디자인 플랫폼 캔바(Canva)에서 제작.

2015 개정 교육과정[2)]

[12생과Ⅰ05-06] 생물다양성의 의미와 중요성을 이해하고 생물다양성 보전 방안을 토의할 수 있다.

2022 개정 교육과정 [3)]

[10통과2-02-02] 먹이 관계와 생태 피라미드를 중심으로 생태계 평형이 유지되는 과정을 이해하고, 환경의 변화가 생태계에 미칠 수 있는 영향에 대해 협력적으로 소통할 수 있다.
[12기환02-08] 모기나 파리와 같은 곤충 매개 감염병이 새롭게 출현하거나 급격히 확산되는 현상을 기후변화와 연계하여 설명할 수 있다.
[12기환03-04] 기후 위기와 환경생태 변화에 대응하기 위한 국제사회의 노력을 알아보고, 민주 시민으로서 참여 방안을 제안할 수 있다.

위 성취기준을 볼 때 공통과목의 '통합과학', 선택과목에서 '생명과학', 그리고 융합 선택의 '기후와 환경'에서 생물다양성의 중요성과 기후 변화에서 발생할 수 있는 위기를 다루고 있으므로 어느 교과에서든지 이 성취기준에 따라 본 프로젝트 수업을 할 수 있다.

수업 주제인 '**감염병 확산을 막기 위한 서식지 보호 프로젝트**'는 생태계 균형, 감염병 이해, 민주시민으로서의 실천 의식을 실행할 수 있다고 본다. 현재 처하고 있는 심각한 기후 위기의 시기에 지속 가능한 발전을 위한 삶을 살아가기 위해서 지속가능발전목표(SDGs)의 관점에서 문제를 진단하고, 해결 방안을 탐구해 본다. 본 수업은 인류의 지속가능발전목표 중 환경과 건강영역의 달성을 위한 노력으로써 중요성을 지니며 자연과의 공존, 생태계의 소중함, 생물다양성의 중요성을 배우고 이를 일상생활에서 실천할 수 있도록 하는 것에 의의가 있다.

본 프로젝트는 2024년 1학기 J고등학교 2학년을 대상으로 실시했다. 학생들은 프로젝트 활동 과정에서 생성형 AI를 활용해서 지속가능발전목표의 내용을 탐색

2) 출처: 교육부(2015), 과학과 교육과정, 교육부 고시 제2015-74호 [별책 9].
3) 출처: 교육부(2022), 과학과 교육과정, 교육부 고시 제2022-33호 [별책 9].

하고, 다양한 신종 감염병의 발현에 관한 조사에서부터 해결 방안을 모색해 보는 활동으로 구성되었다.

Ⅱ 수업 설계

1. 교육과정 재구성

1) 단원과 성취 기준 및 관련 지속가능발전목표 선정

본 수업은 2015 개정 교육과정의 생명과학Ⅰ 성취 기준 중 '[12생과Ⅰ05-06] 생물다양성의 의미와 중요성을 이해하고 생물다양성 보전 방안을 토의할 수 있다'와 연계하고, 2022 개정 교육과정의 융합 신택과목인 '기후변화와 환경생태'의 내용을 바탕으로 재구성하였다. '기후변화와 환경생태'는 과학적 소양을 갖춘 창의적이고 협력적인 인재를 기르는 것을 목표로 하며, 기후 변화가 초래하는 환경과 생태계의 변화를 이해하고, 이에 대응하는 인류의 노력을 탐구하는 과정을 중점적으로 다룬다. 이를 통해 학생들은 다양한 사회 문제에 능동적이고 지혜롭게 대응할 수 있는 역량을 키울 수 있다.

본 수업은 학생들이 실생활 속 문제를 탐구하는 과정에서 기후 변화의 증거를 다양한 과학적 데이터와 실험을 통해 분석하고, 환경 문제 해결을 위한 구체적인 실천 방안을 모색하는 것을 목표로 하고 있다. 수업의 주제인 '**감염병 확산을 막기 위한 서식지 보호 프로젝트**'는 서식지 파괴로 인한 감염병 확산 사례를 조사하고, 이를 통해 인간의 건강을 위협하는 서식지 파괴를 막을 수 있는 방안을 탐구하도록 설계되었다. 이는 지속 가능한 발전을 위한 역량을 함양하는 데 매우 적합한 주제이다.

이 수업은 지속가능발전목표와 관련된 단원 및 성취 기준을 선정하여 진행되었으며, 학생들이 환경 보전과 생물다양성의 중요성을 이해하고 이를 실천할 수 있는 태도를 기르는 데 중점을 두고 생명과학 시간에 수업하였으나 기후 변화와 환경생태 성취기준을 재구성하여 수업을 진행하였다.

- **과목**: 생명과학1 / 재구성 관련과목: 기후변화와 환경생태
- **단원**: 6. 생태계 / (2) 기후위기와 환경생태 변화
- **성취기준**: [12생과 I 05-06] 생물다양성의 의미와 중요성을 이해하고 생물다양성 보전 방안을 토의할 수 있다. [12기환02-08] 모기나 파리와 같은 곤충 매개 감염병이 새롭게 출현하거나 급격히 확산되는 현상을 기후 변화와 연계하여 설명할 수 있다.
- **관련 SDGs**: (SDGs 13) 기후 변화로 인해 예상되는 위험을 감소시키고 생태계를 보호하고, 보존하기 위한 노력을 강화할 수 있다.
  - (SDGs 15) 산림파괴 중단, 황폐화된 산림복원 등 지속 가능한 산림 경영을 강화하는 노력과 세계적인 단체들의 노력을 알고 개인적인 실천을 생각할 수 있다.

2) 성취기준 분석

SDGs와 관련한 '**감염병 확산을 막기 위한 서식지 보호 프로젝트**' 진행을 위해서 다음과 같이 성취 기준을 분석하였다.

- **핵심 아이디어**: 기후 변화는 환경생태의 변화를 초래하여 인간의 삶에 직접적인 영향을 미친다.
- **특징**: 기후변화가 환경생태에 미치는 영향을 다양한 사례들을 중심으로 이해하고, 기후 위기와 급격한 환경생태 변화의 심각성을 인식한다.

2. 주제 선정 및 학습 목표 설정

성취 기준 내용 요소를 담아내기 위한 프로젝트 주제와 수행 과제는 아래와 같다.

- 주제: 감염병 확산을 막기 위한 서식지 보호 프로젝트
- 수행과제: 생성형 AI를 활용하여 서식지 파괴에 따른 인수공통감염병 사례를 조사하고, 감염병 확산을 막을 수 있는 서식지 보호 방안에 대해 제시해 보자.

학생들은 과학적 근거를 토대로 문제를 해결하고, 실천적인 방안을 제안해 보는 것을 목표로 한다. '**감염병 확산을 막기 위한 서식지 보호 프로젝트**' 도달 목표는 〈표 7-1〉과 같다.

〈표 7-1〉 **프로젝트의 도달 목표**

지식 · 이해적 측면	• 기후와 환경생태의 상호작용을 이해한다. • 기후변화와 감염병을 조사한다. • 급격한 환경생태 변화와 대응 노력에 대해 조사한다.
과정 기능적 측면	• 융합적 사고, 수학적 사고를 바탕으로 데이터를 분석 · 평가 · 추론한다. • 과학기술을 이용한 사회 문제 해결 방안 아이디어를 탐구한다 • 다양한 매체를 활용하여 감염병 예방을 위한 서식지 보호 활동을 표현하고 협력적 소통한다.
가치 태도적 측면	• 자연과 과학에 대한 감수성을 가진다. • 과학 활동의 윤리성에 대해 깊이 사고한다. • 과학 문제 해결에 대한 개방성에 대해 토론한다. • 안전 · 지속가능 사회에 기여의 중요성을 인지한다.

지식 · 이해적 목표는 학습자들이 인수공통감염병의 확산 사례를 조사하여 새로운 감염병의 출현이 서식지 파괴와 관련이 있음을 이해하고, 이를 해결하기 위한 문제 해결 방법과 과학적 접근 방법 등 지식과 사고력 요소를 중심으로 진술하였다. 이는 학생들이 프로젝트를 통해 반드시 이해하고 익혀야 할 내용을 중심으로 설정한 것이다. 과정, 기능적 영역에서는 감염병 확산을 막기 위한 서식지 보호 프로젝트를 실행하는 과정에서 필요한 요소로, 생성형 AI를 활용한 팀 협력과 수행 과제 해결 능력을 목표로 삼았다. 가치 태도적 영역에서는 사회 문제 해결 방안을 지속 가능한 발전을 위해 개인이 실천할 수 있는 해결책으로 구체화하여 목표를 설정하였다.

3. 교수 · 학습 과정

'**감염병 확산을 막기 위한 서식지 보호 프로젝트**'의 수업의 흐름은 프로젝트의 시작 단계—프로젝트 진행 단계—프로젝트 완성 단계로 이루어진다. 프로젝트의 시작 단계에서는 문제 상황 및 동기유발, 프로젝트의 활동 안내, 수행 과제의 선정에 대해서 안내한다. 프로젝트의 진행 단계에서는 모둠별 수행 과제를 해결하기 위한 조사 및 계획서 작성, 산출물 제작이 이루어진다. 마지막으로 프로젝트의 완성 단계에서는 결과물의 발표와 피드백이 이루어진다.

'감염병 확산을 막기 위한 서식지 보호 프로젝트'의 주요 활동은 〈표 7-2〉와 같다.

〈표 7-2〉 프로젝트의 단계별 진행 과정

단계		프로젝트 주요 활동 내용	생성형 AI 활용
프로젝트 시작	문제 상황 및 동기 유발	• 문제상황 읽기 자료 제시(가상 팬데믹) • 감염병의 확산 모의 실험	AI 활용 방법 안내
	프로젝트 활동 안내	• 프로젝트 취지 안내: 지속가능발전의 의미, 지속가능발전 목표 이해 • 수행과제 안내: 수행평가 목적, 평가항목, 평가기준 안내 • 결과물 산출 안내: 인수공통 감염병 조사 보고서 작성 방법 및 AI 활용 방법	AI 활용 자료 조사
	수행 과제 선정	• 모둠 구성: 모둠 구성 및 인수공통 감염병 조사 • 수행 과제 선정: 프로젝트 수행 과제 선정 및 역할 분담	AI 활용 SDGs 탐색
프로젝트 진행		• [활동1] AI 활용 세계 여러 나라에서 발병한 인수공통감염병조사. 온라인 공유사이트 탑재 후 발표 • [활동2] AI 활용프로젝트 계획서 작성 • [활동3] AI 활용 서식지 보호를 위한 방안 발표 산출물 제작	다양한 AI 활용
프로젝트 완성		• 최종 산출물 발표 및 상호 피드백	

4. 결과물 산출 및 평가 계획

'**감염병 확산을 막기 위한 서식지 보호 프로젝트**' 활동의 결과물을 어떻게 산출할 것인가에 대한 구체적인 계획을 세운다. 본 프로젝트 활동은 위의 '프로젝트 신행' 단계에 해당하는 [활동1], [활동2]를 기반으로 하여 [활동3]에서 프로젝트 수행 목표에 해당하는 결과물을 제작하는 것으로 마무리된다.

〈표 7-3〉 프로젝트 주요 결과물 및 AI 활용

영역	주요 결과물	AI 활용
[활동1]	• 인수공통 감염병 조사자료	• 챗GPT, 코파일럿, 뤼튼 • 온라인 공유보드 패들렛 활용
[활동2]	• 서식지 보호 프로젝트 계획서	• 챗GPT, 코파일럿, 뤼튼
[활동3]	• 서식지 보호 방안 홍보물 제작	• 챗GPT, 코파일럿, 뤼튼, Suno, 캔바, 브루
발표 및 공유	• 홍보물 발표, 피드백	• 온라인 공유보드 패들렛 활용

[활동1]은 최근 기후 위기로 인해 새로운 인수공통감염병이 발병하는 상황을 인식하기 위해, 세계 각지에서 발생한 감염병 사례를 조사하는 것을 주된 내용으로 한다. 조사 활동을 통해 서식지 파괴가 감염병 확산의 주요 원인임을 이해하고, 본 수업의 목표인 지속 가능한 발전을 위한 서식지 보호의 중요성을 인식하도록 한다.

[활동2]는 [활동3]을 효과적으로 수행하기 위한 계획을 세우는 단계이다. 각 단계에서는 생성형 AI를 활용하여 결과물 제작과 관련된 아이디어를 수집할 뿐만 아니라, 심화 학습, 결과물 제작의 근거 자료 및 데이터 수집 등을 지원한다.

다음은 '**감염병 확산을 막기 위한 서식지 보호 프로젝트**' 결과물에 대한 주요 결과물 및 AI 활용 및 수행평가 기준에 관한 것으로 수행평가로 진행하기 때문에 평가 계획을 세워 〈표 7-4〉의 평가 요소를 중심으로 채점 기준을 안내한다.

〈표 7-4〉 수행평가 채점 기준

<table>
<tr><th>단계</th><th>평가 영역</th><th>평가 과제</th><th>평가 요소</th><th colspan="4">채점기준(수행수준)</th></tr>
<tr><td rowspan="2">1</td><td rowspan="11">감염병 확산을 막기 위한 서식지 보호 프로젝트</td><td rowspan="2">인수 공통 감염병 조사 자료</td><td rowspan="2">자료 탐색의 충실성 (30)</td><td>지속가능한 인류의 건강을 위협하는 인수공통감염병의 발생지역 지도 표기, 감염병의 원인균(바이러스), 치사율, 서식지 파괴와의 관련성을 상세하게 조사하였으며, 내용이 전문성이 있으며 지속가능발전과 연관성이 우수함</td><td>지속가능한 인류의 건강을 위협하는 인수공통감염병의 발생지역지도 표기, 감염병의 원인균(바이러스), 치사율, 서식지 파괴와의 관련성을 조사하였으나 지속가능발전과 연관성이 보통임</td><td>지속가능한 인류의 건강을 위협하는 인수공통감염병의 발생지역지도 표기, 감염병의 원인균(바이러스), 치사율, 서식지 파괴와의 관련성을 조사하였으나 자료의 전문성과 지속가능발전과의 연관성이 미흡함</td><td>기본 점수 부여</td></tr>
<tr><td>30</td><td>27</td><td>24</td><td>10</td></tr>
<tr><td rowspan="3">2</td><td rowspan="3">서식지 보호 계획서</td><td rowspan="3">유창성 (20)</td><td colspan="4">1. 서식지 보호를 위한 해결 방안 주제 선정이 명확함
2. 서식지 보호를 위한 해결 방안을 위한 내용 설계가 구체적임
3. 설계한 내용을 검증할 수 있는 조사 보고서를 첨부함</td></tr>
<tr><td>3가지를 모두 만족함</td><td>2가지를 만족함</td><td>1가지를 만족함</td><td>기본 점수 부여</td></tr>
<tr><td>20</td><td>17</td><td>14</td><td>10</td></tr>
<tr><td rowspan="6">3</td><td rowspan="6">서식지 보호 산출물</td><td rowspan="3">매체 선정 (30)</td><td colspan="4">1. 내용을 설명할 수 있는 효과적인 매체를 선정함
2. 매체 활용이 높아 메시지를 선명하게 전달함
3. 시각적으로 우수하며 충분한 자료가 제시됨</td></tr>
<tr><td>3가지를 모두 만족함</td><td>2가지를 만족함</td><td>1가지를 만족함</td><td>미 제출</td></tr>
<tr><td>30</td><td>27</td><td>24</td><td>10</td></tr>
<tr><td rowspan="3">정보 전달의 효과 (20)z</td><td colspan="4">전달하고자 하는 메시지를 명확하게 발표함
호응이 높으며 질문에 명확하게 답변함
3. 정보로서의 가치가 높음</td></tr>
<tr><td>3가지를 모두 만족함</td><td>2가지를 만족함</td><td>1가지를 만족함</td><td>미 제출</td></tr>
<tr><td>20</td><td>17</td><td>14</td><td>10</td></tr>
</table>

Ⅲ 수업 실행

1. 프로젝트의 시작

1) 도입

'**감염병 확산을 막기 위한 서식지 보호 프로젝트**'를 진행하기 위한 문제 상황을 제시하고 감염병이 얼마나 빠르게 전파되는지를 체감해 보는 확산 모의실험을 시행한다.

【문제상황 제시】 학생들이 프로젝트의 주제에 관심을 가지게 하는 도입 활동이다.

[속보] COVID -26 팬데믹 선언! 전 세계가 긴급 대응에 나섰습니다.

[그림 7-2] 가상 팬데믹 상황

2026년 8월 8일, 세계보건기구(WHO)는 새로운 변종 바이러스인 코로나-26의 확산을 공식적으로 팬데믹으로 선언했습니다. 이 바이러스는 기존 코로나19 변종보다 전염성이 강하며, 현재 50개국 이상에서 감염 사례가 보고되고 있습니다.
전문가들은 코로나-26이 특히 젊은 층과 면역력이 약한 사람들에게 심각한 영향을 미칠 수 있다고 경고하고 있습니다. 초기 증상은 고열, 기침, 인후통 등으로, 빠른 시간 내에 중증으로 진행되어 현재 치사율이 70% 정도로 위험합니다.
각국 정부는 즉각적인 대응책을 마련하고 있습니다. 많은 나라에서 봉쇄 조치와 사회적 거리두기를 강화하고 있으며, 마스크 착용을 의무화하는 등 예방 조치를 시행하고 있습니다. 지금 우리는 인류에게 닥친 엄청난 재앙 앞에 있습니다.

【감염병의 확산 모의실험】

문제 상황에 제시된 신종 감염병인 코로나-26 바이러스가 얼마나 빠르게 전파되는 것을 체감해 보는 확산 모의실험을 시행한다. 이 과정을 통해 감염병의 빠른 확산이 팬데믹을 일으킬 수 있으며 전 세계를 공포로 몰아넣을 수 있음을 실감해보는 내용이다.

(실험준비)

학생들 인원만큼 물을 넣은 물컵을 준비하고 한 개의 컵에는 수산화나트륨 수용액을 몇 방울 떨어뜨린다.

(실험 방법)

1) 3명의 학생과 자신의 물컵의 물을 섞어 다시 반으로 나눈다.
2) 책상 위에 놓여 있는 액체가 들어 있는 물컵의 물을 모둠원 중 한 명과 모두 섞어 다시 서로 반씩 나눈다.
3) 다른 모둠의 학생 한 명과 물을 모두 섞어 다시 반으로 나눈다.
4) 또 다른 모둠의 학생 한 명과 물을 모두 섞어 다시 반으로 나눈다.
5) 감염병이 얼마나 확산되었는지 진단 시약으로 한 방울 떨어뜨려 검사해 본다.

(실험 결과)

어떤 일이 발생하였나? 얼마나 감염이 되었나? 컵의 물이 붉게 변한 사람은 가상의 바이러스에 감염된 사람이다. 아래는 실험의 과정을 나타낸 동영상이다.

(실험 원리)

수산화나트륨용액에 페놀프탈레인 용액을 떨어뜨리면 붉게 변하는 지시약의 원리를 이용한다. 영상은 저자의 예전 학교에서 실험한 영상을 유튜브에 올린 것이다.

감염병의 모의 확산 실험[4)]

[그림 7-3] 감염병 모의 확산 실험

2) 프로젝트 안내

'**감염병 확산을 막기 위한 서식지 보호 프로젝트**'를 잘 수행할 수 있도록 수업의 전체적인 흐름과 학생들의 활동 내용에 대해 안내하는 단계이다. 이 단계에서 본 프로젝트 활동이 지속가능발전목표에 도달할 수 있는 활동임을 설명하고 지속가능발전의 의미, 지속가능발전목표의 17개 항목에 관해 소개하며, 이를 학생들이 이해할 수 있도록 한다. 특히 본 수업에서 실시할 '**감염병 확산을 막기 위한 서식지 보호 프로젝트**'는 지속가능발전목표 17개 항목 중 건강하고 행복한 삶의 보장, 기후변화와 대응, 육상생태계 보전과 관련이 있음을 안내한다.

〈표 7-5〉 **활동 안내**

구분	주제	내용
안내1	프로젝트 활동 취지 안내	지속가능발전의 의미, 지속가능발전목표의 17개 항목 소개, 인류의 건강 관련 지속가능발전목표 해결 방안 모색
안내2	프로젝트 활동 수행평가 안내	프로젝트 활동의 의미, 수행평가의 목적, 수행평가의 방법, 수행평가의 항목 및 평가 기준 안내, 차시별 운영 계획 안내
안내3	생성형 AI 활용	프로젝트를 수행하기 위한 보조도구로 활용할 수 있는 생성형 AI에 대한 소개
안내4	프로젝트 활동 결과물 도출 안내	[산출물] 프로젝트 활동 계획서 및 활동 결과 산출물

3) 수행 과제 선정

'**감염병 확산을 막기 위한 서식지 보호 프로젝트**' 활동에서는 모둠별로 해결해야 할 수행 과제를 선정한다. 이 수행 과제는 감염병 확산을 방지하기 위한 서식지 보호 방안을 개인적, 사회적, 국가적, 그리고 세계적 차원에서 모색하는 것이다. 학생들은 각자의 아이디어와 방안을 서로 공유하며, 지속 가능한 발전을 위해 지구 공동체의 일원으로서 책임감을 키우는 데 목표를 둔다.

4) 출처: 바이오송쌤(송혜진), 감염병 모의 확산 실험, (2021.12.8.) https://www.youtube.com/watch?v=TWIAGDv4eJY, QR코드는 저자가 만든 영상으로 감염병 모의 확산 실험 과정과 방법, 결과를 자세히 알 수 있음.

함께 해결해야 하는 수행 과제는 다음과 같다.

> 감염병 확산을 막기 위한 서식지 보호 방안을 모색하여 함께 공존하는 세계 시민 의식을 키울 수 있는 홍보물을 제작하라.

수행 과제 해결을 위해 모둠별 브레인스토밍 활동을 통해 각 모둠의 활동 주제를 선정한다. [활동1] 단계에서는 생성형 AI를 활용하여 모둠별로 서식지 파괴로 인해 발생한 신종 감염병 사례를 조사한다. 이를 바탕으로 모둠의 수행 과제를 달성하기 위하여 서식지 보호를 탐구하는 질문을 하면서 문제 해결 과정을 진행하도록 한다.

4) 모둠 구성

학생들은 문제 상황 및 수행 과제를 이해하고, 근래에 큰 영향을 끼친 감염병을 중심으로 본인이 탐구를 희망하거나 관심을 가진 감염병을 선택하게 하여 이를 기준으로 모둠을 구성하였다. 제시한 감염병의 영역에 따라 아래와 같이 6갈래로 감염병 정보에 관해 탐구하는 모둠을 구성하였다.

- 핸드라 바이러스에 의한 감염병
- 에볼라 바이러스에 의한 감염병
- 원숭이 두창 바이러스에 의한 감염병
- 지카 바이러스에 의한 감염병
- HIV 바이러스에 의한 감염병
- 니파 바이러스에 의한 감염병

2. 프로젝트 활동 진행

1) 단계별 프로젝트 활동

(1) 프로젝트 안내

'**감염병 확산을 막기 위한 서식지 보호 프로젝트**' 활동은 제시한 수행 과제 안내에 따라 진행된다. 학생들이 수행해야 할 과제를 해결하기 위해 반드시 포함해야 할 조건들을 안내문으로 제작하여 설명한 후, 안내문을 바탕으로 모둠별 활동을 진행한다.

[그림 7-4] 프로젝트 수행 안내문

(2) 단계별 프로젝트 수행하기

① 1단계: 감염병 조사 및 수행 과제 선정

이 프로젝트의 목표는 감염병 확산을 막기 위해 서식지를 보호하는 방안을 모색하는 것이다. 이를 위해 학생들은 최근 발생한 인수공통감염병의 종류와 원인을 조사하는 활동을 수행한다. 에볼라, 니파 바이러스, 코로나-19와 같은 최근의 인수공통감염병이 어떤 동물로부터 유래했는지, 그리고 서식지 파괴가 이러한 감염병 발생에 어떻게 영향을 미치는지를 조사하도록 안내한다. 조사한 자료는 [그림 7-6]과 같이 온라인 공유 보드에 탑재한다.

이 활동은 인수공통감염병이 서식지 파괴와 밀접하게 관련되어 있음을 이해하고, 프로젝트를 본격적으로 수행하기 위한 출발점이 된다. 이때 생성형 AI를 활용하여 학생들이 개별적으로 질문을 수행하여 다양한 아이디어를 산출한 후 이를 바탕으로 토론할 수 있도록 한다.

- 프롬프트 작성의 예

니파 바이러스의 원인, 니파 바이러스의 발병지, 니파 바이러스의 발병에 의한 인체의 변화, 치료 방법, 사망률을 알려주고, 서식지 파괴와의 관련성을 제시해 줘. 자료의 출처를 반드시 알려줘.

- AI 답변

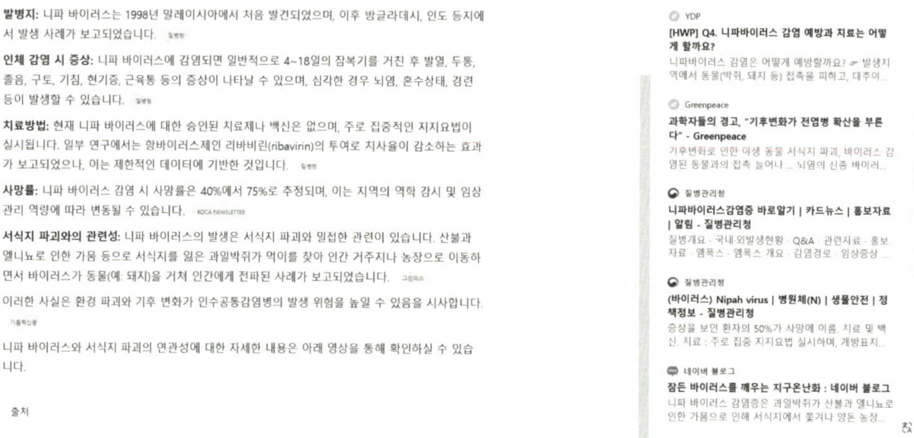
발병지: 니파 바이러스는 1998년 말레이시아에서 처음 발견되었으며, 이후 방글라데시, 인도 등지에서 발생 사례가 보고되었습니다.

인체 감염 시 증상: 니파 바이러스에 감염되면 일반적으로 4~18일의 잠복기를 거친 후 발열, 두통, 졸음, 구토, 기침, 현기증, 근육통 등의 증상이 나타날 수 있으며, 심각한 경우 뇌염, 혼수상태, 경련 등이 발생할 수 있습니다.

치료방법: 현재 니파 바이러스에 대한 승인된 치료제나 백신은 없으며, 주로 집중적인 지지요법이 실시됩니다. 일부 연구에서는 항바이러스제인 리바비린(ribavirin)의 투여로 치사율이 감소하는 효과가 보고되었으나, 이는 제한적인 데이터에 기반한 것입니다.

사망률: 니파 바이러스 감염 시 사망률은 40%에서 75%로 추정되며, 이는 지역의 역학 감시 및 임상 관리 역량에 따라 변동될 수 있습니다. KDCA NEWSLETTER

서식지 파괴와의 관련성: 니파 바이러스의 발생은 서식지 파괴와 밀접한 관련이 있습니다. 산불과 엘니뇨로 인한 가뭄 등으로 서식지를 잃은 과일박쥐가 먹이를 찾아 인간 거주지나 농장으로 이동하면서 바이러스가 동물(예: 돼지)을 거쳐 인간에게 전파된 사례가 보고되었습니다.

이러한 사실은 환경 파괴와 기후 변화가 인수공통감염병의 발생 위험을 높일 수 있음을 시사합니다.

니파 바이러스와 서식지 파괴의 연관성에 대한 자세한 내용은 아래 영상을 통해 확인하실 수 있습니다.

출처

YDP
[HWP] Q4. 니파바이러스 감염 예방과 치료는 어떻게 할까요?
니파바이러스 감염은 어떻게 예방할까요? ☞ 발생지역에서 동물(박쥐, 돼지 등) 접촉을 피하고, 대추야...

Greenpeace
과학자들의 경고, "기후변화가 전염병 확산을 부른다" - Greenpeace
기후변화로 인한 야생 동물 서식지 파괴, 바이러스 감염된 동물과의 접촉 늘어나 ... 뇌염의 신종 바이러...

질병관리청
니파바이러스감염증 바로알기 | 카드뉴스 | 홍보자료 | 알림 - 질병관리청
질병개요 · 국내·외발생현황 · Q&A · 관련자료 · 홍보자료 · 엠폭스 · 엠폭스 개요 · 감염경로 · 임상증상 ...

질병관리청
(바이러스) Nipah virus | 병원체(N) | 생물안전 | 정책정보 - 질병관리청
증상을 보인 환자의 50%가 사망에 이름. 치료 및 백신. 치료 : 주로 집중 지지요법 실시하며, 개방표지...

네이버 블로그
잠든 바이러스를 깨우는 지구온난화 : 네이버 블로그
니파 바이러스 감염증은 과일박쥐가 산불과 엘니뇨로 인한 가뭄으로 인해 서식지에서 쫓겨나 양돈 농장...

[그림 7-5] 니파 바이러스에 대한 AI 답변

- 온라인 공유 보드에 조사자료 제출 및 공유, 발표하기

[그림 7-6] 인수공통 감염병 조사자료[5]

5) 출처: 온라인 공유보드 패들렛(Padlet)을 활용하여 저자의 학생들과 수업하여 공유한 자료임.

다음으로 학생들은 수행 과제 해결을 위해서 구체적인 활동 계획을 세운다. 에듀테크 활용 마인드맵을 통하여 수행 과제를 구체적으로 해결할 수 있는 브레인스토밍을 한다.

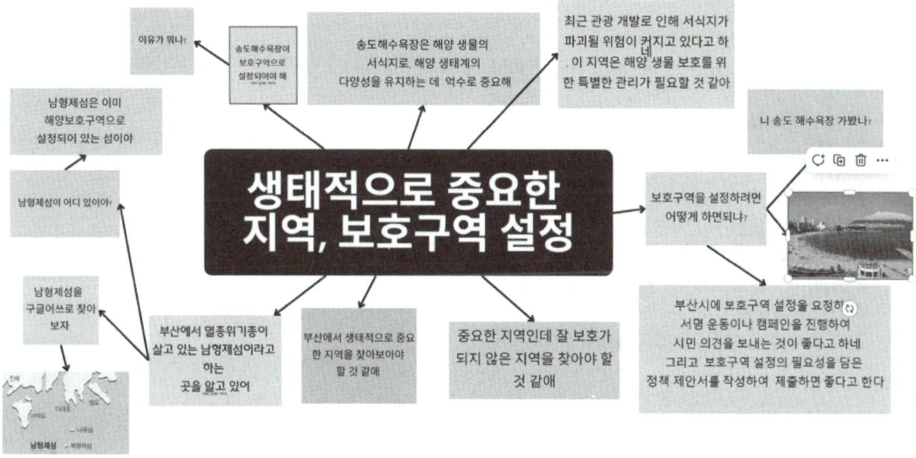

[그림 7-7] 주제 선성 후 브레인스토밍 6)

각 모둠은 위와 같은 토론을 통해서 감염병의 확산을 막기 위한 서식지 보호 방안을 산출한다. 이때 개인적 차원, 사회적 차원, 국가적 차원, 세계적 차원 등 다양한 방향에서 주제에 접근하여 해결 방안을 산출할 수 있도록 안내한다.

② 2단계: 계획서 작성하기

모둠의 주제를 성공적으로 달성하기 위해서는 계획서의 완성도가 매우 중요하다. 계획서를 작성할 때는 개별 활동과 모둠 활동으로 역할을 명확히 분담하여, 결과물의 형태와 발표 시나리오 작성 등을 체계적으로 준비해야 한다.

학생들의 계획서를 살펴보면, 서식지 파괴가 초래하는 감염병의 급증, 원인과 해결책을 주제로 한 팀의 수행 과정이 나타나 있는 계획서이다. 계획서에 들어가는 내용은 표지. 수행 과제를 선정하기까지의 과정, 선정된 수행 과제, 수행 과제 홍보 방법과 홍보물의 제작 방법, 최종 홍보물에 관한 내용으로 구성된다. 모둠

6) 출처: 그래픽 디자인 플랫폼 캔바(Canva)에서 저자가 직접 제작한 자료임.

에 따라 서식지 파괴의 현황을 통계적 데이터 분석을 통해 조사하고, 이를 기반으로 서식지 파괴에 따른 감염병 발생 가능성을 예측하는 시뮬레이션 계획이 포함되어있는 모둠도 있었다.

[그림 7-8]은 학생들이 제출한 계획서의 예이다.

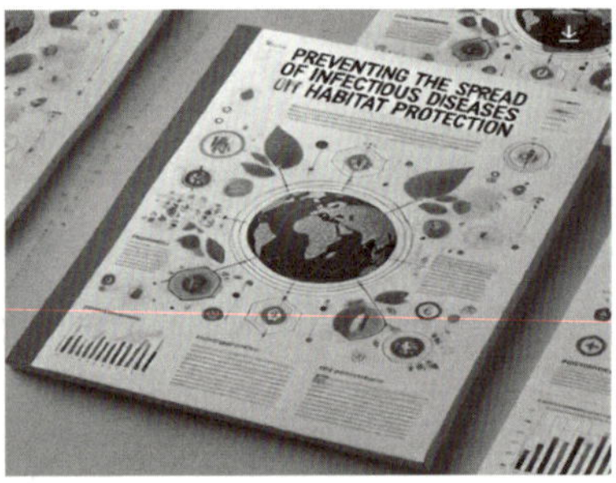

감염병 확산을 막기 위한
서식지 보호 프로젝트 계획서

모둠원 학번 이름: 000.000.000.000.000

정관고등학교

1. 수행 과제를 선정하기 위한 아이디어를 위한 생성형 AI질문 및 답변 자료

AI 에게 던진 질문:

개발로 인한 서식지 파괴가 결국 새로운 감염병의 확산으로 일어나고 있다. 새로운 감염병 확산을 막기위한 서식지 보호 방안에 대한 홍보자료를 만들려고 해. 어떤 주제로 어떤 방법으로 홍보자료를 만들면 좋을지 3가지 정도의 아이디어를 제시하고 그 아이디어를 해결하기 위한 방법을 구체적으로 알려줘. 단 우리는 고등학생이야. 고등학생이 할 수 있는 방안에 대해 알려줘

☛ 답변

아이디어 1: "서식지와 인간의 건강은 연결되어 있다" 캠페인

방법:

1. **포스터 및 카드 뉴스 제작**:
   - 서식지 파괴가 어떻게 새로운 감염병 확산으로 이어지는지, 그리고 이를 예방하기 위해 서식지 보호가 중요한 이유를 설명하는 시각 자료를 제작.
   - 간단한 메시지와 관련 이미지를 사용해 정보를 전달.
   - 생물다양성과 건강의 관계를 쉽게 이해할 수 있도록 도표와 예시 포함.
2. **학교와 지역사회에 배포**:
   - 학교 게시판에 포스터 부착.
   - SNS 플랫폼(인스타그램, 페이스북 등)에 카드 뉴스 업로드.
3. **현지 사례 조사**:
   - 지역에서 서식지 파괴와 관련된 사례를 찾아 자료에 포함, 사람들의 공감을 이끌어냄.

[그림 7-8] 감염병 확산을 막기 위한 서식지 보호 프로젝트 계획서

----중략----

자세한 내용은 QR코드를 참고하기 바란다.

표지를 제작하고 수행 과제를 선정하기 위한 아이디어를 얻기 위해 생성형 AI를 활용한 내용와 홍보물을 만들기 위하여 PPT 자료를 먼저 제작하고 이를 이용하여 홍보물을 만든 팀의 사례이다.

[그림 7-9] 프로젝트 계획서 예시 QR

③ 3단계: 산출물 제작

모둠별로 작성한 프로젝트 활동 계획서에 따라서, 각 모둠은 연구의 윤곽을 잡아서 본격적인 프로젝트 활동을 진행하였다. 교사는 사전에 다양한 형태의 산출물을 제작할 수 있도록 안내하였으며, 이에 따라 학생들의 산출물 제작은 다양한 방법으로 이루어졌다. 제작한 산출물을 소개하면 다음과 같다.

【영상자료를 통한 서식지 보호 방안에 대한 메시지 던지기】

생성형 AI 도구인 브루(Brew)를 이용하여 영상을 제작한 것으로 영상의 내용은 서식지 파괴로 인한 감염병 확산에 관한 것과 생물들의 서식지를 보호하는 세계적인 단체에 대한 소개이다. 영상의 내용을 살펴보면 거북이 등과 같은 해양 생물들이 서식지를 잃어 멸종위기에 처하고 있는 모습과 이를 극복하기 위한 세계자연기금(WWW, Word Wildlife Fund), 그린피스(Greenpeace), 세계자연보전연맹(ICUN) 등 여러 환경단체에 대한 노력 등이다. 학생들이 자료를 조사하고 위와 같은 발표 산출물을 만드는 과정에서 서식지 보호의 중요성에 대해서 깨닫게 되는 효과가 있었다.

브루는 텍스트를 제시하면 영상을 제작해 주는 생성형 AI이다. 간단히 주제만 언급해도 쉽게 영상을 만들어주는 기능이 있다. 이런 방법은 권장하지 않고 직접 자료를 찾아서 원하는 내용으로 먼저 텍스트 파일을 만들어서 AI를 이용하여 재가공하는 작업을 하도록 권장하는 것이 좋다

【데이터 분석을 통한 서식지 파괴 현황 PPT 제작】

어떤 모둠은 다양한 데이터를 분석하는 활동을 하였다. 학생들이 스스로 서식지 파괴에 관한 질문을 생성형 AI를 활용함으로써 더 폭넓고 확장적인 지식을 탐구할 수 있었다. 산출물의 내용을 살펴보면 다음과 같다.

• 프롬프트 작성의 예

> 팜유 농장 개발에 따른 서식지 파괴와 감염병의 발생 현황을 데이터로 알려주고 이를 토대로 연도별 서식지 파괴 현황을 그래프로 그려줘.

AI가 예전에는 자료를 제시해 주었으나 그래프를 작성해 주지 못했는데 요즘은 변화를 한눈에 알 수 있도록 그래프로 작성해 준다. 그 외 연도별 산림면적 변화율, 산림 파괴가 수자원 및 토양에 미치는 영향 등 다양한 질문을 하면서 깊이 있는 탐구를 하였다.

팜유 농장 개발에 따른 서식지 파괴와 감염병의 발생 현황에 관한 데이터를 활

용하여 발표한 사례를 소개하면 다음과 같다. 챗GPT를 활용하여 조사한 데이터를 정리한 자료이다.

• AI의 답변

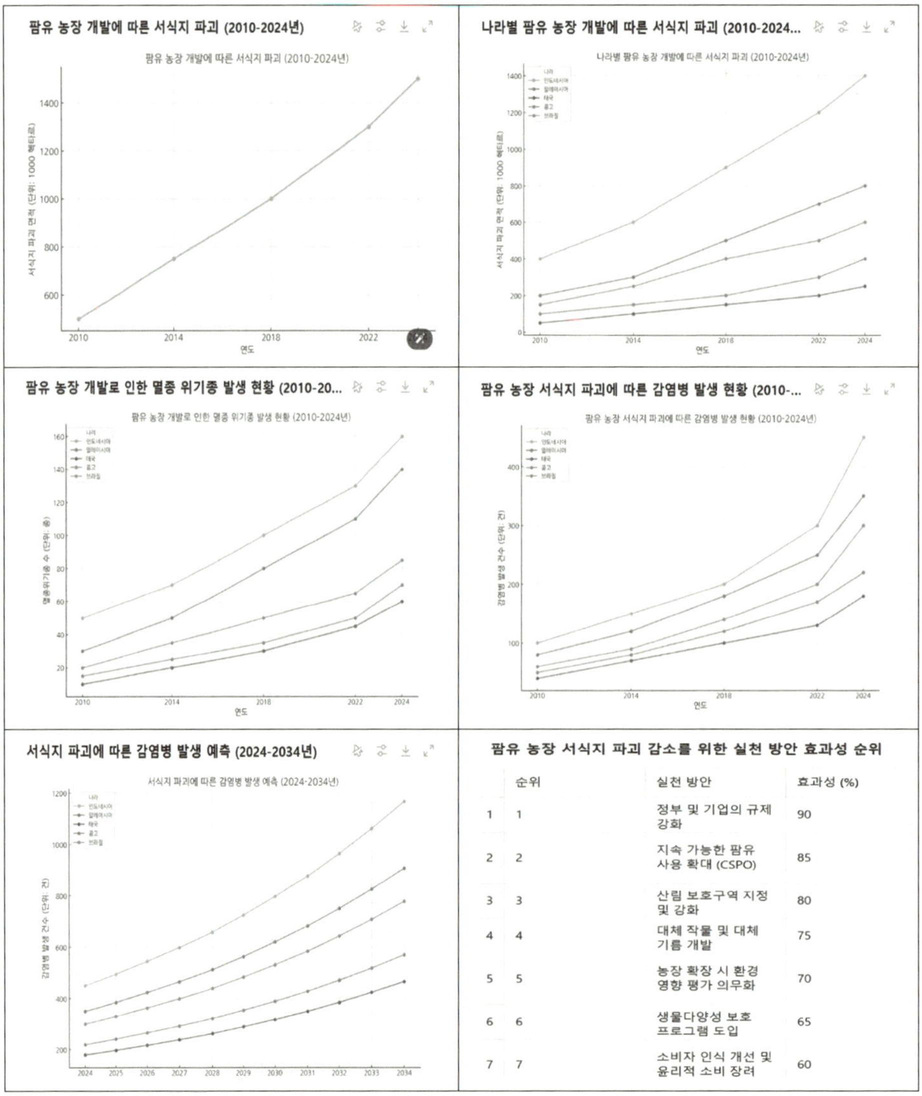

[그림 7-10] 챗GPT를 활용한 수집한 데이터 자료[7]

팜유는 라면, 식용유, 치약, 화장품 등 일상생활에 널리 사용되는 중요한 원료

7) 출처: 생성형 AI 챗GPT 활용하여 생성한 자료로 AI가 생성하는 데 도움을 받은 저작물 및 원작자는 찾을 수 없었음.

지만, 생산 과정에서 환경 파괴와 건강에 부정적인 영향을 미친다. 특히, 동남아시아에서는 열대 우림을 없애고 농장을 개발하면서 서식지를 잃은 동물과의 접촉이 증가해 새로운 감염병이 출몰하고 있다.

이에 따라 학생들은 AI를 활용해 팜유 농장 개발과 관련된 데이터를 수집하고 지속 가능한 삶의 중요성을 알리는 발표를 진행했다. 위 자료는 서식지 파괴와 감염병 발생 현황을 국가별, 연도별로 분석하고, 그래프로 시각화해 한눈에 파악할 수 있도록 구성된 것이다. 또한, 서식지 보존이 미흡할 경우 감염병 발생 가능성을 예측했다.

이 활동은 서식지 보호의 중요성을 추론하고, 서식지가 파괴되면 동물들이 서식지를 잃게 되어 인간과 접촉하는 빈도가 높아지고, 동물의 몸에 있는 바이러스들이 인간에게 전파될 수 있는 위험을 안내하였다. 지속 가능한 인류의 건강을 위한 서식지 보호에 관한 메시지의 전달 의미가 있다.

【PPT 자료 제작을 통한 인수공통감염병의 습격 현황 알리기】

[그림 7-11] 서식지 파괴와 인수공통 감염병의 상관관계[8)]

8) 출처: 생성형 AI 감마(Gamma) 활용 생성자료로 AI가 생성하는 데 도움을 받은 저작물 및 원작자는 찾을 수 없었음.

서식지 파괴와 인수공통감염병의 관계에 대한 자료조사를 기반으로 제작한 PPT 자료이다. 인수공통감염병은 동물의 몸에 기생하는 세균이나 바이러스가 사람의 몸에서도 질병을 일으킬 수 있는 감염병이다. 제작 방법은 텍스트를 PPT로 만들어주는 감마(Gama)를 활용하여 제작하였다.

【생성형 AI를 활용한 생태 통로 디자인하기】

도로 개발, 택지 개발 등으로 로드킬이 종종 발생하고 있는 상황에서 출발하여 동물들이 서식지를 잃게 되면 인간이 살고 있는 서식지로 이동하면서 감염병을 전달될 가능성이 있다. 따라서 인간과 동물들이 공존할 수 있는 생태 통로가 곳곳에 필요한데, 생성형 AI를 활용한 이미지 디자인을 [그림 7-12]와 같이 만들 수 있다. 이 활동을 위해 AI를 활용하기 전 학생들이 스스로 여러 나라의 생태 통로에 관한 자료조사를 한 후 학생들의 아이디어로 생태 통로에 대해 스케치해 보는 활동을 할 수 있도록 안내했다. 그 후에 AI의 프롬프트에 던진 질문은 '양서류들이 고속도로 개발로 인해 서식지 단편화 현상이 발생했어. 고속도로의 흐름을 끊지 않으면서도 양서류들이 서식할 수 있는 공간이 단편화되지 않으면서 생태하천과 연결될 수 있는 생태 통로를 그려줘'이다. 원하는 이미지가 나올 때까지 여러 번의 질문을 던지고 수정하면서 생태 통로에 대한 이미지를 얻을 수 있었다.

[그림 7-12] 생태 통로 디자인하기[9)]

9) 출처: 생성형 AI 코파일럿(Copilot)이 생성한 이미지이며, AI가 생성하는 데 도움을 받은 저작물 및 원작자는 찾을 수 없었음.

본 활동을 통해 고속도로, 택지 개발 등으로 인해 서식지 단편화에 의해 서식지를 잃은 동물들이 도시에 가까이 다가와 질병을 일으킬 수 있는 다양한 사례에 관한 공부를 하게 되었다. 학생들은 지속 가능한 발전을 위한 인류의 공통된 목표를 달성하기 위해 서식지 보호의 중요성을 깨닫는 학습 경험을 하게 된다.

【다양한 홍보자료를 통한 서식지 보호의 중요성 알리기】

서식지에 관한 다양한 홍보자료를 만든 모둠이다. 서식지 보호 티셔츠 제작 도안, 서식지 보호 관련 노래, 서식지 보호 로고 등의 자료를 제작하기도 하였다.

서식지 보호 티셔츠 및 노래 만들기

(서식지 보호 티셔츠 제작 도안 만들기)[10]

불안의 그림자

(서식지 보호 관련 노래 만들기)[11]

서식지 보호 로고 만들기

에볼라와 같은 질병의 발발을 막기 위한 서식지 보호의 중요성을 강조하는 것으로 숲과 에볼라 바이러스를 나타내고 있음. 붉은색과 검은색으로 표현된 에볼라 바이러스의 위험성을 강조함.

케이블카로부터 숲을 보호하자는 메시지를 담은 로고. 푸른 숲과 케이블카의 실루엣을 포함하여, 자연을 보호하자는 의미를 강조함.

[그림 7-13] 서식지 보호 작품[12]

10) 출처: 챗GPT 생성 이미지로 생성된 이미지와 동일한 원작자는 찾을 수 없었음.
11) 출처: 수노(Suno) 생성 음악 영상의 생성된 이미지로 생성된 이미지와 동일한 원작자는 찾을 수 없었음.
12) 출처: 챗GPT 생성 이미지로 생성된 이미지와 동일한 원작자는 찾을 수 없었음.

이와 같은 활동은 다양한 자료를 제작하면서 서식지 파괴와 감염병의 관계, 인간의 건강 문제가 생태 환경과 밀접한 관련이 있음을 알게 하며, 지속가능발전을 위한 실천적인 노력에 관심을 가지자는 일종의 캠페인이었다. 자료를 만드는 과정에서 서식지 파괴가 어떤 의미가 있는지를 다양한 각도로 조사하기 위한 방법으로 산출물을 제작할 수 있다.

3. 산출물 발표 및 평가

1) 프로젝트 산출물 발표

활동 결과 산출물 발표는 학생들이 수행한 내용을 다른 친구들과 공유하고, 서로의 활동 결과를 통해 배울 수 있는 과정이다. 발표 시 핵심 메시지가 무엇이며 가장 강조하고 싶은 점이 무엇인지 명확하게 전달하고 자신감 있게 발표하도록 지도하였다.

교사는 학습자들이 서로의 발표를 경청한 후 긍정적이면서도 생산적인 조언을 할 수 있도록 피드백 수행의 방향성에 대해 사전에 안내하는 것이 중요하다. 발표를 들을 때 비평지를 제공하여 다른 모둠의 내용에서 질문 내용과 감동을 받았던 내용 등에 대해 기록을 하게 하면 발표에 더 집중하며 더 좋은 방향으로의 상호 피드백이 될 수 있다.

[그림 7-14] 프로젝트 결과 발표 장면

2) 피드백

학생들의 긍정적인 피드백 내용은 아래와 같다.

예시 1)

팜유 농장이 서식지 파괴와 감염병 확산에 미치는 영향을 매우 잘 분석하였다. 특히, 데이터를 활용해 인수공통 감염병의 확산 추이를 설명한 부분이 매우 인상적이었다, 발표 자료에 그래프와 차트를 활용해 데이터를 시각적으로 보여준 점이 발표 내용을 이해하는 데 큰 도움이 되었으며 동남아 여러 국가의 삼림 파괴에 대한 심각성을 더 깊게 이해하게 되었다. 우리가 흔히 먹고 있는 라면이나 과자류가 팜유에서 유래되고 있어 생활 속에서 팜유를 줄일 수 있는 방안이 서식지 보호에 기여할 수 있다는 부분을 강조한 것이 지속가능발전을 위한 한 방법이라고 생각한다.

예시 2)

인수공통 감염병 예방을 위한 서식지 보호의 필요성을 잘 설명하였다. 생태계의 건강이 인간 건강과 밀접하게 연결되어 있다는 점을 강조한 부분이 특히 좋았으며, 부산의 생태적으로 중요한 지역을 선정하여 서식지 보호의 중요성에 대한 발표가 인상적이었다. 특히 생태 보호구역을 설정해야 하는 이유와 그로 인해 기대할 수 있는 효과를 잘 설명하였다. 보완할 점으로는 선정한 지역의 서식지 파괴가 생물다양성에 미치는 영향을 보여주는 데이터나 통계를 포함하면, 주장의 근거를 더욱 강화할 수 있겠다. 그리고 보호구역 설정 후의 관리 방안에 대한 제안도 포함하면 좋겠다.

Ⅳ 수업 성찰

학생들의 수업 소감을 통해 다시 수업을 되돌아보는 시간을 가졌다. 아래는 학생의 수업 소감의 일부이다.

> 감염병 확산을 막기 위한 서식지 보호 프로젝트 수업을 통해 처음에는 서식지 파괴와 감염병이 어떻게 연결되는지 잘 몰랐는데, 이번 프로젝트를 통해 서식지 파괴와 감염병의 관계에 대해 깊이 이해하게 되었다. 교과서에서 세균이나 바이러스의 특징에 대해 많이 배웠지만, 단순히 교과서에서 배우는 내용으로만 기억하고 있는 경향이 많은데 실제로 현재 우리가 살고 있는 지구에서 일어나고 있으며 서식지 파괴가 줄어들지 않는다면 더 큰 재앙이 될 수 있다는 것을 실감할 수 있었다.

또한 모둠별로 발표하면서 다른 친구들이 찾은 자료를 보며 더 공부가 심화될 수 있었으며 재미있는 아이디어도 소개되어 수업이 재미있었다는 소감도 볼 수 있었다.

'**감염병 확산을 막기 위한 서식지 보호 프로젝트**' 수업을 되돌아보며 성공적으로 이루어진 점과 유의해야 할 점을 분석해 보았다.

먼저 성공적으로 이루어진 점은 다음과 같다.

첫째, 서식지 보호의 중요성과 내가 소비하는 제품이 환경에 미치는 영향이 크다는 것을 학습자들에게 인식시켜 줄 수 있는 것이었다. 즉 인류의 건강 문제와 직결되는 것으로 지속가능발전을 위해서는 서식지 보호가 중요하다는 사실을 확인해 볼 수 있었다.

둘째, AI를 적극적으로 활용함으로써 학생들의 참여도가 향상되었다.

막연하게 학생들이 수행 과제를 찾기 위해 토론하는 것보다 생성형 AI를 활용한 수업은 학생들의 흥미를 유도하고 참여를 촉진하는 데 큰 도움이 되었다. AI를 통해 실시간으로 질문에 답하거나 다양한 자료를 제공받으면서 학생들이 더 적극적으로 수업에 참여하게 되어 자발적 수업을 즐겁게 할 수 있었다.

셋째, 발표와 토론을 통해 비판적 사고 능력을 향상시킬 수 있었다. AI가 제공하는 다양한 정보와 관점을 바탕으로 학생들이 스스로 문제를 분석하고 해결책을 모색하는 과정에서 비판적 사고 능력이 향상되었다. 이는 지속 가능한 발전 교육의 핵심 목표 중 하나이다.

유의해야 할 점은 다음과 같다.

첫째, AI에 과도하게 의존하지 않는 다양한 학습 방법 제공이 필요하다. AI가 잘못된 정보를 제공할 수 있으므로, 생성형 AI가 제공하는 정보의 정확성을 항상 검증해야 한다는 점을 강조한다. 또한 모든 학생이 AI 기반 학습에 적합하지 않을 수 있으므로, 이를 고려한 다양한 방향의 수업 설계가 필요하다. 그룹 활동, 토론, 실습 등을 통해 학생들이 다양한 방식으로 학습할 수 있도록 해야 한다.

둘째, 프로젝트 수업은 시간이 많이 걸리는 수업 방법이므로 학교의 교육과정 속에서 적절한 시간 운영에 대한 고려가 필요하리라 본다.

결론적으로, 생성형 AI를 활용한 지속 가능한 발전 교육은 학생들에게 많은 긍정적인 영향을 미칠 수 있었다. 본인이 알고 있는 지식의 폭을 넓힐 수 있으며, 질문을 명백하게 하고 깊이 있게 할수록 많은 자료를 접할 수 있는 좋은 점이 있었다. 이러한 자료를 다시 재구성하고 핵심을 잘 뽑아내는 것이 중요하다. 하지만 많은 노력을 하지 않아도 멋지게 만들어주는 AI 활용 산출물은 평가를 하는데 있어 어려움이 많다. 교사는 학습자들이 전체 프로젝트 과정에서 AI를 어느 정도 활용했는지, 그리고 학생의 노력이 얼마나 투입되었는지를 정확히 파악하는 것이 중요하다. 이를 위해 AI 산출물과 본인 수정 내용을 비교하여 제시하게 하거나, 최종 산출물을 제작한 전 과정을 설명할 수 있는 근거 자료(제작과정 영상 등)를 제시하게 하는 것이 필요하다. 사전에 충분히 평가하는 기준을 안내하는 것이 중요하다는 것을 본 수업을 한 후에 절실하게 느낄 수 있었다.

제8장 사회 · 경제 통합 영역①

지역설화를 활용한 지역 홍보물 제작 프로젝트

I 실시 배경

1. 시대적 요구와 교육적 과제

본 프로젝드 수업의 목적은 부산 내에 전해져 오는 지역설화와 지역의 유 · 무형 유산을 활용하여 지역에 대한 학습자들의 자긍심을 고취하고, 더 나아가 자신이 살고 있는 지역을 적극적으로 홍보해 보며 지역에 대한 인식을 바로잡는 작업에 참여해 보게 하는 데에 있다. 이를 통해 궁극적으로 '시민성'을 함양하여, 바람직한 자질의 시민으로 학습자들을 성장시키는 것이 궁극적 목적이다.

지속가능발전의 아젠다 중 시민성이란 우리 모두가 단순한 국가의 구성원이 아니라 새로운 공적 영역을 구성해 가는 주체적 구성원임을 아는 것이다. 특히 '10. 불평등 감소'와 '11. 지속가능한 도시와 지역사회'와 같은 경우 교육에 적용했을 때 '학습자들의 시민성 함양을 위한 교육'으로 요약될 수 있다. 따라서 '시민성'이란 시민의 자질로, 타인과의 관계를 고려하고 사회적 정의와 선을 추구하는 능력, 자신과 차이가 있는 다른 타인들을 인정하고 그들과 서로 협력할 줄 아는 태도 등을 아우르는 개념이다.[1] 자신이 살고 있는 지역뿐 아니라 같은 도시 내의 다른 지역(동네)에 대한 이해를 높이고 인식을 바로잡아 공동체 내부의 구성원 모두가 '다르지만 모두가 소중하고 가치 있음'을 알게 하는 개념이기에 지속가능

1) 출처: 이동수 외, 『시민은 누구인가』, 인간사랑, 2013: 25쪽.

발전의 두 아젠다와 연결되는 것이다.

현대사회는 도시의 발전과 양적 팽창에 따른 도시 내 불평등 문제가 심각해지고 있다. 특히 부산의 경우, 6.25 전쟁과 70년대 산업 성장을 견인한 도시이다. 이 과정에서 인구가 폭발적으로 증가하면서 구도심 중심으로 무계획적인 학교나 시설이 설립되어 교육 및 여러 인프라들이 열악한 편이며, 현재에도 도시재개발 및 교육환경 개선이 어려운 현실이다. 이후 신도시가 개발되면서 그 방향으로 인구가 급격히 이동하여 발생한 구도심의 공동화(空洞化)와 신도시의 과밀화는 시급히 개선이 필요한 문제로 대두되고 있다.

한편 부산은 오래전부터 사람이 거주하기 시작하여 구석기 시대 유적부터 인류의 발자취가 닿은 많은 유적들이 보존되어 있고, 임진왜란이나 6.25 전쟁 등 조선 후기나 한국의 근현대사의 역사적 사건과 밀접한 관련을 가진 장소들이 많다. 이러한 유산은 직접 체험할 수 있는 유형의 유산과 유적들로 남아 있기도 있지만 무형 문화유산도 많은데, 그중 대표적인 것은 지역민들을 대상으로 전래되어 오는 지역설화이다.

따라서 본 프로젝트 수업은 학습자들에게 본인이 살고 있는 지역설화를 조사하게 하여 지역의 유래를 이해하고 무형적, 정신적 유산으로서의 가치를 알게 한다. 이를 활용하여 지역에 대한 가치를 알리는 홍보물을 제작함으로써 내 지역뿐 아니라 다른 지역의 고유 가치를 이해하고 내면화하게 하는 것이 목적이다.

2. 교육과정과의 연계성

2015 개정 국어과 교육과정의 경우, 첫 문장부터 "민주 시민으로서 필요한 자질을 갖추게 함으로써 인간다운 삶을 영위하게 한다"라는 표현으로 시작하면서 곳곳에서 민주 시민적 자질과 태도, 공동체 의식의 함양에 대해 강조하고 있다. 시민성의 함양은 성숙한 공동체의 구성원으로서 타인과 함께 살아가기 위해서는 물론이고, 궁극적으로 스스로의 정체성 형성에도 중요한 요소 중 하나이다.

2022 개정 국어과 교육과정 역시 국어과 다섯 개의 목표 중 두세 번째는 "타인을

존중하고 협력적으로 의사소통하는 사람", "민주시민으로서 공동체 구성원과의 의사소통에 능동적으로 참여하는 사람"이라 함으로써 타인과 원활히 소통하고 공동체의 문제에 관심을 갖고 적극적으로 해결하는 의지와 능력을 지닌 민주시민 양성을 중요한 목표로 두고 있음을 알 수 있다. 앞으로의 사회는 더욱 복잡해지고 예측이 어려워질 것이라 예상되는 가운데, 열린 마음으로 다양한 의견과 지식을 받아들이고 이를 비판적·창의적으로 사고하며 그 결과로써 소통할 줄 아는 인간상을 더욱 필요로 한다. 이러한 변화에 따라 국어과 내 문학 영역의 교육과정 또한 좀 더 적극적으로 시민성 함양을 강조한 여러 성취기준들이 등장하게 되었다.

또한 2022 개정 국어과 교육과정에서는 기존 교육과정의 '자료정보 활용 역량'이 '디지털·미디어 역량'으로 변화하여 디지털 다매체 시대로의 변환을 예비하고자 하였다. 이에 따라 선택중심 교육과정 '문학'에서도 또한 매체와 관련된 교육 내용 및 성취기준이 신설되었다. 이러한 변화는 실제 교육과정을 반영한 교과서 혹은 교실수업에서 다루어지는 제재의 변화로 이어져야 할 것이다. 또한 매체환경의 다변화에 따라 생성형 AI 등 다양한 디지털, 인터넷 환경에서의 도구들의 활용을 수업설계와 실행에 반영할 필요가 있다.

Ⅱ 수업 설계

1. 교육과정 재구성

1) 관련 지속가능발전목표(SDGs) 선정

지속가능발전을 위한 17개의 아젠다들은 크게 '환경, 사회, 경제'로 집약될 수 있다. 그러나 비교적 '사회' 영역 아젠다 관련 교육적 탐색이나 노력은 저조한 편이다. 기후변화나 환경문제 등 우리가 직접 실감 중인 문제들도 중요하지만, 불평등 해소나 특정 출신 혹은 지역에 대한 뿌리 깊은 편견 등과 같이 눈에 보이지 않는 사람들의 의식 내부 문제를 바로잡는 일 또한 중요하다.

이러한 문제의식에 기반하여, 본 국어과 프로젝트 수업에서는 17개의 지속가능발전목표 중 '[Goal 10] 불평등 감소'와 '[Goal 11] 지속 가능한 도시와 지역사회' 영역을 선정하여 목표를 달성하는 수업을 설계하고자 한다.

2) 성취기준 분석

[SDGs 10], [SDGs 11]의 목표를 달성하기 위해 선정한 고등학교 국어과 선택과목 문학 관련 교육과정과 성취기준은 〈표 8-1〉과 같다.

〈표 8-1〉 지속가능발전목표 관련 선택과목 문학 교육과정 및 성취기준 선정

교과	문학
영역	문학의 수용과 창작, 문학과 공동체 참여
핵심 아이디어	• 문학은 세계에 대한 인식과 형상화 방식에 따라 여러 갈래로 나뉘며 문학 작품의 생산과 수용에는 다양한 맥락이 작용한다. • 문학 향유자는 문학을 통해 자아를 성찰하고 타자를 이해하며 공동체의 문제 해결에 참여하는 태도를 지니고 주체적으로 문학을 생활화한다.
관련 성취기준	[12문학01-07] 작품을 공감적, 비판적, 창의적으로 감상하며, 다양한 방식으로 작품에 대해 비평한다. [12문학01-09] 다양한 매체로 구현된 작품의 창의적 표현 방법과 심미적 가치를 문학적 관점에서 수용하고 소통한다. [12문학01-10] 문학을 통하여 자아를 성찰하고, 타자를 이해하며 상호 소통한다. [12문학01-11] 문학을 통해 공동체가 처한 여러 문제들을 이해하고 문제 해결에 참여하는 태도를 지닌다.

이를 위해 본 프로젝트 수업에서는 '지역설화'를 활용하여 학습자들이 본인이 살고 있는 지역에 대한 이해를 고취하고, 이를 자아 정체성과 연결 지어 자신이 살고 있는 지역에 대한 긍정적 인식으로 연결하고자 한다. 이후 이를 오늘날의 관점에서 재창작한 후 지역 홍보물로 전환해보는 활동을 통해 살고 있는 지역에 대한 애정과 자긍심을 기반으로 다른 지역인들에게 자신의 지역을 홍보하고, 방문을 권유하는 홍보물을 만들어 인터넷 상에서 캠페인 활동을 실시하도록 유도한다. 설화의 재창작 및 홍보물 제작에는 모두 생성형 AI를 활용하도록 지도한다.

2. 주제 및 학습 목표 설정

성취기준 내용 요소를 담아내기 위한 지속가능 발전목표 관련 프로젝트의 주제와 수행과제는 다음과 같이 도출하였다.

〈표 8-2〉 프로젝트 주제 및 수행 과제

주제	지역설화를 활용한 지역 홍보물 제작 프로젝트
수행 과제	지역설화의 특성을 이해하고, 이를 바탕으로 우리 동네의 설화를 활용하여 우리동네의 특성을 알리는 홍보 영상물을 제작해 보세요.

학생들은 자신이 살고 있는 지역에서 시민성을 함양할 수 있는 적절한 설화를 선정하여 문제를 해결하고, 실천적인 방안을 제안해 보는 '지역설화를 활용한 지역 홍보물 제작 프로젝트' 활동을 통해 다음과 같은 학습 목표와 역량을 설정하였다.

〈표 8-3〉 학습 목표와 역량 설정

영역	학습목표	역량
인지적 학습 목표	SDGs에서 사회문제를 선정하여, 지역설화를 활용한 지역 홍보물 제작 프로젝트를 진행하는 방법과 선정한 사회문제 파악에 필요한 지식을 통합적으로 이해한다.	통합적 문제 해결역량
사회 · 정서적 학습 목표	지역설화를 활용한 지역 홍보물 제작 프로젝트 활동에서 팀 협업을 통해서 수행 과제를 해결하는 과정에서 생성형 AI를 활용해서 지속가능발전 방향을 탐구할 수 있다.	협업 역량
행동 목표	지역설화를 활용한 지역 홍보물 제작 프로젝트를 통해서 도출한 문제해결 방안 중에서 SDGs 이행에 필요한 실천적 행위를 홍보 포스터로 제작할 수 있다.	규범적 역량

인지적 학습 목표는 사회문제의 정의, 실태, 문제점 및 문제해결 방법, 사회과학적 접근 방법 등 지식 이해 및 사고력 관련 요소를 중심으로 진술했다. 사회 · 정서적 학습 목표는 프로젝트 실행 과정에서 생성형 AI의 도움을 받으면서 팀 협업을 통해 수행 과제를 할 수 있는 기능을 진술했다. 행동 영역에서는 지속가능 발전목표 이행을 위해 개인이 실천적 행위를 할 수 있는 방안으로 진술했다.

3. 프로젝트 활동 설계

'지역설화를 활용한 지역 홍보물 제작 프로젝트'는 주제 및 수행 과제와 학습 목표를 설정한 후에 실행 계획을 수립하여 교수·학습과정안을 설계하였다('부록' 참고). 교수·학습과정안에는 주제, 수행 과제, 단원 및 성취기준, 지속가능발전과 관련된 핵심 내용 및 역량, 세계시민의 자질, 중심으로 다음과 같이 설계하였다.

〈표 8-4〉 **차시별 학습 계획**

차시	활동 주제	활동 내용
1차시	지역설화 가치 탐구	지속가능발전의 의미, 지속가능발전목표의 17개 항목 소개, 예시 작품을 바탕으로 한 지역설화 가치 탐구
2차시	지역설화 재창작	생성형 AI 활용 지역설화 재창작 예시작품을 통한 시범 보이기, 지역설화 재창작
3차시	지역문화유산 홍보물 제작	재창작한 지역설화 내용을 담은 홍보 영상(혹은 웹툰) 제작 및 평가

1차시는 '지역설화 가치 탐구'를 주제로 한다. 학습자들에게 지속가능발전의 의미와 수업 전체의 취지를 설명하고, 17개 항목을 간단히 소개 후 예시작품을 통해 지역설화의 가치를 탐구하는 시간을 갖는다. 지역설화의 길이나 개수에 따라 2차시로 운영이 가능하다.

2차시는 '지역설화 재창작'을 실행하는 단계이다. 이미 수행한 결과물인 예시작품을 통해 생성형 AI를 활용하여 지역설화를 재창작하는 시범을 보여주고, 이후 실제 학습자들이 거주하는 지역의 설화를 찾고 이를 재창작하는 활동을 생성형 AI를 활용하여 수행하도록 안내한다.

3차시는 '지역문화유산 홍보물 제작'을 실행하는 단계이다. 2차시에서 수행한 결과물을 동영상 혹은 웹툰으로 변환하고, 교사 및 동료의 조언이나 평가를 바탕으로 최종 수정하여 결과물을 제출하도록 안내한다.

위의 흐름에 따라 '지역설화를 활용한 지역 홍보물 제작 프로젝트' 진행 수업을 준비하였다.

4. 결과물 산출 및 평가 계획

'지역설화를 활용한 지역 홍보물 제작 프로젝트'는 [활동1], [활동2]의 결과물을 산출한다. [활동1]은 [지역설화를 활용한 지역 홍보물 제작 프로젝트] 활동 결과 보고서다. 보고서 작성을 위해 프로젝트 활동 계획서를 먼저 작성한다. 계획서는 연구주제, 연구목적, 연구내용, 자료수집방법, 문헌연구 내용에 관한 개요를 포함한다. 계획서에 따라 프로젝트 활동을 진행하고 그 결과를 전체 보고서로 완성한다. [활동2]는 완성된 보고서에 정리한 지속가능발전목표 이행에 필요한 실천적인 방안을 제작한다. 이들 [활동1], [활동2]의 주요 결과물, 평가 요소 및 기대역량은 다음과 같다.

〈표 8-5〉 **프로젝트 주요 결과물 및 평가 요소와 기대 역량**

영역	주요 결과물	평가 요소	기대 역량
활동1	지역설화 재창작(AI 활용)	지역설화 가치 이해, 적합한 지역설화 선정, 생성형 AI 활용 텍스트 재창작 능력	통합적 문제해결력 창의적 문제해결력
활동2	재창작한 지역설화 바탕 지역 홍보 영상물 제작(AI 활용)	생성형 AI 활용 홍보물 제작 및 내용 전달력	
발표	발표 [결과물1, 결과물2]	내용 전달력, 질의-응답	의사소통능력

주요 활동 결과물, 평가 요소, 기대 역량을 중심으로 평가 루브릭을 작성해서 학생들에게 평가 계획을 안내하고, 평가를 진행한다.[2)]

2) 본 수업의 전체 계획은 중등학교 교실수업을 상정하여 수립되었으나 대학 수업에서도 일부 적용 가능하다. 8장의 필자가 대학에 근무하는 관계로 본 수업의 실행은 중등학교 학습자가 아닌, 국어교육과 학부 학생을 대상으로 이루어졌다. 이에 전체 계획의 일부를 실행하였으며 실제 평가결과의 산출과 반영은 실시하지 않았다.

Ⅲ 수업 실행

1. 프로젝트의 시작

1) 활동 안내

프로젝트 수업은 총 3차시로 운영한다. [1차시]는 '지역설화 가치 탐구' 수업으로, 예시 작품을 통해 학습자들이 지역설화의 내용을 탐구하고 그에 담긴 시민성 관련 가치를 추출해 본다. [2차시]는 '지역설화 재창작' 수업으로, 본인이 살고 있는 동네의 지역설화를 조사하고 시민성 가치를 추출할 수 있는 기준을 바탕으로 지역설화의 가치를 추출한다. [3차시]는 '지역문화유산 홍보물 제작' 수업으로 생성형 AI 도구를 활용하여 재창작한 설화를 지역 홍보 영상으로 만든다.

〈표 8-6〉 **'지역설화를 활용한 지역 홍보물 제작 프로젝트' 안내**

구분	주제	내용
1차시	지역설화 가치 탐구	지속가능발전의 의미, 지속가능발전목표의 17개 항목 소개 예시 작품을 바탕으로 한 지역설화 가치 탐구
2차시	지역설화 재창작	생성형 AI 활용 지역설화 재창작 예시작품을 통한 시범 보이기 지역설화 재창작
3차시	지역문화유산 홍보물 제작	[산출물1] 재창작한 지역설화 텍스트 [산출물2] 재창작한 지역설화 내용을 담은 홍보물

교사의 프로젝트 활동 안내를 통해 프로젝트의 취지, 평가 방안, 활동 결과물을 파악하도록 하였다.

2) '지역설화 가치 탐구' 진행[3)]

교사는 '지역설화를 활용한 지역 홍보물 제작 프로젝트'를 진행하기 위해 우선 지속가능발전의 의미와 지속가능발전목표의 17개 항목을 소개한다. 이후 지역설화 하나를 예시로 한 '설화에 담긴 시민성 탐구' 수업을 진행한다. 학습내용은 다음과 같다.

지역설화는 그 지역의 연원과 특색을 드러내는 중요한 무형 문화유산이다. 이를 학습자들이 이해하고 활용하는 것은 다양한 교육적 장점이 있다. 지역설화는 학생들이 공동체 안에서의 자신의 역할과 태도를 인지하게 하고 시민성을 일깨우는 데 유효하다. 나아가 지역설화는 기존 설화나 문학작품이 세계, 국가 단위로 제시되는 경우 학생들에게 다소 막연하게 느껴질 수 있었던 공동체의 범위를 지역사회로 좁혀준다. 그렇기에 그간 주로 공동체로서 강조되어 온 국가 말고도 지역과 같은 국가 이하의 공동체가 있음을 학습자가 인지할 수 있게 해주어, 학급 단위의 시민성 교육에 더욱 유리하다. 공동체 문제를 해결하는 방안 탐색에서도 학생 차원에서 더욱 실효성 있는 해결책을 제시할 수 있게 하여 학습의 효과성을 높인다는 점 역시 이점이 될 것이다. 학습자들이 자기 삶과 가깝다고 느낄 수 있는 이야기이므로 흥미를 유발할 수 있고 지역성, 시민성을 효과적으로 학습하는 매개가 될 수 있다.

지역설화를 통한 시민성 함양을 위해서는 적합한 지역설화 선정이 이루어져야 한다. 우선 첫째 조건은 공동체의 문제가 핵심 화제이거나, 최소한 주요 화소와 관련을 맺고 있어야 한다는 점이다. 또한 공동체의 문제 해결의 동기와 해결 과정, 그 과정에서 요구되는 공동체 구성원의 자질이 드러나는 작품이어야 한다. 혹은 공동체에 대한 헌신, 이타성 등 적절한 시민적 덕목을 바탕으로 실천하는 인물에 대한 설화 작품도 바람직하다. 지역의 특색을 반영한 것에서 더 나아가, 공동체의 문제와 이에 대한 행동의 필요성에 대해 이해할 수 있는 작품이어야 한다. 그래야 지역설화가 단순히 '지역과 관련된 흥미로운 옛날 이야기'가 아니라

3) 이 내용은 다음 논문의 내용 일부를 본 글의 전체 주제에 맞게 수정 · 보완한 것이다. 정원민, '지역설화를 활용한 시민성 함양 교육방안', 부산대 석사학위논문, 2024: 12~14쪽, 44~60쪽.

오늘날의 독자에게 의의를 가지는 작품이 된다.

그 다음으로 제재가 지역성을 뚜렷하게 띠고 있는 것이 좋다. 지역성이 뚜렷한 제재란 내용상 지역만의 독특한 문화나 역사적 사건이 등장하거나, 지형이나 지명 등의 유래담에서 해당 지역의 특징이 잘 드러나 누구나 해당 지역의 설화임을 알게 하는 작품이다. 지역성이 잘 드러난 설화 제재를 활용한다면 학습자는 자신이 거주하는 지역의 특성과 연원을 이해할 수 있으며 지역에 대한 흥미나 호기심, 나아가 애정을 가질 수 있다.

다만 시민성 교육에서 학습활동을 위한 지역설화 제재는 특수성만을 추구해서는 안 된다. 지역의 특수성은 지역설화만의 중요한 특색이자 교육적 가치가 많은 부분이지만 지나치게 특수한 사례의 제시는 자칫 학습자 자기 삶으로의 전이나 다른 작품과의 비교 학습을 어렵게 할 수 있다. 그러므로 시민성 교육을 위한 지역 문학 제재는 지역성에 겸해 보편성을 띠고 있어야 한다. 보편성이란 말 그대로 작품의 내용이 다양한 상황에 해당하고 적용될 수 있는가와 관련된 특성으로, 적절한 보편성을 가진 제재여야만 지역설화 교육에 더해 적절한 시민성 함양 교육을 이뤄낼 수 있다.

지금까지 논의한 바와 같이 시민성 교육을 위한 지역설화 제재는 시민성, 지역성, 보편성이라는 세 가지 특성을 두루 갖추었을 때 가장 효과적이다. 이에 다양한 자료를 통해 부산지역의 금정구와 동래구의 설화를 여럿 살펴본 결과, 두 작품을 선정할 수 있었다. 〈의적 정봉서와 마누라〉,[4] 그리고 〈산저 노인과 차밭골의 차 나무〉[5]가 그것으로, 두 작품 모두 나름의 시민적 자질을 확인할 수 있는 인물을 중심으로 하고 있으며 옛 동래지역을 배경으로 전개되어 지역성을 보인다. 더불어 바람직한 인물의 행적과 그 결과인 증거물이라는 구조는 전형적인 전설의 모습을 가지고 있기에 전국의 다양한 설화에서 발견되는 보편성을 지니고 있다.

먼저 〈의적 정봉서와 마누라〉는 어머니의 병을 고치려 개를 훔치다 도적이 되

4) 출처: 박경수, 황경숙, 부산의 설화와 민요-보유편, 부산광역시사편찬위원회, 2022: 354~355쪽.

5) 출처: 박경수, 황경숙, 중부산 문화권 설화(Ⅰ), 부산광역시사편찬위원회, 2018: 522~523쪽.

었지만 어려운 이들을 지나치지 않아 의적으로 불린 정봉서라는 인물의 행적과 죽음, 그리고 이후의 이야기를 다룬 부산 동래 지역의 전설이다. 화소는 다음과 같다.

〈의적 정봉서와 마누라〉의 화소

1. 가난하지만 힘세고 효성 깊은 정봉서가 동래에서 홀어머니를 모시고 살다.
2. 어머니가 병에 들자 의원은 개 천 마리를 잡아 먹여야 나을 수 있다고 말하다.
3. 가난한 정봉서는 개를 훔쳐다 어머니께 먹이고, 물건을 훔치는 버릇이 생기다.
4. 정봉서, 어머니 사망 후에도 도적질로 생계를 이어오다 대적이 되다.
5. 어느 날 동래 사람들, 기장에서 도적패를 만나 괴수 정봉서에게 끌려가다.
6. 이들이 동래 사람인 것을 알게 된 정봉서, 후하게 대접하여 보내다.
7. 정봉서, 의적으로 불릴 만큼 부유한 집에서 빼앗아 구차한 집을 돕다.
8. 정봉서, 가난한 집의 해산을 물질적으로 돕다.
9. 정봉서, 포고에 의해 말년에 붙잡히다.
10. 정봉서, 옥리로부터 아무 음식도 받지 못해 열흘째에 굶어 죽다.
11. 정봉서의 부인, 동헌을 찾아가 하마석으로 삼대문을 때려 부수다.
12. 금강공원 입구에는 이때 부서진 삼대문의 기둥으로 지은 건물이 남아있다.

정봉서는 도적이긴 하지만 어머니를 극진히 봉양하고 사람을 함부로 해치지 않으며, 설화 속에서 어려운 사람을 돕는 인물로 형상화되고 있다. 약자를 도운 방법에 대한 이견이 있을 수 있으나 정봉서가 공동체의 구성원과 약자들을 생각하며 살았다는 점은 분명하며, 이 점에서 시민성을 드러낸 작품으로 선택되었다. 또한 구체성이나 설화 내용과의 유기성은 다소 떨어지지만 기장이나 동래와 같이 학습자들에게도 익숙할 지역명이 직접 배경으로 설정되어 있기에 지역성도 충분히 확인할 수 있다. 더불어 주인공의 죽음의 결과가 아래의 [그림 8-1]에서 확인할 수 있는 금강공원 입구의 건물이라는 증거물로 남아 지역성을 더해주며, 학습자들의 흥미를 유발하기에도 적합하다고 판단된다.

다만 정봉서의 도적질이라는 수단이 적절한지에 대한 비판이 제기될 수 있다는 점은 이 설화의 한계로 볼 수 있다. 하지만 이는 문학교육의 측면에서 정봉서를 설화 갈래에서 보기 드문 입체적 인물로 만들어 주는 요소이기도 하다. 그러므로 행동의 당위성이나 정봉서라는 인물에 대한 평가에 이어 시민성 개념과 함께 성취기준 [12문학01-07]에 연계하여 다루면 학습 경험과 작품에 대한 이해를 더욱 풍부하게 해줄 수 있다.

다음은 산저 노인이라는 인물이 공동체를 위해 발휘하는 이타심과 통찰력이 돋보이는 〈산저 노인과 차밭골의 차 나무〉라는 전설이다. 화소를 정리하면 다음과 같다.

〈산저 노인과 차밭골의 차 나무〉의 화소

1. 성내에 산저라 불리는 노부부가 농사를 지으며 살고 있었다.
2. 어느 해 겨울, 성내 사람들은 차밭골의 작설나무를 베어 땔감으로 쓰기로 하다.
3. 산저 노인, 차약으로 쓸 작설나무를 베면 안 된다고 만류하나 사람들은 듣지 않는다.
4. 산저 노인, 작설나무 대신 자기 집 행랑채를 헐어 땔감으로 쓸 것으로 호소하다.
5. 다음 해 봄, 산저 노인은 행랑채가 없어 머슴을 구하지 못하다.
6. 산저 노인이 차밭골에 올라가니 한 청년이 머슴살이를 자청하다.
7. 산저 노인이 못자리를 하도록 하자 청년은 찬샘 가까운 논에 할 것을 권유하다.
8. 가뭄이 계속되었으나 산저 노인의 못자리만은 남보다 모가 잘 자라다.
9. 일찍 모심기를 마친 산저 노인, 이웃들에게 모를 나누어 주다.
10. 같은 해 원인 모를 유행병으로 산저 노인 부부와 성내, 인근 마을까지 환자가 생기다.
11. 청년 머슴이 작설나무 잎으로 만든 차약으로 노부부와 마을의 유행병을 해결하다.
12. 그해 산저 노인은 청년의 노력으로 풍년을 맞고, 행랑채를 새로 짓는다.
13. 연말에 새경을 주려 하자 청년은 자신이 작설나무의 신임을 밝히고 떠나다.
14. 이 이야기가 동래부 관가에까지 알려지고 사람들은 작설나무를 보호하고자 노력한다.
15. 이 계곡 주변에는 아직도 작설나무가 자생하여 차밭골이라 불리고 있다.

〈산저 노인과 차밭골의 차 나무〉의 산저 노인은 앞으로 다가올 문제를 예상하여 공동체의 안전을 지켜내는 통찰력을 지닌 인물이자 당면한 문제의 해결을 위해 기꺼이 자신의 몫을 희생하고 시민성을 실천하는 인물이다. 이는 앞서 이야기한 인지적, 정의적 양면에서의 시민성이 모두 드러나는 사례이다. 또한 이 전설은 현 동래구 온천 1동 일대에 해당하는 차밭골을 배경으로 삼는데, 구체적인 공간을 바탕으로 하는 동시에 그 공간의 역사성을 드러내어 지역성 측면에서도 의미 있는 제재이다. 그리고 지명과 관련된 전설, 통찰력과 인덕을 갖춘 인물에 관한 이야기는 전국 각지에서 어렵지 않게 찾아볼 수 있는 종류의 전설이기에 보편성 역시 갖추고 있다.

[그림 8-1] 금어사 내 차밭골 표지석과 차 나무[6)]

이 제재는 앞서 살펴본 〈의적 정봉서와 마누라〉보다도 구체적인 증거물이 풍부하다. 해당 위치의 금어사에서는 [그림 8-2]에서 확인할 수 있듯 이곳이 차밭골이라는 사실과 그 내력을 알리는 표지석과 함께 곳곳에 자생하는 차 나무를 확인할 수 있다. 따라서 〈산저 노인과 차밭골의 차 나무〉는 구체적인 증거물을 바탕으로 학습자의 이해를 도우며, 학습자의 생활 공간과 가까운 곳에 이어진 지역설화로써 학생들의 흥미를 유발하기에도 충분한 제재이다.

차밭골이라는 옛 지명이 생소하지만 그 지역은 학습자와 가까운 곳에 있고, [그림 8-2]와 같이 유심히 살펴본다면 지금까지도 학습자의 삶 곳곳에서 확인할 수 있는 단어임을 확인할 수 있어 학습자들이 흥미를 느낄 수 있을 것이다.

6) 출처: 정원민, 지역설화를 활용한 시민성 함양 교육방안, 부산대 석사학위논문, 2024: 48쪽.

[그림 8-2] 차밭골 관련 도로명주소7)

이렇게 시민성 교육을 위한 지역설화 제재의 조건 세 가지에 이어 해당 조건에 부합하는 부산지역의 설화 제재 두 작품을 예시로 소개해 보았다. 더불어 각각의 설화가 가진 특징과 한계, 학습활동으로의 활용 가능성을 종합적으로 파악해 보았다. 이에 각각의 작품이 모두 전설에 해당하여 학습자들의 삶과도 밀접한 구체적 장소와 관련을 맺고 있다는 점, 이타성이나 희생과 같은 나름의 시민적 자질을 부각하고 있다는 점을 확인할 수 있었다. 해당 설화 작품들을 활용하여 시민성을 함양하는 1, 2차시의 구체적인 학습활동을 다음과 같이 설계해 보고자 한다.

1. 빈 칸을 채우며 전설 〈의적 정봉서와 마누라〉와 〈산저 노인과 차밭골의 차 나무〉의 내용을 각각 정리해 보자.

〈의적 정봉서와 마누라〉	〈산저 노인과 차밭골의 차 나무 〉
가난하지만 힘세고 효성 깊은 정봉서는 어머니의 병을 고치려다 ( )이 된다.	성내에 사는 산저 노인은 ( )으로 쓰일 차 나무를 지키기 위해 자신의 집 행랑채를 ( )으로 내놓는다.
⇩	⇩

7) 출처: 정원민, 지역설화를 활용한 시민성 함양 교육방안, 부산대 석사학위논문, 2024: 49쪽.

정봉서는 ( )이라 불릴 만큼 부유한 집에서 빼앗아 ( ) 집을 도왔다.	이듬해 봄 행랑채가 없어 ( )을 구하지 못한 산저 노인은 차밭골에서 청년을 만나고, 청년은 ( )을 자청한다.
⇩	⇩
말년에 붙잡힌 정봉서는 머을 것을 받지 못하고 열흘 만에 죽고 만다.	청년은 산저 노인에게 조언하여 ( )을 피하게 하고, 성내에 유행병이 돌자 ( )로 약을 만들어 해결한다.
⇩	⇩
분노한 정봉서의 부인은 관가의 문을 때려 부수고, 그 증거물은 아직 ( ) 입구에 남아 있다.	그해 산저 노인은 풍년을 맞아 ( )를 새로 짓는다. 청년은 정체를 밝히며 떠나고, 이 이야기가 널리 알려진다.

2. 여러 미덕을 표현하는 〈보기〉의 단어 중 '정봉서'와 '산저 노인'을 가장 잘 설명할 수 있는 단어를 세 가지씩 골라 이유를 설명하고, 친구와 비교해 보자. (필요시 빈칸에 직접 단어를 써서 제시하기)

'정봉서 / 산저노인'을 설명할 수 있는 단어	이유
1.	
2.	
3.	

〈보기〉

배려	감사	의지	책임감	열정
신의	성실	통찰력	헌신	정직함
용서	인내	용기	지혜로움	

3. 다음 〈보기〉에 나타난 두 가지의 입장 중 하나를 선택하여 근거와 함께 제시하고, 친구와 의견을 나누어보자.

보기

1) 내가 선택한 입장과 근거를 정리해 보자.

나의 입장	근거
	• • •

2) 1)에서 마련한 근거를 바탕으로 다른 입장의 친구들과 토론해 보자.

상대 입장	근거
	• • •

2. 프로젝트 활동 단계

1) 지역설화 재창작

학습자들은 1차시에서 설화 예시자료를 활용하여 지역설화의 특성과 가치를 학습했다. 2차시에서는 이를 바탕으로 현대의 지역사회 속 문제를 제시하고, 이를 지역설화 속 인물이라면 어떻게 해결할지 생각해 보는 활동으로 구성한다.

이를 바탕으로, 학습자들은 지역설화에서도 현대의 문제를 해결할 실마리를 발견할 수 있다는 것을 알게 된다. 이후 이러한 내용을 담은 본인이 사는 지역설화를 탐색하고, 이를 AI를 활용해 현대의 취향에 맞게 재창작해 보는 활동을 유도한다.

1. 〈보기〉를 읽고 다음과 같은 상황에서 '정봉서'와 '산저 노인'이 어떻게 행동했을지 생각해 보자. 그리고 나라면 어떻게 행동할지 이야기해 보자.

〈보기〉

주거지 내 공 · 폐가는 도시의 활력과 매력을 떨어뜨릴 뿐만 아니라 치안과 위생면에서도 심각한 문제를 낳는다. 흉물로 장기간 방치된 건물은 외벽이 무너지거나, 안팎에 쓰레기가 쌓여 있기 일쑤다. 우범 지대가 되는 것도 순식간이다. '깨진 유리창' 이론을 빌리자면, 동네에서 몇 곳으로 시작한 빈집이 방치되면 어느샌가 슬럼가로 변모할 수도 있다. 국가 차원에서 '인구 감소 지역'으로 지정된 부산 동 · 서 · 영도구뿐만 아니라 부산진구 등 산복도로를 낀 고지대는 정도의 차이가 있을 뿐 같은 숙제를 안고 있다.

출처: 부산일보 2024년 4월 25일 23면

1) 〈보기〉에 나타난 문제 상황은 무엇인가?

2) 〈보기〉의 상황에서 '정봉서'와 '산저 노인'은 각각 어떤 행동을 보일지 생각해 보자.

인물	예상되는 행동
정봉서	
산저 노인	

3) 〈보기〉의 상황에서 나는 어떻게 할지, 어떻게 행동하는 것이 옳을지 생각해 보자.

2. 생성형 AI를 활용하여 우리 지역설화를 재창작해 보자.

1) '정봉서' 혹은 '산저 노인' 설화 중 하나를 골라, 아래와 같이 내용을 정리해 보자.

설화에 나타난 우리 지역 특성	*동래, 기장, 금강공원, 하마석 등 지역과 관련된 지명*
오늘날에도 유효한 감동이나 교훈	*효성이 깊고 의로우며 어려운 사람을 도움*

2) 위와 같은 내용을 강조하여 화소를 수정 혹은 재배열해 보자.

〈의적 정봉서와 마누라〉 예시

원래 화소	재구성된 화소
1. 가난하지만 힘세고 효성 깊은 정봉서가 동래에서 홀어머니를 모시고 살다. 2. 어머니가 병에 들자 의원은 개 천 마리를 잡아 먹여야 나을 수 있다고 말하다. 3. 가난한 정봉서는 개를 훔쳐다 어머니께 먹이고, 물건을 훔치는 버릇이 생기다. 4. 정봉서, 어머니 사망 후에도 도적질로 생계를 이어오다 대적이 되다. 5. 어느 날 동래 사람들, 기장에서 도적패를 만나 괴수 정봉서에게 끌려가다. 6. 이들이 동래 사람인 것을 알게 된 정봉서, 후하게 대접하여 보내다. 7. 정봉서, 의적으로 불릴 만큼 부유한 집에서 빼앗아 구차한 집을 돕다. 8. 정봉서, 가난한 집의 해산을 물질적으로 돕다. 9. 정봉서, 포고에 의해 말년에 붙잡히다. 10. 정봉서, 옥리로부터 아무 음식도 받지 못해 열흘째에 굶어 죽다. 11. 정봉서의 부인, 동헌을 찾아가 하마석으로 삼대문을 때려 부수다. 12. 금강공원 입구에는 이때 부서진 삼대문의 기둥으로 지은 건물이 남아있다.	*5. 어느 날 동래에서 기장으로 놀러온 사람들이 불량배들과 마주쳤다.* *6. 이들이 같은 동네 출신인 것을 알게 된 정봉서는 사과하고 친절하게 대하여 돌려 보냈다.* *1. 알고 보니 정봉서는 동래에서 홀어머니를 모시고 사는 학생이었다.* *2. 어머니가 병이 들자 의사가 개를 많이 잡아 먹여야 나을 수 있다고 했다.* *3, 4. 정봉서는 그렇게 하다 물건을 훔치는 버릇이 생겼고 대적이 되었다.* *7. 정봉서는 가끔 부당하게 이익을 취한 사람들의 재물이나 약자를 괴롭히는 사람을 혼내주는 등 사적 제재를 행했다.* *8. 가난한 집에서 태어난 아기를 물질적으로 후원하기도 했다.* *9. 결국 법의 테두리 밖에서 의로운 일을 행하던 정봉서는 체포되었다.* *10. 가족이 없어 감옥에서 외롭게 말년을 보내다가 병을 얻어 죽었다.*

3) 아래 형식을 참고하여 프롬프트를 작성한 후, 생성형 AI를 활용하여 위의 설화를 재창작해 보자.

(　　)을 주인공으로 한 이야기를 설화 형태로 만들어 줘. (　　　)라는 지명이 등장하고 (　　　)이 특징인 지역을 배경으로 한 이야기야. 주인공이 (　　　) 행동을 통해 (　　　　　)와 같은 감동/교훈을 깨닫게 되는 이야기야.

→ *정봉서라는 사람을 주인공으로 하여 설화 형태로 만들어 줘. 동래, 기장, 금강공원 같은 부산의 지명이 등장하는 이야기야. 주인공이 사적 제재를 통해 약한 사람의 어려움이나 억울함을 풀어주는 행동을 통해 감동과 교훈을 주는 이야기야.*

구글 제미나이 1차 생성	네이버 클로바 1차 생성
정봉서와 부산의 정의 **옛날 옛날 동래 고을에 정봉서라는 의협심 넘치는 청년이 살았다.** 정봉서는 힘이 세고 정의감이 투철하여 마을 사람들에게 신망이 두터웠다. 그는 늘 약한 사람들을 괴롭히는 악당들을 보면 참지 못하고 나섰다. 어느 날, 기장 바닷가 마을에 흉악한 해적떼가 나타나 어촌 백성들을 괴롭히는 일이 발생했다. 해적들은 마을 사람들을 겁박하여 생계를 위협하고, 힘없는 어부들의 배를 빼앗아갔다. 이 소식을 들은 정봉서는 곧바로 기장으로 향했다. 기장에 도착한 정봉서는 해적들의 소굴을 찾아내 혼자서 감행했다. 해적들은 정봉서의 용맹함에 깜짝 놀랐지만, 수적으로 우세하여 정봉서를 둘러쌌다. 긴박한 순간, 정봉서는 평소 갈고닦은 무예 실력을 발휘하여 해적들을 물리쳤다 정봉서는 해적들을 쫓아내고 마을 사람들을 구해냈지만, 그의 활약은 여기서 끝나지 않았다. 금강공원 근처에 살던 한 노인이 부당하게 땅을 빼앗겨 쫓겨났다는 소식을 들은 것이다. 정봉서는 노인의 사연을 듣고 불의를 참지 못해 땅을 빼앗은 악덕 지주에게 찾아갔다. 정봉서는 힘으로 노인의 땅을 되찾아주고, 악덕 지주에게는 엄중한 경고를 했다. 이 소식이 금강공원 일대에 퍼지면서 정봉서는 정의로운 영웅으로 더욱 유명해졌다. **정봉서는 힘없는 사람들을 괴롭히는 악당들을 처벌하고, 부당한 일을 바로잡는 데 앞장섰다.** 그의 용기와 정의로운 행동은 부산 사람들에게 큰 감동을 주었고, 사람들은 정봉서를 '부산의 정의'라고 불렀다.	제목: 동래의 영웅, 정봉서 옛날 옛적, 부산의 동래라는 마을에 정봉서라는 사내가 살고 있었습니다. 그는 어릴 적부터 힘이 세고 의협심이 강해 마을 사람들의 존경을 한몸에 받았습니다. 어느 날, 마을에 억울한 일이 생겼습니다. 마을의 한 노인이 기장의 부자에게 돈을 빌려줬는데, 부자가 돈을 갚지 않고 오히려 노인을 협박하는 것이었습니다. 노인은 부자의 횡포에 시달리며 하루하루를 고통스럽게 보내고 있었습니다. 이를 본 정봉서는 노인을 돕기로 결심했습니다. 그는 부자를 찾아가 돈을 갚으라고 요구했지만, 부자는 들은 석노 아시 않았습니다. 오히려 정봉서를 협박하며 폭력을 휘두르려 했습니다. 아시반 성봉서는 누려워하지 않았습니다. 그는 부자를 제압하고, 돈을 받아 노인에게 돌려주었습니다. 부자는 정봉서의 기세에 눌려 다시는 마을 사람들을 괴롭히지 않았습니다. 이 소식을 들은 마을 사람들은 정봉서를 영웅으로 떠받들었습니다. 그들은 정봉서의 용기와 정의로움을 본받아 자신들도 어려운 이웃을 돕기로 결심했습니다. 이후, 정봉서는 마을 사람들과 함께 금강공원을 가꾸며 마을을 더욱 살기 좋은 곳으로 만들었습니다. 그의 이야기는 마을 사람들에게 전해지며, 부산의 전설로 남게 되었습니다.

4) 생성된 설화를 바탕으로 최종 수정하여 패들렛에 공유하고, 친구들의 의견을 반영하여 자신의 창작물을 수정해 보자.

〈학습자 예시작품〉

〈일산배기마을의 장사바위-처녀 잡아가는 괴물과 사투 벌인 거인〉

옛날 옛적, 일산배기라는 작은 마을이 있었다. 이 마을은 평화롭고 따뜻한 사람들로 가득 차 있었지만, 한 가지 큰 괴물의 위협에 시달리고 있었다. 그 괴물은 매년 장사바위 근처에서 처녀를 잡아가곤 했다. 마을 사람들은 두려움에 떨며 괴물의 눈치를 보며 살아갔다.

이 마을에는 특별한 거인이 있었다. 그의 이름은 하늘이었다. 하늘은 거대한 몸집을 가졌지만, 마음은 따뜻하고 부드러웠다. 그는 마을 사람들에게 많은 밥을 얻어먹었고, 그 역시 사나운 산짐승의 피해가 오는 것을 막아주었다. 그들은 그렇게 서로 상부상조하며 함께 살았다.

그러던 어느 날, 하늘과 친분이 있던 가람의 딸 역시 잡혀갔다. 하늘이 마을에 내려올 때는 항상 웃는 얼굴로 맞이해 주는 상냥한 사람이었다. 그를 편견 없이 바라봐주는 다정한 사람이었다.

"아이고...! 아이고...!"

그런 사람이 망연자실한 표정으로, 가슴만 퍽퍽 치는 모습에,

- 그는 더 이상 참을 수 없었다.

"걱정마. 내가 가람의 딸은 물론이고 모두의 딸도 다시 되찾아올게!"

하늘은 결심했다. 마을 사람들은 처음에는 걱정했지만, 그의 결단을 보며 용기를 얻었다. 하늘은 장사바위로 향하기로 했다. 그곳에서 괴물과의 싸움이 벌어질 것이었다.

하늘이 장사바위에 도착하자, 괴물은 그의 모습을 보고 웃음을 지었다.

"너 같은 놈이 나를 이길 수 있을까?"

괴물은 비웃었다. 하지만 하늘은 두려움 없이 말했다.

"나는 마을 사람들을 지키기 위해 여기 왔다!"

싸움이 시작되었다. 하늘은 힘을 모아 괴물에게 맞섰고, 괴물도 만만치 않았다. 두 거대한 존재가 서로 부딪히며 대결을 벌였고, 그 소리는 영도의 바다를 울리게 했다.

바다의 물결은 노도와 같았고 천둥과 번개 속에 폭우가 쏟아졌다. 1척 앞에 보이는 사물도 제대로 보이지 않는 환경 속에서, 하늘은 자신의 힘을 넘어서서 마을 사람들을 위해 싸우기로 결심했다. 둘의 싸움은 거칠었다. 어느덧 그는 벼랑 끝까지 몰려 있었다.

"그만 포기하는 게 어떠냐? 어째서 남의 일에 그렇게까지 하는 것이냐... 그 이기적인 치들이 대체 무얼 해주었다고."

조롱하는 듯 진심으로 의아해하는 듯 아리쏭한 어조로 이무기가 말했다. 하지만, 아니 오히려 그렇기에 그 순간, 그의 마음속에서 작은 불씨가 불타올랐다.

결국, 하늘은 괴물의 역린을 찾아내고, 그의 힘을 다해 도끼를 내려쳤다.

"아악-!"

그러자 도끼를 휘두른 자리에 피가 홍수처럼 뿜어져나왔다. 괴물은 참을 수 없는

고통스런 신음을 내질렀다.

- 털썩

괴물, 이무기는 쓰러졌다. 거인은 조심스레 이무기의 곁에 다가갔다. 확인 사살을 위해서였다. 도끼를 다시 한번 높게 들어 숨통을 끊을려는 찰나-

"너와 내가 무엇이 다르단 말이냐!"

하늘을 덮쳤다. 그러고는 꼬리로 서서히 하늘의 목을 조였다. 점점 숨이 차올랐다. 꼬리를 떨쳐내기 위해서 온갖 힘을 다했지만 앞선 결투로 인해 지친 거인이 풀기에는 역부족이었다.

"도대체, 너와 내가 무엇이 그리 다르기에..."

툭, 투둑. 그때 하늘의 입가에 비와는 다른 물방울이 느껴졌다. 그건 이무기의 눈물이었다. 무엇이 그리 고달픈 걸까? 순간 의문이 들었지만 그는 포기할 수 없었다.

그를 보살펴 준 마을 사람들을 위해, 가람을 위해.

하늘은 이무기의 꼬리를 풀기 위한 노력을 포기했다. 대신 더 꽉 잡았다. 그리고 마지막 힘을 주어 이무기와 함께 바다에 빠졌다.

어찌된 영문인지 이무기 역시 그를 거부하지 않았다. 그렇게 둘은 함께 바다에 가라앉았다.

얼마 후 성난 파도가 잔잔해지고 먹장구름도 깨끗이 사라지자 고요함이 다시 찾아왔다. 마을 사람들이 바다에 나가보니 바다에는 거인과 이무기의 시체가 떠있었다.

마을 사람들은 자신들을 위해 괴물과 목숨을 걸고 싸워준 하늘에게 감사를 표하며 영도의 양지 바른 곳에 거인의 시신을 묻어주었다.

원본과 다른 내용: 괴물은 처음부터 마을에 있었던 것이 아닌 어느 날 갑자기 찾아온 것이다. 거인의 이름은 기록되어 있지 않았다. 장사바위는 거인의 무덤이 큰 바위로 변한 것에서 유래되었다.

생성형 AI(뤼튼) 1차 생성과 다른 점: 가람이라는 새로운 인물을 추가하여 거인(하늘)이 괴물(이무기)과 싸우게 된 서사를 추가하였다. 더불어 왜 이무기가 괴물이 된 것인지에 대한 간접적인 추측이 가능하도록 대사와 행동을 추가했다. 또한, 극적인 결말을 위해 원본처럼 거인(하늘)과 괴물(이무기)은 죽었다.

- 서○령 학생작품

2) 지역문화유산 홍보물 제작

지금까지 〈의적 정봉서와 마누라〉, 〈산저 노인과 차밭골의 차 나무〉 두 설화 제재와 학습활동의 조건을 바탕으로 활동을 구성하였다. 내용학습을 통해 각각의 설화 작품의 핵심 내용을 다시 확인하였고, 이어지는 목표학습에서 먼저 두 설화 작품 속 인물의 특성을 파악하는 활동을 통해 인물들이 가진 시민적 자질을 인지하고 이를 동료 학습자와 공유하며 구체화했다. 그리고 이들 특성에도 불구하고 선인이라 보기에는 한계가 있는 〈의적 정봉서와 마누라〉의 '정봉서'라는 인물에 대해 공감하거나 비판적으로 말하는 활동을 통해 시민적 자질에 대한 깊이 있는 학습을 유도했다. 마지막으로 적용학습에서는 학습자 주변의 사회적 문제에 대한 대처 방법을 인물과 학습자 관점에서 각각 고려하게 하여 스스로 공동체에 대해 생각하고 판단하는 능력을 기르도록 하였고, 이후 학습자 주변의 인물을 대상으로 시민성을 담은 이야기를 직접 창작하는 활동을 통해 설화의 특징을 깊이 있게 고려하여 직접 텍스트로 구현할 수 있도록 했다.

앞서 제시한 학습활동은 지역설화를 활용한 시민성 교육이라는 주제에 맞게 시민적 가치를 중심에 두고 전반적으로 제재에 나타난 시민적 특성 파악 및 이해에 중점을 두고 구성했다. 하지만 동시에 [12문학01-07]과 같이 다양한 성취기준을 반영하여 설화의 본질적 특성을 잘 파악하고 공감적·비판적 읽기를 병행할 수 있도록 하는 등, 한 제재에 더욱 다양한 성취기준을 반영할 수 있도록 노력했다.

이러한 과정에서 생성형 AI를 활용하여 설화 속 감동과 교훈, 지역적 특색을 유지한 오늘날의 설화로 재창작하는 활동을 수행하고, 이를 지역 홍보물로 제작하는 활동까지 유도했다. 아래는 생성형 AI를 활용하여 재창작한 〈산저 노인과 차밭골의 차 나무〉의 텍스트로 재창작한 지역 홍보물 영상 중 일부이다.

[그림 8-3] 재창작한 <산서 노인과 차밭골의 차 나무>를 활용한 홍보물 영상[8)]

위 영상은 차밭골의 유래와 관련된 이야기를 관련 이미지에 맞게 AI 성우가 해설해 주고 있다. 이를 살펴보며 지역의 유래와 이름에 담긴 의미를 알 수 있음은 물론, 학습자들이 본인이 살고 있는 지역에 대한 자긍심을 가지면서 동시에 다른 지역에 사는 학습자들에게 자신의 동네의 유래와 깃들어있는 가치와 미덕을 효과적으로 소개할 수 있다. 이러한 전 과정을 통해서 학습자들은 여러 가지 시민적 특성을 인지하고 사회적 문제에 공감하며, 해결을 위해 노력하고 실천할 수 있는 학습자로 성장하게 될 것이라 기대한다.

3. 발표 및 평가 단계

본 프로젝트 수업은 3단계인 지역설화 가치 탐구, 지역설화 재창작, 지역설화

---

8) 출처: 생성형 AI 브루(Vrew) 활용 제작 영상.

활용 홍보 영상물 제작 단계로 나누어 진행되었다. 이에 따라 아래 표와 같은 평가 루브릭을 작성하여 학습자들이 수행한 프로젝트의 평가 기준으로 활용했다.

〈표 8-7〉 **평가요소 및 평가기준 중심의 평가 루브릭**

평가항목	평가요소	평가기준	배점
지역설화 가치 탐구	통합적 문제해결력	ESDs의 취지와 지역설화의 가치를 연결 지어 이해하였는가?	10
		설화에 나타난 지역의 특색을 찾을 수 있는가?	10
		설화에 드러난 가치를 오늘날의 의의와 관련지어 말할 수 있는가?	10
지역설화 재창작	창의적 문제 해결력	시민성을 드러내는 우리 지역설화를 찾을 수 있는가?	10
		우리 지역설화 속 미덕을 찾아 정리할 수 있는가?	10
		찾은 미덕을 부각하여 지역설화를 재창작하였는가?	10
		AI로 산출된 내용의 중요성과 가치를 판단하여 최종 완성하였는가?	10
지역설화를 바탕으로 한 홍보물 제작과 발표	창의적 문제 해결력, 의사소통능력	AI를 적절히 활용하여 재창작한 설화를 영상물로 변환하였는가?	10
		영상물에서 지역의 가치와 시민성의 미덕이 부각되는가?	10
		최종 영상물을 소개하는 발표에서 지역설화의 가치에 대한 전체적 이해와 전체 과정의 충실성이 드러나는가?	10

〈표 8-7〉 평가 루브릭에 따라 본 원고에 실린 예시 작품 중 하나인 〈일산배기 마을의 장사바위〉 설화를 재창작하고 지역 문화유산 홍보 영상물을 만든 팀을 가상으로 하여 평가해 보도록 하겠다. 이 팀은 우선 지속가능발전목표 10, 11에 해당하는 '불평등 감소, 지속가능한 도시와 지역사회' 목표를 잘 이해하고, 이 취지에 걸맞은 시민성의 개념과 특징에 대해 이해하여 이러한 미덕을 담은 지역설화를 선정하였다. 공동체의 문제를 다루고 있는 시민성, 그 지역의 특색을 드러내는 지역성, 이야기의 구조가 갖는 광범위한 보편성이라는 세 가지 주제를 두루 갖추었다고 평가할 수 있다. 그리고 이 설화가 갖는 미덕을 잘 추출한 뒤, 생성형 AI를 적절히 활용하여 재창작할 수 있는 내용을 마련하였고, 이를 다시 각색하여 인물의 행위와 대사가 활발하게 나타난 텍스트로 재창작하였다. 이후 영상물로

제작하여 지역을 홍보할 만한 적합한 동영상으로 제작하였고, 이를 소개하면서 관련 과정을 충분히 녹여내어 발표를 듣는 청중들의 호응을 이끌어냈다. 이상과 같은 활동 결과는 다음과 같이 기록할 수 있다.

〈표 8-8〉 **지역설화 홍보물 제작 프로젝트 활동 결과 기록**

고전문학 단원의 지역설화 탐구 프로젝트 활동에서 '일산배기 마을과 장사바위'라는 지역설화를 선정하여 지역설화에 담긴 시민성, 지역성, 보편성을 적절하게 추출하였으며 이를 지속가능 발전 목표와 연결시켜 그 가치를 부각한 설화를 재창작함. 지역설화를 자신의 삶 속 공간의 특징과 사회의 현안 문제와 연결하여 과거와 오늘날을 잇는 고전문학의 가치를 발견함. 생성형 AI 도구의 적절한 활용을 통해 오늘날의 가치를 담은 우수한 지역설화를 재창작하고, 이를 홍보물의 구성에 적절하게 각색하였음. 이 과정에서 통합적으로 다양한 지식을 연결하여 설화를 해석하고 이 내용을 우리사회의 문제해결 방안으로 도출하는 창의적 문제해결력이 돋보임.

IV 수업 성찰

1. 학생 입장에서의 성찰

학생들은 프로젝트 전 과정에서 배우고 느낀 점을 간단한 소감문 형식으로 작성하였다. 지역설화를 대부분 처음 접하고, 자신이 살고 있는 지역의 설화를 직접 탐색하여 오늘날에 필요한 가치를 추출하고 이를 생성형 AI로 재창작해 보는 일은 학습자들에게도 생소하고 새로운 경험이었다. 따라서 새롭게 알게 된 점과 느낀 점, 아쉽거나 힘들었던 점을 중심으로 간단하게 소감문을 작성하도록 안내했다.

〈표 8-9〉 **지역설화를 활용한 지역 홍보물 제작 프로젝트 수업 소감문**

학생	배우고 느낀 점
이○은	여러 가지 생성형 AI를 처음 활용해 보았는데, 아직 프롬프트 작성하는 방법에 미숙해서 어떤 방식으로 작성해야 새로우면서 익숙한 설화를 창작해 낼 수 있는 건지 고민을 했지만, 아주 만족스러운 결과는 아니었던 것 같다. 그렇지만 생성형 AI가 단순한 언어적 질문과 대답뿐 아니라 그림, 영상물과 같이 다양하게 이용될 수 있다는 점을 알게 되었고, 이를 활용해 보는 경험으로서 의미 있었다.
김○원	설화 자체의 특징과 알려진 작품 위주로 학습을 했었는데 활동을 통해서 어렸을 때부터 지낸 지역의 설화를 찾아볼 기회가 되어 좋았습니다. 처음으로 생성형 AI를 활용해 보는 것이라 참여하기 전에는 막막할 것이라 예상했는데 막상 활동을 해 보니 교사가 되었을 때 활용해 보고 싶다는 생각이 들 정도로 새롭고 좋은 경험을 할 수 있었습니다. 또한 재창작이라는 것에 대해 자신이 없었는데 생성형 AI를 활용함으로써 재창작을 하는 것에 대한 방향을 배울 수 있었습니다.
서○령	생성형 AI를 활용하여 지역설화를 재창작하는 활동은 정말 새롭고 참신한 경험이었습니다. 이번 과제를 통해 설화를 어떻게 현대적으로 재구성할 수 있는지, 그리고 요즘 시대에 필요한 AI 기술을 어떻게 접목시킬 수 있을지에 대한 새로운 시각을 얻게 되었습니다. 거기다 이름만 들었을 때는 어렵게 느껴졌지만 실제로 참여해 보니 쉽게 참여할 수 있는 등 접근성까지 좋은 활동이었습니다. 활동이 매우 재미있고 즐거웠으며 만족스러웠습니다. 이후 교사가 되었을 때 학생들과 꼭 함께 해보고 싶은 활동으로 제 마음속에 깊이 새겨졌습니다.
김○하	AI 지역설화 재창작을 함으로써 지역을 경제적 가치만으로 환원하는 시각에서 벗어나, 자신이 살고 있는 지역의 역사와 문화와 관련된 스토리를 탐구함으로써 지역시민으로서의 정체성을 상기시킬 수 있었다. 뿐만 아니라 이 활동을 함으로써 어떤 아파트, 주택에 사는지와는 상관없이 지역적 유대감을 형성할 수 있을 것이라 기대한다. 나는 나의 고향 파주와 관련된 설화를 바탕으로 창작하였다. 특히 우리 가족의 조상은 황해도에 살다가 영조의 어머니인 최 무수리를 치료하던 가문이라는 이유로 최 무수리의 묘(소령원)가 있는 파주로 왔기 때문에 소령원과 관련된 설화를 바탕으로 창작하였다. 이 설화를 탐구하면서 기존에는 몰랐던 지역적 명소를 알 수 있었고, 나의 고향에 관심을 가지게 되는 계기가 될 수 있었다.
표○수	지역의 설화를 모아둔 자료를 볼 때 그 지역 고유의 설화를 소개하는 자료인 줄 알았지만 전국적으로 퍼진 광포전설을 소개하고 있어서 조금 아쉬웠습니다. 그렇지만 설화에 대해 알려주고 같은 프롬프트를 제공했지만 AI 플랫폼에 따라 다른 설화가 나오는 점은 흥미로웠습니다.

학습자들은 대체로 이 수업의 가치를 '지역과 내가 사는 고장 설화에 대한 관심 환기' 및 '생성형 AI 활용의 손쉬운 경험' 두 가지로 꼽았다. 쉽고 새롭다는 점이 이 수업의 장점이라 할 수 있다. 또한 예비교사의 입장으로 이 활동을 체험해 보

면서, 차후 이 수업을 학습자가 아닌 교수자의 관점에서 실행하고 싶다는 기대감을 보이기도 했다. 다만 이 수업을 통해 자기가 살고 있는 지역 외의 다른 지역의 가치와의 비교 활동으로 나아가거나 홍보물에 대한 가치나 효과에 대한 천착이 깊이 이루어지지 않은 점은 아쉽다고 할 수 있다.

2. 교사 입장에서의 성찰

이 수업을 설계한 가장 첫 번째 문제의식은 현재 필자가 거주하고 있는 도시 내의 지역 격차였다. 도시 내 지역은 단순히 현실적이고 경제적인 가치로만 바라보았을 때 우열 개념이 생기기 쉽고, 이는 장기적으로 어린 학습자들의 자아 정체감에 부정적인 영향을 초래한다. 이는 지역 내 주민과 시민들 간의 갈등을 초래하거나 화합에 부정적인 영향을 끼칠 것이나.

따라서 교육을 통해 학습자들이 이러한 자기 지역에 대한 왜곡된 정체감 혹은 타 지역에 대한 왜곡된 인상을 바로잡고, 지역에 대한 이해를 높여 궁극적으로 불평등 해소에 기여하고자 하는 것이 목적이었다. 실제 이루어진 수업에서는 이러한 취지를 잘 설명하였고, 따라서 학습자들도 이러한 문제의식에 공감하여 지역설화의 가치를 탐색하거나 본인 지역의 설화를 찾아 재창작하는 활동이 수월하게 이루어진 편이다. 만약 이 수업이 다른 시공의 교사와 학습자들에게 적용될 경우 또한 이러한 필요성에 대한 인식이 우선이 되어야 할 것이다. 다만 미성년 학습자들에게는 이러한 부분이 오히려 자극이 될 수 있으므로 교사의 조심스런 접근과 문제의식 환기가 필요하다. 또한 본인의 지역의 설화를 탐색해야 하는 경우, 지자체마다 지역설화를 종합하여 안내하는 사이트가 다양하거나 혹은 부재할 수 있다. 이런 경우 학습자가 시민성을 내포한 지역설화를 스스로 탐색하기 힘들 수 있으므로 이에 따른 교사의 사전 준비가 필요하다.

무엇보다 이 수업의 관건은 생성형 AI 활용을 통한 재창작이다. 기존 설화는 지역의 특성을 설명하는 '전설'에 가깝다. 전설은 증거물이 있으며, 지역의 유래나 인물, 명칭, 자연물 등의 증거물에 대한 유래를 설명하는 갈래이다. 허구의 문학이지만 옛 사람들에게 이 갈래는 '진실성'을 담은 갈래로 받아들여졌다. 따라서 인물의 대사나 행동은 전달자인 서술자의 말 속에 묻히거나 축소 혹은 생략될 가능성이 높으므로, 이를 실감나는 대본 혹은 생동하는 대사가 있는 문학으로 재창작해야 홍보물로 전환하기도 쉬울 것이라 본다. 이러한 갈래적 특성을 염두에 두고 생성형 AI 활용과 결과물을 통한 재창작 활동에서 교사는 이를 학습자들에게 잘 안내해 줄 필요가 있다.

이 프로젝트는 다른 교과의 프로젝트 학습에 비해 팀 단위가 아닌 개인 단위로 충분히 가능하며, AI 활용 정도에 따라 학습시간이 짧게 소요될 수 있다는 장점이 있다. 그러나 개인별 결과물 산출에 그치지 않고, 개별 결과물을 서로 비교하거나 다양한 결과물을 학습자 상호 간 향유하고 비판하고 재구성하는 활동으로 확장한다면, 더욱 큰 규모의 프로젝트 학습으로 발전시킬 수 있을 것이다. 또한 그 과정에서 더욱 다양한 역량의 함양도 가능해질 것으로 기대한다.

제9장 사회 · 경제 통합 영역②

지속 가능한 문화유산 디지털 복원 프로젝트

I 실시 배경

1. 프로젝트의 의의

1) 시대적 요구와 교육적 과제

"신생님, 우리가 문화재를 직접 복원한다고요?"
"네, AI의 도움을 받아서 말이에요."
"근데 그게 가능할까요? 저희가 할 수 있을까요?"

2024년 봄, H고등학교 미술실에서 시작된 이 대화는 우리 프로젝트의 출발점이 되었다. 학생들의 질문 속에는 호기심과 걱정이 공존했다. 그리고 그 질문들 속에는 우리 시대 문화유산 교육이 직면한 세 가지 도전과제가 고스란히 담겨 있었다.

첫 번째 과제는 디지털 대전환 시대의 도전이다. Z세대 학생들에게 문화유산은 때로 '멀고 낯선' 존재로 여겨진다. 박물관의 유리장 너머, 혹은 교과서 속 흑백사진으로만 만나는 문화유산은 그들의 일상과 쉽게 연결되지 않는다. 그러나 역설적으로 AI와 메타버스 같은 디지털 기술은 이러한 간극을 좁힐 수 있는 새로운 가능성을 제시한다.

두 번째 과제는 문화유산의 지속가능성 위기이다. 기후변화와 환경오염은 우리의 소중한 문화유산을 위협하고 있다. 유네스코(UNESCO)의 보고에 따르면, 전 세계문화유산의 25% 이상이 기후변화로 인한 직접적인 위험에 처해 있다고 한다. 이는 더 이상 먼 미래의 이야기가 아닌, 현재 진행형의 위기이다.

세 번째 과제는 세대 간 문화 전승의 단절이다. 급변하는 사회 속에서 전통적인 방식의 문화 전승은 점점 더 어려워지고 있다. 특히 디지털 네이티브 세대와 소통하기 위해서는 새로운 접근 방식이 필요하다.

2) 2022 개정 교육과정과의 연계성

이러한 시대적 과제에 대응하여, 2022 개정 교육과정은 '디지털 기반 소양'과 '지속 가능한 삶'을 핵심 가치로 제시하고 있다. 특히 미술과 교육과정에서는 다음과 같은 변화가 주목된다.

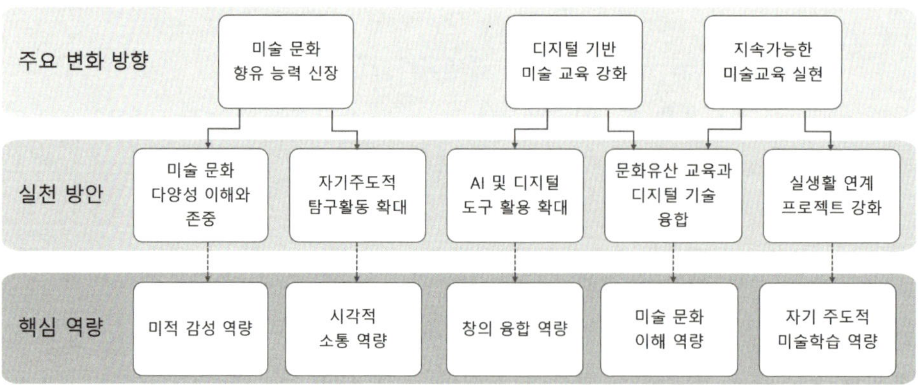

[그림 9-1] 2022 개정 미술과 교육과정에서 강조되는 핵심 역량과 변화 방향

[그림 9-1]과 같이 '미술 문화 이해 역량'은 지속 가능한 사회에 대한 전망 및 디지털 기반 사회와도 밀접한 관련이 있다. 따라서 '미술 문화 이해 역량'은 이제 단순한 감상을 넘어, 시대적·사회적 맥락에서 미술을 이해하고 향유할 수 있는 능력을 의미한다. AI를 활용한 문화재 복원 프로젝트는 이러한 교육과정의 방향성과 정확히 일치한다. 학생들은 AI라는 현대적 도구를 활용하여 문화유산을 탐구하면서, 자연스럽게 과거와 현재, 그리고 미래를 연결하는 통찰을 얻게 된다.

2. 프로젝트의 교육적 가치

1) 지속 가능한 문화유산 교육의 새로운 패러다임

"문화재는 소중히 보존해야 한다."

문화재 복원 수업에서 학습자들에게 이런 당위적 선언을 무비판적으로 수용하게 하기보다는, 먼저 이를 왜 해야 하는지부터 이해하도록 안내하는 것이 필요하다. 그래야만 학습자들이 본 프로젝트 수업에 적극적으로 임할 수 있을 것이기 때문이다.

〈표 9-1〉 전통적인 문화유산 교육과 AI 기반 혁신 교육의 비교

구분	전통적 문화유산 교육	AI 활용 혁신 교육
교육 방식	강의식 또는 관람식 일방향 전달	프로젝트 기반 쌍방향 소통
학습자 역할	수동적 수용자 단순 암기	능동적 탐구자 디지털 창작자
교사 역할	지식 전달자 해설자	학습 퍼실리테이터 공동 탐구자
평가 방식	결과 중심 평가 지식 측정	과정 중심 평가 성장 측정
학습 환경	교실 또는 박물관 제한된 공간	메타버스 및 AI 환경 확장된 공간

본 프로젝트는 문화유산 교육에 있어 세 가지 혁신적 관점을 제시한다.

첫째, '보존'의 개념을 확장한다. 디지털 복원은 물리적 보존을 보완하는 새로운 방법을 제시한다. 학생들은 AI를 활용해 문화재를 복원하면서, 보존이란 단순히 '있는 그대로 지키는 것'이 아니라, 그 가치를 현대적으로 재해석하고 미래로 전달하는 적극적인 행위임을 깨닫게 된다.

둘째, 환경적 지속가능성과 문화유산 보존의 관계를 조명한다. 기후변화가 문화재에 미치는 영향을 연구하면서, 학생들은 문화유산 보존이 환경 문제와 긴밀

하게 연결되어 있음을 이해하게 된다. 이는 지속가능발전목표(SDGs)가 강조하는 통합적 관점의 실천적 사례가 된다.

셋째, 세대 간 문화 전승의 새로운 방식을 제시한다. 메타버스 갤러리는 단순한 전시 공간이 아닌, 과거와 현재, 미래가 만나는 소통의 장이 된다. 학생들은 전시 기획자가 되어 문화유산의 가치를 현대적 언어로 재해석하고 전달하는 경험을 하게 된다.

2) AI 리터러시와 문화적 감수성의 조화

본 프로젝트의 가장 큰 특징은 AI 기술과 문화유산이라는 얼핏 대조적으로 보이는 두 요소의 창의적 결합에 있다. 이 과정에서 우리는 흥미로운 교육적 가능성을 발견했다. AI 기술을 활용한 문화유산 교육은 [그림 9-2]와 같이 '문화적 소양', '디지털 역량', '창의적 사고', '협업 능력' 등 4가지 역량을 기를 수 있는 교육적 효과를 얻을 수 있다.

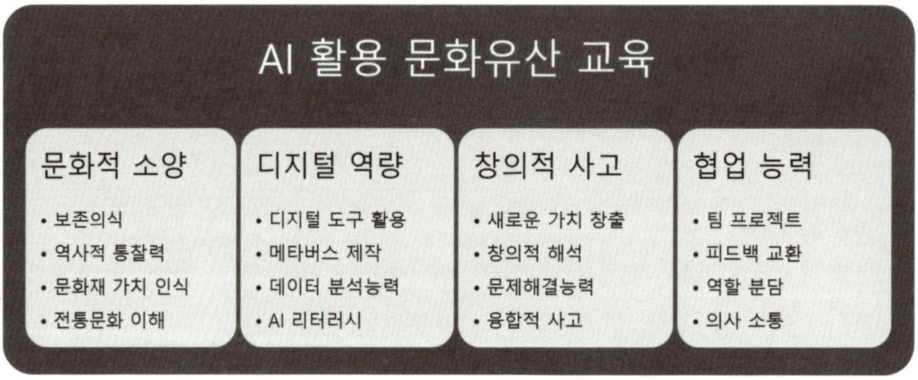

[그림 9-2] AI 활용 문화유산 교육의 효과

특히 주목할 만한 것은 AI 활용 과정에서 나타나는 '창조적 실패'의 교육적 가치이다. AI가 생성한 결과물이 역사적 사실과 맞지 않을 때, 학생들은 오히려 더 깊이 있는 연구와 탐구를 시작한다. 이는 단순한 기술 활용 능력을 넘어, 비판적 사고력과 문화적 통찰력을 함께 키우는 기회가 된다.

3) 미래 교육을 위한 실천적 함의

우리의 프로젝트는 단순한 교실 속 실험이 아닌, 미래 교육의 새로운 가능성을 탐색하는 시도이다. 특히 다음 세 가지 측면에서 중요한 의미를 가진다.

첫째, 융합적 사고력의 실천적 함양이다. 학생들은 역사, 과학, 예술, 기술을 자연스럽게 넘나들며 통합적 사고력을 기른다. 이는 미래 사회가 요구하는 창의융합형 인재 양성의 구체적 모델을 제시한다.

둘째, 지속가능발전교육(ESD)의 실제적 구현이다. 문화유산 보존이라는 주제를 통해 환경, 사회, 문화의 지속가능성을 통합적으로 고민하는 기회를 제공한다.

셋째, 디지털 시민성의 함양이다. AI 기술을 윤리적이고 창의적으로 활용하는 과정에서, 학생들은 미래 사회의 책임 있는 시민으로 성장한다.

이처럼 본 프로젝트는 단순한 문화재 복원 활동을 넘어, 미래 교육의 새로운 지평을 여는 의미 있는 시도라 할 수 있다. 다음 장에서는 이러한 교육적 가치를 실현하기 위한 구체적인 수업 설계 과정을 살펴보겠다.

Ⅱ 수업 설계

1. 교육과정 재구성

1) 성취기준 및 관련 지속가능발전목표 선정

본 프로젝트는 2022 개정 미술과 교육과정의 '감상' 영역을 중심으로 재구성되었다. 특히 고등학교 미술 교과에서 문화유산의 가치 이해와 디지털 기술의 활용이 강조되는 성취기준들을 중심으로 프로젝트를 구성했다. 선정된 성취기준들은 단순한 미술 작품 감상을 넘어, 시대적·사회적 맥락에서의 이해와 비평적 사고력 함양을 목표로 한다. 관련 교육과정의 성취기준은 〈표 9-2〉와 같다.

〈표 9-2〉 **미술과 교육과정의 성취기준 선정**

교과	고등학교 미술
영역	감상
핵심 아이디어	• 감상은 다양한 삶과 문화가 반영된 미술과의 만남으로 자신과 공동체의 문화를 풍요롭게 한다. • 작품의 내용과 형식에 대한 맥락적 이해와 비평은 미적 판단 능력을 높이고 미술 문화의 다원적 가치를 이해하게 한다.
성취기준	[12미03-01] 미술의 시대적, 지역적, 사회・문화적 변천 과정을 이해하고 작품을 감상하며 자신의 견해를 논리적으로 표현할 수 있다. [12미03-02] 비평 방법을 활용하여 미술과 시대, 사회, 환경과의 상호 관련성을 분석하고 가치를 판단할 수 있다. [12미03-03] 미술 작품 감상과 비평의 관점을 활용한 소통으로 미술 문화의 다원적 가치를 이해하고 존중할 수 있다. [12미03-04] 전시의 목적과 유형을 이해하여 전시를 기획하고 참여할 수 있다.

선정된 네 가지 성취기준은 각각 다음과 같은 의미를 담고 있다. [12미03-01]은 미술의 시대적, 지역적 맥락 이해에 중점을 둔다. 이는 문화재를 단순한 유물이 아닌, 그 시대의 사회・문화적 산물로 이해하는 데 필수적이다. [12미03-02]는 비평적 관점에서 미술과 환경의 관계를 분석하는 능력을 강조한다. 이는 문화재 보존과 환경 문제를 연결 짓는 우리 프로젝트의 취지와 긴밀하게 연관이 된다. [12미03-03]은 미술 문화의 다원적 가치 이해를 목표로 하며, [12미03-04]는 실제 전시 기획 능력을 요구한다. 이 두 성취기준은 메타버스 갤러리 구축 과정에서 자연스럽게 구현된다.

이러한 교과 성취기준과 더불어, 본 프로젝트는 유엔의 '지속가능발전목표'와도 긴밀히 연계된다. SDG 4.7(지속가능발전 교육)과 SDG 11.4(세계문화유산 보호)는 우리 프로젝트의 철학적 기반이 된다. 이를 통해 문화유산 교육이 단순한 과거의 보존을 넘어, 미래를 위한 지속 가능한 발전의 토대가 될 수 있음을 보여주고자 했다.

2) 성취기준 분석

선정된 성취기준들을 실제 교육 현장에 적용하기 위해, 이를 〈표 9-3〉과 같이 세 가지 영역으로 나누어 분석했다.

〈표 9-3〉 미술과 영역별 성취기준 분석

영역	내용
지식 · 이해	• 미술의 시대적, 지역적, 사회 · 문화적 변천 • 미술 감상과 비평을 위한 관점과 방법 • 전시의 목적과 유형
과정 · 기능	• 미술과 시대, 사회, 환경과의 상호 관련성 분석 • 작품에 대한 자신의 견해와 가치 판단을 논리적으로 표현 • 전시를 기획하고 참여
가치 · 태도	• 감상을 통한 소통 • 미술 문화의 다원적 가치 이해와 존중

첫째, '지식 · 이해' 영역에서는 문화유산의 시대적, 지역적 특성과 변천 과정에 대한 이해를 강조한다. 특히 미술 감상과 비평의 다양한 관점을 이해하고, 전시의 목적과 유형을 파악하는 것이 중요하다.

둘째, '과정 · 기능' 영역에서는 실제적인 분석과 표현 능력을 다룬다. 학생들은 미술과 시대, 사회, 환경의 관계를 분석하고, 이에 대한 자신의 견해를 논리적으로 표현하며, 실제 전시를 기획하고 참여하는 경험을 하게 된다.

셋째, '가치 · 태도' 영역에서는 감상을 통한 소통 능력과 미술 문화의 다원적 가치를 이해하고 존중하는 태도를 기른다. 이는 단순한 지식 습득을 넘어, 문화유산에 대한 진정한 이해와 애정을 형성하는 데 중요한 역할을 한다.

2. 주제 선정 및 학습 목표 설정

1) 프로젝트 주제 및 핵심 질문의 설정

프로젝트의 주제와 핵심 질문을 〈표 9-4〉와 같이 선정하였다.

〈표 9-4〉 프로젝트 주제 및 핵심 질문

주제	생성형 AI를 이용한 미술 문화재 디지털 복원 프로젝트
핵심 질문	• 생성형 AI 도구를 이용해 파손된 미술 문화재를 어떻게 복원할 수 있을까? • 생성형 AI로 복원한 문화재를 메타버스 갤러리에 전시하면서 문화재 복원에 대해 어떤 의미를 발견할 수 있을까?

프로젝트의 방향성을 명확히 하기 위해, 두 가지 핵심 질문을 설정했다. “생성형 AI 도구를 이용해 파손된 미술 문화재를 어떻게 복원할 수 있을까?”라는 첫 번째 질문은 기술적 도전과제를 제시한다. “생성형 AI로 복원한 문화재를 메타버스 갤러리에 전시하면서 문화재 복원에 대해 어떤 의미를 발견할 수 있을까?”라는 두 번째 질문은 이 과정의 교육적, 문화적 의미를 탐구하도록 한다.

2) 학습 목표의 구체화

학습 목표를 구체화시키기 위해 지식, 기능, 태도의 세 측면에서 살펴보았다.

지식적 측면에서는 문화유산의 맥락적 이해, AI 기술의 활용 방법, 메타버스 전시 기획의 원리를 습득하는 것을 목표로 한다. 이는 단순한 정보의 암기가 아닌, 실제적 맥락에서의 종합적 이해를 의미한다.

기능적 측면에서는 AI 도구를 활용한 문화재 디지털 복원 능력, 메타버스 공간의 전시 기획 능력, 그리고 프로젝트 과정과 결과의 체계적 기록 능력을 기르는 것을 목표로 한다. 이러한 실천적 기술은 미래 사회에서 요구되는 핵심 역량과도 연결된다.

태도적 측면에서는 문화유산의 가치 인식과 보존의 중요성 이해, 지속가능한 문화유산 계승 방안에 대한 고민, 그리고 AI 기술의 윤리적 활용 태도를 기르는 것을 목표로 한다. 이는 단순한 기술 활용을 넘어, 문화유산과 기술이 만나는 지점에서의 윤리적 성찰을 포함한다.

3. 교수 · 학습과정안 설계

1) 차시별 학습 계획

본 프로젝트의 진행 과정은 [그림 9-3]과 같이 준비-분석-복원-전시-평가의 다섯 단계로 이루어진다.

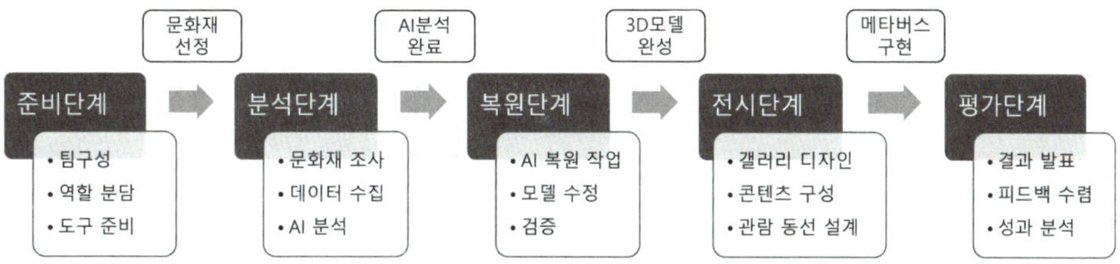

[그림 9-3] **프로젝트 진행 과정**

본 프로젝트의 학습 활동은 〈표 9-5〉와 같이 총 4차시로 구성되며, 각 차시는 명확한 목표와 활동으로 구조화되있다.

〈표 9-5〉 **차시별 학습 계획**

차시	활동 주제	활동 내용
1차시	문화유산과 환경 변화 탐구	• 파손된 문화재 사례 조사 • AI 도구 기본 사용법 학습 • 복원 계획 수립
2차시	AI 활용 문화재 복원	• 생성형 AI 도구 활용 • 3D 모델 생성 및 수정 • 복원 결과 검증
3차시	메타버스 갤러리 구축	• 전시 공간 디자인 • 작품 설치 및 해설 작성 • 관람 동선 계획
4차시	결과 공유 및 평가	• 전시회 개최 • 프로젝트 결과 발표 • 평가 및 성찰

1차시는 '문화유산과 환경 변화 탐구'를 주제로 한다. 이 차시에서는 파손된 문화재 사례를 조사하고, AI 도구의 기본적인 사용법을 학습하며, 구체적인 복원 계획을 수립한다. 특히 문화재가 처한 환경적 위험과 이에 대한 대응 방안을 탐구하는 데 중점을 둔다.

2차시는 'AI 활용 문화재 복원' 단계이다. 학생들은 생성형 AI 도구를 실제로 활용하여 문화재의 3D 모델을 생성하고 수정한다. 이 과정에서 만들어진 복원 결과물의 정확성과 적절성을 검증하는 작업도 함께 이루어진다.

3차시는 '메타버스 갤러리 구축'에 집중한다. 학생들은 가상 공간에 전시장을 디자인하고, 복원된 문화재를 효과적으로 전시하기 위한 공간을 구성한다. 작품에 대한 해설을 작성하고, 관람객들의 동선을 고려한 전시 계획을 수립한다.

마지막 4차시는 '결과 공유 및 평가'를 다룬다. 완성된 메타버스 갤러리에서 전시회를 개최하고, 프로젝트의 전 과정과 결과를 발표한다. 이어지는 평가와 성찰 과정을 통해 학습의 의미를 되새기고 앞으로의 발전 방향을 모색한다.

2) 학습 자료 및 도구 준비

본 프로젝트에서 활용한 AI 도구와 학습 자료는 〈표 9-6〉과 같다.

〈표 9-6〉 **AI 도구와 학습 자료**

AI 도구	학습 자료
• 클로드: 문화재 분석 및 복원 계획 수립 • 루마: 3D 모델 생성 • 코스페이시스: 메타버스 갤러리 구축	• e-활동지(구글 프레젠테이션) • 문화재 데이터베이스

AI 도구로는 문화재 분석과 복원 계획 수립을 위한 클로드(Claude), 3D 모델 생성을 위한 루마(Luma), 그리고 메타버스 갤러리 구축을 위한 코스페이시스(Cospace)를 활용한다. [그림 9-4], [그림 9-5]는 AI 도구를 활용한 문화재 복원 과정 및 복원 문화재의 메타버스 설치 과정에 대한 설명서이다.

이를 진행하기 위한 학습 자료로는 구글 프레젠테이션을 활용한 모둠별 계획서 및 보고서 작성용 e-활동지, 미술 문화재 데이터베이스, 그리고 상세한 평가 루브릭을 준비했다. 이러한 자료들은 학생들의 자기주도적 학습을 지원하고, 프로젝트의 진행 상황을 효과적으로 관리하는 데 도움을 준다.

■ 클로드와 루마를 활용한 문화재 디지털 복원 가이드 ■

미술 문화유산 중 파손된 문화유산을 찾아 생성형 인공지능 클로드와 루마를 활용해 아래와 같이 디지털 복원 작업을 해보자.

1. 생성형 AI 클로드를 활용하여 복원할 문화재 분석하기
   ① 크롬 브라우저를 실행한 후 구글 검색창에서 '클로드 ai'를 입력하여 Claude 사이트에 접속한다.
   ② 클로드 사이트에 접속한 후 자신의 구글 계정 또는 다른 이메일 계정으로 가입하고 로그인한다.
   ③ 클로드 화면에서 [Add content] 버튼을 눌러 복원하려는 문화재 사진을 첨부하고, '작품의 특징을 분석해서 설명해 달라'고 명령 프롬프트에 입력한다.
   ④ 클로드가 제시한 설명글을 자신이 의도대로 재구성한 다음 구글 번역기를 실행하여 영문으로 번역한다.

… 〈중략〉 …

[그림 9-4] **'클로드'와 '루마'를 활용한 문화재 복원 과정 설명서**[1]

1) QR코드를 읽으면 생성형 AI를 활용한 문화재 복원 과정 설명서 전체를 확인할 수 있음.

■ 디지털 복원 문화재 메타버스 전시회 작품 설치 방법 ■

코스페이시스를 활용해 디지털 복원한 문화재를 메타버스 갤러리에 전시해 보자.

1. 코스페이시스에 로그인 하기
   ① 크롬 브라우저를 실행한 후 구글 검색창에 '코스페이시스 에듀'를 입력하여 사이트에 접속한다.
   ② 코스페이시스 사이트 초기 화면 우측 상단에 위치한 [Log in] 버튼을 누른다. 사이트에 가입하지 않고 바로 로그인할 수 있도록 선생님이 미리 학생용 계정을 만들어 놓았으니 [Sign up] 버튼을 누르지 말고 바로 [Log in] 버튼을 눌러 로그인하면 된다.
   ③ 로그인 화면이 나타나면 선생님이 알려 준 '아이디'와 '비밀번호'를 입력한 다음 [로그인] 버튼을 눌러 로그인한다.
   ④ 선생님이 알려준 아이디와 비번을 입력하여 로그인한 다음 '디지털복원문화재 전시회' 학급 이름을 클릭하여 전시회장으로 들어간다.
   ⑤ 학급 이름을 클릭하여 전시회에 들어오면 각 반의 갤러리 공간이 보인다. 자기 반의 갤러리를 클릭하여 들어간다.

… 〈중략〉 …

[그림 9-5] **'코스페이시스'를 활용한 메타버스 전시회 작품 설치 설명서**[2)]

4. 결과물 산출 및 평가 계획

1) 평가 방법의 다각화

본 프로젝트의 평가는 과정중심 평가와 결과물 평가를 균형 있게 반영한다.

과정중심 평가는 교사의 관찰평가, 학생들 간의 동료평가, 그리고 자기평가로 구성된다. 이는 프로젝트 진행 과정에서의 참여도, 협력성, 그리고 성장 과정을 종합적으로 평가하기 위한 것이다.

결과물 평가는 3D 모델의 완성도, 메타버스 전시의 구성, 그리고 프로젝트 보

2) QR코드를 읽으면 메타버스 전시회 작품 설치 과정에 대한 설명서 전체를 확인할 수 있음.

고서를 대상으로 한다. 각 결과물은 미리 설정된 평가 기준에 따라 객관적으로 평가한다.

2) 세부 평가 기준

평가는 〈표 9-7〉과 같이 크게 세 영역으로 나누어 진행된다.

〈표 9-7〉 평가 항목 및 세부 평가 기준

평가 영역(비율)	세부 평가 기준
문화재 복원 과정(40%)	• AI 기술의 효과적 활용 • 역사적 고증의 충실성 • 복원 과정의 체계성
메타버스 전시(30%)	• 전시 공간의 구성 • 작품 설명의 충실성 • 관람 경험의 고려
프로젝트 보고서(30%)	• 과정 기록의 체계성 • 성찰의 깊이 • 발전 방안 제시

문화재 복원 과정(40%)에서는 AI 기술의 효과적 활용, 역사적 고증의 충실성, 복원 과정의 체계성을 평가한다. 이는 단순한 기술 활용을 넘어, 문화재의 본질적 가치를 얼마나 잘 이해하고 표현했는지를 중점적으로 본다.

메타버스 전시(30%)에서는 전시 공간의 구성, 작품 설명의 충실성, 관람 경험의 고려 정도를 평가한다. 이는 복원된 문화재를 얼마나 효과적으로 전달하고 소통하는지를 판단하는 기준이 된다.

프로젝트 보고서(30%)는 과정 기록의 체계성, 성찰의 깊이, 발전 방안 제시의 측면에서 평가된다. 이를 통해 학생들의 전반적인 학습 과정과 성장을 종합적으로 파악할 수 있다.

3) 평가 결과의 활용

평가 결과는 크게 두 가지 방향으로 활용된다.

첫째, 학생 성장 자료로서 학교생활기록부 기재, 진로 지도 자료, 후속 프로젝트 계획에 반영된다. 이는 학생 개개인의 성장과 발전을 지원하는 기초 자료가 된다.

둘째, 교육과정 개선을 위한 자료로 활용된다. 수업 방법 개선, 평가 방식 수정, 프로젝트 보완 등 교육의 질을 높이기 위한 기초 자료로 사용된다.

Ⅲ 수업 실행

1. 프로젝트의 시작

1) 첫 만남, 그리고 도전의 시작

2024년 3월의 어느 봄날, H고등학교 2학년 미술실. 'AI 활용 문화재 디지털 복원 프로젝트'를 처음 소개하던 그 순간이 선명히 기억난다. 학생들의 표정에서는 호기심과 걱정이 교차했다.

> "선생님, AI로 문화재를 복원한다고요?"
> "저희가 실수하면 어떡하죠? 문화재인데…"
> "진짜 전시회도 열 수 있나요?"

이런 질문들이 오갔던 첫 수업 시간, 우리는 '밀로의 비너스' 복원 사례 영상을 함께 시청했다. 팔이 없는 상태로 발견된 이 유명한 조각상을 일부러 복원하지 않은 이유를 살펴보면서, 문화재 복원의 의미와 가치에 관해 이야기를 나누기 시작했다.

2) 모둠 구성, 새로운 여정의 시작

"각자의 관심사와 장점을 살려 역할을 나누어보면 어떨까?"

이렇게 제안하자, 학생들은 자연스럽게 자신의 흥미와 재능을 이야기하기 시작했다. 학생들의 관심사와 역량을 고려하여 다음과 같은 역할별로 4~5명씩 모둠을 구성했다. 모둠 구성과 역할 분담은 아래와 같이 진행하였다.

문화재 분석 전문가	AI 기술 전문가	전시 기획자	기록 및 보고서 담당
• 역사적 맥락 연구	• AI 도구 활용 방법 연구	• 메타버스 갤러리 디자인	• 프로젝트 과정 기록
• 원형 추정 자료 수집	• 프롬프트 작성 및 수정	• 전시 스토리텔링 구성	• 자료 정리 및 분석
• 복원 방향 제시	• 결과물 품질 관리	• 관람객 경험 설계	• 최종 보고서 작성

[그림 9-6] 모둠 구성 및 역할 분담도

역사에 관심이 많은 민서는 문화재 분석 담당을, 코딩을 좋아하는 준호는 AI 기술 전문가를, 미술 실력이 뛰어난 수진이는 전시 기획을 맡았다. 꼼꼼한 성격의 유진이는 모든 과정을 기록하고 보고서를 작성하는 역할을 자원했다. 이렇게 각자의 특성을 살린 모둠 구성은 이후 프로젝트 진행에 큰 시너지를 만들어냈다.

2. 본격적인 프로젝트 활동

1) 문화재 선정과 분석의 여정

첫 번째 도전은 복원할 문화재를 선정하는 일이었다. 학생들은 문화재 관련 자료를 검색하며 [그림 9-7]과 같이 모둠별 채팅창에 각자의 기준으로 후보들을 제안했다.

[그림 9-7] 학생들의 문화재 조사 및 선정

위와 같이 채팅창에서 학생들은 관심 있는 문화재와 그 이유에 대해 활발하게 의견을 나누었다.

> "익산 미륵사지 석탑은 어떨까? 아직 복원이 완전히 끝나지 않았대."
> "나는 경주 박물관에서 보았던 얼굴무늬 수막새를 복원해 보고 싶어."
> "훼손된 부분이 많아서 AI의 도움이 필요할 것 같아."

이러한 토론 과정에서 학생들은 단순히 '멋있어 보이는' 문화재를 고르는 것이 아니라, 복원의 필요성과 가치, 실현 가능성 등을 종합적으로 고려하는 모습을 보여주었다.

2) AI와의 첫 만남

생성형 AI 도구 '클로드'를 활용한 문화재 분석은 학생들에게 새로운 발견의 연속이었다. 처음에는 단순한 질문으로 시작했지만, 점차 더 깊이 있는 대화를 이

어갔다.

특히 인상적이었던 것은 AI의 답변이 때로는 부정확하거나 모호할 때였다. 이런 순간들이 오히려 학생들의 비판적 사고를 자극했고, 더 깊은 연구로 이어졌다.

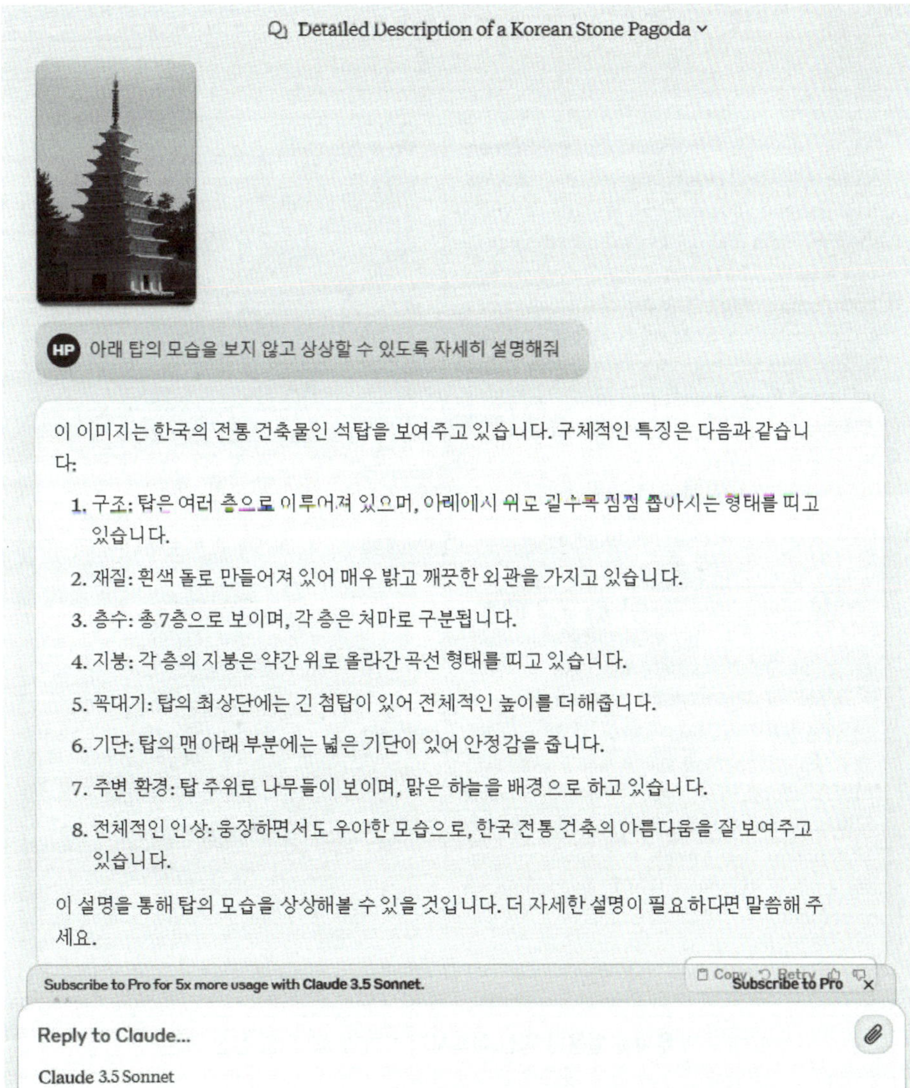

[그림 9-8] 클로드 AI 도구를 활용한 문화재 분석 과정

3) 3D 모델 생성의 도전

생성형 AI 도구 '루마'를 활용한 3D 모델 생성 과정은 우리 프로젝트의 하이라이트였다. 루마의 도구 사용법을 익힌 후 처음 AI가 만들어낸 결과물을 보았을 때, 교실에서는 탄성이 터져 나왔다.

"Iksan Mireuksaji Stone Pagoda, a Korean stone pagoda. The shape gradually narrows as it goes up. The material is made of white granite. Each floor is divided into the eaves of a Hanok. The roof of each floor is curved and slightly raised. The top of the tower has a long spire, which adds to the overall height, and the bottom of the tower has a wide stylobate, which provides a sense of stability."

〈초기 프롬프트 입력〉

〈1차 모델 생성〉

"Iksan Mireuksaji 9-story Stone Pagoda, a Korean stone pagoda, consists of 9 floors. The height of the floors decreases as they go up and becomes narrower. The material is made of white granite. Each floor is divided into the eaves of a Hanok. The roof of each floor. It has a slightly upward curved shape. The top of the tower has a long spire, which adds to the overall height, and the bottom part of the tower has a wide stylobate, which gives a sense of stability."

〈수정 및 보완 프롬프트〉

〈최종 모델 완성〉

[그림 9-9] 루마를 활용한 익산 미륵사지 석탑의 3D 모델 생성 과정

"와! 진짜 석탑이 눈앞에 나타났어요!"

"근데 선생님, 우리가 찾은 자료랑 좀 다른 것 같아요."

"처마의 경사가 너무 급해요."

학생들은 곧 초기 결과물의 한계를 발견하고, 더 정확한 복원을 위해 프롬프트를 수정하기 시작했다. 처음에는 단순했던 프롬프트가 점차 정교해졌다.

〈표 9-8〉 **프롬프트 발전 과정**

초기: "미륵사시 석납을 만늘어줘"

↓

중기: "백제 시대 미륵사지 석탑, 9층, 화강암 재질..."

↓

최종: "백제 무왕 시대의 미륵사지 석탑, 1층 기단부 너비 기준 상층부 체감률 고려, 처마선 경사각 18도..."

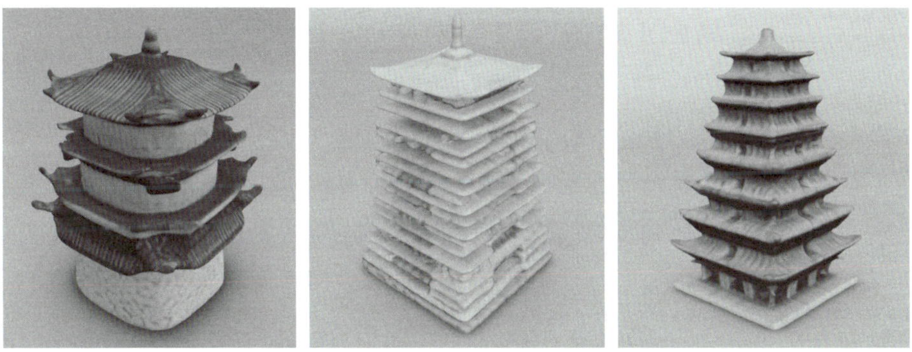

[그림 9-10] **프롬프트 개선에 따른 결과물 변화**[3]

3. 메타버스 갤러리 구축

1) 가상 전시장의 탄생

메타버스 갤러리 구축은 단순한 전시 공간 만들기를 넘어, 문화유산을 새로운 방식으로 해석하고 전달하는 창의적 과정이었다.

3) 본 이미지는 루마 AI를 활용하여 생성한 이미지이며, AI가 생성하는 데 도움을 받은 저작물 및 원작자는 찾을 수 없었음.

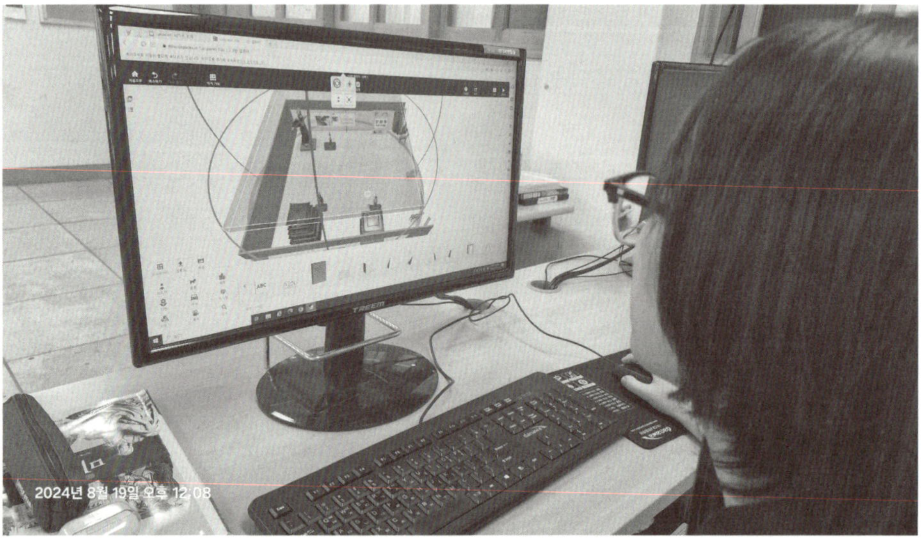

[그림 9-11] 코스페이시스를 이용한 메타버스 갤러리 구축 현장

"관람객들이 석탑을 360도로 볼 수 있게 하면 어떨까요?"
"원래 모습과 복원 모습을 비교할 수 있는 코너를 만들면 좋을 것 같아요!"
"여기에 시대별 변화 과정을 보여주는 타임라인도 넣어보자!"

학생들의 아이디어는 계속해서 발전했고, 이는 곧 독창적인 전시 공간으로 구현되었다.

2) 관람객과의 만남

가상 갤러리가 완성되자, 학생들은 다른 모둠 친구들을 초대해 전시회를 개최했다. 관람객들의 반응은 우리의 기대 이상이었다.

"실제 박물관에 온 것 같아요!"
"문화재가 이렇게 가까이 있는 줄 몰랐어요."
"우리 문화유산이 이렇게 특별한 의미가 있는지 처음 알았어요."

[그림 9-12] 학생들이 구현한 메타버스 갤러리4)

4. 프로젝트의 마무리

1) 성장의 기록

학생들은 프로젝트 과정과 결과를 정리하며, 자신들의 변화와 성장을 돌아보는 시간을 가졌다. 보고서에는 단순한 활동 기록을 넘어, 문화유산에 대한 새로운 시각과 미래를 향한 제안들이 담겼다.

4) 본 이미지는 학생들이 제작한 메타버스 갤러리의 외부와 내부의 모습을 캡처한 것으로 QR 코드를 읽으면 메타버스 갤러리를 체험할 수 있음.

"이제 문화재를 보면 그 시대 사람들의 이야기가 들리는 것 같아요."
"AI가 우리와 문화유산을 이어주는 다리가 될 수 있다는 걸 알게 되었어요."
"우리가 복원한 문화재가 미래에도 계속 남았으면 좋겠어요."

이러한 학생들의 진솔한 소감은 이 프로젝트가 단순한 기술 활용 수업이 아닌, 문화유산의 가치를 재발견하고 미래를 준비하는 의미 있는 여정이었음을 보여준다.

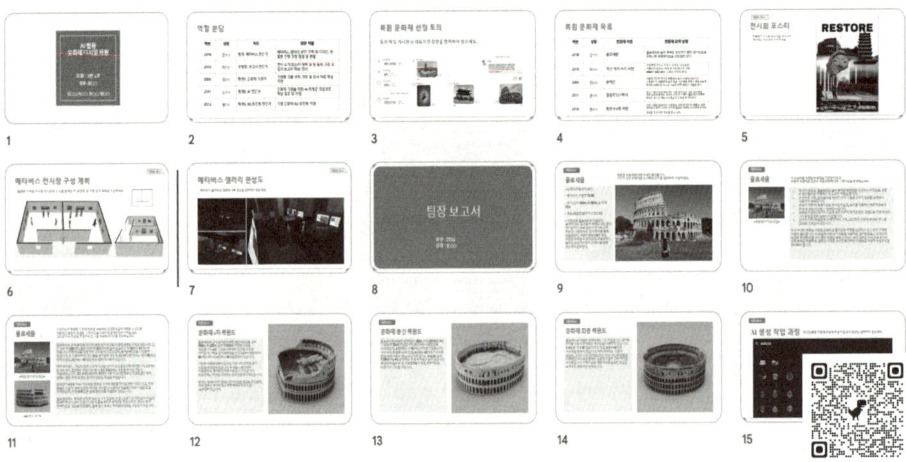

[그림 9-13] **프로젝트 보고서의 일부**5)

5. 평가와 기록

1) 다면적 평가의 실제

프로젝트 평가는 단순한 결과물 평가를 넘어, 전 과정에서의 성장과 변화를 포착하고자 했다. 특히 학생들의 자기평가와 동료평가는 의미 있는 통찰을 제공했다.

5) QR코드를 읽으면 구글 프레젠테이션으로 작성한 팀 프로젝트 보고서 전체를 확인할 수 있음.

〈표 9-9〉 **자기평가지 작성 예시**

AI 활용 문화유산 교육 프로젝트 자기평가지

학번: *2304* 성명: *김OO*

모둠명	*문화지킴이*	담당 역할	*AI 기술 전문가*	평가일시	*2024.04.15.*

■ 프로젝트 참여도 평가

아래 항목에 대해 1~5점으로 평가해 주세요. (1: 매우 부족 ~ 5: 매우 우수)

평가 항목	점수	구체적 사례나 근거
1. 프로젝트 활동에 성실히 참여했는가?	*5*	*모든 모둠 활동에 빠짐없이 참석했고, 주말에도 AI 모델 개선을 위해 추가 학습을 했습니다.*
2. 맡은 역할과 책임을 충실히 수행했는가?	*4*	*AI 도구 활용법을 숙지하고 팀원들에게 설명했으나, 초기에는 프롬프트 작성에 어려움이 있었습니다.*
3. 모둠 활동에 적극적으로 의견을 제시했는가?	*5*	*매 회의마다 AI 기술 활용 방안에 대해 구체적인 아이디어를 제시했습니다.*
4. 주어진 과제를 기한 내에 완수했는가?	*4*	*대부분의 과제는 기한 내 완료했으나, 3D 모델 최종 수정이 하루 지연되었습니다.*
5. 어려움이 있을 때 해결하려고 노력했는가?	*5*	*AI 생성 결과가 불만족스러울 때마다 프롬프트를 개선하고 여러 번 시도했습니다.*

■ 학습 성과 성찰

1. 이번 프로젝트를 통해 새롭게 배운 점은 무엇인가요?

구분	내용
문화유산 관련 지식	*미륵사지 석탑의 구조와 양식에 대해 깊이 있게 배웠습니다. 특히 처마선의 각도나 층급받침의 형태가 백제 건축의 특징을 보여준다는 점이 인상적이었습니다.*
AI 기술 활용 능력	*프롬프트 엔지니어링의 중요성을 배웠습니다. 처음에는 단순히 "석탑을 만들어줘"라고 했다가, 점차 세부적인 수치와 양식을 지정하는 방법을 터득했습니다.*
협업 및 소통 능력	*문화재 분석 담당 친구와 긴밀히 협력하면서, 각자의 전문성을 존중하고 조화롭게 결합하는 방법을 배웠습니다.*

2. 프로젝트 수행 과정에서 가장 어려웠던 점과 극복 방법은?

구분	내용
어려웠던 점	*AI가 생성한 3D 모델의 세부 디테일이 실제 문화재와 달라서 여러 번 수정해야 했습니다. 특히 석탑의 비례와 층간 체감률을 정확하게 구현하는 것이 어려웠습니다.*
극복 방법	*문화재 데이터베이스에서 정확한 수치를 찾아 프롬프트에 반영했고, 생성된 모델을 선생님께 검토받아 수정했습니다. 매번 실패할 때마다 어떤 부분이 잘못되었는지 기록하고 개선하는 방식으로 진행했습니다.*

3. 문화유산에 대한 나의 인식이 어떻게 변화했나요?

프로젝트 전	*문화재는 박물관에서 보는 단순한 옛날 물건이라고 생각했습니다. 보존해야 한다는 것은 알았지만, 왜 보존해야 하는지 깊이 생각해 본 적은 없었습니다.*
프로젝트 후	*문화재가 단순한 유물이 아니라 당시 사람들의 지혜와 기술이 담긴 살아있는 증거라는 것을 깨달았습니다. AI로 복원을 시도하면서 오히려 과거 장인들의 놀라운 기술력에 감동받았고, 이런 가치를 현대 기술로 계승하고 발전시켜야 한다는 책임감도 느끼게 되었습니다.*

■ 종합 성찰

1. 이번 프로젝트에서 내가 가장 잘한 점은?
   AI 도구 활용법을 빠르게 익혀서 팀에 기여할 수 있었던 점이 가장 자랑스럽습니다. 특히 다른 팀원들에게 AI 사용법을 쉽게 설명하고, 그들의 아이디어를 기술적으로 구현하는 데 도움을 줄 수 있어서 보람찼습니다.

2. 다음 프로젝트에서 개선하고 싶은 점은?
   문화재에 대한 사전 지식이 부족해서 초기에 시행착오가 많았습니다. 다음에는 기술적인 부분뿐만 아니라, 대상이 되는 문화재에 대해서도 더 철저히 공부해야겠다고 생각했습니다. 또한 팀원들과 더 자주 소통하여 중간 피드백을 받는 것이 필요하다고 느꼈습니다.

3. 프로젝트를 통해 발견한 나의 새로운 가능성은?
   AI와 문화유산이라는 전혀 다른 두 분야를 연결하는 작업이 저에게 매우 흥미롭게 다가왔습니다. 특히 기술을 통해 전통문화의 가치를 새롭게 해석하고 전달하는 과정이 즐거웠습니다. 앞으로 문화기술(Culture Technology) 분야에서 진로를 탐색해 보고 싶다는 생각이 들었습니다.

〈표 9-10〉 동료평가지 작성 예시

AI 활용 문화유산 교육 프로젝트 동료평가지

평가 대상자 성명	*김OO*	평가 대상자 역할	*AI 기술 전문가*

■ 협업 능력 평가

아래 항목에 대해 1~5점으로 평가해 주세요. (1: 매우 부족 ~ 5: 매우 우수)

평가 항목	점수	구체적 사례
1. 모둠 활동에 적극적으로 참여했는가?	5	*모든 모임에 적극적으로 참여했고, 추가 학습 시간도 자발적으로 가졌습니다.*
2. 맡은 역할을 책임감 있게 수행했는가?	5	*AI 도구 활용에 어려움이 있을 때마다 끝까지 해결하려 노력했습니다.*
3. 다른 모둠원의 의견을 경청하고 존중했는가?	4	*대체로 잘 들어주었으나, 가끔 기술적 설명이 어려워 소통에 시간이 걸렸습니다.*

평가 항목	점수	구체적 사례
4. 모둠의 문제 해결에 도움이 되는 의견을 제시했는가?	5	AI 도구의 한계를 설명하고 대안을 제시하는 등 실질적인 도움을 주었습니다.
5. 모둠원들과 원활하게 소통하고 협력했는가?	4	전반적으로 협력이 잘 되었으나, 전문용어 사용으로 가끔 이해하기 어려웠습니다.

■ 전문성 평가: 담당 역할별 평가(해당하는 역할에 대해서만 평가)

역할	평가 기준	점수	근거
문화재 분석 전문가	1. 역사적 맥락을 충실히 조사했는가?		
	2. 복원을 위한 자료 수집이 적절했는가?		
	3. 문화재의 가치를 잘 이해하고 설명했는가?		
AI 기술 전문가	1. AI 도구를 효과적으로 활용했는가?	5	- 여러 AI 도구를 비교 분석하여 최적의 도구를 선택했습니다. - 도구의 특성을 잘 이해하고 최대한 활용했습니다.
	2. 프롬프트 작성과 수정이 적절했는가?	5	- 문화재의 특징을 정확히 반영한 프롬프트를 작성했습니다. - 결과물에 따라 지속적으로 프롬프트를 개선했습니다.
	3. 결과물의 품질 관리가 잘 이루어졌는가?	4	- 대부분 높은 품질의 결과물을 만들었으나, 일부 디테일 수정에 시간이 걸렸습니다. - 문제점 발견 시 즉시 수정하려 노력했습니다.
전시 기획자	1. 메타버스 갤러리 구성이 효과적인가?		
	2. 전시 스토리텔링이 흥미로운가?		
	3. 관람객의 경험을 충분히 고려했는가?		
기록 및 보고서 담당	1. 프로젝트 과정이 체계적으로 기록되었는가?		
	2. 자료 정리가 잘 되어있는가?		
	3. 보고서 작성이 충실한가?		

■ 종합 의견

1. 해당 모둠원의 가장 큰 장점은?
   새로운 기술을 빠르게 습득하고 이를 팀원들과 공유하려는 적극성이 돋보였습니다. 특히 어려운 기술적 내용을 팀원들이 이해하기 쉽게 설명하려 노력하는 모습이 인상적이었습니다.

2. 해당 모둠원에게 바라는 점은?
   가끔 기술적 용어를 많이 사용할 때가 있어서, 비전공자도 이해하기 쉽게 설명해 주면 좋겠습니다. 또한 완벽을 추구하다가 일정이 지연되는 경우가 있었는데, 시간 관리도 고려했으면 합니다.

3. 함께 활동하면서 배운 점은?
   AI 기술이 문화재 복원에 이렇게 유용하게 활용될 수 있다는 것을 배웠습니다. 또한 새로운 기술을 배우는 것을 두려워하지 않고 적극적으로 도전하는 자세를 본받게 되었습니다.

■ 평가 결과 활용 동의
본 평가 내용은 평가 대상자의 성장을 돕기 위한 목적으로만 활용되며, 평가자의 정보는 비공개됩니다.

평가자 서명: *박OO* (인)
평가 날짜: *2024.04.15.*

"다른 모둠의 발표를 들으면서, 같은 문화재도 이렇게 다양한 시각으로 해석할 수 있다는 걸 알게 되었어요."
"처음에는 실수하는 게 두려웠는데, 오히려 그런 과정에서 더 많이 배웠던 것 같아요."

이러한 성찰적 평가는 학교생활기록부에도 구체적으로 기록되었다.

〈표 9-11〉 학교생활기록부 기재 예시

생성형 AI를 활용한 문화재 디지털 복원 프로젝트에서 뛰어난 성과를 보임. 특히 익산 미륵사지 석탑의 3D 모델 생성 과정에서 AI 기술을 효과적으로 활용하여 고품질의 결과물을 제작함. 메타버스 갤러리 구현에서는 백제 시대의 분위기를 살린 공간 설계로 관람객들에게 몰입감 있는 경험을 제공함. 프로젝트 전 과정에서 문화재에 대한 깊은 이해와 디지털 기술의 창의적 활용 능력을 보여줌.

2) 지속 가능한 발전을 위한 제안

프로젝트를 마무리하며 학생들은 다음과 같이 문화유산의 지속 가능한 보존과 계승을 위해 다양한 제안을 했다.

"지역 문화재와 연계한 AR 도슨트 서비스를 개발하면 좋겠어요."
"전국의 학교가 참여하는 문화재 디지털 아카이브가 구축되었으면 좋겠어요."
"메타버스 플랫폼을 활용한 문화재 교육 네트워크를 형성하면 어떨까요?"

특히 주목할 만한 것은 디지털 기술을 활용한 문화유산 교육의 새로운 가능성이었다.

"이번 프로젝트를 통해 우리가 만든 디지털 문화재가 다른 학교 친구들의 학습 자료로도 쓰일 수 있다는 게 정말 뿌듯해요."
"문화재를 단순히 보존하는 것을 넘어, 새로운 방식으로 살아있는 유산으로 만들 수 있다는 걸 깨달았어요."

이러한 학생들의 제안은 단순한 아이디어를 넘어, 실제 지역사회와 연계하여 후속 프로젝트로 이어질 필요가 있다.

3) 새로운 시작을 향하여

프로젝트는 끝났지만, 우리의 여정은 계속된다. 학생들이 발견한 문화유산의 새로운 가치, AI 기술과 전통의 창의적 만남, 그리고 지속 가능한 미래를 향한 도전은 이제 더 큰 이야기로 이어질 것이다.

"이제 문화재는 저에게 특별한 의미가 되었어요. 우리가 지켜야 할 과거의 유물이 아니라, 미래를 향해 함께 나아가야 할 소중한 동반자라는 걸 알게 되었거든요."

한 학생의 이 말은 우리 프로젝트의 진정한 의미를 가장 잘 보여준다. 다음 장에서는 이러한 경험이 주는 교육적 시사점과 미래 방향에 대해 더 깊이 있게 성찰해 보고자 한다.

Ⅳ 수업 성찰

1. 학생의 입장에서 본 수업 성찰

1) 디지털 네이티브 세대의 문화유산과의 만남

> "처음에는 그저 AI로 무언가를 만든다는 게 신기해서 시작했어요. 그런데 이제는 문화재가 전혀 다르게 보여요. 마치 오래된 친구를 새롭게 알게 된 것 같아요."

2학년 김○○ 학생의 이 말은 우리 프로젝트가 가져온 가장 큰 변화를 잘 보여준다. AI라는 현대적 도구를 통해 오히려 전통문화의 가치를 더 깊이 이해하게 된 것이다. 아래 그래프는 이와 같은 학생들의 인식 변화를 잘 보여준다.

특히 주목할 만한 것은 학생들의 학습 태도 변화였다. 처음에는 단순히 AI 도구를 다루는 데 관심이 집중되었지만, 점차 문화재 자체에 대한 깊이 있는 탐구로 관심이 옮겨갔다.

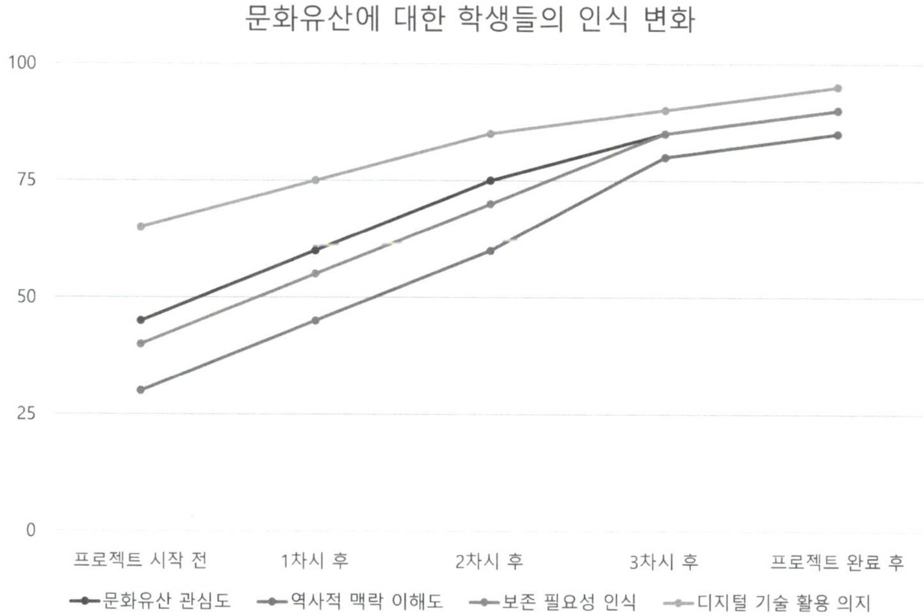

[그림 9-14] 학생들의 인식 변화 추이

2) 예상치 못한 배움의 순간들

가장 인상적이었던 것은 '실패'의 순간들이 가져다준 뜻밖의 배움이었다.

> "AI가 만든 모델이 실제 석탑과 달라서 실망했는데, 오히려 그 과정에서 더 많은 걸 배웠어요. 왜 다른지 알아보면서 석탑의 구조를 더 자세히 알게 됐거든요."

2학년 박○○ 학생의 이 경험은 단순한 기술 활용을 넘어선 진정한 탐구의 모습을 보여준다. 실패는 더 깊은 이해로 가는 징검다리가 되었다.

3) 협력과 소통의 가치 발견

메타버스 갤러리 구축 과정에서 학생들은 예상치 못한 협력의 가치를 발견했다.

> "저는 역사를 좋아하고, 영민이는 코딩을 잘하고, 수진이는 디자인 감각이 뛰어나요. 혼자였다면 절대 이런 결과물을 만들 수 없었을 거예요."

이러한 협력 경험은 단순한 과제 수행을 넘어, 서로의 강점을 발견하고 인정하는 소중한 기회가 되었다.

2. 교사의 입장에서 본 반성적 성찰

1) 도전과 혁신의 순간들

교사로서 이 프로젝트는 새로운 도전이었다. AI 기술을 교육에 접목하는 것, 그것도 문화유산이라는 전통적인 주제와 연결하는 것은 쉽지 않은 시도였다.

> "처음에는 AI 도구 사용법을 가르치는 데 급급했습니다. 하지만 점차 학생들이 스스로 문제를 발견하고 해결해 가는 모습을 보며, 제 역할이 '가르치는 사람'에서 '함께 탐구하는 사람'으로 바뀌어야 함을 깨달았습니다."

2) 기술과 전통의 조화

프로젝트를 진행하면서 가장 큰 고민은 기술 활용과 문화유산 교육의 균형을 잡는 것이었다. 특히 인상 깊었던 것은 학생들이 자연스럽게 이 균형을 찾아갔다는 점이다. AI는 도구였지만, 그것을 통해 도달한 것은 문화유산에 대한 깊은 이해와 애정이었다.

3) 미래를 향한 새로운 통찰

이 프로젝트를 통해 우리는 문화유산 교육의 새로운 가능성을 발견했다. 특히 세 가지 중요한 통찰을 얻을 수 있었다.

첫째, AI는 단순한 도구가 아닌, 문화유산을 새롭게 바라보는 렌즈가 될 수 있다는 점이다. 학생들은 AI를 활용하여 문화재를 복원하는 과정에서, 오히려 전통 기술과 지혜의 가치를 더 깊이 이해하게 되었다.

둘째, 지속가능한 문화유산 교육은 보존과 혁신의 균형에서 시작된다는 것이다. 디지털 기술을 활용한 문화재 복원은 물리적 보존의 한계를 넘어, 새로운 형태의 문화유산 계승 방식을 제시한다.

셋째, 세대 간 문화 전승의 새로운 가능성을 확인했다는 점이다. 메타버스 갤러리는 단순한 전시 공간이 아닌, 과거와 현재, 미래가 만나는 소통의 장이 되었다.

4) 앞으로의 과제

이 프로젝트는 끝이 아닌 새로운 시작이다. 우리 앞에는 여전히 많은 과제가 남아있다.

먼저, 기술적 제약의 극복이다. 네트워크 환경 개선, AI 도구의 안정성 확보, 더 나은 메타버스 플랫폼 개발 등이 필요하다.

또한, 교육과정의 체계적 통합이 필요하다. AI를 활용한 문화유산 교육이 일회성 프로젝트가 아닌, 정규 교육과정의 일부로 자리 잡을 수 있도록 해야 한다.

마지막으로, 지역사회와의 연계 강화이다. 학교의 경계를 넘어, 지역 문화재와 연계한 실질적인 교육 프로그램으로 발전시켜 나가야 한다.

5) 마치며: 새로운 여정을 시작하며

"선생님, 우리가 만든 디지털 문화재는 미래에도 남아있을까요?"

프로젝트 마지막 날, 한 학생이 던진 이 질문이 여전히 마음에 남는다. 그 질문에는 단순한 기술적 지속성을 넘어, 우리가 추구해 온 교육적 가치에 대한 본질적인 고민이 담겨 있었기 때문이다.

이제 그 질문에 대한 답을 할 수 있을 것 같다. 우리가 만든 디지털 문화재는 단순한 3D 모델이나 메타버스 전시물로서가 아니라, 문화유산을 바라보는 새로운 시각으로, 전통과 혁신을 잇는 다리로, 그리고 미래 세대를 향한 희망의 메시지로 계속해서 남아있을 것이다.

이 프로젝트는 끝났지만, 우리의 여정은 계속된다. AI와 문화유산이 만나는 새로운 교육의 장에서, 더 많은 학생이 자신만의 의미 있는 발견을 하게 되기를 희망한다.

제10장 사회 · 경제 · 환경 통합 영역①

공정하고 정의로운 사회발전을 위한 사회문제 탐구 프로젝트

I 실시 배경

1. 시대적 요구와 교육적 과제

본 프로젝트는 시대적 요구와 교육적 과제를 기반으로 학생들이 지속가능발전목표(SDGs) 실현을 위한 공정하고 정의로운 사회문제를 탐구하는 데 중점을 두었다. 본 프로젝트는 다음과 같은 시대적 요구를 함의하고 있다.

첫째, 지속가능발전목표의 가치 실현의 중요성에 대한 인식이다. 이는 인류가 당면한 글로벌 도전과제를 해결하기 위한 국제적 합의이다. 빈곤, 기아, 건강, 성평등, 인권 등 다양한 문제는 국가와 지역을 넘어선 협력과 혁신적 접근을 요구하고 있다. 학생들이 지속가능발전목표를 기반으로 자신의 진로와 관련된 사회문제를 탐구함으로써, 그 가치를 자신의 삶에 내재화하고, 미래 직업 역량과 연관시켜 문제를 해결하려는 태도를 배우는 데에 있다.

둘째, AI 기술 활용을 통해 디지털 전환 시대에 대비하고자 한다. 나날이 발전하고 있는 AI는 방대한 데이터 분석, 문제 예측, 그리고 복잡한 문제 해결 방안 설계에 있어 강력한 도구로 자리 잡고 있다. 예를 들어, AI를 활용해 빈곤 문제의 지리적 분포를 시각화하거나, 성평등 지수를 분석하여 정책적 대안을 마련할 수 있다. 학생들은 AI를 활용해 사회 문제를 분석하고 해결 방안을 도출하는 경험을 통해, 디지털 전환 시대에 꼭 필요한 문제해결 역량을 키울 수 있다.

또한, 본 프로젝트는 다음과 같은 교육적 과제를 함의하고 있다.

첫째, 미래 진로와 직업을 지속가능발전목표와 연계해서 해결방안을 모색한다. 학생들은 자신의 진로와 직업을 지속가능발전목표의 주요 항목인 빈곤, 기아, 건강, 성평등, 인권, 기후위기, 경제적 불평등 등의 문제 해결과 연계한다. 이들 주제 중에서 학생들은 자신의 진로 관련 문제를 선택하여 문제의 원인과 실태를 분석하고, 해결 방안을 모색하며 실천 방안을 도출한다. 이러한 활동을 통해서 학생들은 미래지향적인 세계시민으로 지속 가능한 삶에 대한 통찰력과 실천력을 기른다.

둘째, 미래지향적인 시민의 역량 강화에 기여한다. 학생들은 글로벌 시민으로서 비판적으로 문제를 분석하고, 협력을 통해서 문제를 해결하고, 윤리적인 방식으로 문제를 해결할 수 있는 책임 있는 세계시민으로 성장하게 될 것이다. 이 프로젝트는 학생들이 사회문제 탐구를 통해 실천 방안을 도출하고, 이를 홍보를 통해 사회 변혁에 영향을 미치는 학습 경험을 한다. 이는 단순히 이론적으로 문제를 학습하는 것이 아니라, 문제 해결을 위한 실질적인 방안을 탐구하고 실천에 옮김으로써 미래지향적인 세계시민으로 성장할 수 있도록 돕는다.

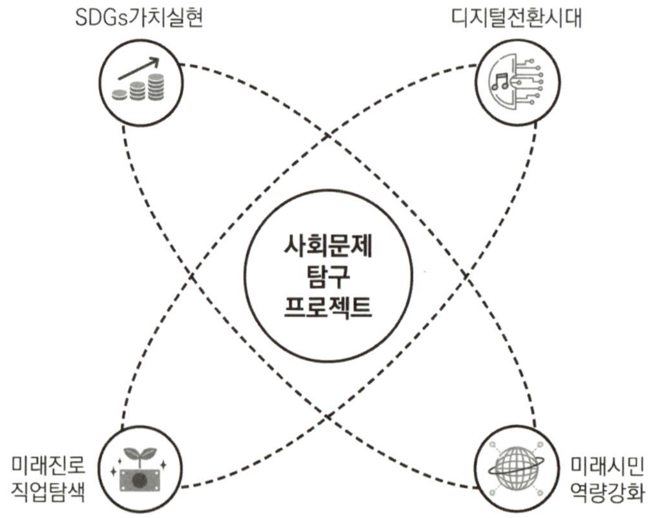

[그림 10-1] 사회문제 탐구 프로젝트의 시대적 요구와 교육적 과제

따라서, '공정하고 정의로운 사회발전을 위한 사회문제 탐구 프로젝트'는 학생들에게 지속가능발전목표를 중심으로 자신의 진로와 관련된 사회문제를 깊이 탐구하고, AI 기술을 활용하여 문제를 해결하며 실천적인 방안을 제시하는 경험을 제공한다. 이를 통해 학생들은 비판적 사고, 문제해결력, 협업 능력을 키울 뿐만 아니라, 세계시민으로서의 통찰력과 실천력을 가진 주체로 성장할 것이다.

2. 2022 개정 교육과정과의 연계

본 프로젝트는 2022 개정 교육과정과 연계성을 가진다. 2022 개정 교육과정은 '지속 가능한 미래를 위한 역량 중심 교육'으로 핵심 내용은 지속가능발전교육, 디지털 전환과 융합적 사고, 미래 핵심 역량 강화에 있다.

첫째, 지속가능발전교육은 환경, 사회, 경제의 지속 가능한 발전을 포함하여, 학생들이 지속 가능한 삶의 방식과 책임 의식을 기를 수 있도록 돕는다.

- 환경: 기후변화, 생태계 보전 등 환경 문제를 탐구하며, 지속 가능한 자원 활용 방안을 모색한다.
- 사회: 정의, 평등, 인권 등의 주제를 다루며, 모두가 공존할 수 있는 사회를 만들어 가는 방법을 고민한다.
- 경제: 지속 가능한 경제성장을 위한 책임 있는 소비와 생산의 중요성을 학습한다.

둘째, 디지털 전환과 융합적 사고는 AI 등 디지털 기술을 활용하는 능력을 강화하여 디지털 리터러시 능력을 높이고, 융합적 사고를 촉진한다.

- 디지털 리터러시: 빅데이터, AI 기반 자료를 활용하여 사회문제를 분석하고, 디지털 도구를 통해 문제 해결 대안을 제시한다. (예: 데이터를 활용해 도시 교통문제를 분석하거나, AI 기술을 사용한 사회문제 탐구활동)
- 융합적 사고: 사회과는 과학, 기술, 예술 등과 연계하여 복잡한 문제를 다차원적으로 탐구한다. (예: 환경오염 문제를 과학적 데이터와 사회적 영향 측면에서 분석하는 교과 통합형 프로젝트 학습)

셋째, 지속가능발전교육의 핵심 역량은 시스템적 사고, 예측 역량, 규범적 역량, 전략적 역량, 협업 역량, 비판적 사고, 자아 인식 역량, 통합적 문제해결 역량을 포함한다. 이는 사회과 핵심 역량인 창의적 사고력, 비판적 사고력, 문제 해결력 및 의사 결정력, 의사소통 및 협업 능력, 정보 활용 능력과 연계성을 갖는다.

이상의 내용을 요약하면 다음과 같이 정리할 수 있다.

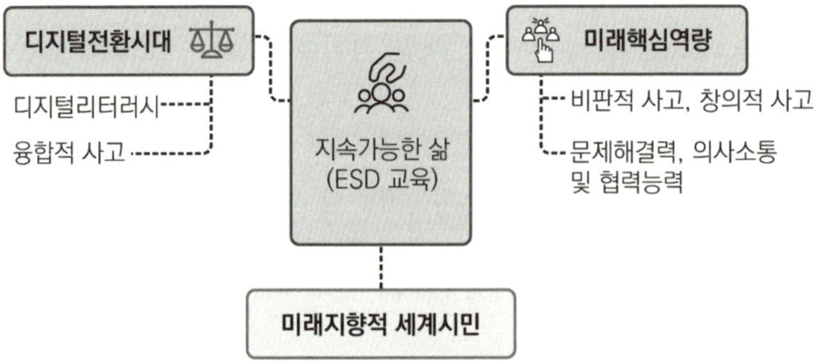

[그림 10-2] 2022 개정 교육과정의 지속가능발전교육의 핵심

본 프로젝트는 2022 개정 교육과정과 연계성을 갖고 '지속 가능한 삶'을 핵심 가치로 하여 '디지털 전환 시대'에 대비하는 디지털 리터러시 능력과 융합적 사고를 기르고자 한다. 이를 기반으로 미래 핵심 역량으로 비판적 사고, 창의적 사고, 통합적 문제해결력, 의사소통 및 협업능력, 규범적 역량, 전략적 역량 등을 강화하고자 한다. 이 활동을 통해서 학생들은 미래지향적인 세계시민의 관점에서 문제를 탐구하고 실천 대안을 만드는 '공정하고 정의로운 사회발전을 위한 사회문제 탐구 프로젝트'는 매우 유의미한 활동이 될 것으로 기대한다.

Ⅱ 수업 설계

1. 교육과정 재구성

1) 성취기준 및 관련 지속가능발전목표 선정

"사회문제탐구"는 2022 개정 사회과 교육과정의 '융합 선택과목'으로, 사회문제에 대한 탐구를 통해 사회문제의 실태, 원인을 파악하고 그에 대한 적절한 해결 방안을 모색하여 통합적 문제 해결 역량을 기르기 위해 개설된 과목이다. 학생들이 개인, 지역사회, 국가, 세계적인 차원에서 나타나는 사회문제에 사회과학적인 탐구 방법을 적용해서 문제점과 해결 방안을 탐구하고, 지속가능발전에 요구되는 역량을 기르기에 적합한 과목이다. 따라서 '공정하고 정의로운 사회발전을 위한 사회문제 탐구 프로젝트(이하, '사회문제 탐구 프로젝트')'를 실시하기에 적합하다. 이와 관련된 구체적인 성취기준 및 지속가능발전목표를 추출하면 다음과 같다.

〈표 10-1〉 성취기준 및 관련 지속가능발전목표 선정

단원	성취기준	관련 SDGs
Ⅳ. 사회문제 사례연구	• [12사탐04-01] 일상생활에서 경험하는 사회문제 중 하나를 선정하여 해당 문제에 대한 다양한 관점을 비교하고, 이를 바탕으로 문제 해결을 위한 탐구 계획을 수립한다. • [12사탐04-02] 탐구 계획에 적합한 자료 수집 방법을 적용하여 자신이 선정한 사회문제에 관한 자료를 수집한다. • [12사탐04-03] 수집한 자료에 대한 분석과 해석을 토대로 사회문제에 대한 해결 방안을 제시한다. • [12사탐04-04] 자신의 사회문제 탐구 과정과 결과를 연구 보고서로 작성하여 발표하고, 사회문제 해결을 위한 참여는 사회 구성원으로서의 권리이자 의무라는 점을 인식하며 해결 방안을 적극적으로 실천한다.	SDGs1~SDGs17

학생들이 일상생활에서 경험하는 사회문제는 환경보존, 경제성장, 사회발전의 문제와 밀접한 관련성을 가진다. 따라서 학생들이 선정할 수 있는 주제는 지속가

능발전목표에서 환경보존(기후변화, 지속 가능한 생산과 소비, 해양 및 육상 생태계), 경제성장(양질의 일자리, 불평등, 산업 및 혁신, 지속가능한 도시와 지역사회, 생산과 소비), 사회발전(빈곤 및 기아, 건강과 웰빙, 양질의 교육, 성 평등)의 전영역과 관련성을 가진다. 이들 17개 목표 중에서 자신의 관심사를 선정하여 프로젝트 활동을 진행할 수 있다.

2) 성취기준 분석

'사회문제 탐구 프로젝트' 진행을 위한 성취기준은 다음과 같이 분석하였다.

핵심 아이디어	사회문제를 선정하여 지속가능발전 방안을 도출한 후, 그에 기반한 실천 방안을 탐구한다. 사회문제 탐구는 탐구 계획을 세워서 실행한다. 사회문제 탐구는 탐구 절차에 따라 자료를 수집하고 분석하여 해결방안을 모색한다. 사회문제 탐구 과정과 결과는 연구 보고서로 작성하여 발표하고, 해결 방안은 저극적으로 실천한다.
특징	자신의 진로와 지속가능발전 관련 사회문제를 선정하여 탐구 계획을 수립하고, 다양한 자료 수집 방법을 활용하여 선정한 사회문제를 분석하고 해결 방안을 모색하여 보고서를 작성하고, 사회문제 해결을 위한 실천적인 방안을 선정하여 실천할 수 있다.

2. 주제 및 학습 목표 설정

성취기준 분석을 토대로 다음과 같은 주제와 수행 과제를 도출하였다.

주제	사회문제 탐구 프로젝트 • 공정하고 정의로운 사회발전을 위한 지속가능발전교육(ESD) 프로젝트
수행 과제	진로 관련 사회문제를 선정하여 문제점, 해결방안을 모색하여 연구 결과 보고서를 작성하고, 공정하고 정의로운 사회발전을 위한 실천 방안을 제안해 보세요.

위와 같은 내용에 따라, 학생들은 자신의 진로와 관련된 사회문제를 선정하여 사회문제 탐구 방법을 적용해서 문제를 해결하고, 실천적인 방안을 제안하는 '사

회문제 탐구 프로젝트' 활동을 수행하게 된다. 이 수업에서 추구하고자 하는 학습 목표와 역량은 다음 〈표 10-2〉와 같다.

〈표 10-2〉 학습 목표와 역량 설정

영역	학습 목표	역량
인지적 학습 목표	SDGs에서 진로 관련 사회문제를 선정하여, 사회문제 탐구 프로젝트를 진행하는 방법과 선정한 사회문제 파악에 필요한 지식을 통합적으로 이해한다.	통합적 문제해결 역량
사회 · 정서적 학습 목표	사회문제 탐구 프로젝트 활동에서 팀 협업을 통해서 수행 과제를 해결하는 과정에서 생성형 AI를 활용해서 지속가능발전 방향을 탐구할 수 있다.	협업 역량
행동 목표	사회문제 탐구 프로젝트를 통해서 도출한 문제해결 방안 중에서 SDGs 가치 실행에 필요한 실천적 행위를 홍보 포스터로 제작할 수 있다.	규범적 역량

인지적 학습 목표는 사회문제의 정의, 실태, 문제점 및 문제해결 방법, 사회과학적 접근 방법 등 지식 이해 및 사고력을 함양하는 데 있다. 이를 통해 통합적 문제해결 역량 강화를 강화하고자 한다. 사회 · 정서적 학습 목표는 프로젝트 활동 과정에서 생성형 AI의 도움을 받으면서 팀 협업으로 수행 과제 해결을 완성하는 데에 있다. 이를 통해서 협업 역량을 강화하고자 한다. 행동 목표는 지속가능발전목표 이행을 위해 개인이 실천적 행위를 홍보하는 포스터를 제작하는 것이며, 이를 통해 규범적 역량을 강화고자 한다.

3. 프로젝트 활동 계획

'사회문제 탐구 프로젝트' 실행을 위한 교수 · 학습과정안에는 주제, 수행 과제, 단원 및 성취기준, 지속가능발전목표의 핵심 내용 및 역량, 세계시민의 자질, 중심으로 프로젝트 활동 수업을 설계하였다('부록' 참고). 본 프로젝트 활동은 [그림 10-3]과 같이 [시작 – 활동 – 완성 – 발표 – 평가]의 다섯 단계로 진행된다.

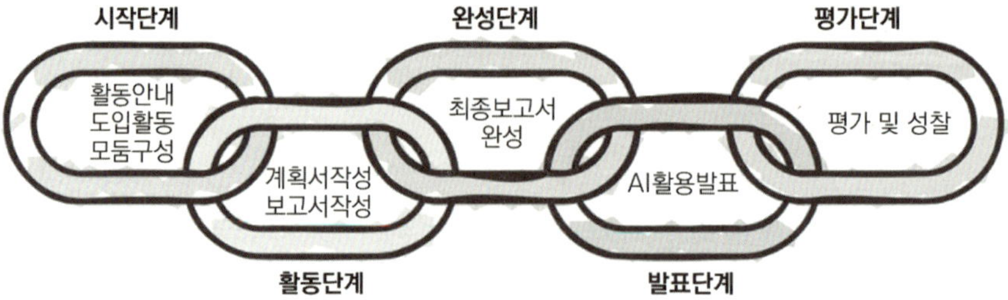

[그림 10-3] 사회문제탐구 프로젝트 활동 진행 과정[1)]

'사회문제 탐구 프로젝트'는 총 6차시로 주요 활동은 〈표 10-3〉과 같다.

〈표 10-3〉 프로젝트 단계별 주요 활동 내용

차시	활동 단계		활동 내용
1 차시	프로 젝트 시작	활동 안내	• 프로젝트 취지 안내: SDGs와 진로 관련 사회문제 탐구의 관련성 파악 • 프로젝트 평가 안내: 수행평가의 목적, 평가항목, 평가기준 안내 • 프로젝트 결과물 안내: AI 활용 보고서 완성, 실천 홍보물 제작
		도입 활동	• 문제 상황 및 동기 유발: 진로 관련 사회문제와 SDGs 관련성 파악 • 수행 과제 및 역할 이해: ESD 프로젝트 수행 과제 파악 및 역할 이해
		모둠 구성	• 모둠 구성: 진로 희망 영역과 관련 SDGs 관심 영역별 모둠 구성
2~3 차시	프로젝트 활동 단계		• 모둠별 수행 과제 해결을 위한 ESD 프로젝트 활동 진행 • [활동1] 프로젝트 계획서 및 보고서 작성(AI 활용) • [활동2] SDGs 가치 실현을 위한 홍보 포스터 작성(AI 활용)
4 차시	프로젝트 완성 단계		• 팀별 활동 보고서 완성 후 공동의 협업 사이트에 탑재 • [활동1], [활동2]의 내용을 완성된 하나의 파일로 탑재
5~6 차시	발표 및 평가 단계		• 발표: [활동1], [활동2]의 완성된 결과물 발표(AI 활용) • 평가: 평가기준에 따른 평가 및 총평

1차시는 프로젝트 시작 단계로, 프로젝트 활동을 안내하고, 문제상황과 동기유발을 통해 학생들이 프로젝트의 주제와 수행 과제를 파악하고, 진로 영역이 유사한 학생들끼리 모둠을 구성한다.

2~3차시는 프로젝트 활동 단계로, 모둠별로 수행 과제 해결을 위해서 필요한 프로젝트 활동 계획서를 작성하고, 계획서에 따라서 본격적으로 수행 과제를 해

1) 출처: 냅킨을 활용해 생성한 이미지이며, 원저작물 및 저작자를 찾을 수 없음, 필자가 재구성함.

결해 가는 프로젝트 활동을 진행한다. 학생들은 [활동1], [활동2]를 진행하면서 보고서를 함께 작성한다.

4차시는 프로젝트 활동 결과물을 보고서로 완성하는 단계다. 모둠별로 완성한 [활동1], [활동2]의 결과물을 최종 보고서 형식으로 완성하고, 가능하다면 AI 도구를 활용해서 발표 준비를 완성한다.

5~6차시는 프로젝트 활동 결과물 발표 및 평가 단계이다. 학생들은 최종 결과 보고서 발표를 통해서 프로젝트 결과를 공유하고, 교사는 평가 기준에 따라서 평가 및 피드백을 제공한다. 그리고 학생과 교사는 프로젝트 활동 전 과정에 대해 성찰하는 시간을 가지고 프로젝트 수업을 마무리한다.

4. 결과물 산출 및 평가 계획

'사회문제 탐구 프로젝트'는 [활동1], [활동2]를 통해 결과물을 산출한다. [활동1]은 '사회문제 탐구 프로젝트' 활동 결과 보고서다. 보고서 작성을 위해 프로젝트 활동 계획서를 먼저 작성한다. 계획서는 연구주제, 연구목적, 연구내용, 자료수집 방법, 문헌연구 내용에 관한 개요를 포함한다. 계획서에 따라 프로젝트 활동을 진행하고 그 결과를 최종 보고서로 완성한다. [활동2]는 최종 보고서에 정리한 지속가능발전목표 실행에 필요한 실천적인 방안을 제작한다. 이들 [활동1], [활동2]의 주요 결과물, 평가 요소 및 기대 역량은 다음과 같다.

〈표 10-4〉 **결과물 및 평가 요소와 기대 역량**

영역	주요 결과물	평가요소	기대 역량
활동1	프로젝트 계획서 및 결과 보고서 작성(AI 활용)	연구주제의 적합성, 연구문제 내용의 충실성, 해결방안의 구체성, 보고서 구성 및 편집	통합적 문제해결역량
활동2	지속가능발전목표의 가치 실현을 위한 홍보 포스터 작성	시각적 효과, 공간 구성 능력 및 기술 활용 능력, 설득력	창의적 문제해결력
발표	최종 보고서 발표	내용 전달력, 질의-응답	의사소통능력

주요 활동 결과물, 평가 요소, 기대 역량을 중심으로 평가 루브릭을 작성해서 학생들에게 평가 계획을 안내하고, 평가를 진행한다.

Ⅲ 수업 실행

1. 프로젝트 시작 단계

1) 활동 안내

교사는 프로젝트 취지, 평가방법, 결과물 산출에 대한 안내를 중심으로 프로젝트 활동을 안내했다. [안내1]은 프로젝트 활동 취지를 지속가능발전목표와 진로 관련 사회문제 탐구와의 관련성을 설명했다. [안내2]는 '사회문제 탐구 프로젝트' 활동을 수행평가로 실시하는 이유, 수행평가 방법, 평가 항목, 평가 기준, 차시별 운행 계획을 안내하고, [안내3]에서는 프로젝트 활동 결과 도출하게 될 결과물의 종류와 산출 방법을 설명했다.

〈표 10-5〉 **사회문제 탐구 프로젝트 안내**

구분	주제	내용
안내1	프로젝트 활동 취지 안내	지속가능발전의 의미, 지속가능발전목표의 17개 항목 소개 학생들의 진로 관련 사회문제 탐구와 관련성 파악
안내2	프로젝트 활동 평가 안내	수행평가의 목적, 수행평가의 방법, 평가요소, 평가기준 안내, 차시별 운영 계획 안내
안내3	프로젝트 활동 결과물 안내	[산출물1] 프로젝트 활동 계획서 및 활동 결과 보고서 작성 [산출물2] 지속가능발전목표의 가치 실현을 유도하는 홍보 포스터 제작

교사의 프로젝트 활동 안내를 통해서 학생들은 프로젝트의 취지, 수행평가 방안, 활동 결과물의 내용에 대해 파악하게 된다.

2) 도입 활동

교사는 ‘사회문제 탐구 프로젝트’ 진행을 위한 도입 활동으로 다음과 같이 제4차 산업혁명과 경제적 불평등 관련 영상을 활용하여 문제 상황을 설명한다.

[그림 10-4] ‘사회분제 탐구 프로젝트’ 문제 상황 안내 영상[2]

교사는 위 영상을 활용해서 ‘사회문제 탐구 프로젝트’의 문제 상황을 안내했다. 본 프로젝트에서 설정한 문제 상황은 ‘현재 우리가 살아가고 있는 사회는 매우 급격하게 변화’하고 경제적 불평등과 같은 사회문제들이 심화되고 있다. 그 변화의 핵심이 되는 두 개의 축은 ‘제4차 산업혁명으로 대변되는 기술 발전’과 ‘지구 공동체의 위기’다. 제4차 산업혁명에서는 인공지능, 자율주행차, 유전 공학 등 기술의 발전이 삶에 미치는 영향을 다뤘고, 지구 공동체의 위기에서는 기후변화, 환경악화, 경제 불평등 등 전 세계가 직면한 환경, 사회, 경제문제를 설명했다. 이러한 문제들은 복잡하고 불확실성이 크기 때문에 지속 가능한 발전을 위해 전 세계의 협력이 필요함을 강조했다. 이들에 대한 문제 상황을 아래와 같은 내용으로 학생들에게 설명하여 프로젝트 활동에 대한 동기유발을 했다.

2) 출처: KBS 2021년 12월 8일에 방송한 〈‘부자 나라 한국’, “소득 불평등 심각…부의 불평등은 더 심각”〉 뉴스의 한 장면. https://www.youtube.com/watch?v=WV81xTGeruI

문제상황
현재 우리가 살아가고 있는 사회는 매우 급격하게 변화하고 있습니다. 제4차 산업혁명을 이끌고 있는 물리학 기술, 디지털 기술, 생물학 기술의 발전과 더불어 인공지능, 자율주행 자동차, 유전 공학, 신경 기술, 뇌과학 등의 다양한 영역들이 상호 영향을 주고받으면서 엄청난 파급력으로 우리의 삶에 커다란 변화를 미치고 있습니다. 그와 더불어 세계는 갈등, 기후변화, 환경악화, 천연자원의 고갈, 식량과 빈곤의 문제, 감염병의 발생, 생태계의 변화, 인구구조의 변화, 경제 불평등의 문제 등 다양하고 복잡한 문제가 심화되고 있습니다. 그와 더불어 사회의 복잡성과 다양성이 확대되면서 사회변화의 불확실성도 증대되어 가고 있습니다. 이들 문제는 단순히 한 개인이나 지역, 하나의 국가가 직면한 문제가 아니라 전 세계가 공동으로 직면해 있는 사회문제입니다. 이들은 지구 공동체의 지속가능발전을 저해하는 문제들로 전 세계 시민들이 함께 힘을 모아 풀어가야 하는 문제입니다.

프로젝트 수행 과제는 지구 공동체의 지속가능발전목표 17개 항목을 중심으로 공정하고 정의로운 사회발전을 위한 수행 과제를 완성하여 보고서를 작성하고, 실천 방안을 마련하는 것이다. 학생들은 '지속가능성 전문가'의 입장에서 17개의 항목 중 자신의 진로와 관련된 항목을 검토해서 관심 있는 주제를 선정하여 프로젝트 활동을 진행한다. 먼저, 프로젝트 활동 계획서를 작성하여 탐구를 진행하고, 이어서 세계시민으로서 공정한 사회발전을 위한 실천 방안을 마련한 뒤, 생성형 AI를 활용해 지속가능발전을 위한 홍보 포스터를 제작하여 최종 보고서를 전자책으로 완성한다. 이를 위한 수행 과제 및 역할은 다음과 같다.

역할 설정	여러분은 지속가능성 전문가(예: 환경 공학자, 에너지 전문가, 지속가능한 도시계획가, 지속가능한 기업가)로서 지신의 진로 희망과 관련된 SDGs를 검토한 후, 지구촌의 지속가능발전을 저해하는 사회문제를 선정하여, 실태, 문제점, 해결 방안을 탐구하여 보고서를 완성하고, 공정하고 정의로운 사회발전을 위한 실천 방안을 마련해야 합니다. 보고서는 사회문제탐구 방법을 적용하여 연구주제, 연구목적, 연구내용, 이론적 배경, 자료수집 방법, 결론의 순서로 정리합니다. 그리고 SDGs의 이행을 위한 실천 방안을 캠페인에 활용할 홍보 포스터로 제작해야 합니다.

이 프로젝트는 학생들이 지속가능성 전문가로서 통합적인 문제해결 능력을 키우는 것이 목표다. 학생들은 환경, 사회, 경제 등 다양한 영역과 개인, 국가, 세계적 차원에서 사회문제를 종합적으로 분석해서 보고서를 완성해야 한다. 또한, 문제의 실태, 원인, 해결 방안을 탐구하고, 이를 바탕으로 실천 가능한 해결책을 제

안해야 한다. 이에 대한 안내는 다음의 내용을 중심으로 설명했다.

기대 효과	여러분은 본 프로젝트 활동을 통해서 지속가능성 전문가의 입장에서 지구촌 공동체의 지속가능발전목표를 실현하기 위해서 해결해야 할 사회문제를 선정하여 실태와 문제점을 분석하고, 합리적인 해결 방안을 도출하여 실천적 의지를 가진 세계시민으로서, 공정하고 정의로운 사회발전을 위한 창의적이고 통합적인 문제 해결 역량을 가지게 될 것입니다.

본 프로젝트 활동을 통해 학생들이 통합적 문제해결 역량을 갖추어, 차후 공정하고 정의로운 사회발전에 기여할 세계시민으로 성장할 것으로 기대된다.

3) 모둠 구성

'사회문제 탐구 프로젝트' 활동에서 학생들이 해결해야 할 수행 과제를 충분히 파악하노록 안내하는 것이 필요하다. 수행 과제는 '① 지속가능성 전문가의 입장에서 자신의 진로 희망 관련 지속가능발전목표 항목 검노하고, ② 검토한 항목과 관련된 지속가능발전을 저해하는 사회문제를 선정하여, ③ 사회문제의 문제점 및 해결방안을 탐구하여 AI를 활용해서 보고서를 완성하고, ④ 공정하고 정의로운 사회발전을 위한 홍보 포스터를 제작'한다.

학생들은 문제 상황, 역할, 수행 과제를 파악한 후 지속가능성 전문가의 입장에서 수행 과제 해결을 위한 모둠을 구성했다. 먼저, 학생들은 생성형 AI를 활용하여 17개 지속가능발전목표를 탐색해서 자신의 관심 주제를 조사했다. 그리고 진로 희망 분야와 관련된 지속가능발전목표 항목을 선정하여 선정 이유를 발표하였다. 모둠은 진로 희망 분야가 같거나 관심 주제 영역이 유사한 학생들을 중심으로 구성했다. 이렇게 자신의 진로 희망과 지속가능발전목표의 관심 영역을 고려하여 모둠을 구성하고, 모둠별 프로젝트 활동을 진행하도록 했다.

2. 프로젝트 활동 단계

1) 프로젝트 계획서 작성

교사가 제시한 수행 과제 안내에 따라 본격적인 프로젝트 활동을 진행했다. 프로젝트 활동은 사회문제를 탐구하기 위한 사회과학적 연구 방법의 절차에 따라서 '연구주제 선정 → 연구목적 설정 → 연구문제 선정 → 자료수집 방법 선정 → 이론적 배경 정리 → 연구결과 분석 → 결론 및 제언'의 순서로 진행되었다. 학생들이 해결해야 할 수행 과제는 [그림 10-5]의 안내문으로 설명하였다.

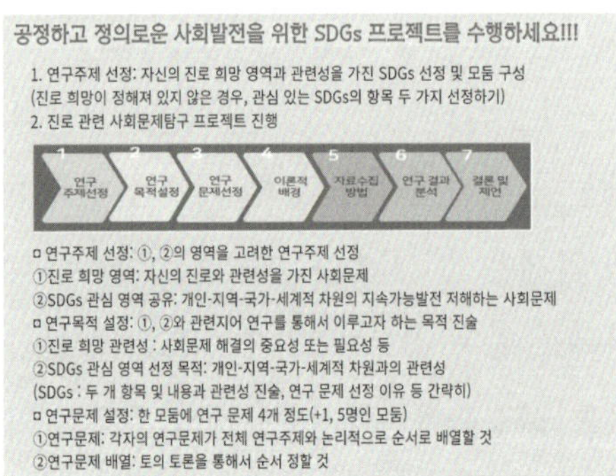

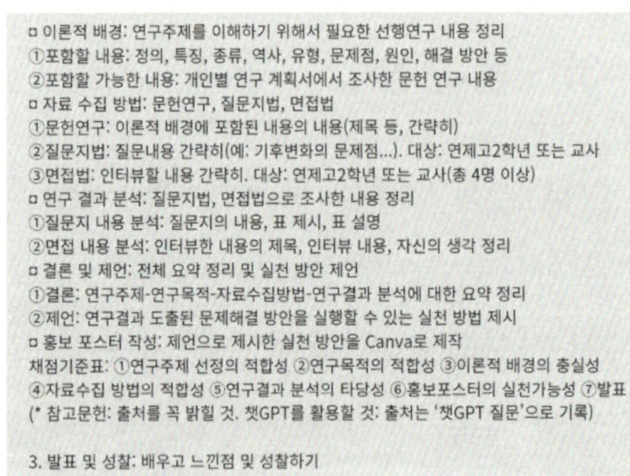

[그림 10-5] 프로젝트 활동 진행을 위한 수행 과제 안내문

각 모둠은 수행 과제 해결을 위해 연구주제, 연구목적, 연구문제, 자료수집 방법을 중심으로 프로젝트 활동 계획서를 작성했다. 먼저, 모둠 토론을 통해서 공동의 연구주제를 정했다. 학생들이 실제 수업에서 선정한 연구주제는 다양했다. '직장 내 성차별 해결 방안 탐구, 기후위기 문제해결 방안 탐구, 기후변화에 대응하는 친환경 디자인 방안, 생명 증진을 위한 사회공동체 노력, 지속 가능한 사회 발전을 위한 인간관계 형성 방안, 지속 가능한 교육 방안 탐구, 광고 마케팅 전략에 관한 연구, 올바른 인성 함양을 위한 양질의 교육 방안, 미술 심리 치료의 대중화 방안, 법과 경찰의 지속 가능한 사회적 역할 탐구' 등이었다.

연구주제를 선정한 후, 지속가능발전목표 항목 관련 사회문제에 대한 연구를 통해서 달성하고자 하는 연구목적을 설정하도록 했다. 모둠원의 진로와 관련한 연구문제를 선정하고, 자료 수집 방법으로 문헌연구, 질문지법, 면접법을 활용하도록 했다. 이들 내용은 생성형 AI 활용, 학술논문 등의 자료를 활용하도록 했다. '프로젝트 활동 계획서'는 다음 내용을 중심으로 작성하였다.

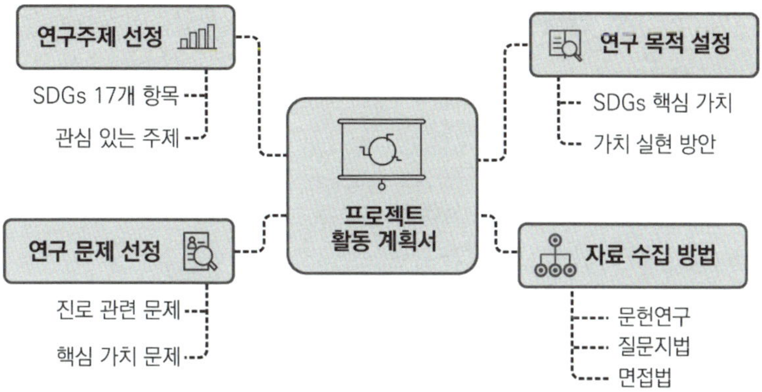

[그림 10-6] **프로젝트 활동 계획서 내용**

연구주제, 연구목적, 연구문제, 자료수집을 팀별 활동으로 진행하고, 진로와 관련해서 선정한 연구문제에 따라서 이론적 배경 정리와 자료 수집 방법에 따른 자료 수집 및 분석은 개인별로 진행한다.

2) 프로젝트 활동 진행 과정

프로젝트 활동 계획서에 따라 [그림 10-7]의 순서로 프로젝트 활동을 진행했다.

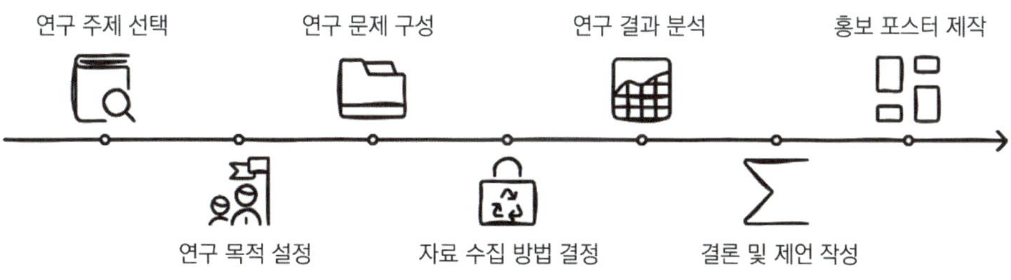

[그림 10-7] **'사회문제 탐구 프로젝트' 활동 진행 순서**[3)]

3) 출처: 냅킨을 활용해 생성한 이미지이며, 원저작물 및 저작자를 찾을 수 없음, 필자가 재구성함.

[그림 10-7]에서 제시한 프로젝트 활동 순서는 사회문제 탐구에 사회문제 탐구 방법을 적용한 순서이다. 사회문제 탐구 방법은 〈사회문제 탐구〉 교과의 [Ⅰ. 사회문제의 이해] 단원에서 학습했다. 이후 'Ⅱ단원 ~Ⅳ단원'은 'Ⅰ단원'에서 학습한 사회문제 탐구 방법을 적용해서 사례를 탐구하는 내용으로 구성되어 있다. 이들 활동은 [그림 10-8]의 안내를 따르도록 했다. 교사는 학생들이 아래 각 단계에서 생성형 AI를 활용하여 프로젝트 활동을 완성하도록 지도했다.

- **연구주제 선정**: ①, ②의 영역을 고려한 연구주제 선정
  ① 진로 희망 영역: 자신의 진로와 관련성을 가진 사회문제
  ② SDGs 관심 영역: 지구 공동체 차원에서 지속가능발전이 추구하는 가치
- **연구목적 설정**: ①, ②와 관련지어 연구를 통해서 이루고자 하는 목적 진술
  ① 진로 희망 관련성: 사회문제 해결의 중요성 또는 필요성
  ② SDGs 핵심 가치 실현: 개인-지역-국가-세계적 차원과의 관련성
- **연구문제 선정**: 모둠원은 각자의 진로 관련 연구문제 선정
  ① 연구문제: 연구주제를 고려하여 유기적 연계성을 가질 것
  ② 연구문제 배열: 토의토론을 통해서 논리적 순서로 배열할 것
- **자료수집 방법**: 문헌연구, 질문지법, 면접법
  ① 문헌연구: 이론적 배경에 포함할 내용
  ② 질문지법: 질문 문항 구성. 대상: 수업 수강 반 학생
  ③ 면접법: 인터뷰 내용 요약. 대상: 학생 또는 교사(총 4명 이상)
- **이론적 배경**: 문헌연구를 통한 선행연구 내용 정리
  ① 포함 내용: 정의, 특징, 종류, 역사, 유형, 문제점, 원인, 해결 방안 등
  ② 포함 가능한 내용: 개인별 연구 계획서에서 조사한 문헌 연구내용
- **연구 결과 분석**: 질문지법, 면접법으로 조사한 결과 분석
  ① 질문지 내용 분석: 질문지의 내용, 표 제시, 표 설명 및 해석
  ② 면접 내용 분석: 인터뷰한 내용의 제목, 인터뷰 내용 설명 및 분석
- **결론 및 제언**: 전체 요약 정리 및 실천 방안 제언
  ① 결론: 연구주제, 연구목적, 자료수집방법, 연구 결과 분석의 내용 요약정리
  ② 제언: 연구 결과 도출된 문제 해결 방안을 실행할 수 있는 실천 방법 제언
- **홍보 포스터 작성**: 제언으로 제시한 실천 방안을 홍보 포스터로 제작하기

[그림 10-8] **프로젝트 활동 진행 단계별 내용**

프로젝트 활동은 다음과 같은 내용으로 지도하였다.

【연구주제 선정】 모둠원들이 선정한 사회문제를 지속가능발전목표와 관련성을 고려해서 주제를 선정한다. 학생들은 생성형 AI를 활용해서 관심 있는 지속가능발전목표 항목의 구체적인 내용을 살펴본다. 예를 들어, 생성형 AI에게 "지속가능발전목표의 17개 항목 중에서 16번 항목과 8번 항목의 내용은 뭐지?"라고 질문한다. 이들 질문에 대한 답변을 참고로 모둠원의 토의 및 토론을 통해서 각자의 신로 영역을 반영해서 공동의 연구주제를 선정한다.

【연구목적 설정】 모둠에서 선정한 연구주제를 통해서 추구하고자 하는 연구목적을 설정한다. 연구목적 설정에서 중요하게 고려할 내용은 모둠에서 선정한 지속가능발전목표가 추구하는 핵심 가치를 AI 활용을 통해서 탐색하도록 하고, 이를 반영하는 것이다. 예를 들어, 생성형 AI를 활용해서 "지속가능발전목표의 17개 항목 중에서 16번 항목과 8번 항목이 추구하는 핵심 가치는 무엇인가?"라는 질문에 대한 답변 내용을 참고로 연구목적을 설정하도록 한다.

【연구문제 선정】 모둠원 각자의 진로 희망 영역을 반영해서 연구목적을 실행하는 데에 필요한 연구 문제를 선정한다. 예를 들어, 광고 분야, 광고 마케팅 분야, 스포츠 분야, 기업 마케팅 영역으로 진로를 희망하는 4명의 모둠원이 있다면 AI를 활용해서 다음과 같은 질문을 할 수 있다.

> 16번 항목과 8번 항목이 추구하는 가치를 광고 분야, 광고 마케팅 분야, 스포츠 분야, 기업 마케팅의 입장에서 연구할 수 있는 연구 문제를 선정해줘.

AI가 추천해준 연구 문제를 참고로 자신의 진로 영역을 고려하여 모둠원은 각자가 원하는 연구 문제를 확정하도록 한다.

【자료 수집 방법】 자료수집 방법은 문헌연구, 질문지법, 면접법을 적절히 활용하여 자신이 선정한 연구 문제를 검증하도록 한다. 문헌연구 결과는 이론적 배경으로 내용을 정리한다. 이를 위해서 생성형 AI를 활용해서 다음과 같은 설문 문항을 구성할 수 있다. 추가적으로, 허위 과장 광고의 문제점과 해결 방안에 대한 문항과 인터뷰 질문도 포함하여 산출해 줄 것을 AI에 요구할 수 있다.

설문 문항 구성	'허위과장 광고의 문제점과 해결 방안'에 대해서 고등학생의 인식을 알아보기 위한 설문조사를 실시하려고 해. 설문문항을 세 개 만들어줘.
인터뷰 질문	위의 내용으로 고등학생과 교사를 대상으로 인터뷰를 실시하려고 해, 인터뷰 실행을 위한 질문 문항을 세 개 만들어줘.

위와 같이 AI가 추천한 내용을 참고로 설문 문항과 인터뷰 질문 내용을 다듬어서, 본 수업 수강 학생과 본교에 근무하는 교사를 대상으로 인터뷰를 실시한다.

【이론적 배경】 이론적 배경은 연구주제와 연구 문제를 이해하는 데에 필요한 내용을 생성형 AI를 활용해서 정리하도록 한다. AI가 제시한 답변을 참고로 하여 연구 문제를 이해하는 데에 필요한 내용을 요약 정리해서 이론적 배경을 정리한다. 생성형 AI 활용을 통해서 이론적 배경을 정리하는 과정은 다른 문헌 자료를 찾아서 정리하는 데 걸리는 시간에 비해서 매우 효율적이다. 그러나, AI가 제시한 내용이 정확하지 못한 부분도 있음을 학생들에게 인지시켜 준다. 다음은 이론적 배경 정리를 요청하기 위해 AI에 입력한 질문 예시이다.

이론적 배경	연구 문제를 '스포츠 마케팅의 윤리적인 문제와 해결방안'으로 선정했다면, 이와 관련해서 필요한 이론적 배경에는 어떤 내용이 필요한가?

【연구 결과 분석】 질문지법과 면접법을 활용해서 연구 문제의 결과를 분석하도록 한다. 연구 결과 분석은 학생들이 만든 설문지는 구글 문서로 만들어서 본 수업을 수강한 학생들을 대상으로 실시하고, 그 결과를 분석하도록 했다. 그러나 학생들은 결과 분석을 어려워했다. 교사는 생성형 AI를 활용해서 결과 분석의 예시를 보여주면서 학생들이 연구 결과를 분석하도록 안내했다. 예를 들어, "허위과장 광고의 문제점과 해결 방법"과 관련해서 "다음 〈3〉 문항에 대한 설문 문항을 실시한 결과 (응답자 수)의 응답을 받았다고 가정하고, 그 결과를 분석해줘."라고 질문한 결과는 다음과 같다.

설문 응답 결과 (예시)	3. "허위 과장 광고를 줄이기 위해 가장 효과적인 방법은 무엇이라고 생각하십니까?" ①정부와 관련 기관의 규제 강화 (20명) ②소비자의 광고 비판적 읽기 능력 향상 교육(15명) ③기업의 윤리적 광고 제작 강화(18명) ④미디어와 플랫폼의 광고 모니터링 강화(7명)
결과 분석	가장 높은 비율의 응답(34.5%)이 정부와 관련 기관의 규제 강화에 집중되어 있는 반면, 소비자와 기업의 역할에 대한 응답도 비슷한 수준(25.9%, 31.0%)으로 나타났다. 이는 허위 과장 광고 문제 해결을 위해 다각적인 접근이 필요함을 시사하며, 정부, 소비자, 기업, 플랫폼이 각자의 역할을 조화롭게 수행해야 한다는 점을 보여준다.

이러한 예시를 참고로, 학생들은 자신들이 설문한 결과를 도표로 만들고, 토의와 토론을 통해서 결과를 분석하도록 했다.

【결론 및 제언】 결론은 연구목적, 연구 문제, 이론적 배경, 자료수집방법 중심으로 내용을 요약 정리하도록 하였다. 그리고 질문지법과 면접법을 활용해서 실시한 설문조사와 인터뷰 내용을 분석하여 제시하게 하였다. 그리고 제언에서는 연구 문제 분석 결과를 바탕으로 도출한 문제 해결의 구체적인 방안을 제시하도록 했다. 제언은 공정하고 지속 가능한 사회발전을 위한 실천 사항을 개인, 사회, 국가, 세계 차원으로 제안하도록 지도한다.

【홍보 포스터 제작】 제언으로 제시한 내용을 중심으로 공정하고 정의로운 사회발전을 위해서 필요한 실천 방안을 구체화하여 홍보 포스터로 제작하도록 하였다. 홍보 포스터 제작은 캔바를 활용하도록 하였다. 홍보 포스터는 시각적 효과, 공간 구성 능력, 생성형 AI 활용 능력, 설득력 있는 메시지 전달에 중심을 두고 제작하도록 하였다.

이상과 같이 진행한 프로젝트 활동 과정에서 생성형 AI를 활용하고, 적절한 시기에 교사가 피드백을 제공하여 프로젝트의 결과물의 질을 향상하는 데에 도움을 주었다. 이들 과정에서 교사가 제공한 피드백 중점은 다음과 같다.

〈표 10-6〉 **프로젝트 결과물 향상을 위한 피드백 중점**

목표 달성에 초점	장기간의 프로젝트 활동 과정에서 본 프로젝트 활동의 목표를 지속적으로 인지하고, 달성할 수 있도록 피드백을 제공함
모범 사례 활용 하기	학생들이 이해하기 어려운 부분에 대해서 AI를 활용한 모범적인 사례를 예시로 활용해서 내용에 대한 전체적인 설명, 어려운 부분에 대한 반복적인 설명, 학생들이 이해한 내용에 대한 개인적인 피드백을 제공함
사고력 역량 강화하기	본 프로젝트 활동은 통합적인 문제해결 능력 및 메타인지 능력, 비판적 사고력 등의 통합적 사고역량 강화에 중점을 두고, 생성형 AI가 제공한 답변을 참고로 해서 모둠별로 활발한 토의 및 토론을 통해서 문제를 해결할 수 있도록 피드백을 제공함
공동체 문제의 통합적 관점 이해	진로 관련 사회문제이면서 지구 공동체의 지속가능발전을 위한 SDGs의 가치를 실현하기 위한 문제 해결 방안을 통합적인 관점에서 접근하고, 창의적으로 해결할 수 있는 융합적 사고력 향상에 중점을 두고 피드백을 제공함

'사회문제 탐구 프로젝트' 활동은 사회문제 탐구 방법을 적용하여 실행하는 프로젝트 수업이므로, 연구주제, 연구목적, 연구 문제, 자료수집방법, 이론적 배경, 연구 결과 분석, 결론 및 제언에 이르기까지 전 과정은 학습자 입장에서 결고 쉽지 않다. 그러나 생성형 AI를 적절히 활용하여 프로젝트 활동에 필요한 질문법을 안내하고, 질문 결과를 어떻게 활용할지에 대한 교사의 피드백은 학생들의 활동에 많은 도움을 주었다. 전체적인 설명과 모둠별 및 개인별 진행 내용을 확인하고 도움이 필요한 모둠이나 개인에게는 AI가 제시한 내용을 예시로 보여 줌으로써 프로젝트 과정 전체를 진행하는 데에 많은 도움을 주었다. 이러한 과정에서 생성형 AI 활용은 학생들이 프로젝트 활동 진행에 많은 도움을 주어 시간을 절약하고 질 높은 결과를 도출하는 데에 기여하였다.

3. 프로젝트 완성 단계

'사회문제 탐구 프로젝트' 결과, 12개 모둠은 20쪽 내외의 전자책으로 최종 보고서를 완성했다. 이들 중에서 [광고 마케팅] 팀은 '광고 마케팅 전략에 관한 연구'를 34쪽의 전자책으로 보고서를 완성했는데, 그중에 일부 내용을 중심으로 완성된 보고서를 살펴보면 다음과 같다.

【연구주제】 [광고 마케팅] 팀은 기업 경영, 광고 기획, 스포츠 마케팅 분야에 진로를 희망하는 4명 학생으로 구성되었다. 이 팀은 지속가능발전목표 항목 중에서 16번과 8번을 공동 관심 영역으로 선정하였다. '16. 평화, 정의, 강력한 제도'는 '평화롭고 포용적인 사회증진, 모두를 위한 정의에 대한 접근성 제공, 모든 수준에서 효과적이고 책임 있는 포용적 제도 구축'을 핵심 가치로 추구한다. 또한, '8. 양질의 일자리와 경제성장'은 '모두를 위한 지속적이고 포용적이며 지속 가능한 경제성장과 생산적인 고용 및 양질의 일자리 증진'을 핵심 가치로 추구한다. 이를 바탕으로 '광고 마케팅 전략에 관한 연구'를 프로젝트 주제로 '1. 연구목적, 2. 연구내용, 3. 자료수집 및 방법, 4. 이론적 배경, 5. 연구결과 분석, 6. 결론 및 제언, 7. 참고문헌, 8. 역할분담, 9. 배우고 느낀 점'을 중심으로 목차를 정해서 프로젝트 활동을 진행했다.

【연구목적】 [광고 마케팅] 팀은 21세기 정보화 시대와 함께 성장한 미디어 광고가 제품 정보를 제공하는 장점이 있지만, 허위 과장 광고로 인해 기업 이미지 손상, 주가 하락, 소비주의 조장 등 여러 사회적 문제를 일으킨다는 문제의식에서 출발한다. 이러한 문제들이 개인에게 잘못된 경제 관념을 심어주어 지속가능발전목표의 16번과 8번의 가치 실현에 방해가 되고 있다고 보고 있다. 본 연구는 이러한 사회문제의 원인을 분석하고 해결 방안을 도출하여 바람직한 광고 마케팅 전략을 모색하는 것을 연구목적으로 설정하였다.

【연구문제】 연구문제는 ① 광고 마케팅의 전략과 성공 사례, ② 허위 과장 광고가 대중에게 미치는 영향, ③ 스포츠 마케팅의 윤리적 문제와 해결 방안, ④ 기업가의 입장에서 효과적인 마케팅 전략을 선정하였다. 이들 연구 문제는 생성형 AI를 활용해서 자신들의 진로 희망 분야와 '16번과 8번'의 관련성을 고려하여 최종적으로 확정했다. 이 팀의 진로 희망인 광고 분야, 광고 마케팅 분야, 스포츠 분야, 기업 마케팅 영역으로의 진로 희망이 반영된 것이다.

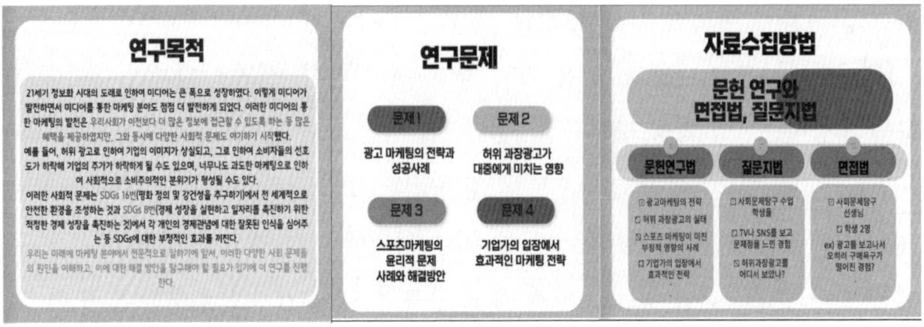

【자료수집】 자료 수집은 문헌 연구, 질문지법, 면접법을 활용하여 문헌 연구에서는 광고 마케팅 전략의 의미, 허위 과장 광고의 실태, 스포츠 마케팅이 미친 부정적인 영향의 사례를 정리하였다. 연구 문제 ①, ②, ③의 내용을 알아보기 위해서 질문지를 제작해서 설문조사를 실시하였다. 연구 문제 ④의 '기업가의 효과적인 마케팅 전략'에 대한 인식은 심층 면접으로 진행하였다. 설문과 심층 면접 대상은 본 수업 수강 학생 50여 명과 본교에 근무하는 교사다.

【이론적 배경】 연구 문제 ①, ②, ③, ④와 관련해서 필요한 이론적인 배경은 생성형 AI를 활용해서 정리했다. AI가 제시한 답변을 참고로 하여 내용을 요약 정리해서 이론적 배경을 정리하였다. 생성형 AI에게 질문해서 제시한 답을 참고로 이론적 배경 정리는 다른 문헌 자료를 찾아서 정리하는 데 걸리는 시간에 비해 매우 효율적이었다. 이들 내용 중 일부만 보면 다음과 같다.

【연구결과 분석】 질문지법과 면접법을 활용해서 연구 문제 ① 광고의 문제점과 소비자에게 미치는 영향 분석, ② 허위 과장 광고의 문제점과 해결 방법, ③ 스포츠 광고 마케팅의 문제점과 해결 방법, ④ 기업가의 효과적인 마케팅 전략을 중심으로 설문 내용을 분석하여 해석과 함께 정리하였다. 이 중에서 연구문제 ①, ②, ③, ④의 설문 결과 분석의 일부만 제시하면 다음과 같다.

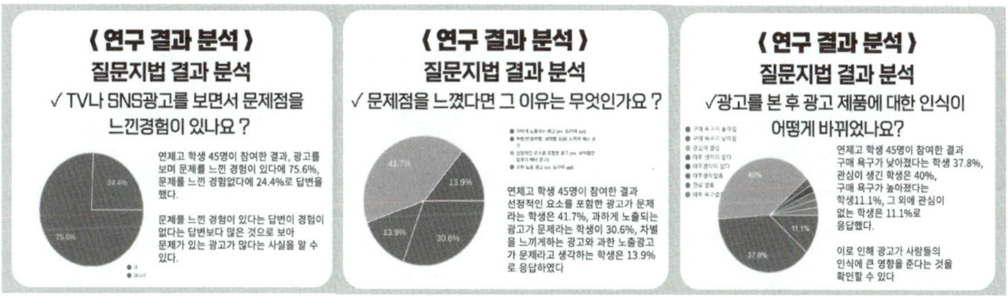

이들 중에서 '연구 문제 ①'의 첫 번째 실문에 대한 분석한 결과를 정리하면 다음과 같다. 광고의 문제점과 소비자 인식에 미치는 영향에 대한 설문한 결과, 광고에서 문제점을 느낀 경험이 있다고 답한 학생이 75.6%에 달했다. 그 이유는 선정적인 요소가 포함되었거나 광고가 지나치게 노출되는 경우였다. 또한, 광고를 본 후 40%의 학생이 제품에 관심을 가지게 되었고, 37.8%는 구매 욕구가 줄어들었으며, 11.1%는 구매 욕구가 높아졌다고 답했다. 이를 통해 광고가 소비자의 인식과 구매 의향에 영향을 미친다는 점을 확인할 수 있었다.

【결론 및 제언】 [광고 마케팅] 팀은 결론 부분에서는 연구목적, 연구 문제, 이론적 배경, 자료수집방법 중심으로 내용을 요약 정리하였다. 그리고 질문지법과 면접법을 활용해서 실시한 설문조사와 인터뷰 내용을 분석한 결과도 요약하여 정리했다. 그리고 제언 부분에서는 공정하고 정의로운 사회발전을 위한 기업의 광고 마케팅 전략을 생성형 AI를 활용하여 제시하였다. 그리고 이들 제언을 중심으로 기업의 광고 마케팅 전략을 포스터로 제작하였다.

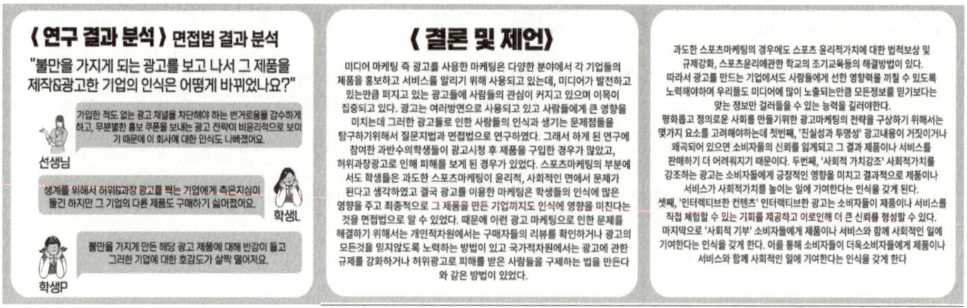

결론에서는 광고에서 문제점과 허위 과장 광고로 인한 피해를 해결하기 위해 개인은 비판적 사고를 갖추고, 기업은 지속 가능한 광고 전략을 추구하며, 국가는 허위 과장 광고 규제와 피해 소비자 보호 법안 강화를 주장했다.

제언에서는 '기업의 공정하고 정의로운 사회발전을 위한 광고 마케팅 전략'은 진실성과 투명성, 사회적 가치 창조, 인터렉티브 콘텐츠 제공, 사회적 기부 참여의 4가지를 제안했다. ① 진실성과 투명성: 광고는 진실되고 투명해야 하며, 이는 소비자의 신뢰를 높이고 지속 가능한 제품 생산과 서비스 제공이 가능하다. ② 사회적 가치 창조: 광고를 통해 사회적 가치를 창출함으로써 소비자에게 긍정적인 영향을 미쳐 지속 가능한 기업 발전이 가능하다. ③ 인터렉티브 콘텐츠 제공: 소비자가 제품이나 서비스를 직접 체험할 수 있는 인터렉티브 광고는 신뢰 형성에 도움이 된다. ④ 사회적 기부 참여: 사회적 기부는 제품에 관한 관심을 높이고, 기업이 사회에 기여한다는 인식을 형성하여 공정하고 정의로운 사회발전에 기여할 것을 제안하였다.

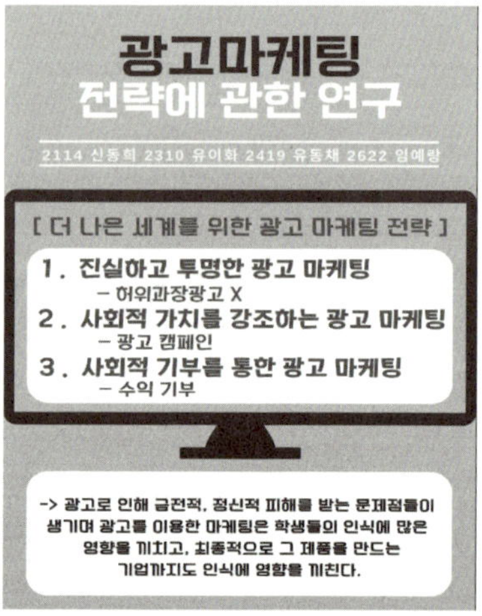

[그림 10-9] 홍보 캠페인 포스터[4)]

이상과 같은 결론과 제언을 바탕으로 [광고 마케팅] 팀은 다음과 같은 홍보 캠페인 포스터를 제작하였다.

홍보 캠페인은 지속가능발전목표의 가치 실현을 위한 실천 방안을 모색해서 캔바를 활용

4) 출처: 그래픽 디자인 플랫폼 캔바(Canva)에서 제작

해서 제작했다. 포스터는 시각적 효과, 공간 구성 능력, 설득력을 중요한 평가 요소를 제시했다. 다른 모둠과 달리 [광고 마케팅] 팀은 전체 보고서 작성에 많은 시간을 할애해서인지 홍보 포스터 작성은 다소 소홀한 느낌이다. 기업의 광고 마케팅 전략이 지속 가능한 사회발전에 기여할 수 있기를 기대하는 마음을 담았지만, 창의적인 구성이 다소 부족했다.

4. 발표 및 평가 단계

1) 프로젝트 활동 결과 보고서 발표

'사회문제 탐구 프로젝트' 활동 결과 보고서 발표는 공개 수업으로 진행되었다. 공개 수업에는 교사가 참관했다. 수업은 그동안 진행해온 프로젝트 활동 개요에 대한 안내로 시작되었다. 순서에 따라 '광고마케팅' 팀이 제일 먼저 발표했다.

〈프로젝트 결과 보고서 발표 장면〉

〈발표 내용을 듣고 있는 학생들〉

발표는 주어진 시간을 초과하였다. 질문은 "설문조사 과정에서 느낀 어려움은 무엇인가?" 등의 간단한 질문에서 시작해, "제언에서 언급한 인터렉티브 광고의 사례는 무엇이 있을까요?", "광고마케팅 팀의 진로 희망은 무엇인가요?", "만약 광고마케팅 팀의 진로 희망이 이루어져 본인이 기업의 CEO가 된다면, 지속가능발전목표의 8번 항목인 양질의 일자리 창출을 위해 어떤 노력을 할 것인가?"와 같은 심화 질문으로 이어졌다. 광고마케팅 팀은 자신의 진로와 관련된 지속가능발전목표 8번과 16번의 가치를 고려하여 진지하게 답변하였다.

2) 평가 및 기록

'사회문제 탐구 프로젝트' 평가는 [산출물1] 프로젝트 계획서 및 보고서, [산출물2] 지속가능발전목표 실현을 위한 실천 방안, [발표 및 성찰]을 중심으로 〈표 10-7〉의 평가 루브릭에 따라 진행되었다.

〈표 10-7〉 평가요소 및 평가기준 중심의 평가 루브릭

평가항목	평가요소	평가기준	배점
프로젝트 계획서 및 보고서 평가	통합적 문제해결력 및 협업 역량	• 진로 관련 사회문제를 SDGs와 연계해서 프로젝트 연구주제와 연구목적을 설정하였는가?	10
		• 연구목적, 연구문제, 자료수집 방법, 이론적 배경을 중심으로 프로젝트 활동 계획서를 적절하게 구성하였는가?	10
		• 연구문제 검증을 위해서 자료수집 방법을 적절히 활용하였으며, 그 결과 분석을 타당하게 제시하였는가?	10
		• 프로젝트 활동 결과 보고서에 결론 및 제언은 논리적이고 타당성 있게 서술하고 있는가?	10
		• 사회문제 탐구 프로젝트 활동 과정에서 생성형 AI 도구를 적절히 활용하였는가?	10
SDGs 실천 방안	창의적 문제해결력	• 연구 결과 및 제언을 바탕으로 제안한 SDGs 가치 실천 방안은 설득력 있게 구성하였는가?	10
		• SDGs의 실천 방안을 제작한 홍보 포스터는 창의적으로 제작하였는가?	10
발표 및 성찰	의사 소통 능력	• 사회문제 탐구 프로젝트 활동 결과 보고서를 설득력 있게 발표하였는가?	10
		• 학생들의 질문에 대해서 자신감 있는 목소리로 설득력 있게 답변하였는가?	10
		• 프로젝트 활동 과정에서 배우고, 느낀 점을 구체적으로 표현하였는가?	10

〈표 10-7〉 평가 루브릭에 따라 '광고마케팅' 팀 평가를 해보자. 이 팀은 자신들의 진로 희망과 지속가능발전목표와의 관련성을 고려하여 연구주제와 연구목적을 설정하였으며, 연구주제, 연구목적, 자료수집방법, 이론적 배경을 프로젝트 활동 계획서에 충실히 반영하였다. 연구 문제는 연구목적 실행을 위해 적절히 설정

하였으며, 연구 문제 검증을 위한 자료조사 방법으로 질문지법과 면접법을 활용해서 설문조사와 인터뷰를 실시하였고, 그 결과 적절하게 분석하였다. 또한, 결론은 내용을 체계적으로 요약 정리하고, 제언으로 제시한 진실성과 투명성, 사회적 가치 창조에의 기여, 인터렉티브한 광고 활용, 사회적 기부에 관심을 가진 기업의 광고 마케팅 전략을 적절하게 제시했다. 이러한 활동 과정을 통해서 통합적인 문제해결력과 협업 능력을 잘 보여주었다. 단, 홍보 포스터는 문자 텍스트 중심으로 표현하여 시각적 효과, 공간 구성 능력, 디자인 활용 능력 등에서 다소 아쉬워 창의적인 문제 해결력은 다소 부족하다. 발표 및 질의응답에서는 자신감 있는 목소리로 설득력 있게 설명하여 의사전달 능력의 탁월함을 보여주었다.

이상과 같은 '사회문제 탐구 프로젝트' 활동 결과는 다음과 같이 교과 세특으로 기록하였다.

〈표 10-8〉 **'사회문제 탐구 프로젝트' 활동 결과 기록**

진로 관련 사회문제 탐구 프로젝트 활동에서 '광고 마케팅 전략에 관한 연구'를 주제로 선정하여 문헌 연구를 참고로 허위 과장 광고의 의미와 문제점, 허위 과장 광고가 대중에게 미치는 영향과 해결 방안을 조사하여 이론적 배경으로 정리하고, 질문지법을 활용하여 허위 과장 광고를 접한 경험, 문제점, 해결 방안에 대한 청소년들의 인식을 조사 및 분석하고, 결론을 도출하여 최종 보고서를 전자책으로 완성하여, 발표함. 이 과정에서 모둠장으로서 탁월한 협업역량과 통합적 문제 해결력을 보임. 또한, 지속 가능한 경제발전을 위한 기업의 광고 마케팅 전략을 캔바로 완성하는 과정에서 기업이 사회발전에 기여할 수 있는 방안을 제언으로 설득력 있게 제시함.

Ⅳ 수업 성찰

'사회문제 탐구 프로젝트'는 학생과 교사의 수업 성찰로 마무리하였다. 학생의 입장은 프로젝트 활동 과정에서 배우고 느낀 점을 쓴 소감문을 중심으로 성장과 역량을 분석하였다. 교사는 수업 성찰 체크리스트를 활용하였다.

1. 학생의 입장에서 성찰

학생들은 프로젝트 전 과정에서 배우고 느낀 점을 소감문으로 작성하였다. 학생들이 작성한 소감문에서 '자신의 진로와 지속가능발전목표와의 연계성을 찾으려는 노력은 어떻게 나타나고 있는가? 자신의 진로와 관련해서 새롭게 배운 것은 무엇인가? 사회문제에 대한 기존의 지식과 인식에서 확장된 지식과 사고는 무엇인가? 지구 공동체의 지속가능발전을 위해 개선할 점은 무엇인가? 지속가능발전을 위해서 세계 시민들이 실천해야 할 점은 무엇인가?' 등을 살펴보고자 하였다.

'광고마케팅' 팀의 소감문에서 진로 관련 사회문제와 지속가능발전목표의 17개 항목과의 연계성에 대한 성찰을 엿볼 수 있었다. 사회문제 탐구 프로젝트를 통해서 이전에는 막연했던 자신의 진로에 대해서 구체적인 방향을 알게 되었으며, 자신의 진로를 지속가능발전목표와 연계하여 의미 있는 경험을 했음을 보여주고 있다.

〈표 10-9〉 진로 관련 사회문제와 지속가능발전목표와의 연계성에 대한 성찰

학생	배우고, 느낀 점
A학생	사실 이 프로젝트를 진행할 때 주제를 선정하는 것부터 힘들었다. 스포츠 마케팅에 관심이 있고, 스포츠 마케팅 분야로 진로를 정한 것은 맞지만, 스포츠 마케팅에 대해서 깊이 배운 적이 없기 때문에 내가 정말 연구하고 싶은 것이 무엇인지 결정하는 것이 너무나도 어렵게 느껴졌다. 하지만, 생성형 AI를 활용하고, 선생님들과 친구들의 조언을 들으면서 점점 더 내가 연구하고 싶은 것이 무엇인지에 대해서 구체적으로 생각하게 되었다. 내가 연구하고 싶은 내용을 구체화하면서 설문문항으로 작성해서 분석했고, 결국에는 이 프로젝트를 만족스럽게 마무리할 수 있었다. 더 나은 세상으로 나아가기 위해 스포츠 마케팅을 하고 싶다는 것을 알 수 있었던 유익한 시간이었던 것 같다.
B학생	이 프로젝트를 진행하기 전에도 항상 드라마에 PPL의 과대광고라든지, 제품에 대해서 허위 광고를 하는 기업들이 문제가 된다고 생각했었다. 항상 생각만 했지만, 적극적으로 해결 방법을 찾아볼 생각은 하지 못했었는데, 이번 기회를 통해서 해결 방법과 함께 사람들의 생각과 인식도 확인해 볼 수 있어서 좋은 경험을 했다. 또한, 기업들의 입장에서 물건이나 서비스를 유리하기 홍보하기 위해 어떤 전략으로 마케팅을 해야 하는지, 어떤 마케팅 전략이 세상을 더 평화롭게 만들 수 있는지를 조사하면서 미래에 사회에 나아가서 내가 진정으로 하고 싶은 일에 대해서 좀 더 탐구해 볼 수 있었던 유익한 프로젝트였다.

A 학생은 자신의 진로 관련 사회문제 영역인 '스포츠 마케팅 분야'와 관련하여 더 나은 세상을 위한 스포츠 마케팅이 어떤 일을 해야 하는지에 대한 연결 고리를 탐구함으로써 자신의 노력과 그 결과가 자신에게 주는 의미에 대해 성찰하고 있다. B 학생은 허위 과장 광고의 문제에 대한 탐구를 통하여 세상을 평화롭게 만들 수 있는 마케팅 전략에 대한 새로운 방법을 모색해 보았던 프로젝트 활동이 자신에게 주는 의미에 대해서 성찰하고 있다.

이상의 내용을 통해서 볼 때, 학생들은 사회문제 탐구 프로젝트 활동 과정에서 지속가능발전목표와의 관련성을 고려하여 공정하고 정의로운 사회발전을 추구하기 위한 통합적 문제 해결 역량이 강화되고 있음을 알 수 있었다.

2. 교사의 입장에서 반성적 성찰

교사는 체크리스트를 활용해 '사회문제 탐구 프로젝트' 전 과정을 성찰했다. 체크리스트는 프로젝트 수업의 설계, 실행, 성찰의 단계로 구성했다. **【수업설계】**에서는 프로젝트 실시 배경 분석, 교육과정 재구성, 학습 목표 설정, 교수학습 과정안 설계, 결과물 및 평가 계획이 적절했는지를 체크 해 보았다. **【수업실행】**에서는 프로젝트 시작 단계, 프로젝트 활동 단계, 프로젝트 완성 단계, 발표 및 평가 단계를 합리적으로 실행했는지를 체크 해 보았다. **【수업성찰】**에서는 학생의 성찰일지와 교사의 반성적 성찰은 적절했는지를 체크 해 보았다. 교사가 활용한 체크리스트는 다음 〈표 10-10〉과 같다.

〈표 10-10〉 **체크리스트를 활용한 반성적 성찰**

요소		내용	Yes	No
설계	프로젝트 배경 분석	• 프로젝트 배경에 대한 분석을 교과의 맥락과 지속가능발전의 차원에서 적절하게 분석하였는가?	○	
	교육과정 재구성	• 교과 단원과 SDGs의 연계성을 고려하여 교육과정을 재구성하였 는가?	○	

요소		내용	Yes	No
	학습 목표 설정	• 프로젝트 활동을 통해서 도달하고자 하는 학습목표는 적절한가? • 학습 목표를 통해서 추구하고자 하는 역량은 적절하게 설정했나?	○	
	프로젝트 활동 계획	• 프로젝트 활동 계획은 교수학습의 주요 활동을 포함하고 있는가? • 프로젝트 실행에 필요한 학습 요소를 포괄하고 있는가?	○	
	결과물 및 평가 계획	• 수행 과제의 탐구 결과물은 적절하게 계획하였는가? • 평가계획은 학습 목표와 역량을 반영하여 설계하였는가?	○	
실행	프로젝트 시작 단계	• 도입 활동은 ESD 프로젝트 동기유발에 적합하였는가? • 수행 과제는 학생들의 삶의 영역과 연계성을 고려하였는가?	○	
	프로젝트 활동 단계	• 프로젝트 활동 계획서를 작성하여 활동을 활성화하였는가? • 평가 기준을 활용하여 모둠 프로젝트 활동을 활성화하였는가?		○
	프로젝트 완성 단계	• 최종 보고서는 통합적 문제 해결을 유도하기에 적절하였나? • 발표는 평가기준을 안내하고 배움의 분위기를 활성화하였는가?	○	
	발표 및 평가 단계	• 발표는 평가 기준을 안내하고 질의응답이 활성화되었는가? • 프로젝트 학습 목표 도달 정도를 타당하게 평가하였나?	○	
성찰	성찰일지	• 성찰일지를 구체적으로 쓰고 발표를 통해 의미를 공유하였는가?		○
	반성적 성찰	• 학생 설문조사 실시 및 분석을 통해서 반성적 성찰을 하였는가? • 지속가능발전 프로젝트 수업 실행은 충분히 효율적이었는가?	○	

【수업설계】 프로젝트 실시 배경은 시대적 요구와 교육적 과제의 차원에서 분석하여 2022 개정 사회과 교육과정과 연계하여, 교육과정을 재구성하였으며, 학생들의 삶의 영역인 진로와 관련된 사회문제를 지속가능발전목표 17개 항목과의 연계성을 고려하여 학습 목표를 설정하였다. 그리고 프로젝트 활동 설계는 프로젝트 진행 과정에서 필요한 주요 활동을 중심으로 차시별로 구성하고 프로젝트 활동 결과물 및 평가 계획을 구체적으로 세웠다.

【수업실행】 프로젝트는 시작 단계, 활동 단계, 완성 단계, 발표 및 평가 단계별로 체계적으로 진행했는지를 체크 했다. 시작 단계에서는 교사의 프로젝트 활동 안내 및 도입 활동과 수행 과제를 제시하고, 활동 단계에서는 프로젝트 활동 계획서를 작성하게 하여 학생 활동을 활성화하고자 하였다. 프로젝트 완성 단계에서는 지속적인 교사의 피드백과 생성형 AI 활용을 격려하여 최종 보고서를 작성하도록 하였다. 발표는 공개 수업으로 진행해서 교사들이 참관하였고, 평가는 평가 루브릭을 작성하여 진행했으며, 그 결과를 기록하고 피드백을 제공하였다.

【수업성찰】 학생들이 성찰일지를 써서 공유하는 시간을 갖지 못했다. 프로젝트 진행에 많은 시간이 소요되면서 학생들이 성찰일지를 쓸 시간적 여유가 없었다. 그 대신에 프로젝트 마무리 부분에 프로젝트 활동을 통해서 배우고 느낀 점을 써서 공유하는 과정을 통해서 본래 의도했던 학습 목표 달성에 어느 정도 도달할 수 있었음을 파악할 수 있었다.

【마무리】 본 프로젝트 수업은 〈사회문제탐구〉 과목에서만 실행할 수 있는 것은 아니다. '2022 개정 사회과 교육과정'에서 실시되는 사회 탐구 영역의 다른 과목에서 함께 시도되길 기대해 본다. **【통합사회Ⅱ】** 과목의 [Ⅴ. 미래와 지속가능한 삶], **【기후변화와 지속가능한 세계】** 과목의 [Ⅲ. 지속가능한 세계를 위한 생태전환], **【도시의 미래 탐구】** 과목의 [Ⅳ. 도시의 미래] 단원에서 충분히 적용할 수 있다. 이들 과목에서 AI를 활용한 지속가능발전교육 프로젝트 활동을 통해서 지속가능발전목표의 가치 실현을 통해서 환경, 사회, 경제의 지속 가능한 발전을 추구할 수 있다. 프로젝트 활동을 통해서 사회과 교육이 추구하는 미래 역량 뿐만 아니라, 지속가능발전교육의 미래 핵심 역량인 시스템적 사고, 예측 역량, 규범적 역량, 전략적 역량, 협업 역량, 비판적 사고역량, 자아인식 역량, 통합적 문제 해결 역량을 강화할 수 있다. 프로젝트 활동을 통해서 학생들은 디지털 전환 시대에 대비하는 디지털 리터러시 역량과 융합적 사고도 강화할 수 있을 것이다. 지속가능발전교육 프로젝트 활동을 통해서 학생들은 미래지향적인 세계시민의 관점에서 문제를 탐구하고 실천적인 대안을 만들어 사회의 변혁을 추구할 수 있는 주체적인 시민으로 성장할 수 있을 것이다.

제11장 사회・경제・환경 통합 영역②

공공의 가치를 실현하는 진로 개발 프로젝트

I 실시 배경

1. 시대적 요구와 교육적 과제

디지털 대전환 시대, 급변하는 산업환경과 직업 세계의 변화 속에서 예측하기 어려운 불확실성의 시대를 준비해야 하는 우리 아이들은 어떤 역량을 갖추어야 하는가?

2019년 유네스코 한국위원회는 '환경적으로 온전하고, 경제적으로 지속 가능하며, 정의로운 사회를 위해 올바른 결정과 책임 있는 행동을 할 수 있는 역량'을 강화하는 지속가능발전교육을 강조하며 우리 아이들이 지속가능성의 변화 창조자로 성장해야 함을 언급하였다. 우리 아이들이 지속가능성의 변화 창조자로 성장하기 위해 필요한 삶과 연계된 역량을 키워주기 위해 2025학년부터 적용되는 2022 개정 교육과정에서는 '학습자 주도성 함양, 인공지능・디지털 소양 교육 강화, 민주 시민 교육, 생태 전환 교육'으로 미래 변화에 대응하는 교육의 방향을 제시하였다.

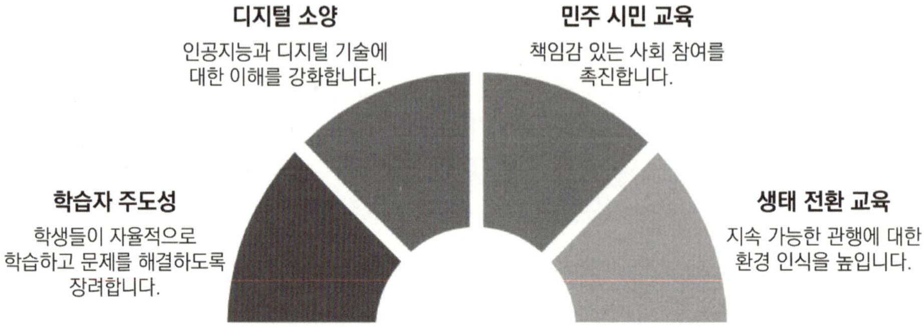

[그림 11-1] 2022 개정 교육과정에서 제시한 미래교육의 방향[1)]

이와 같은 교육환경의 변화 속에서 학생들의 미래 변화에 대응하는 역량을 키우기 위해 〈진로와 직업〉 교과 시간, '생성형 AI를 활용한 지속 가능한 진로 개발 프로젝트' 수업을 설계하고 진행하게 되었다.

본 프로젝트 활동 과정에서 학생들은 생성형 AI를 활용해 지속 가능한 진로 개발을 위해 필요한 정보를 탐색하고 관심 분야 문제를 찾아 해결 방안을 탐구 보고서로 작성한다. 나아가 지속 가능한 목표에 기여하고 있는 직업인으로서의 모습을 상상하며 모둠별로 각자의 꿈 이야기를 스토리텔링하여 전자책을 제작한다. 한 편의 소설, 성공한 직업인을 인터뷰하는 기사 등 다양한 콘텐츠를 생성형 AI를 활용해 제작함으로써 자신의 꿈을 구체화하고 진로 개발역량을 키운다. 또한 지속가능발전에 기여할 수 있는 직업 가치에 대한 성찰을 통해 지속 가능한 시민 의식을 키워나가는 학습 경험이 이루어질 수 있도록 한다.

2. 프로젝트 활동의 목표와 방향성

학생들이 지속가능성의 변화 창조자로 성장하는데 필요한 역량을 키우기 위해, 프로젝트 활동 전 다음과 같은 질문을 통해 활동의 목표와 방향성을 확인해 볼 수 있다.

1) 출처: 생성형 AI '냅킨'을 활용해 생성한 이미지이며, 원저작물 및 저작자를 찾을 수 없음. 필자가 재구성함.

'인류의 발전은 지구환경에 어떤 영향을 끼쳤는가?'

'인간이 타인 및 주변 환경과 조화를 이루며 공존하기 위해 어떤 삶의 태도와 가치를 지녀야 하는가?'

'미래를 준비하는 나는 직업인으로서 지속가능발전을 위해 어떤 기여를 할 수 있는가?'

첫 번째 **'인류의 발전은 지구환경에 어떤 영향을 끼쳤는가?'** 이 질문은 인류의 발전과 지구환경 간의 상호작용을 이해하고, 지속 가능한 미래를 위한 해결책을 찾기 위한 탐구의 출발점으로 인류가 환경에 미친 영향을 비판적으로 분석하고, 그로 인한 결과와 책임을 고민할 수 있도록 던진 질문이다.

학생들은 첫 번째 질문에 대해 자신의 생각을 다양하게 표현하며, 인류가 직면한 보편적이고 공통적인 문제점으로 기후환경의 변화와 환경오염 문제, AI로 인한 직업의 변화와 실업률 증가, 경제적 빈곤과 심리적 불안, 불평등 심화 등에 대해 발표한다. 나아가 이러한 문제를 해결하고 인류의 공존에 필요한 삶의 태도와 가치인 생명존중과 인간존중, 협력적 소통과 협업, 공동체 의식, 책임의식 등에 대해 발표하며 학습의 방향을 이해한다.

두 번째, **'인간이 타인 및 주변 환경과 조화를 이루며 공존하기 위해 어떤 삶의 태도와 가치를 지녀야 하는가?'** 이 질문은 지속 가능한 발전의 핵심 과제인 인간과 자연, 인간과 인간 간의 관계를 재정립하고, 이를 바탕으로 윤리적이고 실천적인 삶을 탐구해 볼 수 있도록 하기 위한 질문이다. 이 질문을 통해 학생들은 개인과 사회의 유기적 관계를 인식하고 개인이 공동체 발전에 어떤 영향을 줄 수 있을지 생각하며 자기 성찰의 시간을 가진다. 학생들은 지속 가능한 발전을 위해 기술적 혁신뿐만 아니라 인간의 내면적 가치와 윤리적 태도를 통해 모든 존재가 가치 있고 상호 의존적이라는 인식을 하게 된다. 나아가 이를 바탕으로 차별과 갈등을 줄이고, 협력적이고 상생적인 사회를 구축하는데 어떻게 기여 할 수 있을지 고민하는 시간을 가진다.

세 번째, **'미래를 준비하는 나는 직업인으로서 지속가능발전을 위해 어떤 기여를 할 수 있는가?'** 이 질문은 '나'라는 개인과 지속 가능한 발전이라는 글로벌 과제를 연결하여 지속 가능한 미래를 위해 개인이 어떤 역할을 수행 할 수 있는지를 깊이 탐구하도록 한다. 학생들은 17가지 지속가능발전목표(SDGs)와 자신의 진로 연계성을 확인한 후 미래 자신이 직업인으로서 지속가능발전에 어떻게 기여할 수 있을지 구체적으로 상상하며 진로를 설계한다. 나아가 직업인으로서 사회적 책임을 다하고 있을 미래의 자신을 AI를 활용해 다양한 콘텐츠, 즉 신문 기사, 자서전, 뉴스 보도, 소설, 인터뷰 등의 형식을 통해 공공의 가치를 실현하고 있을 자신의 미래 꿈 이야기를 제작한다.

프로젝트의 목표와 방향을 이해한 후, 학생들은 자신의 관심 분야에서 지속 가능한 발전을 저해하는 요소나 문제점을 찾아 AI를 활용해 탐색하고 해결 방안을 제시한다. 나아가 지속가능발전목표에 부합하는 가치와 태도의 중요성을 인식하고 미래 직업인으로서 지속가능발전을 위해 어떤 기여를 하게 될 것인가를 구체적으로 생각하고 이를 미래의 꿈 이야기로 담아 다양한 콘텐츠의 형태로 만들어 진로 개발역량을 길러나간다.

Ⅱ 수업 설계

1. 〈진로와 직업〉 수업과 지속가능발전목표

〈진로와 직업〉 교과는 학생들의 '진로 개발 역량'을 함양하는 것을 목표로 다양하고 폭넓은 진로 탐색, 나아가 심층적인 진로 탐색을 바탕으로 자기주도적으로 진로를 설계하고 유연하게 준비할 수 있도록 돕는 과목이다. 주요 내용 요소인 '진로와 나의 이해', '직업 세계와 진로 탐색', '진로 설계와 실천'은 현재와 미래의 사회적, 문화적, 경제적, 환경적 영향을 고려해 주도적으로 자신의 진로를 개발해 나갈 수 있는 역량을 함양하는 데 중점을 두고 있어 지속가능발전을 위한 역량을 기르기에 적합하다.

글로벌 목표로도 알려진 지속가능발전목표는 전 세계 빈곤을 종식시키고 지구를 보호하며, 2030년까지 모든 사람이 평화와 번영을 누릴 수 있도록 보장하기 위한 유엔의 비전이 담긴 계획으로 2030년까지 유엔과 국제사회가 달성해야 할 17가지 목표이다.

본 프로젝트 수업에서는 이러한 17가지 지속가능발전목표를 학생 개인의 진로 분야와 연계해 스스로 영역을 선정하여 AI를 활용한 진로 탐색과 관심 분야 주제 탐구를 진행한다. 이후 개인별 꿈 이야기를 AI를 활용해 다양한 콘텐츠로 제작한 후 모둠별로 꿈 이야기를 모아 새로운 콘텐츠의 전자책을 제작한다. 이 과정을 통해 지속가능 발전 목표에 부합하는 진로 목표를 설정하고 구체적인 진로를 설계해봄으로써 진로 개발역량을 키워나간다.

2. 교육과정 영역 및 성취기준 선정

지속 가능한 발전에 기여할 수 있는 직업 가치에 대한 성찰을 통해 공공의 가치를 실현하는 진로 개발 프로젝트를 실행하기 위해 교육과정을 재구성하였다. 지속가능발전목표를 달성하기 위해 선정한 고등학교 진로와 직업과 교육과정의 영역은 '직업 가치와 평생학습' 영역으로 관련 교육과정과 성취기준은 〈표 11-1〉과 같다.

〈표 11-1〉 SDGs 관련 진로와 직업과 교육과정 및 성취기준 선정

교과	고등학교 진로와 직업
영역	직업 가치와 평생학습
핵심 아이디어	• 직업인의 사회적 책임은 건강한 일터를 만드는 토대가 될 뿐만 아니라 지속 가능한 세계 목표의 토대가 된다. • 지속 가능한 발전 목표에 대한 이해를 기반으로 한 진로목표는 진로개발에 대한 강한 동기를 부여한다. • 자신의 직업 가치를 성찰하고 진로 정보를 탐색함으로써 평생학습의 중요성을 인식한다.
관련 성취기준	[12진로01-03] 직업 윤리의 중요성을 이해하고 건강하고 안전한 일터를 만드는 직업인의 사회적 책임을 인식한다. [12진로01-04] 일, 학습, 여가의 가치와 상호 관계를 이해하고 자신의 직업 가치를 성찰한다. [12진로02-05] 지속 가능한 진로 개발을 위해 다양한 진로 경로를 탐색하고 평생학습의 중요성을 이해한다.

3. 주제 선정 및 학습 목표 설정

본 프로젝트 수업은 생성형 AI를 활용하여 과제를 수행하는 수업으로, 학생 개인의 진로 목표에 따른 지속가능발전목표를 선정하여 직업 가치와 평생학습 영역의 성취기준을 선정하고, 이를 통해 공공의 가치를 실현할 수 있는 진로 역량을 개발하는 것을 목표로 한다. 따라서 다음과 같은 프로젝트 수업 주제 및 수행 과제를 설정한다.

〈표 11-2〉 **프로젝트 주제 및 수행 과제**

주제	공공의 가치를 실현하는 진로 개발 프로젝트
수행 과제	생성형 AI를 이용하여 지속 가능한 진로개발을 위해 필요한 정보를 탐색하고 관심 분야 문제를 발굴하여 문제해결 방안을 보고서로 작성한다. 이어서 모둠별로 공공의 가치를 실현하는 우리들의 꿈이야기를 콘텐츠로 제작한다.

'공공의 가치를 실현하는 진로 개발 프로젝트' 활동을 통한 학습 목표와 역량은 다음 〈표 11-3〉과 같다.

〈표 11-3〉 **학습 목표와 역량 설정**

영역	학습목표	역량
인지적 학습 목표	지속 가능한 미래의 직업 세계를 탐색하고 산업 및 기술 변화가 자신의 관심 분야 직업 세계에 가져올 변화를 인식한다.	예측 역량
사회 · 정서적 학습 목표	지속 가능하고 포용적인 성장과 평화로운 삶을 이끌 수 있는 올바른 가치를 성찰하고 지속 가능한 발전에 기여할 수 있는 자신의 직업 가치를 설명할 수 있다.	규범적 역량
행동 목표	지속 가능한 목표, 관련 주제 탐구학습을 통해 과학기술 및 사회의 상호 관계에 대한 이해를 바탕으로 개인과 사회의 문제를 해결하기 위한 지속 가능 프로젝트를 계획, 실행, 평가할 수 있다.	통합적 문제 해결 역량

인지적 영역에서 미래의 달라질 직업 세계를 탐색하고, 새로운 산업 및 기술의 변화가 향후 직업 세계를 어떻게 변화시킬지 확인한 후 미래의 직업 세계를 예측

해 볼 수 있도록 학습 목표를 설정한다. 사회・정서적 영역에서는 지속 가능하고 포용적인 성장과 평화로운 삶을 이끌어 갈 수 있는 올바른 가치를 성찰하고, 이를 바탕으로 지속 가능한 발전에 기여할 수 있는 자신의 직업 가치를 설명할 수 있도록 진술한다. 행동 영역에서는 개인과 사회의 문제 해결 방안을 위해 실천할 수 있는 내용을 중심으로 목표를 진술한다.

프로젝트의 결과 도달해야 할 목표를 지식, 기능, 태도의 측면에서 〈표 11-4〉와 같이 구체화한다.

〈표 11-4〉 **프로젝트의 도달 목표**

지식. 이해적 측면	• 직업인의 사회적 책임을 이해한다. • 지속 가능한 발전 목표와 직업 가치의 상호 연관성을 안다. • 지속 가능한 시민 역량과 평생학습의 중요성을 이해한다.
과정 기능적 측면	• AI를 활용한 지속가능발전 연계, 관심 분야 진로 정보를 탐색한다. • AI를 활용한 진로 연계 주제 탐구를 통해 직업 가치를 성찰한다. • AI를 활용한 지속 가능한 진로 개발 콘텐츠 및 전자책을 제작한다.
가치 태도적 측면	• 진로 탐색의 주도성과 직업 가치에 대한 포용적 태도를 가진다. • 직업인의 사회적 책임을 내면화한다. • 평생학습에 대한 열린 자세를 가진다.

4. 교수・학습 과정

'공공의 가치를 실현하는 진로개발 프로젝트'에서 주제 및 수행 과제와 학습목표를 설정한 후에 실행 계획을 수립하여 교수・학습과정안을 설계한다. 교수・학습과정안은 프로젝트 주제, 수행 과제, 단원 및 성취기준, 지속가능발전목표 핵심 내용, 지속가능발전목표 핵심 역량, 생성형 AI 활용 도구를 중심으로 다음과 같이 설계한다.

〈표 11-5〉 교수 · 학습과정안 구성

<table>
<tr><td>주제</td><td colspan="3">공공의 가치를 실현하는 진로 개발 프로젝트</td></tr>
<tr><td>수행 과제</td><td colspan="3">생성형 AI를 활용하여 지속 가능한 목표와 진로를 연계해 정보를 탐색한 후 자신의 진로목표에 따른 데이터를 수집하고 자료를 정리해 보고서를 작성한다.
작성된 보고서를 토대로 AI를 활용한 발표용 콘텐츠를 제작한 후 전자책으로 만들어 북크리이에터에서 공유한다.</td></tr>
<tr><td>대상</td><td>고등학교, 1학년</td><td>지도교사</td><td>장 ○ ○</td></tr>
<tr><td>단원</td><td colspan="3">Ⅰ. 진로와 나의 이해, Ⅱ. 직업 세계와 진로 탐색</td></tr>
<tr><td>성취기준</td><td colspan="3">[12진로01-03] 직업윤리의 중요성을 이해하고 건강하고 안전한 일터를 만드는 직업인의 사회적 책임을 인식한다.
[12진로01-04] 일, 학습, 여가의 가치와 상호 관계를 이해하고 자신의 직업 가치를 성찰한다.
[12진로02-05] 지속 가능한 진로 개발을 위해 다양한 진로 경로를 탐색하고 평생 학습의 중요성을 이해한다.</td></tr>
<tr><td>SDGs 핵심 내용</td><td colspan="3">[SDGs 01] 빈곤종식, [SDGs 02] 기아종식, [SDGs 03] 건강과 복지, [SDG 04] 양질의 교육, [SDG 05] 양질의 교육, [SDGs 06], 깨끗한 물과 위생, [SDGs 07] 적정가격의 깨끗한 에너지, [SDGs 08] 양질의 일자리와 경제성장, [SDGs 09] 산업, 혁신, 사회기반시설 [SDGs 10] 불평등감소, [SDGs 11] 지속가능한 도시와 지역사회, [SDGs 12] 책임 있는 소비와 생산, [SDGs 13] 기후 행동, [SDGs 14] 수생태계 보전, [SDGs 15] 육상생태계 보전, [SDGs 16] 평화, 정의, 강력한 제도, [SDGs 17] 목표 달성을 위한 파트너십</td></tr>
<tr><td>SDGs 핵심 역량</td><td colspan="3">예측역량, 자아인식역량, 협업역량, 규범적 역량, 통합적 문제해결역량</td></tr>
<tr><td>생성형 AI 활용 도구</td><td colspan="3">• 챗GPT: 자료조사 및 아이디어 참고
• 수노: 텍스트로 노래 만들기
• 플루닛 스튜디오: 텍스트로 영상 만들기</td></tr>
</table>

교수학습 과정에 따른 프로젝트 활동의 과정은 프로젝트 안내 및 도입 활동을 시작으로 도전과제를 선정한 후 [활동 1] 나의 진로와 지속가능발전목표의 연관성 이해 및 탐구 주제 정하기를 통해 자신의 관심 분야와 연계한 지속가능발전목표 관련 탐구 주제를 정한다. 이어서 [활동 2]에서 AI를 활용하여 탐구 주제에 따른 정보를 수집하고 정리하여 현재의 심각한 문제 상황, 미래에 발생할 문제를 예측한 후 이러한 문제가 자신의 직업과 삶에 어떤 영향을 줄 수 있는지 인식하고 관심 분야의 문제를 해결하기 위한 방안을 보고서로 작성한다. [활동 3]을 통해 생성형 AI를 활용한 진로 개발 콘텐츠를 제작하여 발표하고 북크리에이터를

활용해 공유한다. 프로젝트의 흐름을 정리하면 〈표 11-6〉과 같다.

〈표 11-6〉 프로젝트의 흐름

단계		프로젝트 주요 활동 내용	생성형 AI활용
프로젝트 시작	프로젝트 안내 및 도입 활동	• 프로젝트 활동 수행 목적 및 평가 항목과 평가 기준 안내 • 지속가능발전의 의미와 지속가능발전목표(SDGs) 이해 • 문제제시 - 기후환경 및 빈곤과 기아, 생태계 파괴 등 지구의 지속가능성을 저해하는 심각한 상황 이해 - 지속 가능한 발전 목표에 부합하는 진로개발 프로젝트를 수행할 수 있도록 문제 제시	AI활용 안내
	도전 과제 선정	• 프로젝트 산출물 안내 - 생성형 AI를 활용한 정보탐색과 주제 탐구 보고서 작성 - 모둠별 AI활용 진로 개발 콘텐츠로 전자책 제작 • 모둠 구성: 4~5인 1조, 총 5모둠으로 구성 • 공공의 가치를 실현하는 진로 개발 프로젝트 도전과제 안내 - 나의 진로와 지속가능발전목표의 연관성 이해하기 - AI활용 진로 개발 탐구 보고서 작성하기 - 모둠별 AI활용, 진로 개발 콘텐츠로 전자책 제작하기	AI활용 SDGs 탐색
프로젝트 활동 진행		• [활동1] 나의 진로와 지속가능발전목표의 연관성 이해 및 탐구 주제 정하기 - 자신의 관심 분야와 연계한 지속가능발전목표 관련 탐구 주제 정하기 • [활동2] AI를 활용하여 탐구 주제에 따른 정보수집하고 정리하기 - 현재의 심각한 문제 상황, 미래에 발생할 문제 예측 - 지구의 문제는 자신의 직업과 삶에 어떤 영향을 줄 수 있는가? - 관심 분야의 문제를 해결하기 위한 방안 제시하고 보고서 작성 • [활동3] 생성형 AI를 활용한 진로개발 콘텐츠 제작하기 - 생성형 AI(수노, 플루닛 스튜디오 등)를 활용하여 미래 직업인으로서 지속가능발전을 위해 어떤 역할을 하며 기여하고 있는지 콘텐츠로 제작한 후 전자책 만들기 - 북크리에이터에서 전자책으로 제작해 공유	AI활용 보고서 및 전자책 완성
프로젝트 결과물 발표 및 평가		• 발표: 지속 가능한 진로 개발 콘텐츠 발표하기 • 평가: 평가 기준에 따른 평가 및 총평	AI활용 발표

5. 결과물 산출 및 평가계획

'공공의 가치를 실현하는 진로 개발 프로젝트' 활동의 결과물 산출은 생성형 AI를 활용하여 프로젝트 [활동 2], [활동 3]의 결과물을 산출하도록 한다.

[활동 1]에서 학생들은 관심 분야와 연계한 지속가능발전목표 관련 탐구 주제를 정한다. [활동 2]에서는 AI를 활용하여 탐구 주제에 따른 현재의 심각한 문제 상황과 미래에 발생할 문제를 예측한 후 이러한 문제가 자신과 사회, 나아가 지구환경에 어떤 영향을 줄 것인가를 보고서에 작성한다. 또한 AI를 활용하여 관심 분야의 문제를 해결하기 위한 방안을 찾아 탐구한 내용을 보고서에 정리한다. [활동 3]의 결과물은 [활동 2]의 보고서를 토대로 생성형 AI를 활용한 진로 개발 콘텐츠를 제작하여 모둠별로 전자책을 만들어 공유할 수 있도록 한다. [활동 2] [활동 3]의 주요 결과물, 평가 요소 및 기대역량은 〈표 11-7〉과 같다.

〈표 11-7〉 공공의 가치를 실현하는 진로개발 프로젝트 결과물 및 평가 계획

영역	주요 결과물	평가요소	기대 역량
활동2	AI 활용 SDGs 실현을 위한 진로 개발 탐구 보고서 작성 (AI 활용 탐색)	탐구 주제의 적합성, 탐구내용의 구체성, 지속가능 진로 개발의 타당성	자기 주도성 문제발굴역량
활동3	AI 활용 SDGs 실현을 위한 진로 개발 콘텐츠 및 전자책 제작 (AI 활용 제작)	창의성, 디자인 및 정보편집력, 협동성	창의적 문제해결력
발표	발표 [북크리에이터 전자책] (AI 활용 작품 발표)	표현력, 발표력	의사소통능력

본 프로젝트 활동에서 [활동 2]의 평가는 개인별로 작성한 보고서를 통해 탐구 주제의 적합성, 탐구내용의 구체성, 지속 가능한 진로 개발의 타당성을 평가한다. [활동 3]의 평가는 모둠별 평가로 창의성, 디자인 및 정보 편집력, 협동성을 평가한다. 발표에 대한 평가는 개인 평가로 표현력과 발표력을 통해 의사소통능력을 평가한다. 그리고 평가과정에서 AI 활용의 적합성 여부도 평가 요소에 반영될 수 있도록 한다.

Ⅲ 수업 실행

1. 프로젝트의 시작

1) 프로젝트 활동 안내

본 프로젝트 활동과 관련해 교사는 학생들에게 본 프로젝트 활동의 취지를 안내하고 지속가능발전의 의미와 지속가능발전목표 17가지를 소개한 후 프로젝트 활동과정 및 평가와 활동 과정을 통해 산출 되어질 결과물에 관해 안내한다.

〈표 11-8〉 공공의 가치를 실현하는 진로 개발 프로젝트 안내

구분	주제	내용
안내1	프로젝트 활동 취지 안내	지속가능발전의 의미, 지속가능발전목표의 17개 항목 소개 공공의 가치를 실현하는 진로 개발 프로젝트 취지 안내
안내2	프로젝트 활동 과정 및 평가	AI활용 SDGs 실현을 위한 진로 개발 탐구 보고서 작성 및 AI를 활용한 SDGs 실현을 위한 진로 개발 콘텐츠 제작 활동 안내, 평가 항목 및 평가 기준 안내
안내3	프로젝트 활동 결과물 안내	[산출물1] 프로젝트 탐구 보고서, [산출물2] 진로 개발 콘텐츠 제작을 위한 모둠 계획서, [산출물3] 진로 개발 콘텐츠 전자책

2) 도입 활동

(1) 문제 상황 및 동기 유발

교사는 '공공의 가치를 실현하는 진로개발 프로젝트 활동'을 시작하면서 프로젝트 활동에 대한 동기유발을 위해 최근 이상기후 현상으로 어떤 일들이 있었는지 [그림 11-2]와 같이 문제 상황을 제시한다. [그림 11-2]의 기사는 생성형 AI를 활용해 찾은 기사이다. 챗GPT에게 공공기관, 국제기구에서 이상기후 현상의 심각성을 알리는 내용을 찾아달라는 질문을 하자 챗GPT는 국립기상과학원(KMA)의 자료와 함께 출처까지 안내해 주었다. 자료를 보면 지난 106년(1912~2017) 동

안 우리나라의 연평균 기온은 13.2℃로 온난화의 영향을 받고 있음을 알 수 있다. 그런데 연평균 최고기온은 17.5℃로 여름철의 평균 기온이 높아지고 있음을 알 수 있다. 최저기온 8.9℃는 매년 가장 추운 날들의 평균 최저 기온을 말하는 것으로 겨울철이 점점 따뜻해지고 있음을 보여준다. 자료에 따르면 여름철이 약 19일 길어졌고 겨울철이 약 18일 짧아져 봄과 가을이 상대적으로 짧아지고 있음을 확인할 수 있다. 이러한 기후 변화는 생태계 변화뿐만 아니라 농업 생산성 변화와 건강 문제, 에너지 사용량 증가 등 사회 전반에 큰 영향을 줄 수 있음을 학습한다.

- <한반도 100년의 기후변화>에서는 우리나라의 106년(1912~2017년)동안의 기후 변화 추세를 분석하였습니다.
- 100년 이상 장기간 기상관측자료를 보유하고 있는 6개 기상관측소의 일 시간간격 자료를 사용하였습니다.(강릉, 서울, 인천, 대구, 부산, 목포)
- 보고서에 따르면, 지난 106년(1912~2017) 동안 우리나라의 연평균 기온은 13.2℃(연평균 최고기온은 17.5℃, 최저기온은 8.9℃), 연 강수량은 1237.4mm , 여름은 19일 길어졌고 겨울은 18일 짧아졌습니다.
- 또한, 최근 30년 기온은 20세기 초(1912~1941)보다 1.4℃ 상승, 평균기온, 최고기온, 최저기온 중 최저기온의 상승폭이 가장 컸으며, 최근 30년 강수량은 20세기 초보다 124mm 증가하였으나 변동성이 매우 컸습니다.
- 한편, 최근 10년 동안은 시리일수, 한랭일이 많아지며 강한 강수가 감소하는 등 최근 30년 동안과 상반된 현상이 나타났습니다.

[그림 11-2] 이상기후 현상의 심각성[2)]

자료를 확인한 후 이와 같은 상황이 발생하게 된 원인이 무엇인지 학생들이 스스로 생각해 보고 관련 자료를 찾아볼 수 있게 한다. 이때 프로젝트 활동을 위한 첫 번째 질문, '인류의 발전은 지구환경에 어떤 영향을 끼쳤는가'에 대해 문제 상황과 연결해 원인을 분석할 수 있도록 안내하고 이 과정에서 찾은 자료를 보고서 작성을 위한 기초자료로 정리할 수 있게 한다.

이어서 프로젝트 활동을 위한 두 번째 질문 '인간이 타인 및 주변 환경과 조화를 이루며 공존하기 위해 어떤 삶의 태도와 가치를 지녀야 하는가?'에 대해 교사는 질문을 던지고 학생들은 자신의 생각을 자유롭게 대답한다. 이때 학생들의 사고를 확장하기 위해 교사는 '인간과 함께 공존해야 하는 대상은 무엇인가?'에 관

2) 출처: 국립기상과학원 http://www.nims.go.kr/?sub_num=826

해 질문함으로써 생명을 가진 생명체, 즉 공존의 대상을 인간을 넘어 자연으로 확장해 생각해 볼 수 있도록 한다. 나아가 생명이 없는 대상 중 생성형 AI와 같이 인간의 삶에 영감을 주거나 삶의 질을 개선하는 데 도움을 주는 대상과 공존하는 길은 무엇인지에 관해서도 생각해 볼 수 있게 하여 공존에 대한 인식의 범위를 확장해 본다.

다음으로 프로젝트 활동을 위한 세 번째 질문 '미래를 준비하는 나는 직업인으로서 지속가능발전을 위해 어떤 기여를 할 수 있는가?'에 대해 질문하며 자신의 관심 분야, 나아가 자신이 일하게 될 직업 분야에서 지속가능발전을 저해하는 요인은 무엇인지 찾아보고 그 문제를 해결하기 위해 어떤 가치와 삶의 태도가 필요한지 성찰해 볼 수 있는 시간을 가진다.

이 과정을 통해 학생들은 프로젝트 활동의 배경과 방향을 이해하고 주도적으로 활동에 참여할 수 있게 된다.

(2) 프로젝트 활동 흐름도 안내

문제상황 제시와 질문을 통해 프로젝트 활동에 대한 동기부여를 한 후 교사는 프로젝트 활동의 흐름도를 통해 학생이 수행해야 할 프로젝트 활동과 산출물을 안내한다. 프로젝트 활동 흐름도는 〈표 11-9〉와 같다.

〈표 11-9〉 프로젝트 활동 흐름도

도입 활동	문제상황 제시 및 동기부여 활동
도전과제	AI활용, 공공의 가치를 실현하는 진로 개발 프로젝트 수행
프로젝트 활동	• 나의 진로와 지속가능발전목표의 연관성 찾기 • AI 활용 진로 개발 탐구 보고서 작성하기 • 모둠별 AI 활용 진로 개발 콘텐츠로 전자책 제작하기
발표 및 평가	작품 발표

2. 프로젝트 활동 진행

1) 단계별 프로젝트 활동

(1) 1단계: 나의 진로와 지속가능발전목표의 연관성 찾기

자기성찰적 질문으로 내면 들여다보기

학생들은 자신의 진로와 지속가능발전목표의 연관성을 찾기 위해 평소 자신이 가치 있게 생각하는 점이 무엇인지 생각해 볼 수 있는 시간을 가져 볼 수 있도록 한다. 자기성찰적 질문 활동지 작성을 통해 자신이 어떤 존재인지, 무엇을 중요하게 여기는지 성찰함으로써 자신의 내적 동기가 공공의 가치를 실현하는 데 어떤 방식으로 기여할 수 있을지 명확하게 알 수 있도록 하기 위함이다. 자신이 가치 있다고 느끼는 것과 행복의 기준을 정의하는 과정은 지속 가능한 사회의 목표를 개인적인 차원에서 재해석하도록 하여 자신만의 고유한 방식으로 지속 가능성을 위해 기여할 방법을 모색하도록 돕는다. 〈표 11-10〉은 학생들이 스스로에게 질문하고 답변할 수 있도록 안내한 활동지에 학생이 생각을 정리한 예시이다.

〈표 11-10〉 **자기성찰적 질문 활동 사례(예시)**

나의 내면 들여다보기	
① 나는 어떤 존재인가?	자기 주도적인 사람, 자기 성찰적인 사람, 이타적인 사람, 탐구적인 사람
② 내가 좋아하는 것은 무엇인가?	무언가를 깊게 탐구하여 그 지식을 이용한 새로운 생각을 나눠보거나 새로운 무언가를 창작하기, 다른 사람과 대화하며 공감하고 상담하기
③ 내가 잘 할 수 있는 것은 무엇인가?	분석하여 정리하기, 습득한 지식을 스스로 정리하여 이해하기, 남에게 이해시키기, 체계적인 일 처리하기, 타인이 더 잘 할 수 있도록 돕기
④ 내가 가치 있게 생각하는 것은 무엇인가?	나의 강점인 탐구적 호기심과 꼼꼼함을 이용하여 타인에게 좋은 영향을 줄 수 있다면, 그것이 내 인생에서 가장 가치 있는 것이 아닐까 생각한다. 내가 가진 것을 이용하여, 갖지 못한 사람들을 위해 돕는다면 그것이 내가 삶에서의 감사함을 가장 잘 실천할 수 있는 가치 있는 행동이라 생각한다.

나의 내면 들여다보기	
⑤ 내가 생각하는 행복한 삶의 기준은 무엇인가?	행복한 삶의 기준은 만족인 것 같다. 내가 아무리 많이 가져도 더 많이 가진 이와 비교하며 괴로워한다면 행복하지 않을 것이며, 내가 아무리 적게 가져도 그에 만족하고 감사한다면 행복할 것이다. 하지만 이런 내적 요인뿐만 아니라, 외적인 요인이 행복을 위해서는 필수적이라 생각한다. 예를 들어 자본주의 시장에서 돈 한 푼도 없이 만족하기는 쉽지 않을 것이다. 이렇게 나를 만족에 가깝게 하는 외적인 요인은 스스로가 찾아가고 만들어 가야 한다고 생각한다. 나에게 이 외적인 요인은 보람이다. 내가 딱히 무언가를 잘 하지 않더라도, 어떤 일을 하여 보람을 얻는다면 거기서 만족할 수 있을 것 같기 때문이다. 모두가 이 외적 요인은 다르겠지만, 결국 모든 이가 공통적으로 가지는 행복의 필수 요소는 만족과 감사라고 생각한다.

위의 활동 사례를 통해 확인해 볼 수 있듯이 학생은 자신의 정체성과 가치를 명확히 인식하고, 이를 바탕으로 공공의 가치를 실현하고자 하는 진로 개발 프로젝트의 목표에 충실히 접근하고 있다. 교사는 자기성찰적 질문을 통해 학생들이 각자 생각하는 가치 있고 행복한 삶이 지속 가능한 사회를 위해 어떤 방향으로 실천될 수 있는지 탐구하도록 돕는다.

나의 진로 목표와 지속가능 발전 목표 연관성 찾기

학생들은 자신의 진로 목표와 지속가능발전목표의 연관성을 찾아보기 위해 자신의 흥미와 적성을 고려해 관심을 가지게 된 직업의 특성을 이해하고 그 직업에 필요한 직업인의 태도와 가치를 활동지에 작성한다. 이 과정에서 생성형 AI를 활용해 정보를 탐색하며 자신의 진로 목표에 필요한 가치 및 태도와 지속가능 발전 목표의 연관성을 확인한다. 개개인의 진로 목표가 다르기 때문에 17가지 지속가능발전목표 중 자신의 직업 가치와 부합하는 목표를 찾아 활동지에 정리해 본다.

이 활동은 학생이 선택한 관심 분야나 직업이 지속가능발전목표와 어떻게 연관되는지 탐구하는 과정을 통해, 자신의 진로가 사회적, 환경적 책임과 어떻게 연결될 수 있는지를 명확하게 인식할 수 있도록 돕는다. 나아가 자신의 진로 목표 달성이 단순히 개인적 성공을 넘어 사회와 환경에 기여하는 방향으로 나아갈 수 있음을 확인해 볼 수 있는 학습 과정이다. 〈표 11-11〉은 진로 목표와 지속 가능한 발전 목표 연관성 찾기 활동 학생 사례이다.

〈표 11-11〉 **진로 목표와 지속 가능한 발전 목표 연관성 찾기 활동 사례 (예시)**

나의 진로 코드(3가지)	SIR
나의 관심 분야 또는 관심 직업	수의사 (임상진료/공무원)
관심 분야 또는 관심 직업을 소개해 보세요.	하는일: 개, 고양이, 소, 돼지, 물고기, 어패류 등 동물의 질병과 상해를 예방, 진단, 처방, 치료하고 자문하며 연구하는 업무를 수행한다. 적성: 동물을 돌보는 과정에서 발생하는 돌발 상황에 대처하기 위해 자신에게 주어진 여러 자원을 관리하고 맡은 일에 책임지는 자기성찰능력이 필요하다. 또한 동물의 질병을 진단, 처방, 치료하기 위해서 논리적으로 사고하여 문제를 해결하는 수리·논리력이 필요하다. 흥미: 동물에 대해 관심이 있고, 깊게 탐구하는 과정을 즐기는 사람에게 적합하다. 아픈 동물을 돌보는 것에 관심이 있고, 봉사활동에 참여하는 것을 좋아하는 사람에게 적합하다. 관련학과: 수의학과
관심 분야 또는 관심 직업에 필요한 직업 가치는 무엇인가	동물의 복지와 공중보건을 향상하기 위해 공감과 동정심, 정직성과 윤리의식, 동물복지에 대한 헌신 등이 중요한 가치이다.
직업 가치와 관련해 관심 분야 전문가(직업인)를 만난다면 어떤 질문을 하겠는가	이 일을 하며 얻는 가장 큰 보람은 무엇인가요? 직업인으로서의 목표가 있으신가요? 이 직업을 꿈꾸게 된 계기가 무엇인가요? 이 일을 위해선 어떤 역량이 필요한가요? 진료할 때 가장 중요하게 생각하시는 부분은 무엇인가요? 치료하던 동물이 안타깝게 무지개 다리를 건너면 마음을 어떻게 추스르시나요?
지속가능발전목표 17가지 중 나의 관심 분야 또는 관심 직업과 연계되는 목표는 무엇인가 (이유도 함께 작성)	SDGs 3. 건강과 웰빙(복지), 동물과 함께하는 인간들에게 동물의 건강은 그들의 행복에 큰 영향을 미친다. 동물들의 건강을 지키고 병을 치료함으로써 동물과 함께 살아가는 인간의 정신적 건강과 치유적 삶에 도움이 되기 때문에 SDGs 3과 연계하였다.

위 활동 사례에서 학생은 자신이 관심을 두고 있는 수의사 직업이 SDGs 목표 3(건강과 웰빙)과 어떻게 연계되는지를 동물복지와 인간의 정신적 건강과의 상관관계로 설명하고 있다. 수의사에게 필요한 직업적 가치에 대한 예시는 자신의 진로 목표를 공공의 가치와 연결한 좋은 사례이며 직업인을 대상으로 한 질문에서 직업의 보람, 역량, 동기 등 중요한 주제를 포함하고 있어 직업의 본질을 탐구하려는 의지를 엿 볼 수 있다.

(2) 2단계: AI 활용 진로 개발 탐구 보고서 작성하기

'공공의 가치를 실현하는 진로개발 프로젝트' 활동 1단계에서 자신의 진로와 지속 가능한 발전 목표의 연관성을 찾아본 후 학생들은 지속가능발전 목표와 연계한 자신의 진로 목표를 구체적으로 선정한다. 이를 토대로 관심 분야에서 지속가능발전을 저해하는 문제를 발굴하고 원인을 분석한 후 해결 방안을 제시해 보는 활동을 수행한다. 〈표 11-12〉는 학생이 활동한 결과물 예시이다.

〈표 11-12〉 AI 활용 진로 개발 탐구 보고서 학생 활동 사례

지속가능발전목표와 연계한 나의 진로 목표 선정	[SDGs 01] 빈곤종식, [SDGs 02]기아종식 식품공학을 통해 빈곤퇴치와 기아종식에 기여
지구적 관점에서 나의 관심 분야와 관련한 심각한 문제 는 무엇인가	세계의 절반이 굶주리고 있다. 700억 명 이상의 사람들(세계 인구의 거의 10%)이 극심한 빈곤 속에 살고 있으며 건강, 교육, 물과 위생에 대한 접근과 같은 기본적인 요구를 충족시키기 위해 고군분투하고 있다.
문제의 원인은 무엇인가	장 지글러의 '세계의 절반은 왜 굶주리는가'의 책 내용에 의하면 지구는 세계의 모든 사람들을 먹여 살릴 만한 식량이 있는데도 불구하고 굶주리는 사람이 생겨나는 이유는 분쟁과 잘못된 정책 등으로 가난한 사람들이 식량을 확보할 경제적 수단이 없기 때문이다. 더 나아가 사막화와 삼림파괴 도시화와 식민지 정책, 불평등 등 정치, 사회, 경제적인 문제로 기아와 빈곤이 극심해 지고 있다.
문제를 해결하기 위한 방안은 무엇인가 〈챗GPT활용〉	세계 기아문제를 해결하기 위한 방안 • 농업 생산량 증가 • 지속 가능성 촉진 • 정부 및 인프라 지원 • 빈곤 퇴치 외 글로벌 모금 캠페인 참여 등
지금의 문제를 해결하지 못할 경우 어떤 어려움을 겪을 것으로 예측되는가 〈챗GPT활용〉	기아 문제와 식량 부족이 지속될 경우, 전 세계적으로 심각한 어려움이 발생할 수 있다. 주요한 문제들을 다음과 같이 설명할 수 있다 1. 건강 문제와 사망률 증가: 기아는 영양실조로 이어져 면역력이 약화되고, 각종 질병에 더 취약해진다. 특히 어린이와 노인, 그리고 만성 질환을 가진 사람들은 기아에 의해 더 큰 피해를 입는다. 이러한 상황이 지속되면 전 세계적으로 사망률이 증가할 수 있다. 2. 경제적 불안정: 식량 부족은 노동 생산성을 저하시켜 경제 활동에 직접적인 영향을 미친다. 기아와 영양실조 상태에 있는 사람들은 제대로 일할 수 없으며, 이는 국가 경제의 성장 둔화로 이어질 수 있다. 더불어, 식량 가격 상승으로 인한 경제적 불안정은 빈곤층에 더 큰 타격을 준다.

<table>
<tr>
<td></td>
<td>3. 사회적 불안과 갈등: 기아 문제는 사회적 불안정과 갈등을 유발할 수 있다. 식량 자원 부족은 지역 간 또는 국가 간 분쟁으로 이어질 수 있으며, 기아 문제로 인해 난민이 발생해 이로 인한 사회적, 정치적 갈등도 발생할 수 있다.
4. 교육 기회의 상실: 기아는 교육에도 큰 영향을 미친다. 영양이 부족한 어린이들은 집중력과 학습 능력이 저하되며, 가족이 식량 확보에 집중해야 하는 경우 어린이들이 학교에 가지 못할 수도 있다. 이는 세대 간 빈곤의 악순환을 지속시킨다.
5. 환경적 악영향: 지속적인 기아 문제는 자연 자원에 대한 압박을 증가시켜 환경을 파괴할 수 있다. 예를 들어, 농업 생산성을 높이기 위해 과도한 경작이나 삼림 벌채가 발생할 수 있으며, 이는 장기적으로 생태계를 파괴하고 기후 변화를 악화시킬 수 있다.
6. 정치적 불안정: 기아 문제는 정부에 대한 불만과 신뢰 상실로 이어져 정치적 불안정을 초래할 수 있다. 이는 내전이나 정권 붕괴와 같은 극단적인 상황으로 발전할 수 있으며, 이는 해당 국가뿐만 아니라 이웃 국가들에도 부정적인 영향을 미칠 수 있다.
7. 인권 문제: 기아는 기본적인 인권 문제이기도 하다. 모든 사람은 충분한 식량을 섭취할 권리가 있지만, 지속적인 기아 상황은 이 권리를 침해하게 된다. 이는 국제 사회에서의 인권 논의와 갈등을 유발할 수 있다.

따라서 기아 문제는 단순한 식량 부족 이상의 문제로, 경제적, 사회적, 정치적, 환경적 여러 차원의 복합적인 문제로 이어질 수 있다. 이를 해결하지 않는다면 전 세계적인 혼란과 파국을 피하기 어렵게 될 것이다. 지속 가능한 발전 목표(SDGs) 중 하나인 '제로 헝거(Zero Hunger)'를 달성하기 위해서는 다각적인 노력이 필요하다.</td>
</tr>
<tr>
<td>미래의 직업인으로서 어떤 가치관을 가져야 하고 실천해 나가야 하는가

〈챗GPT활용〉</td>
<td>기아 종식과 관련해 식품공학을 연구하는 사람이 가져야 할 직업 가치관은 매우 중요하다. 이러한 가치관은 연구자가 목표를 설정하고 지속적으로 노력할 수 있도록 도와줄 뿐만 아니라, 그들의 연구가 실질적인 변화를 가져올 수 있게 한다. 다음은 식품공학자가 기아 종식을 위해 가져야 할 직업 가치관이다.
1. 사회적 책임감: 식품공학자는 자신의 연구와 개발이 전 세계적으로 기아 문제를 해결하는 데 기여할 수 있음을 인식하고, 이에 대한 사회적 책임감을 가져야 한다. 이는 자신의 연구 결과가 공익에 부합하며, 특히 취약한 계층에게 긍정적인 영향을 미치도록 하는 것을 의미한다.
2. 윤리적 의식: 식품 개발과 관련된 윤리적 문제를 항상 염두에 두고, 인간과 환경에 미치는 영향을 고려해야 한다. 예를 들어, 유전자 변형 식품(GMO)이나 식품 첨가물 사용에 대한 논란이 있는 만큼, 연구자가 이러한 문제에 대해 윤리적 기준을 세우고 신중하게 접근하는 것이 중요하다.
3. 혁신과 지속 가능성에 대한 열정: 기아 문제를 해결하기 위해서는 새로운 기술과 혁신이 필요하다. 지속 가능한 식량 생산과 분배를</td>
</tr>
</table>

위해 식품공학자는 끊임없이 새로운 아이디어와 기술을 탐구하고, 이를 현실화할 수 있는 열정을 가져야 한다. 이는 식량 자원의 효율적인 사용, 대체 식품 개발, 식품 저장 및 유통 기술 혁신 등 다양한 측면에서 요구된다.

4. 글로벌 시각과 협력 의지: 기아 문제는 국경을 넘어서는 글로벌 이슈이다. 식품공학자는 전 세계적인 문제를 이해하고, 다양한 국가와 문화, 경제 상황을 고려한 연구를 수행해야 한다. 또한 국제 협력과 다학제적 협력을 통해 문제를 해결할 수 있는 방법을 모색해야 한다.
5. 지속 가능한 발전에 대한 헌신: 연구 과정에서 단기적인 성과보다는 장기적인 지속 가능성을 염두에 두고 접근해야 한다. 이는 식품 생산 과정이 환경에 미치는 영향을 최소화하고, 다음 세대에도 지속 가능한 식량 공급을 가능하게 하는 방향으로 연구를 진행하는 것을 의미한다.
6. 공정성과 포용성: 모든 사람이 공정하게 식량에 접근할 수 있도록 하는 것은 중요한 가치관이다. 연구자가 개발하는 기술이나 식품이 특정 지역이나 계층에만 유리하게 작용하지 않도록 하고, 모두에게 혜택이 돌아갈 수 있도록 하는 공정성과 포용성을 가져야 한다.

이러한 직업 가치관을 바탕으로 식품공학자는 기아 종식을 위해 의미 있는 연구와 개발을 지속할 수 있으며, 더 나아가 전 세계 식량 안보에 기여할 수 있을 것이다.

위의 사례에서 학생은 기아와 빈곤이라는 글로벌 문제를 중심으로 지속가능발전목표와 자신의 진로 목표를 연계하여 심층적으로 탐구하였다. 기아 문제의 원인을 정치적, 경제적, 사회적 관점에서 분석하고, 책을 참고하여 분쟁, 정책적 오류, 사막화 등 다양한 요인을 제시하였으며 지속가능성 촉진, 인프라 지원, 글로벌 협력을 통한 문제 해결 방안도 제안하였다.

(3) 3단계: 진로 개발 콘텐츠 제작을 위한 모둠 계획서 작성

앞서 1단계와 2단계는 지속가능발전목표 실현을 위한 진로 개발 프로젝트 실행에 있어 개인의 진로 정보를 탐색하고 자기 성찰의 시간을 통해 지속가능발전목표와 자신의 진로 목표의 연관성을 찾고 진로 개발을 위한 보고서를 작성하는 활동이었다. 3단계 활동은 모둠별 프로젝트 활동으로 2단계에서 작성한 보고서를 토대로 AI를 활용해 공공의 가치를 실현하는 진로 개발 콘텐츠를 전자책으로 제작한다. 제작에 앞서서 모둠을 구성하고 프로젝트 활동을 위한 모둠 계획서를 작성한다. 〈표 11-13〉은 모둠 계획서 사례이다.

〈표 11-13〉 AI 활용 진로 개발 콘텐츠 제작 모둠 계획서 결과물(예시)

팀원 (학번, 이름)	10701홍길동, 10702 000, 10703 000, 10704 000, 10705 000	
전자 책명	지구를 빛낸 다섯 명의 위인들	
도전과제	우리들의 꿈이야기 전자책 제작 - 지속 가능한 발전 목표에 부합하는 직업 가치를 실현하는 미래 모습 -	
학습 핵심 요소	창의성, 협력, 도전	
기본 구성	미래 직업인으로서 지속 가능한 발전을 위해 어떤 역할을 하며 기여하고 있는지 콘텐츠로 제작한 후 전자책 만들기	
콘텐츠	자서전, 소설, 신문기사, 방송 시나리오, 시사잡지, 웹툰, 동영상, 노래 등	
구성원 (이름)	아이디어 및 콘텐츠	페이지
000	사람들의 행복한 삶을 보존하고 평화를 설현하기 위해 사람들의 개인정보를 책임지는 보안 프로그래머 [SDGs-16]	2-4
000	세계환경과 산업의 조화를 위한 프로그램을 제작하는 프로그래머 [SDGs-09]	5-7
000	반려동물들의 비만을 해결하기 위한 비만약을 개발하는 수의사 [SDGs-03]	7-9
000	사회기반시설을 구축하는 시스템 설계 기계공학자 [SDGs-09]	10-12
000	유전자 편집 기술로 인류의 건강과 웰빙을 위해 노력하는 생명공학자 [SDGs-03]	13-15
브레인스토밍	• 미래 직업인으로서의 내 모습 상상하기 • 시점을 언제로 할 것인가 (20년, 30년 후 등) • 지속 가능한 목표에 부합하는 직업인으로서의 내 모습 구체화하기 • 어떤 분야에서 어떤 일을 하고 있는가 • 자신의 직업을 통해 지속가능발전에 기여한 점은 무엇인가 • 그렇게 되기까지 어떤 노력을 기울였는가 또는 어떤 연구를 하였는가 • 지속가능한 목표에 기여한 자신의 모습을 통해 변화된 삶의 태도나 중요하게 생각 하게 된 직업 가치는 무엇인가 • 생성형 AI(뤼튼 등 다양한 도구) 활용방안: 챗GPT와 미리캔버스 활용 • 전자책 콘텐츠 및 디자인을 어떻게 할 것인가: 잡지로 구성하고 인터뷰 형식으로 디자인 할 계획임	

위 〈표 11-13〉의 사례에서 확인해 볼 수 있듯이 학생들은 지속가능 발전 목표에 부합하는 직업 가치를 실현해 나가는 미래 모습을 전자책으로 제작하기 위해 도전과제를 확인하고 전자 책명과 표지, 디자인, 내용구성 등에 관해 브레인스토밍하며 모둠 계획서를 완성한다.

(4) 4단계: AI 활용, 지속가능발전목표 실현을 위한 진로 개발 콘텐츠 제작 활동

공공의 가치를 실현하는 진로 개발 콘텐츠 제작을 위해 3단계에서 모둠별로 작성한 계획서를 바탕으로 각자 지속가능 발전 목표에 부합하는 진로 목표를 설정하고 진로 목표에 도달한 자신의 미래 모습을 상상하며 소설, 자서전, 보도자료, 잡지, 신문 기사 등의 콘텐츠로 표현한다. 이 과정에서 AI를 활용하여 관련 정보를 탐색하고 디자인한다. 학생들은 기본적으로 다음 〈표 11-14〉의 질문과 관련된 내용이 산출물에 드러나도록 제작한다.

〈표 11-14〉 **AI 활용 진로 개발 콘텐츠 제작 방향**

- 지속 가능한 목표에 부합하는 직업인으로서의 내 모습 구체화하기
- 시점을 언제로 할 것인가? (20년, 30년 후 등)
- 어떤 분야에서 무슨 일을 하고 있는가?
- 자신의 직업을 통해 지속 가능한 발전에 기여한 점은 무엇인가?
- 그렇게 되기까지 어떤 노력을 기울였는가 또는 어떤 연구를 하였는가?
- 지속 가능한 목표에 기여한 자신의 모습을 통해 변화된 삶의 태도나 중요하게 생각하게 된 직업 가치는?

AI 활용 진로 개발 콘텐츠 제작의 방향을 인식한 후 학생들은 인터뷰 형식, 소설형식, 자서전 형식 등 다양하게 진로 개발 콘텐츠를 제작한다. [그림 11-3]은 지속 가능한 발전에 기여하는 안과의사가 되길 희망하는 학생의 인터뷰 형식 작품 예시이다.

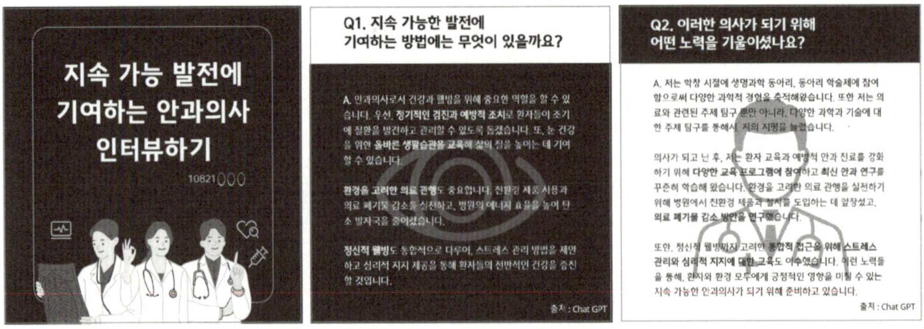

[그림 11-3] **챗GPT 활용 진로 개발 콘텐츠 학생작품**

[그림 11-4]는 삶에 활력을 주는 게임 개발자가 되기를 희망하는 학생의 진로 개발 작품으로 미리캔버스를 사용해 콘텐츠를 디자인하였다.

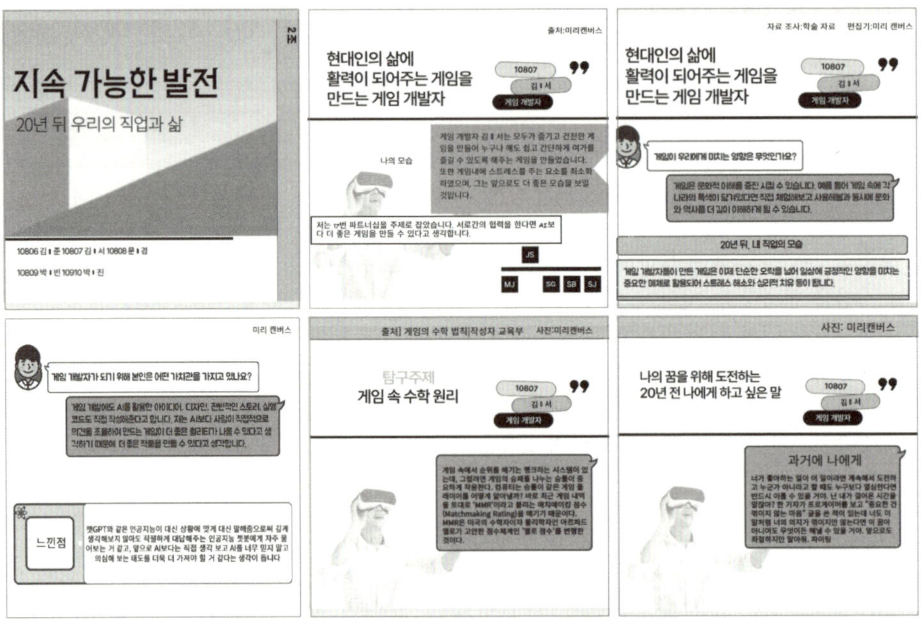

[그림 11-4] **미리캔버스 활용 진로 개발 콘텐츠 학생작품**

(5) 5단계: AI 활용, 진로 개발 콘텐츠로 전자책 만들기 활동

5단계 활동은 모둠별로 공공의 가치를 실현하는 진로 개발 산출물을 북크리에이터를 활용해 전자책으로 제작하는 단계이다. 북크리에이터는 사용하기 쉬운 디지털 북 메이킹 도구로 다양한 옵션을 활용해 쉽게 책을 만들 수 있는 도구이다. 교사는 크롬 창에서 북크리에이터를 입력한 후 교사로 회원가입을 하고 학생들에게 도서관 코드를 안내하여 학생들을 초대한 후 책 만들기 메뉴를 알려 주고 학생들이 협업하여 책을 제작할 수 있도록 안내한다. [그림 11-5]는 학급별로 제작한 전자책이 전시된 도서관 모습이다.

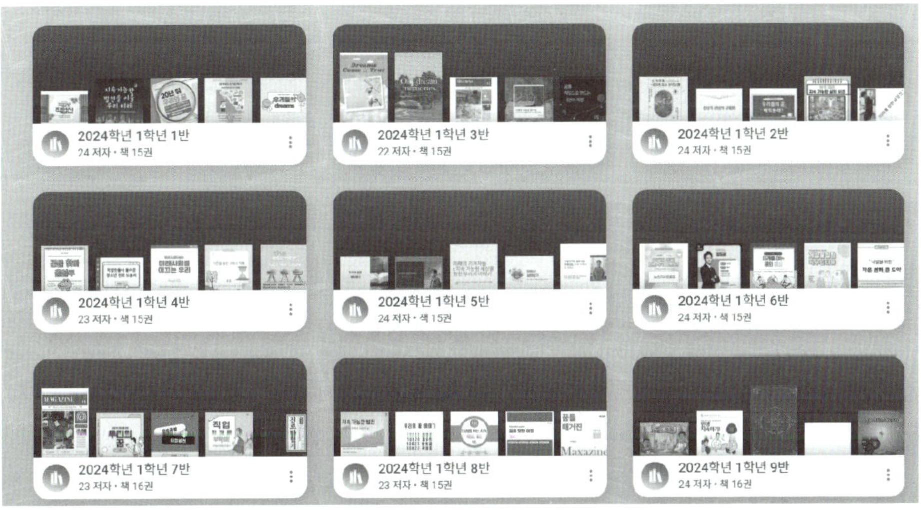

[그림 11-5] SDGs 실현을 위한 진로 개발 콘텐츠로 제작한 북크리에이터

[그림 11-6]은 AI 도구 중 챗GPT와 뤼튼, 픽스아트를 활용해 미래 꿈 이야기를 소설로 제작한 예시이다. 주인공이 꿈을 찾기 위해 다양한 분야의 전문가를 만나 그 직업을 가지게 된 동기와 직업인으로서의 보람, 지속 가능한 사회를 위해 어떻게 기여하고 있는지 인터뷰하는 과정이 구체적으로 서술되어 있다.

[그림 11-7]은 AI를 활용해 자서전 형식으로 구성하여 제작한 전자책 예시이다. 미래 자신의 관심분야에서 성공한 이후 지난 시간을 돌아보며 어떤 과정을 통해 꿈을 이루게 되었는지 서술되어 있으며, 지속 가능한 사회에 직업인으로서 기여하고 있는 모습을 구체적으로 표현하고 있다.

[그림 11-8]은 자서전으로 만든 모둠에서 자신의 인생에 영향을 준 책을 소개한 내용의 일부이다. 학생들은 지속가능한 발전에 기여할 수 있는 직업인으로 성장해 나가는 과정에서 자신의 삶에 영향을 준 책을 소개한다.

[그림 11-6] 챗GPT와 뤼튼, 픽스아트를 활용한 진로 개발 콘텐츠로 제작한 전자책

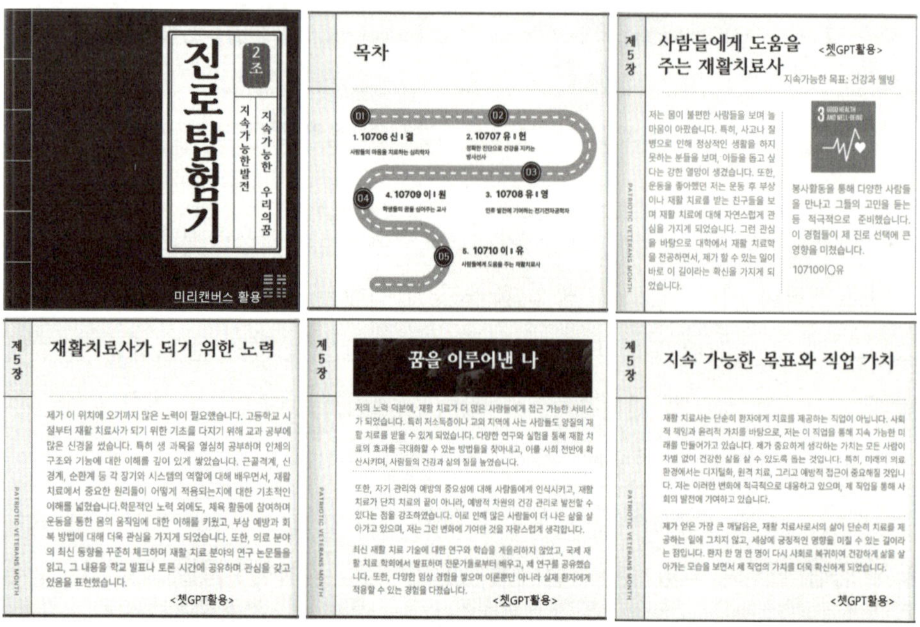

[그림 11-7] 챗GPT와 미리캔버스를 활용한 진로 개발 콘텐츠로 제작한 전자책

[그림 11-8] 챗GPT를 활용한 진로 개발 콘텐츠로 제작한 전자책

3. 산출물 발표 및 평가

1) 프로젝트 산출물 발표

'공공의 가치를 실현하는 진로 개발 프로젝트' 활동 과정을 통해 학생들은 AI활용 지속가능발전목표 실현을 위한 진로 개발 탐구 보고서를 작성하고 이어서 AI를 활용한 진로 개발 콘텐츠를 제작한 후 모둠별로 북크리에이터를 활용해 전자책으로 재편집한다. 산출물 발표에 앞서 교사는 평가 요소에 관해 안내하며 발표 과정에서 진정성, 발표력, 의사소통 능력이 돋보이도록 자신감을 가지고 큰 목소리로 발표할 것을 당부한다.

발표 순서를 정한 후 발표가 시작되면 모둠원은 인사 후 모둠장이 책 표지와 목차를 통해 지속가능발전에 부합하는 공공의 가치 실현을 위해 어떤 방향성을 가지고 책의 내용을 구성했으며 생성형 AI 도구를 어떻게 활용했는지 소개한다. 모둠장의 발표 후 모둠원이 순서대로 자신이 개발한 콘텐츠를 소개하고 소감을 발표한 후 질의응답의 시간을 가지도록 한다. [그림 11-9]는 모둠원이 함께 제작한 전자책을 소개하고 발표하는 장면이다.

[그림 11-9] 프로젝트 결과 산출물 발표 장면

발표 과정에서 평소 운동부 특기생이었던 학생이 10년 후 축구선수가 된 자신이 지속 가능한 발전 목표 17번(글로벌 파트너십)과 연계해서 어떤 직업인으로 성장해 있는지에 대해 발표한 내용은 같은 반 친구들에게 큰 감동을 주었다. '지구촌 협력에 기여한 놀라운 업적과 그의 영향력 있는 활동' 소개로 시작한 발표에서 국제 축구 아카데미를 열어 개발도상국 청소년들에게 축구 기술 향상뿐만 아니라 리더십, 팀워크, 글로벌 시민의식 등을 가르치는 종합적인 교육을 제공하고자 하는 꿈 이야기를 들려주었다. 나아가 스포츠를 통한 국제관계 개선과 평화 증진에 기여하는 외교활동으로 '축구로 하나 되는 세계'에 관해 구체적인 미래 청사진을 보여주어 지속 가능한 발전 목표에 부합하는 공공의 가치를 자신의 진로 목표와 연계해 발표하여 큰 호응을 얻었다.

2) 평가 및 기록

'공공의 가치를 실현하는 진로 개발 프로젝트'는 수행평가 계획에 따라서 2가지 산출물과 발표 및 성찰에 대해 〈표 11-15〉와 같이 평가 루브릭을 작성하여 평가한다.

〈표 11-15〉 **평가 요소 및 평가 기준 중심의 평가 루브릭**

<table>
<tr><th>평가항목</th><th>평가요소</th><th>평가기준</th><th>배점</th></tr>
<tr><td rowspan="4">AI활용, SDGs 실현을 위한 진로 개발 탐구 보고서</td><td rowspan="4">자기수도적 문제해결력</td><td>• 자신의 관심 분야와 지속가능발전목표를 연계하여 진로 설계를 주도적으로 하였는가?</td><td>10</td></tr>
<tr><td>• 진로 목표 속 공공의 가치를 저해하는 요소와 문제해결을 위한 빙인이 타당하게 제시되었는가?</td><td>10</td></tr>
<tr><td>• 문제해결과정에서 교과와 연계한 주제탐구가 구체적으로 이루어졌는가?</td><td>10</td></tr>
<tr><td>• 진로 개발 탐구 프로젝트 활동 과정에서 생성형 AI 도구를 적절히 활용하였는가?</td><td>10</td></tr>
<tr><td rowspan="3">AI활용, SDGs 실현을 위한 진로 개발 콘텐츠 및 전자책 제작</td><td rowspan="3">창의적 문제해결력</td><td>• SDGs 실현을 위한 진로 개발 콘텐츠 제작이 창의적으로 이루어졌는가?</td><td>10</td></tr>
<tr><td>• 생성형 AI 도구를 활용해 정보를 적절히 편집하고 디자인하였는가?</td><td>10</td></tr>
<tr><td>• SDGs 실현을 위한 진로 개발 콘텐츠를 제작하는 과정에서 협력적으로 문제를 해결하였는가?</td><td>10</td></tr>
<tr><td rowspan="3">발표 및 성찰</td><td rowspan="3">의사소통 능력</td><td>• SDGs 실현을 위한 진로 개발 콘텐츠를 자신있게 발표하였는가?</td><td>10</td></tr>
<tr><td>• SDGs 실현을 위한 진로 개발 콘텐츠 내용과 관련한 질문에 진정성있게 답변하였는가?</td><td>10</td></tr>
<tr><td>• 프로젝트 활동 과정에서 배우고, 느낀 점을 구체적으로 표현하였는가?</td><td>10</td></tr>
</table>

본 프로젝트의 평가는 활동 과정 중에 학생 간의 상호작용, 아이디어 및 열린 생각과 행동의 변화 등 학생이 보인 다양한 모습을 관찰하고 피드백하여 학생이 성장하고 발전할 수 있도록 지도하고 성취감을 통해 자기효능감을 높일 수 있도록 한다. 평소 자기 이해도가 낮은 학생들도 지속적인 피드백 과정에서 자기 성찰과 주도적 탐색을 통해 완성도 높은 콘텐츠를 제작하고 발표함으로써 진로 목표를 구체화하고 자기효능감을 높일 수 있다. 프로젝트 활동 과정과 산출물을 통해 평가한 내용을 다음과 같이 기록한다.

〈표 11-16〉 '공공의 가치를 실현하는 진로 개발 프로젝트' 활동 결과 기록

학생	기록 내용
A학생	공공의 가치를 실현하는 진로 개발 콘텐츠 제작 활동에서 생명과 자연을 위한 봉사를 통해 육상생태계 보호와 동물을 치료하는 수의사에 관한 꿈 이야기를 구체적으로 제작하고 발표함. 이 과정에서 모의고사 지문을 통해 관심을 가지게 되었던 '동물해방(피터싱어)'을 읽고 지구상에 공존해야 할 대상의 범위를 인간중심에서 동물, 더 나아가 자연까지 확장해서 생각해 봄으로써 모든 생명은 동등한 가치를 가지고 있음을 인식하고 동물을 치료하는 수의사의 꿈을 구체화함. 나아가 생물의 다양성 연구에도 관심을 가지고 농촌의 생물다양성 보존을 위해 청개구리, 풀과 같이 사소하게 생각할 수 있는 대상도 생태적 가치가 높다는 사실을 발표함으로써 공공의 가치를 실현하고자 하는 태도와 자기 주도적인 진로 개발역량이 돋보였음.

Ⅳ 프로젝트 수업 성찰과 마무리

1. 수업성찰

'공공의 가치를 실현하는 진로개발 프로젝트'를 마무리하면서 학생들이 남긴 소감문을 통해 한 뼘 더 성장한 모습을 확인해 볼 수 있었다. 이번 프로젝트 수업은 공존의 대상을 확장해서 생각해 본 경험, 자신이 공동체를 위해 작은 일이든, 큰일이든 영향을 줄 수 있고 우리는 이 지구에서 사는 동안 어떤 대상과도 상호작용을 하고 있다는 것을 알아가는 수업이었다. 나아가 자신이 지속 가능한 발전목표의 주체가 될 수 있으며, 우리의 성찰과 실천을 위한 작은 노력이 세상을 바꿀 수 있는 힘이 된다는 것을 인식할 수 있는 학습 경험을 제공한 수업으로 〈표 11-17〉은 학생의 소감문이다.

〈표 11-17〉 학생의 수업 소감 사례

학생	배우고, 느낀 점
A학생	지속가능발전에 대한 내용을 바탕으로 우리의 미래 직업을 기사 형식으로 만들어보면서, 지속가능발전이 왜 중요한지에 대해 생각하게 되었다. 세계 평화, 환경 문제, 건강 문제는 우리 모두의 문제로 적극적으로 대응하고 함께 해결해 나가기 위해 노력해야 함을 명확하게 알게 되었다. 이 활동을 통해 우리가 해야 할 일이 무엇인지, 그리고 그 일이 왜 중요한지에 대해 깊이 이해할 수 있었다.
B학생	이번 수업 활동을 통해 사회적 책임과 봉사의 가치를 깨달았다. 내가 속한 사회뿐만 아니라 세계 곳곳의 사람들이 더 나은 의료 환경에서 적절한 치료를 받을 수 있도록 돕는 것이 방사선사로서의 중요한 사명 중 하나라는 점을 알게 되었다. 나 자신에게 방사선사란 단순한 직업이 아니라 사람들의 건강과 생명을 지키는 소명이라는 생각을 하게 되었다.

A 학생은 '공공의 가치를 실현하는 진로 개발 프로젝트 활동'을 통해 지속가능발전의 중요성을 인식하였으며, 세계 평화, 환경 문제, 건강 문제 등 주요 글로벌 도전과제를 구체적으로 언급하며 이러한 문제에 적극적으로 대응해야 하는 이유를 알게 되었음을 언급하고 있다. 이는 프로젝트 활동이 단순한 학습 경험을 넘어 학생의 가치관 형성과 사고의 확장에 도움을 주었음을 알 수 있다.

B 학생은 자신이 속한 사회를 넘어 세계적으로 더 나은 의료 환경을 구축하는데 기여하고자 하는 의지를 표현하며, 방사선사라는 직업의 사회적 책임을 깊이 이해하고 있다. 특히 방사선사라는 직업이 '단순한 직업이 아니라 사람들의 건강과 생명을 지키는 소명'이라는 표현에서 자신의 진로를 사회적 기여와 연결 짓는 성숙한 사고를 보여주고 있다.

2. 수업을 마치며

'공공의 가치를 실현하는 진로 개발 프로젝트' 수업을 마무리하며 수업을 통해 확인한 학생들의 변화와 성장의 모습을 정리하면 다음과 같다.

첫째, 그동안 발견하지 못했던 학생들의 내면을 살펴볼 수 있었다. 특히 자신의 관심 분야와 지속가능발전목표와의 관련성을 찾아 미래 직업인으로서 어떤 자세와 태도를 가져야 하는지, 지속 가능한 발전에 기여할 수 있는 직업의 가치는 무엇인지 스스로 성찰하는 시간을 통해 학생들은 지속 가능한 미래와 사회를 위해 필요한 가치, 행동, 삶의 방식에 관해 구체적으로 생각하고 표현함으로써 성장해 나가는 모습을 보였다.

둘째, 지속가능발전목표 실현을 위한 프로젝트 수업은 학생 개인의 관심 분야와 지속 가능한 발전 목표를 연계해 진로 개발 콘텐츠를 제작해 봄으로써 학생들이 개인의 삶을 넘어 이웃과 공동체의 삶을 함께 생각해 보는 계기가 되어 더욱 의미 있는 수업이었다.

셋째, 프로젝트를 수행한 후 학생들은 학습에 대한 내적 동기가 향상되었다. 평소 공부를 해야 하는 이유가 좋은 대학에 가서 좋은 직장에 취직해 안정적으로 편하게 살기 위해서라는 답을 자연스럽게 하던 학생들이, 공부를 해야 하는 이유에 대해, 나와 함께 살아가는 사람들이 더 행복해질 수 있도록 돕는 중요한 일임을 깨달았고, 자기 개발과 평생학습의 중요성을 인식하게 되었음을 발표하였다.

넷째, 이번 프로젝트 활동은 생성형 AI를 다양하게 활용해 필요한 정보를 탐색하고 재편집하는 과정에서 디지털 도구를 활용하는 역량을 키워주었다. 프로젝트 활동 과정에서 학생들은 과제수행을 위해 어떤 디지털 도구를 활용하는 것이 효과적인지를 알고 주도적으로 선택할 수 있게 되었으며, AI를 활용해 다양한 콘텐츠를 제작함으로써 완성도 높은 프로젝트 산출물을 제작할 수 있었다.

교사와 학생이 함께 배우고 성장해 나갈 수 있는 수업은 학생뿐만 아니라 수업을 설계하고 디자인하는 교사에게도 많은 용기가 필요하다. 이번 'AI와 만난 지속가능발전교육 프로젝트 수업'은 교사에게도 배움과 성장의 기회를 준 활동으로 디지털 도구를 활용해 새로운 학습에 도전하며 삶과 연계된 문제를 창의적으로 해결해 나가는 과정에서 개인의 진로 개발이 공공의 가치 실현에 기여할 수 있는 방안을 다양하게 모색해 볼 수 있었다. 이러한 학습 경험이 앞으로도 계속 확장되어, 우리의 작은 실천이 세상을 변화시키는 힘이 되기를 기대한다.

부록1

교과 · 영역별 교육과정 분석도

■ 〈제5장: 영미문학읽기〉 교육과정 분석도

1단계 교육과정 분석

영역: One Book Reading (영미 문학 읽기)

핵심 아이디어
- 다양한 문화적 관점에 대한 포용적 태도를 통해 공감적 이해와 문화적 감수성을 함양한다.
- 문학 작품의 감상과 비평을 통해 비판적이고 창의적인 사고력을 기른다.

범주

[지식 · 이해]	[과정 · 기능]	[가치 · 태도]
• 다양한 어휘, 문장 구조, 서사의 언어적 지식과 문학적 장르 특성 이해 • 자국 및 타 문화의 생활양식, 사고방식, 의사소통 방식 탐구와 문화적 맥락 이해	• 문학적 감수성으로 공감적 글로 표현하기 • 주제나 요지 파악, 글의 분위기 파악 등 읽기 전략 활용 • 다양한 매체를 활용한 문학 작품 비평 활동 • AI 과정 활용 및 결과물 제작	• 문학 작품에 대한 심미적 태도 • 문제 해결을 위한 자율적이고 주도적인 참여 태도 • 다양한 사회적 · 문화적 관점에 공감적 이해와 문화적 감수성

성취기준:
[12영문01-01] 다양한 장르와 주제의 문학 작품을 읽고 주요 내용을 요약한다.
[12영문01-03] 문학 작품을 읽고 자신의 느낌이나 감상을 공유하고 표현한다.
[12영문01-06] 다양한 매체를 활용하여 문학 작품의 내용을 다양한 관점으로 분석 · 비평한다.

평가 요소 1	평가 요소 2	평가 요소 3
문학작품 요약과 감상 표현	AI 활용 전자 만화책 제작	지속가능발전목표의 실천과 성찰 및 피드백

2단계 도달점 확인

평가 내용	독서 일지 작성	AI 활용 전자 만화책(영상) 제작	피드백과 성찰
기대 효과	• 읽기에 집중하여 독서 일지를 요약하기, 공감적 표현하기 등 자신의 언어로 성실하게 작성한다.	• AI를 활용하여 문학 작품에 대한 공감적 이해와 심미적 태도를 다양한 매체를 활용(만화나 영상물)을 제작하여 표현한다.	• 과정에 대한 성찰과 피드백을 통하여 문학 읽기의 영향을 표현하고, 지속가능발전목표의 실천 방안을 구체적으로 작성하고 공유한다.

3단계

학습 주제: **학습 주제: 'One Book Reading(한 권 읽기)'과 지속가능발전목표 실천 프로젝트**

학습 활동 계획	• 읽기전략 및 독서 일지 작성 방법 익히기 • 개별 독서일지 작성 • 모둠별, 학급별 읽기로 전체 내용 파악하기	→ • 책 내용을 활용한 만화 스토리보드 작성하기 • AI 활용 콘텐츠 제작 방법 익히기 • AI활용, 만화나 영상 결과물 제작하기	→ • 지속가능발전목표 이해하고 실천 방안을 작성하고 공유하기 • 결과물 공유하고 피드백하기

■ 〈제6장: 정보과제 연구〉 교육과정 분석도

교육과정 분석

1단계

영역: 정보과제 연구

핵심개념: 진로 설계와 실천

일반화된 지식:
- 생성형 AI를 활용해 진로 정보를 찾아 잠정적인 진로 목표 설정 및 진로 설계 방안을 탐구한다.
- 탐색한 정보를 생성형 AI를 활용해 협력적으로 표현함으로써 우리들의 꿈 이야기를 디자인해 볼 수 있다.

범주

[지식 · 이해]	[과정 · 기능]	[가치 · 태도]
정보과제 연구의 개념과 컴퓨팅 사고력의 개념을 이해	생성형 인공지능 도구를 활용해 데이터 분석을 하고 보고서를 작성하여 발표	정보과제 탐구활동을 통해 문제 해결력과 협업을 통해 방안 제시

성취기준:
[12정연01-01] 정보과제 연구의 의미를 파악하고 컴퓨팅 사고력을 활용한 과제 연구의 의의를 설명할 수 있다.
[12정연01-04] 정보과제 연구의 의미에 부합된 주제를 선정하고 연구를 진행하는 과정에서 고려해야 할 요소를 검토하고 관련된 선행 연구자료를 탐색할 수 있다.

평가 요소 1	평가 요소 2	평가 요소 3
정보과제 연구 과제 수행하기	정보과제 연구 데이터분석 과제 수행하기	정보과제 연구 보고서 만들기

도달점 확인

2단계

평가 내용	**정보과제 연구 이해 주제 관련 개념 확장**	**생성형 AI 활용 데이터 분석 연구**	**탐구활동 보고서 제작**
기대 효과	• 자신의 특성을 이해할 수 있다. • 진로 정보를 상황에 맞게 재편집 할 수 있다. • 진로 목표에 따른 진로 설계를 종합적 관점에서 제시할 수 있다.	• 생성형 AI를 활용해 꿈 이야기를 창의적으로 구성할 수 있다. • 새로운 콘텐츠로 도전과제를 표현할 수 있다. • 꿈에 다가가기 위한 실천과제를 제시할 수 있다.	• 자기다운 삶의 이야기를 진정성 있게 말할 수 있다. • 모둠원이 협력적으로 소통할 수 있다. • 동료평가를 할 수 있다.

3단계

학습 주제: **학습주제: 생성형 AI를 활용한 데이터 분석하기**

학습 활동 계획:

• 정보과제 연구 이해 • 컴퓨팅 사고력 이해 • 생성형 AI 마인드맵 만들기	→ • AI를 활용 데이터 분석하기 • 데이터 정제, 데이터 수집, 데이터 시각화, 탐색적 분석	→ • 생성형AI 감마 활용 • 발표 및 감상 • 동료평가하기

■ 〈제7장: 기후변화와 환경생태〉 교육과정 분석도

1단계 교육과정 분석

영역: 기후위기와 환경생태 변화

핵심 아이디어
- 기후변화는 환경생태의 변화를 초래하여 인간의 삶에 직접적인 영향을 미친다.

범주

[지식 · 이해]	[과정 · 기능]	[가치 · 태도]
• 기후와 환경생태의 상호 작용을 이해한다. • 기후변화와 감염병을 조사한다. • 급격한 환경생태 변화와 대응 노력에 대해 조사한다.	• 융합적 사고, 수학적 사고를 바탕으로 데이터를 분석 · 평가 · 추론한다. • 과학기술을 이용한 사회 문제 해결 방안 아이디어를 탐구한다. • 다양한 매체를 활용하여 감염병 예방을 위한 서식지 보호 활동을 표현하고 협력적 소통한다.	• 자연과 과학에 대한 감수성을 가진다. • 과학 활동의 윤리성에 대해 깊이 사고한다. • 과학 문제 해결에 대한 개방성에 대해 토론한다. • 안전 · 지속가능 사회에 기여의 중요성을 인지한다.

성취기준:
[12생과 I 05-06] 생물다양성의 의미와 중요성을 이해하고 생물다양성 보전 방안을 토의할 수 있다.
[12기환 02-08] 모기나 파리와 같은 곤충 매개 감염병이 새롭게 출현하거나 급격히 확산되는 현상을 기후변화와 연계하여 설명할 수 있다.

평가 요소 1	평가 요소 2	평가 요소 3
감염병 조사자료	서식지 보호 계획서	서식지 보호 산출물

2단계 도달점 확인

	평가 요소 1	평가 요소 2	평가 요소 3
평가 내용	**자료 탐색의 충실성**	**계획서의 유창성**	**산출물의 매체 선정 및 정보 전달력**
기대 효과	• 감염병 조사를 통해 서식지 파괴와 감염병의 확산의 상호 연관성을 이해할 수 있다.	• AI를 활용하여 서식지 보호 계획서를 작성하는 과정에서 과학적 문제 해결력과 창의적인 역량을 기를 수 있다.	• 다양한 매체를 선정하여 산출물을 발표함으로써 조사자료의 공유와 협력적 의사소통능력을 기를 수 있다.

3단계

학습 주제: **학습 주제: 감염병 확산을 막기 위한 서식지 보호 프로젝트**

학습 활동 계획:

• 문제상황 제시 및 감염병의 확산 모의실험 • 프로젝트의 진행 안내	→ • 감염병 조사 및 수행과제 선정 • AI활용, 감염병 확산을 막기 위한 서식지 보호 프로젝트 산출물 제작	→ • 감염병 확산을 막기 위한 서식지 보호 프로젝트 산출물 발표 • 피드백하기

■ 〈제8장: 문학 감상〉 교육과정 분석도

1단계 교육과정 분석

영역: 감상

핵심 아이디어

- 문학은 세계에 대한 인식과 형상화 방식에 따라 여러 갈래로 나뉘며 문학 작품의 생산과 수용에는 다양한 맥락이 작용한다.
- 한국 문학은 한국인의 삶과 미의식을 반영하고 사회와 상호 작용하며 역사적으로 전개되어 왔다.
- 문학 향유자는 문학을 통해 자아를 성찰하고 타자를 이해하며 공동체의 문제 해결에 참여하는 태도를 지니고 주체적으로 문학을 생활화한다.

범주

[지식 · 이해]	[과정 · 기능]	[가치 · 태도]
• 한국 문학의 성격과 역사	• 문학 작품 해석하기 • 문학 작품 재구성 · 창작하기 • 문학 소통하기	• 문학을 통한 자아 성찰과 타자 이해 • 문학과 공동체 참여

성취기준:

[12문학01-03] 주요 작품을 중심으로 한국 문학의 범위와 갈래, 변화 양상을 탐구한다.
[12문학01-08] 작품을 읽고 새로운 시각으로 재구성하거나 주체적인 관점에서 작품을 창작한다.
[12문학01-11] 문학을 통해 공동체가 처한 여러 문제들을 이해하고 문제 해결에 참여하는 태도를 지닌다.

평가 요소 1	평가 요소 2	평가 요소 3
지역설화의 갈래적 특징 이해	지역설화의 주체적 수용과 창작	공동체의 문제에 대한 이해와 참여

2단계 도달점 확인

평가 내용	지역설화의 특징과 가치 이해하기	지역설화 재창작하기	지역 홍보 영상물 제작하기
기대 효과	• 내가 살고 있는 지역의 설화를 직접 찾고, 이를 현 공간의 특성과 연결시키는 과정을 통해 지역설화의 특징과 가치를 판단할 수 있다.	• 지역설화에 담긴 미덕과 지역 고유의 특성을 살린 설화를 재창작함으로써 지역설화가 오늘날에도 유효한 가치를 지닌 정신문화유산임을 체감하고, 문학의 보편성을 확인할 수 있다.	• 재창작한 지역설화를 지역 홍보 영상물로 변환하고 게시함으로써 우리 지역의 가치를 홍보하는 경험과 함께, 타지역에 대한 이해를 높이고 지역이 지닌 고유의 가치를 성찰한다.

3단계

학습 주제: AI를 활용한 지역설화 재창작과 홍보 영상물 제작

학습 활동 계획

• 선정된 지역설화 속 가치 탐구하기 • 내가 살고 있는 지역설화 탐색, 선정하기	→ • 선정한 지역설화 속 시민성 가치 추출하기 • AI와 협업하여 홍보 영상물의 목적에 맞게 재창작하기	→ • AI를 활용하여 지역 홍보 영상물 제작하기 • 시민성과 지역 가치의 표현 측면에서 성찰, 평가하기

■ 〈제9장: 미술 감상〉 교육과정 분석도

1 단계 교육과정 분석

영역: 감상

핵심 아이디어
- 감상은 다양한 삶과 문화가 반영된 미술과의 만남으로 자신과 공동체의 문화를 풍요롭게 한다.
- 작품의 내용과 형식에 대한 맥락적 이해와 비평은 미적 판단 능력을 높이고 미술 문화의 다원적 가치를 이해하게 한다.

범주

[지식 · 이해]	[과정 · 기능]	[가치 · 태도]
• 미술의 시대적, 지역적, 사회 · 문화적 변천 • 미술 감상과 비평을 위한 관점과 방법 • 전시의 목적과 유형	• 미술과 시대, 사회, 환경과의 상호 관련성 분석하기 • 작품에 대한 자신의 견해와 가치 판단을 논리적으로 표현하기 • 전시를 기획하고 참여하기	• 감상을 통한 소통 • 미술 문화의 다원적 가치 이해와 존중

성취기준:
[12미03-01] 미술의 시대적, 지역적, 사회 · 문화적 변천 과정을 이해하고 작품을 감상하며 자신의 견해를 논리적으로 표현할 수 있다.
[12미03-02] 비평 방법을 활용하여 미술과 시대, 사회, 환경과의 상호 관련성을 분석하고 가치를 판단할 수 있다.
[12미03-03] 미술 작품 감상과 비평의 관점을 활용한 소통으로 미술 문화의 다원적 가치를 이해하고 존중할 수 있다.
[12미03-04] 전시의 목적과 유형을 이해하여 전시를 기획하고 참여할 수 있다.

평가 요소 1	평가 요소 2	평가 요소 3
미술 문화재 가치 판단	미술 문화의 다원적 가치 이해	보고서 작성을 통한 지식 확산

2 단계 도달점 확인

평가 내용	미술 문화재 복원하기	복원 작품 전시하기	보고서 작성하기
기대 효과	• 세계의 미술 문화유산 중 파손된 문화재를 찾아 디지털 복원해 보는 과정을 통해 문화재의 가치를 판단할 수 있다.	• 복원한 작품을 메타버스 갤러리에 전시해 보면서 미술 문화의 다원적 가치를 이해하고 공유할 수 있다.	• 미술 문화재 복원 과정과 결과를 보고서 작성을 통해 정리하면서 배움을 확장 시킬 수 있다.

3 단계

학습 주제: **학습 주제: AI를 활용한 미술 문화재 디지털 복원 프로젝트**

학습 활동 계획

• 세계의 파손된 미술 문화유산 작품 찾아보기 • 생성형 AI를 활용하여 파손된 미술 문화재를 3D 모델로 복원해 보기 →	• 복원한 작품을 전시하기 위한 팀별 메타버스 갤러리 제작하기 • 각자 복원한 3D 모델 작품을 메타버스 갤러리에 설치하기 →	• 자기 모둠과 다른 모둠의 전시회를 살펴보며 자기평가 및 동료 평가 하기 • 미술 문화재 복원 프로젝트 활동 과정과 결과를 보고서에 정리하기

■ 〈제10장: 사회문제탐구〉 교육과정 분석도

1 단계 교육과정 분석

영역: 사회문제탐구

핵심 아이디어

- 사회문제는 과학적인 탐구 절차에 따라 자료를 수집하고 분석하여 해결 방안을 모색한다.
- 사회문제를 선정하고 탐구하는 과정을 자신의 진로 탐색 활동과 연계할 수 있다.
- SDGs의 가치 실을 위한 사회문제를 선정하여 해결방안 모색 및 실천 방안을 제안한다.

범주

[지식 · 이해]	[과정 · 기능]	[가치 · 태도]
• 사회문제 탐구 절차 • 사회문제 탐구 계획 수립 • 다양한 자료수집 및 분석 • 사회문제 탐구 보고서 작성	• 사회문제 탐구 방법 적용 및 분석을 통한 결론 도출 • 사회문제 합리적 해결 방안 제시하기	• 공동체 문제 해결 참여 • 지속가능발전목표(SDGs)의 가치 이해와 존중 및 실천

성취기준:

[12사탐04-01] 일상생활에서 경험하는 사회문제 중 하나를 선정하여 해당 문제에 대한 다양한 관점을 비교하고, 이를 바탕으로 문제 해결을 위한 탐구 계획을 수립한다.

[12사탐04-02] 탐구 계획에 적합한 자료 수집 방법을 적용하여 자신이 선정한 사회문제에 관한 자료를 수집한다.

[12사탐04-03] 수집한 자료에 대한 분석과 해석을 토대로 사회문제에 대한 해결 방안을 제시한다.

[12사탐04-04] 자신의 사회문제 탐구 과정과 결과를 연구 보고서로 작성하여 발표하고, 사회문제 해결을 위한 참여는 사회 구성원으로서의 권리이자 의무라는 점을 인식하며 해결 방안을 적극적으로 실천한다.

평가 요소 1	평가 요소 2	평가 요소 3
프로젝트 활동 계획의 합리성	프로젝트 활동 결과의 통합적 문제해결력	SDGs 가치의 실천적 실현

2 단계 도달점 확인

평가 내용	**사회문제 탐구 계획서 작성**	**사회문제 탐구 보고서 작성**	**홍보 포스터 구성**
기대 효과	• 진로 관련 관심 SDGs의 핵심 가치를 바탕으로 팀 공동의 연구주제, 연구목적, 연구문제를 합리적으로 선정할 수 있다.	• 사회문제 탐구 계획에 따라서 연구 주제-연구 목적-연구 문제-자료수집 방법-이론적 배경-연구 결과 분석-결론 및 제언을 보고서로 완성할 수 있다.	• 사회문제 탐구 결과 도출한 SDGs 가치 실현 방안 실천을 통해서 사회를 개선할 수 있는 홍보 포스터를 창의적으로 제작할 수 있다.

3 단계

학습 주제: **학습 주제: AI를 활용한 사회문제 탐구 프로젝트**

학습 활동 계획:

• 모둠원들의 진로 및 SDGs 관련성 파악하기 • 생성형 AI를 활용하여 SDGs의 핵심 가치 파악 및 공동의 연구주제, 연구목적, 연구 문제 선정하기 →	• 프로젝트 활동 계획에 따라서 모둠별로 연구 주제-연구 목적-연구방법-자료수집방법-이론적 배경-결론 및 제언의 보고서 완성 • 모둠 활동 결과 보고서를 패들렛에 공유하기 →	• SDGs 가치 실현을 위한 홍보 포스터를 생성형 AI 도구를 활용해서 창의적으로 구성하기 • 홍보 포스터를 활용한 실천 및 프로젝트 활동에서 배우고, 느낀 점을 보고서에 정리하기

■ 〈제11장: 진로와 직업〉 교육과정 분석도

1 단계 — 교육과정 분석

영역: 직업가치와 평생학습

핵심 아이디어

- 직업인의 사회적 책임은 건강한 일터를 만드는 토대가 될 뿐만 아니라 지속가능한 세계 목표의 토대가 된다.
- 지속가능한 발전목표에 대한 이해를 기반으로 한 진로목표는 진로개발에 대한 강한 동기를 부여한다.
- 자신의 직업 가치를 성찰하고 진로정보를 탐색함으로써 평생학습의 중요성을 인식한다.

범주

[지식 · 이해]	[과정 · 기능]	[가치 · 태도]
• 직업인의 사회적 책임 이해 • 지속가능발전 목표와 직업 가치의 상호 연관성 이해 • 지속가능한 시민역량과 평생학습의 중요성 이해	• AI를 활용한 지속 가능발전 연계 관심분야 진로 정보탐색 • AI 활용, 진로연계 주제탐구로 직업가치 성찰 • AI 활용, 지속 가능한 진로개발 콘텐츠 및 전자책 제작	• 진로 탐색의 주도성과 직업 가치에 대한 포용적 태도 • 직업인의 사회적 책임 내면화 • 평생학습에 대한 열린 자세

성취기준:

[12진로01-03] 직업 윤리의 중요성을 이해하고 건강하고 안전한 일터를 만드는 직업인의 사회적 책임을 인식한다.

[12진로01-04] 일, 학습, 여가의 가치와 상호 관계를 이해하고 자신의 직업 가치를 성찰한다.

[12진로02-05] 지속 가능한 진로 개발을 위해 다양한 진로 경로를 탐색하고 평생 학습의 중요성을 이해한다.

평가 요소 1	평가 요소 2	평가 요소 3
지속가능 진로개발 타당성	AI활용 정보편집 및 창의성	발표력과 표현력

2 단계 — 도달점 확인

평가 내용	AI활용 진로개발 탐구보고서 작성	AI활용 진로개발 콘텐츠 및 전자책 제작	발표하기
기대 효과	• 보고서 작성을 통해 직업인의 사회적 책임을 이해하고 지속가능발전목표와 직업 가치의 상호 연관성을 이해할 수 있다.	• AI를 활용하여 지속 가능한 진로개발 콘텐츠를 제작하는 과정에서 정보 편집력과 창의적 문제 해결력을 기를 수 있다.	• 모둠원이 함께 AI를 활용해서 만든 콘텐츠를 북크리에이터에서 전자책으로 편집하여 발표함으로써 협력적 의사소통 능력을 기를 수 있다.

3 단계

학습 주제: **학습 주제: 공공의 가치를 실현하는 진로 개발 프로젝트**

학습 활동 계획:

• 나의 진로와 지속가능발전목표의 연관성 찾기 • AI활용 진로 개발 탐구보고서 작성하기	→ • 진로개발 콘텐츠 제작을 위한 모둠계획서 작성하기 • AI 활용, SDGs 실현을 위한 진로개발 콘텐츠 및 전자책 만들기	→ • 북크리에이터로 제작한 꿈이야기 콘텐츠 발표 및 감상하기 • 평가하기

부록2

교과 · 영역별 프로젝트 개요

■ 〈제5장: 영미 문학 읽기〉 프로젝트 개요표 205

<table>
<tr><td colspan="2">교육과정 영역</td><td colspan="2">One Book Reading (영미 문학 읽기)</td><td>수업 대상</td><td>고등학교 2학년</td></tr>
<tr><td colspan="2">수업 형태</td><td colspan="4">프로젝트 학습</td></tr>
<tr><td rowspan="10">수업 소개</td><td>수업주제</td><td colspan="4">'One Book Reading(한 권 읽기)'과 지속가능발전목표 실천 프로젝트</td></tr>
<tr><td>기획의도</td><td colspan="4">이 프로젝트는 학생들이 문학 작품을 통해 영어 원서를 보다 흥미롭게 접할 수 있도록 하기 위해 시작되었다. 고등학생들이 입시의 압박감 속에서 책을 읽는 시간이 부족하고, 특히 영어로 된 작품을 읽을 기회는 거의 없기 때문에 이 프로젝트는 영어 원서를 개인적으로 읽고, 독서 일지를 기록하여 공유하는 것에서 시작하였다. 이후 학생들은 작품의 감상을 지속가능발전목표(SDGs)와 연결시키고 협업을 통해 최종 결과물을 제작하고 공유하게 되었다. 이 활동을 통해 학생들은 영어 능력을 확장하고 문학적 감수성을 기를 수 있을 뿐만 아니라, 작품의 배경과 상황을 이해하고, SDGs 관점에서 사회 문제를 해결하기 위한 홍보와 행동 목표를 설정하였다. 프로젝트 과정에서 SDGs는 자연스럽게 문학 감상과 연결되었고, 학생들이 직접 지속가능발전목표를 선정하고 협업을 통해 결과물의 형태와 내용을 구성하는 방식으로 진행되었다. 이 과정에서 학생들은 생성형 AI 등 다양한 디지털 도구를 적극적으로 활용하였다.</td></tr>
<tr><td>내용요소</td><td colspan="4">[지식 · 이해] 줄거리 파악하기, 문맥 내의 어휘력 함양, 글의 시공간적 배경에 대한 이해
[과정 · 기능] 문학적 감수성 함양 및 공감적 글로 표현하기, AI 과정 활용 및 결과물 제작
[가치 · 태도] 공감적 태도 및 타인과 타 문화에 대한 포용적 자세와 배려하는 행동</td></tr>
<tr><td>성취기준 (2022)</td><td colspan="4">[12영문01-01] 다양한 장르와 주제의 문학 작품을 읽고 주요 내용을 요약한다.
[12영문01-03] 문학 작품을 읽고 자신의 느낌이나 감상을 공유하고 표현한다.
[12영문01-06] 다양한 매체를 활용하여 문학 작품의 내용을 다양한 관점으로 분석 · 비평한다.</td></tr>
<tr><td>교과역량</td><td colspan="4">☑ 지식정보처리 역량 ☑ 심미적 감성 역량 ☑ 창의적 사고 역량
☑ 자기관리 역량 ☑ 협력적 소통 역량</td></tr>
<tr><td>SDGs 내용</td><td colspan="4">[SDG 1] 빈곤 퇴치 [SDG 4] 양질의 교육 [SDG 6] 깨끗한 물과 위생</td></tr>
<tr><td>SDGs 역량</td><td colspan="4">통합적 문제 해결 역량, 협업 역량</td></tr>
<tr><td>재료</td><td colspan="4">e-활동지(구글 클래스룸), 생성형 AI 도구(챗GPT, 캔바), 북크리에이터, 패들렛</td></tr>
<tr><td>주요학습 내용</td><td colspan="4">독서 일지 작성 – AI 활용 전자 만화책(영상) 제작 – 지속가능발전목표의 실천과 성찰 및 피드백</td></tr>
<tr><td colspan="5"></td></tr>
<tr><td colspan="2">수업 시 유의 사항</td><td colspan="4">1. 학생들이 작품 읽기에 대해 즐거움을 느낄 수 있도록 의견을 나누고 협력의 시간을 확보한다.
2. 다양한 디지털 도구를 적극적으로 활용할 수 있도록 사용법을 안내하고, 기술적인 문제 발생 시 해결할 수 있는 지원을 제공한다.
3. 지속가능발전목표(SDGs) 교육의 연계성을 다루는 만큼, 그 중요성과 관련된 구체적인 사례를 제공하고, 이를 문학 작품과 어떻게 연관 지을 수 있는지에 대한 토론을 활성화해야 한다. 학생들이 사회적 이슈와 연결된 목표를 깊이 이해할 수 있도록 도와야 한다.</td></tr>
<tr><td colspan="2">평가 방법</td><td colspan="4">☑ 연구보고서법 ☑ 관찰법 ☑ 발표 및 토의 · 토론법</td></tr>
</table>

■ 〈제6장: 정보과제 연구〉 프로젝트 개요

<table>
<tr><td colspan="2">교육과정 영역</td><td colspan="2">정보과제 연구</td><td>수업 대상</td><td>고등학교 3학년</td></tr>
<tr><td colspan="2">수업 형태</td><td colspan="4">프로젝트학습</td></tr>
<tr><td rowspan="10">수업 소개</td><td>수업주제</td><td colspan="4">생성형 AI를 활용한 진로와 연계한 프로젝트 데이터 분석</td></tr>
<tr><td>기획의도</td><td colspan="4">정보과제 연구는 문제 해결에 필요한 소양을 갖춘 뒤 컴퓨터를 활용해 다양한 연구를 수행하는 것을 말한다. 연구의 형태로는 과학적 연구, 사회학적 연구, 예술적 또는 실무 위주 연구와 같이 다양하게 있지만, 학생들이 선정한 주제와 방법에 따라 다양하게 융합되어 진행될 수 있다. 3학년인 학생을 고려해 지속가능발전목표 17개 영역 중 모둠별 선정하여 생성형 인공지능을 활용하여 진로와 연계한 데이터 분석을 하며 배우고 알게 된 탐구활동 내용을 보고서를 작성하여 발표하도록 수업을 구성하여 안내하였다.</td></tr>
<tr><td>내용요소</td><td colspan="4">[지식・이해] 정보과제 연구, 컴퓨팅 사고력, 생성형 AI 개념 이해
[과정・기능] 생성형 AI활용 데이터 분석한 내용을 적용・설명하기
[가치・태도] 정보과제 탐구활동에서 문제에 대한 호기심, 문제해결력, 협업을 통한 창의성, 윤리성</td></tr>
<tr><td>성취기준</td><td colspan="4">[12정연01-01] 정보 과제 연구의 의미를 파악하고 컴퓨팅 사고력을 활용한 과제 연구의 의의를 설명할 수 있다.
[12정연01-04] 정보 과제 연구의 의미에 부합된 주제를 선정하고 연구를 진행하는 과정에서 고려해야 할 요소를 검토하고 관련된 선행 연구자료를 탐색할 수 있다.
[12정연01-11] 구도 또는 포스터 등의 방식으로 연구 결과를 발표할 수 있다.</td></tr>
<tr><td>교과역량</td><td colspan="2">☑ 정보활용능력
☑ 진로탐색능력</td><td colspan="2">☑ 문제해결능력
☑ 자기성찰능력 ☑ 공동체역량</td></tr>
<tr><td>SDGs 내용</td><td colspan="2">[SDG 05] 양성평등
[SDG 14] 해양 생태계</td><td colspan="2">[SDG 08] 양질의 일자리와 경제 성장
[SDG 16] 평화롭고 정의로운 사회 증진</td></tr>
<tr><td>SDGs 역량</td><td colspan="4">규범적역량, 창의적 역량, 협업역량, 통합적 문제해결역량</td></tr>
<tr><td>재료</td><td colspan="4">e-활동지(구글 클래스룸 수업과제방 탑재), 생성형 AI 도구(챗GPT, AI마인드맵, 프레젠테이션 제작 도구 감마)</td></tr>
<tr><td>주요학습 내용</td><td colspan="4">생성형AI 원리를 이해 AI 마인드맵 그리기 → 생성형AI를 활용하여 데이터 분석하기 → 공유 및 연구 보고서 작성</td></tr>
<tr><td colspan="5" style="display:none"></td></tr>
<tr><td colspan="2">수업 시 유의 사항</td><td colspan="4">1. 정보과제 마인드맵 그리기 수업 시에는 학생 개인별로 노트북 또는 태블릿 PC를 사용할 수 있도록 수업 환경을 구성한다.
2. 생성형 AI 활용을 통한 데이터 분석하기에서 데이터 시각화, 프롬프트를 통한 데이터 분석 내용등을 예시를 들어 상세하게 설명하여 안내하도록 한다.
3. 정보과제 연구 탐구활동에 대한 발표 자료를 생성형 인공지능 도구 감마(Gamma)를 활용해 산출물을 제작할 수 있도록 안내한다.</td></tr>
<tr><td colspan="2">평가 방법</td><td colspan="4">☑ 연구보고서법 ☑ 관찰법 ☑ 발표 및 토의・토론법</td></tr>
</table>

■ 〈제7장: 기후변화와 환경생태〉 프로젝트의 개요

<table>
<tr><td colspan="2">교육과정 영역</td><td>기후위기와 환경생태 변화</td><td>수업 대상</td><td>고등학교 2학년</td></tr>
<tr><td colspan="2">수업 형태</td><td colspan="3">프로젝트학습</td></tr>
<tr><td rowspan="9">수업 소개</td><td>수업주제</td><td colspan="3">감염병 확산을 막기 위한 서식지 보호 프로젝트</td></tr>
<tr><td>기획의도</td><td colspan="3">최근 들어 기후 변화, 생태계 파괴 등으로 인해 전 세계적으로 감염병의 발생과 확산이 빈번해지고 있다. 최근 몇 년 동안 전 세계인을 팬데믹으로 몰아넣었던 코로나 바이러스는 결국 서식지 파괴로부터 온 인수공통감염병이 인간을 침입한 사례이다. 오늘날 서식지 파괴는 야생동물과 인간 간의 접촉을 증가시켜 새로운 바이러스의 출현 배경이 되며, 이로 인해 감염병의 위협이 커지고 있다. 본 프로젝트 수업의 목적은 서식지 파괴와 감염병 습격의 상호 연관성을 강조하여 감염병에 관한 새로운 시각 제공할 뿐만 아니라 서식지 보존이 새로운 바이러스의 출현을 막을 수 있으며, 동물의 서식지를 보호하여 함께 공존해야 하는 인식의 중요성을 알리기 위하여 본 수업을 구성했다.</td></tr>
<tr><td>내용요소</td><td colspan="3">[지식 · 이해] 기후와 환경생태의 상호작용, 기후변화와 감염병, 급격한 환경생태 변화와 대응 노력
[과정 · 기능] 융합적 사고, 수학적 사고를 바탕으로 데이터를 분석, 평가 · 추론하기, 과학기술을 이용한 사회 문제 해결 방안 마련하기, 다양한 매체를 활용하여 표현하고 협력적 소통하기
[가치 · 태도] 과학 활동의 윤리, 과학 문제 해결에 대한 개방성, 안전 · 지속가능 사회에 기여</td></tr>
<tr><td>성취기준</td><td colspan="3">[12생과Ⅰ05-06] 생물다양성의 의미와 중요성을 이해하고 생물다양성 보전 방안을 토의할 수 있다'
[12기환02-08] 모기나 파리와 같은 곤충 매개 감염병이 새롭게 출현하거나 급격히 확산되는 현상을 기후변화와 연계하여 설명할 수 있다.</td></tr>
<tr><td>교과역량</td><td colspan="3">☑ 정보활용능력 ☑ 문제해결능력 ☑ 진로탐색능력 ☑ 자기성찰능력 ☑ 공동체역량</td></tr>
<tr><td>SDGs 내용</td><td colspan="3">• (SDGs 13) 기후변화로 인해 예상되는 위험을 감소시키고 생태계를 보호하고, 보존하기 위한 노력을 강화할 수 있다.
• (SDGs 15) 산림파괴 중단, 황폐화 된 산림복원 등 지속 가능한 산림 경영을 강화하는 노력과 세계적인 단체들의 노력을 알고 개인적인 실천을 생각할 수 있다.</td></tr>
<tr><td>SDGs 역량</td><td colspan="3">예측역량, 과학적 문제해결역량, 창의적 역량, 협업역량, 통합적 문제해결역량</td></tr>
<tr><td>재료</td><td colspan="3">온라인 공유보드(패들렛, 캔바) , 생성형 AI 도구(챗GPT, 뤼튼, 코파일럿, 수노 감마 등)</td></tr>
<tr><td>주요학습 내용</td><td colspan="3">인수공통감염병 조사하기 — 서식지 보호 방안 계획서 작성 및 산출물 제작 — 발표하기</td></tr>
<tr><td colspan="2">수업 시 유의 사항</td><td colspan="3">1. 최근에 발생하여 세계적으로 확산된 감염병의 사례를 조사하도록 안내하여 감염병이 서식지 파괴와 관련 있음을 알게 한다.
2. 감염병 확산을 막기위한 서식지 보호의 중요성을 알게하고, 서식지를 보호할 수 있는 다양한 방법을 생각해 보고 홍보할 수 있는 방안에 대해 계획서를 작성하도록 지도한다.
3. AI를 활용하여 다양한 자료의 탐색이 이루어지도록 지도하며 특히 디지털 윤리교육과 사용법에 관해 사전에 충분히 지도한다.
4. 다양한 매체를 이용하여 서식지 보호 방안 프로젝트의 과제를 수행할 수 있도록 돕는다.</td></tr>
<tr><td colspan="2">평가 방법</td><td colspan="3">☑ 연구보고서법 ☑ 관찰법 ☑ 발표 및 토의 · 토론법</td></tr>
</table>

■ 〈제8장: 문학 감상〉 프로젝트 개요

<table>
<tr><td colspan="2">교육과정 영역</td><td>문학의 수용과 창작, 문학과 공동체 참여</td><td>수업 대상</td><td>고등학교 2학년</td></tr>
<tr><td colspan="2">수업 형태</td><td colspan="3">프로젝트학습</td></tr>
<tr><td rowspan="10">수업 소개</td><td>수업주제</td><td colspan="3">지역설화를 활용한 지역 홍보물 제작 프로젝트</td></tr>
<tr><td>기획의도</td><td colspan="3">본 프로젝트 수업은 부산 내에 위치한 지역(동네)의 설화를 활용하여 각 지역의 문화적 자산과 특색을 학습자들이 인지하고, 이것이 지역 내 거주민들의 정체성 형성과 밀접하게 연관되어 있음을 알게 하는 것이다. 더 나아가, 이를 다른 동네 혹은 다른 지역에 사는 또래 학생들에게 홍보하여 지역 방문을 홍보하는 캠페인 활동을 실시하게 한다. 학습자들이 생성형 AI를 활용하여 지역 방문을 유도하는 홍보물을 만들고, 이를 공유하여 지역의 가치를 두루 알게 하는 것이 목적이다. 이와 같은 과정을 통해 학습자들은 같은 지역, 도시 내에 거주하는 이들에 대한 이해를 높일 수 있을 것이며, 궁극적으로 학습자 자신의 정체성 확립에도 도움을 받게 되리라 기대한다.</td></tr>
<tr><td>내용요소</td><td colspan="3">[지식 · 이해] 문학의 본질과 기능
[과정 · 기능] 문학 작품 감상하기, 문학 작품 재구성 · 창작하기, 문학 소통하기
[가치 · 태도] 문학을 통한 자아 성찰과 타자 이해, 문학과 공동체 참여</td></tr>
<tr><td>성취기준</td><td colspan="3">[12문학01-07] 작품을 공감적, 비판적, 창의적으로 감상하며, 다양한 방식으로 작품에 대해 비평한다.
[12문학01-09] 다양한 매체로 구현된 작품의 창의적 표현 방법과 심미적 가치를 문학적 관점에서 수용하고 소통한다.
[12문학01-10] 문학을 통하여 자아를 성찰하고, 타자를 이해하며 상호 소통한다.
[12문학01-11] 문학을 통해 공동체가 처한 여러 문제들을 이해하고 문제 해결에 참여하는 태도를 지닌다.</td></tr>
<tr><td>교과역량</td><td colspan="3">☑ 의사소통 역량 ☑ 디지털 미디어 역량 ☑ 비판적 · 창의적 사고 역량
☑ 문화 향유 역량 ☑ 공동체 역량 ☑ 자기 성찰 · 계발 역량</td></tr>
<tr><td>SDGs 내용</td><td colspan="3">[SDG 10] 불평등 해소 [SDG 11] 지속가능한 도시와 지역사회</td></tr>
<tr><td>SDGs 역량</td><td colspan="3">통합적 문제 해결 역량, 협업 역량, 자아 인식 역량, 규범적 역량, 창의적 역량</td></tr>
<tr><td>재료</td><td colspan="3">생성형 AI 도구(제미나이, 코파일럿, 클로버X, 브루, 투닝 등), 패들렛</td></tr>
<tr><td>주요학습 내용</td><td colspan="3">지역설화 가치 탐구 — AI 활용 지역설화 재창작 — 지역설화를 활용한 지역 홍보물 제작</td></tr>
<tr><td colspan="4" style="display:none"></td></tr>
<tr><td colspan="2">수업 시 유의 사항</td><td colspan="3">1. 시민성의 가치에 부합하는 지역설화를 탐색할 수 있도록 지도한다.
2. AI 도구를 활용하여 설화를 재창작할 경우 영상물로의 변환이 적합한 텍스트로 재창작할 수 있도록 프롬프트 입력 방법과 최대한 여러 도구를 활용할 수 있도록 안내하며, 최종 수정은 본인이 할 수 있도록 지도한다.
3. 영상물 혹은 웹툰으로 재창작한 결과물을 평가할 경우 본래의 설화가 갖는 가치가 잘 드러나는지, 불평등 해소와 지속가능한 도시 및 지역사회 구축에 기여하는 내용인지에 유의하여 평가한다.</td></tr>
<tr><td colspan="2">평가 방법</td><td colspan="3">☑ 관찰법 ☑ 발표 및 토의 · 토론법 ☑ 자기 평가 및 동료 평가
☑ 연구보고서법 ☑ 감상문</td></tr>
</table>

■ 〈제9장: 미술 감상〉 프로젝트 개요

<table>
<tr><th colspan="2">교육과정 영역</th><td>감상</td><th>수업 대상</th><td>고등학교 2학년</td></tr>
<tr><th colspan="2">수업 형태</th><td colspan="3">프로젝트학습</td></tr>
<tr><th rowspan="10">수업 소개</th><th>수업주제</th><td colspan="3">AI 활용, 미술 문화재 디지털 복원 프로젝트</td></tr>
<tr><th>기획의도</th><td colspan="3">이 수업은 학생들이 생성형 인공지능 기술을 활용하여 미술 문화유산을 이해하고 보존하는 과정에 직접 참여함으로써, 미래 사회에 필요한 다양한 능력을 종합적으로 길러주기 위해 설계한 것이다. 학생들은 프로젝트를 진행하는 과정에서 디지털 리터러시를 기르고, 문화유산에 대한 깊이 있는 이해를 하게 된다. 또한, AI 기술을 활용한 창의적 문제 해결 능력과 팀 프로젝트를 통한 협업 능력을 기를 수 있다. 이 수업은 예술, 역사, 기술을 연계하는 융합적 사고를 촉진하며, AI 사용에 따른 윤리적 고려 사항과 문화재 복원의 진정성에 대한 비판적 사고를 발달시킬 것이다. 프로젝트 전 과정을 경험하며 학생들의 프로젝트 관리 능력은 물론 문화적 감수성과 기술적 능력을 동시에 기르고, 미래 사회에 필요한 다양한 역량을 갖출 수 있도록 이 수업을 기획하였다.</td></tr>
<tr><th>내용요소</th><td colspan="3">[지식 · 이해] 미술의 시대적, 지역적, 사회 · 문화적 변천
[과정 · 기능] 미술과 시대, 사회, 환경과의 상호 관련성 분석하기
[가치 · 태도] 미술 문화의 다원적 가치 이해와 존중</td></tr>
<tr><th>성취기준</th><td colspan="3">[12미03-01] 미술의 시대적, 지역적, 사회 · 문화적 변천 과정을 이해하고 작품을 감상하며 자신의 견해를 논리적으로 표현할 수 있다.
[12미03-02] 비평 방법을 활용하여 미술과 시대, 사회, 환경과의 상호 관련성을 분석하고 가치를 판단할 수 있다.
[12미03-03] 미술 작품 감상과 비평의 관점을 활용한 소통으로 미술 문화의 다원적 가치를 이해하고 존중할 수 있다.
[12미03-04] 전시의 목적과 유형을 이해하여 전시를 기획하고 참여할 수 있다.</td></tr>
<tr><th>교과역량</th><td colspan="3">☐ 심미적 감성 역량 ☐ 정체성 역량 ☑ 창의 · 융합역량
☑ 시각적 소통 역량 ☑ 공동체 역량</td></tr>
<tr><th>SDGs 내용</th><td colspan="3">[SDG 04] 양질의 교육 [SDG 11] 지속가능한 도시와 지역사회</td></tr>
<tr><th>SDGs 역량</th><td colspan="3">통합적 문제 해결 역량, 협업역량, 규범적 역량</td></tr>
<tr><th>재료</th><td colspan="3">e-활동지(구글 프레젠테이션), 생성형 AI 도구(클로드, 루마), 메타버스 플랫폼(코스페이시스 에듀)</td></tr>
<tr><th>주요학습 내용</th><td colspan="3">미술 문화재 디지털 복원하기 — 디지털 복원 문화재 전시하기 — 보고서 작성하기</td></tr>
<tr><th colspan="2">수업 시 유의 사항</th><td colspan="3">1. AI 기술을 사용하여 문화재를 복원할 때, 역사적 정확성과 예술적 해석 사이의 균형을 유지할 수 있도록 학생들에게 AI가 제안하는 복원 결과를 무 비판적으로 수용하지 않도록 지도한다.
2. 학생들 간의 AI 기술 이해도와 사용 능력의 차이가 크지 않도록 수업 초반에 AI 도구 사용법에 대한 기초적인 교육을 제공하고, 모둠 구성 시 기술 능력이 다양한 학생들을 골고루 배치하여 서로 협력하며 학습할 수 있는 환경을 조성한다.
3. AI 기술 사용에 치중하여 문화재 자체의 역사적, 문화적 가치를 간과하지 않도록 주의한다. 수업 과정에서 단순히 기술적 복원에만 집중하지 않고, 해당 문화재의 역사적 배경, 예술적 의의, 사회문화적 맥락 등을 충분히 학습하고 토론하는 시간을 제공하여 학생들이 문화재 복원의 궁극적인 목적과 의미를 이해할 수 있도록 지도한다.</td></tr>
<tr><th colspan="2">평가 방법</th><td colspan="3">☐ 서술형 및 논술형 평가 ☑ 관찰법 ☑ 발표 및 토의 · 토론법
☑ 자기 평가 및 동료 평가 ☑ 연구보고서법 ☑ 감상문 ☐ 포트폴리오법 ☐ 실기평가</td></tr>
</table>

■ 〈제10장: 사회문제탐구〉 프로젝트 개요

<table>
<tr><td colspan="2">교육과정 영역</td><td>감상</td><td>수업 대상</td><td>고등학교 2학년</td></tr>
<tr><td colspan="2">수업 형태</td><td colspan="3">프로젝트학습</td></tr>
<tr><td rowspan="10">수업 소개</td><td>수업주제</td><td colspan="3">AI 활용 사회문제 탐구 프로젝트</td></tr>
<tr><td>기획의도</td><td colspan="3">본 프로젝트는 학생들이 자신의 진로와 관련된 사회문제를 SDGs의 가치 실현 방안과 연계하여 탐구함으로써 통합적 문제 해결 역량, 의사소통 및 협업 역량, 창의적 사고 및 비판적 사고 역량, 규범적 역량을 길러주기 위해 설계한 것이다. 학생들은 SDGs의 핵심 가치를 자신의 진로와 연계함으로써 지속 가능한 삶의 방식에 대한 통합적 통찰력을 갖게 될 것이다. 또한, AI를 활용하여 디지털 전환 시대에 대비하는 디지털 리터러시 역량을 기르고, 팀 프로젝트를 통한 의사소통 및 협업역량을 기를 수 있다. 사회문제 탐구 계획서를 수립하고 탐구 결과를 보고서로 작성하는 과정을 통해서 창의적 사고 및 비판적 사고 역량을 기를 수 있다. 공정하고 정의로운 사회발전을 위한 실천 방안을 도출하여 홍보하는 과정에서 SDGs의 가치를 존중하는 규범적 역량을 기를 것이다. 학생들은 자신의 진로와 관련한 사회문제를 사회문제 탐구 방법을 적용해서 연구를 진행해서 결론을 도출하는 과정에서 통합적인 관점에서 사회문제를 해결하고자 하는 통합적 문제 해결 역량을 가진 세계시민으로서의 통찰력과 실천력을 가진 주체로 성장하길 기대한다.</td></tr>
<tr><td>내용요소</td><td colspan="3">[지식・이해] 사회문제 탐구 절차, 탐구 계획 수립, 탐구 보고서 작성 방법 이해
[과정・기능] 사회문제 탐구 방법을 적용해서 연구 결과의 결론 및 실천적인 방안 도출하기
[가치・태도] 지속가능발전목표(SDGs)의 가치 이해와 존중</td></tr>
<tr><td>성취기준</td><td colspan="3">[12사탐04-01] 일상생활에서 경험하는 사회문제 중 하나를 선정하여 해당 문제에 대한 다양한 관점을 비교하고, 이를 바탕으로 문제 해결을 위한 탐구 계획을 수립한다.
[12사탐04-02] 탐구 계획에 적합한 자료 수집 방법을 적용하여 자신이 선정한 사회문제에 관한 자료를 수집한다.
[12사탐04-03] 수집한 자료에 대한 분석과 해석을 토대로 사회문제에 대한 해결 방안을 제시한다.
[12사탐04-04] 자신의 사회문제 탐구 과정과 결과를 연구 보고서로 작성하여 발표하고, 사회문제 해결을 위한 참여는 사회 구성원으로서의 권리이자 의무라는 점을 인식하며 해결 방안을 적극적으로 실천한다.</td></tr>
<tr><td>교과역량</td><td colspan="3">☑ 비판적사고 ☑ 창의적사고 ☑ 문제해결력 ☑ 의사소통 및 협업능력 ☑정보활용능력</td></tr>
<tr><td>SDGs 내용</td><td colspan="3">[SDG 01] 빈곤 종식 ~ [SDG 17] SDGs를 위한 파트너십</td></tr>
<tr><td>SDGs 역량</td><td colspan="3">통합적 문제해결 역량, 협업역량, 규범적 역량</td></tr>
<tr><td>재료</td><td colspan="3">e-활동지(구글 프레젠테이션), 생성형 AI 도구(Vrew, 챗GPT), 북크리에이터(전자책), 패들렛</td></tr>
<tr><td>주요학습 내용</td><td colspan="3">사회문제 탐구 계획서 작성 — 사회문제 탐구 보고서 작성 — 홍보 포스터 구성</td></tr>
<tr><td colspan="2">수업 시 유의 사항</td><td colspan="3">1. 본 프로젝트는 서로 다른 진로와 SDGs의 관심을 가진 학생들이 공동의 주제를 선정해서 모둠별로 진행하기 때문에 팀 협력의 중요성을 인식하고 상호 소통과 존중하는 태도를 갖도록 지도한다.
2. AI를 활용하여 사회문제 탐구 프로젝트를 진행하기 전에 디지털 윤리에 대해서 지도한다.
3. AI를 활용해서 사회문제 탐구 프로젝트를 진행하는 과정에서 학생들이 원하는 결과를 얻기 위해서는 질문하는 내용이 중요함을 상세히 안내한다.
4. AI가 제안해 준 정보가 정확하지 않은 경우가 있음을 인식하고, AI가 제안해 준 정보를 바탕으로 모둠 구성원들의 토의 및 토론을 통해서 모둠원이 원하는 내용을 구성해 갈 수 있도록 지도한다.</td></tr>
<tr><td colspan="2">평가 방법</td><td colspan="3">☐ 서술형 및 논술형 평가 ☑ 관찰법 ☑ 발표 및 토의・토론법
☑ 자기 평가 및 동료 평가 ☑ 연구보고서법 ☑ 성찰일지 ☐ 포트폴리오법</td></tr>
</table>

■ 〈제11장: 진로와 직업〉 프로젝트 개요

<table>
<tr><th colspan="2">교육과정 영역</th><td>직업가치와 평생학습</td><th>수업 대상</th><td>고등학교 1학년</td></tr>
<tr><th colspan="2">수업 형태</th><td colspan="3">프로젝트학습</td></tr>
<tr><th rowspan="10">수업
소개</th><th>수업주제</th><td colspan="3">공공의 가치를 실현하는 진로 개발 프로젝트</td></tr>
<tr><th>기획의도</th><td colspan="3">이 수업은 생성형AI를 활용하여 과제를 수행하는 수업으로, 학생 개인의 진로목표에 따른 지속가능발전목표(SDGs)를 선정하여 직업가치와 평생학습 영역의 성취기준을 통해 지속가능 발전에 기여할 수 있는 진로역량을 개발하기 위한 수업이다. 프로젝트 과정은 17가지 지속가능발전목표(SDGs)를 학생 개인의 진로 분야와 연계해 스스로 영역을 선정하여 AI를 활용한 진로탐색과 관심분야 주제탐구 및 모둠별 꿈 이야기 전자책 제작을 통해 지속가능 발전 목표에 부합하는 진로설계를 해 봄으로써 진로개발 역량을 길러 나갈 수 있도록 하였다. 나아가 지속가능발전 목표에 부합하는 가치와 태도의 중요성을 인식하고 미래 직업인으로서 지속가능발전을 위해 어떤 기여를 하게 될 것인가를 생각하고 실천함으로써 시민의식을 함양할 수 있도록 기획하였다.</td></tr>
<tr><th>내용요소</th><td colspan="3">[지식 · 이해] 지속가능발전목표와 직업 가치의 상호 연관성 이해
[과정 · 기능] AI를 활용한 지속 가능한 진로개발 콘텐츠 및 전자책 제작
[가치 · 태도] 직업인의 사회적 책임 내면화</td></tr>
<tr><th>성취기준</th><td colspan="3">[12진로01-03] 직업윤리의 중요성을 이해하고 건강하고 안전한 일터를 만드는 직업인의 사회적 책임을 인식한다.
[12진로01 04] 일, 학습, 여가의 가치와 상호 관계를 이해하고 자신의 직업 가치를 성찰한다.
[12진로02-05] 지속 가능한 진로 개발을 위해 다양한 진로 경로를 탐색하고 평생학습의 중요성을 이해한다.</td></tr>
<tr><th>교과역량</th><td colspan="3">☑ 정보활용능력 ☑ 문제해결능력 ☑ 진로탐색능력 ☑ 자기성찰능력 ☑ 공동체역량</td></tr>
<tr><th>SDGs 내용</th><td colspan="3">[SDGs 01] 빈곤종식, [SDGs 02]기아종식, [SDGs 03] 건강과 복지, SDGs 04] 양질의 교육, [SDGs 05] 양질의 교육, [SDGs 6], 깨끗한 물과 위생, [SDGs 7] 적정 가격의 깨끗한 에너지, [SDGs 8] 양질의 일자리와 경제성장, [SDGs 9] 산업, 혁신, 사회기반시설 [SDGs 10] 불평등감소, [SDGs 11] 지속가능한 도시와 지역사회, [SDGs 12] 책임있는 소비와 생산, [SDGs 13] 기후 행동, [SDGs 14] 수생태계 보전, [SDGs 15] 육상생태계 보전, [SDGs 16] 평화, 정의, 강력한 제도, [SDGs 17] 목표 달성을 위한 파트너십</td></tr>
<tr><th>SDGs 역량</th><td colspan="3">예측역량, 자아인식역량, 협업역량, 규범적 역량, 통합적 문제해결역량</td></tr>
<tr><th>재료</th><td colspan="3">e-활동지(구글 클래스룸), 생성형 AI 도구(챗GPT, 수노, 플루닛 스튜디오), 북크리에이터</td></tr>
<tr><th>주요학습
내용</th><td colspan="3">AI활용 진로개발 탐구보고서 작성 — AI활용 진로개발 콘텐츠 및 전자책 제작 — 발표하기</td></tr>
<tr><th colspan="2">수업 시
유의 사항</th><td colspan="3">1. 자기이해가 안 된 상태에서 진로정보를 탐색하다 보면 진로목표를 정하기 힘들고 진로설계도 어려울 수 있어 자신이 좋아하고 관심있는 분야에 대해 자기주도적인 진로탐색이 이루어질 수 있도록 안내한다.
2. 진로목표는 바뀔 수 있음을 미리 알려주어 진로변경에 대한 걱정과 두려움을 가지지 않도록 지도한다.
3. AI를 활용한 진로탐색과 콘텐츠 제작 전 디지털 윤리교육과 사용법에 관해 사전에 충분히 지도한다.
4. 북크리에이터 활용법을 안내하고 협력적으로 과제를 수행할 수 있도록 돕는다.</td></tr>
<tr><th colspan="2">평가 방법</th><td colspan="3">☑ 연구보고서법 ☑ 관찰법 ☑ 발표 및 토의 · 토론법</td></tr>
</table>

에필로그

현재 우리가 사는 지구는 기후 및 생태환경 변화, 디지털 전환 가속화 등 여러 변화와 위기를 맞고 있으며 천연자원 고갈, 경제적 양극화, 사회 불평등과 같은 여러 문제에 직면하고 있습니다. 이러한 상황 속에서 현세대와 미래 세대를 위한 지속가능발전교육의 필요성이 대두되고 있고, 이는 2025년부터 시행한 2022 개정 교육과정의 핵심 기저로 자리 잡고 있습니다. 지속가능발전교육은 앞으로의 시대를 살아갈 학습자들이 시스템적 사고, 예측, 규범 준수, 협업, 비판적 사고, 자아 인식, 문제 해결 등의 역량을 강화하도록 돕고, 이를 통해 지역적, 전 지구적 차원에서의 사회적, 문화적, 환경적 영향을 고려한 실천과 행동을 이끌어내고자 합니다.

이 책은 위와 같은 교육적 필요성의 구체적인 실천 결과물이자 제안입니다. 이 책에서는 지속가능발전목표를 총 5개 영역(사회, 경제, 환경, 사회·경제, 사회·경제·환경)으로 구분하여, 국어, 영어, 수학, 사회, 과학, 미술, 진로 등 다양한 교과에서 수업을 설계하고 실천했던 내용을 소개합니다. 각 교과에서 AI를 활용하여 지속가능발전교육 프로젝트 수업을 실시하였고 그 결과를 '수업 실시 배경, 수업 설계, 수업 실행, 수업 성찰의 과정'의 순서로 제시하였습니다. 집필진들은 이러한 전 과정에서 체감한 프로젝트 수업의 교육적 효과, 수업 진행에서 주의할 점, 더 나은 수업을 위한 발전적인 방향을 정리하였습니다.

우선 집필진들이 느낀 AI 활용 프로젝트 수업의 장점과 교육적 효과는 다음과 같습니다. 첫째, 지속가능발전교육 프로젝트 수업은 학습자들에게 현재 인류가 당면한 위기를 직접 실감할 수 있게 합니다. 예를 들어 과학과 수업에서, 학습자들은 수업 설계의 배경이 된 기후 위기와 코로나19 팬데믹을 통한 건강 문제의 심각성을 직접적으로 인식할 수 있었고, 이후 서식지 파괴와 감염병의 관계를 탐구하는 '서식지 보호 프로젝트'를 통해 환경 문제의 심각성과 실천의 중요성을 체감할 수 있었습니다.

둘째, AI를 활용한 프로젝트 수업은 학습자들의 다양한 역량과 종합적 사고력을 자극하고, 길러주었습니다. 학습자들이 직접 당면한 문제의 해결책을 마련하는 경험을 유도하여 문제 해결적 사고력과 공감 및 소통 능력을 향상시켰고, 자료 수집과 분석을 용이하게 하여 더욱 깊이 있는 문제 해결을 지원했습니다. 이러한 과정은 학습자들은 지속 가능한 미래를 위한 실천 방안을 자기 일처럼 고민하며 실천하도록 자극합니다.

셋째, 교사에게 수업 설계의 다양한 가능성과 무한한 자유로움을 줍니다. 예를 들어 영어과에서 시도한 '한 권 읽기'와 지속가능발전목표 실천 프로젝트에서는 생성형 AI가 학생들의 영어 능력과 독해 능력 차이를 보완하고, 교실 내 원활한 상호작용을 촉진하는 역할을 하였습니다. 이로 인해 지금껏 수업 내에서 개별 학습자들이 가진 영어 사용 능력의 한계로 인해 시도하지 못했던 창의적인 활동을 디자인할 수 있었습니다. AI의 발전으로 학습자들이 수업에서 언어로 진행하는 다양한 활동 중 공감과 대화 능력 향상의 도움을 받을 수 있었으며, 이는 고도의 사고 역량뿐 아니라 공감 역량 향상의 기회를 제공했습니다.

이 수업들의 향후 보완점과 예상되는 유의점은 다음과 같습니다. 먼저, 생성형 AI가 제공하는 정보가 저작권을 침해하거나 개인정보 보호 규정을 위반하지 않도록 관련 법과 윤리에 대한 안내가 필요합니다. 특히, 학생들이 작성한 보고서나 과제에서 인용과 출처 표기를 정확히 하도록 지도해야 하며, AI의 답변이 논리적으로 보일지라도 오류나 허위 정보를 포함할 수 있음을 인지시키는 것이 중요합니다. 이를 위해 학생들이 AI의 답변을 비판적으로 검토하고 사실 여부를 확인하는 습관을 기를 수 있도록 사전 교육 및 사후 교육이 이루어져야 합니다.

또한, AI를 활용한 학습이 정보 접근성을 높이는 긍정적 효과를 가지고 있음에도, 부정확하고 편향된 정보 제공, 저작권 침해, 개인정보 유출 등의 문제를 야기할 가능성도 있습니다. 특히 AI에 대한 과도한 의존은 학생들의 사고력 저하와 무비판적 태도를 형성할 위험이 있습니다. 교사는 이러한 문제를 충분히 인식하고, AI가 단순한 정답 제공 도구가 아니라 올바른 정보 활용과 비판적 사고를 위한 도구로 기능하도록 지도해야 합니다. AI의 활용은 가능성을 확장하는 강력한 도구가 될 수 있지만, 그 활용 방식에 따라 교육적 가치는 크게 달라질 수 있음을 늘 염두에 두어야 합니다.

지속가능발전교육은 현재 전 세계적인 과제이자 인류 생존과 직결된 문제를 교육에서 다루기 때문에 앞으로 교육과정이 개정되더라도 그 중요성은 계속 이어질 것입니다. 이러한 교육을 받은 학습자는 우리 사회의 지속 가능한 발전을 위해 현재 직면한 문제들을 인식하고, 다양한 해결책을 직접 모색할 수 있게 됩니다. 하지만 이의 효과적인 교육을 위해서는 기존의 교과별 교육 경계를 넘어서는 것이 필요합니다. 이 책에서 각 교과목의 특성을 살려 지속가능발전을 주제로 한 수업을 운영하는 방안을 소개했듯이, 앞으로는 여러 교과의 내용을 융합한 형태의 통합 수업이 필요합니다. 그리고 개별 교사의 노력에서 더 나아가 여러 정책적·제도적 지원도 요구됩니다.

시대적 필요성에 따라 AI를 활용한 지속가능발전교육은 더욱 필요하고, 주목받게 될 것입니다. 교실 수업은 시공간의 제약이 있기에 명확한 교육목표와 방법이 필요한데, 복합적이고 다양한 지식을 다루는 지속가능발전 수업에서 AI와의 협업은 학습자가 수업 목표를 더 효과적으로 달성하도록 도울 수 있습니다. 이 책에서 소개한 수업들을 통해 학습자는 교과 간 경계를 넘어 통합된 지식으로 우리 사회, 더 나아가 전 지구적 문제를 해결하는 경험을 하게 될 것입니다.

참고문헌

강인애 · 정은실(2009). '성찰저널(Reflective Journal)'이 지닌 교육적 의미에 대한 탐구: 대학에서의 수업 사례. 교육방법연구, 21(2), 93-117.

강인애 외(2011). 교실 속 즐거운 변화를 꿈꾸는 프로젝트 학습. 상상채널.

국립기상연구소(2018). 한반도 100년의 기후변화. 발간번호 11-1360620-000132-01, 1.

권태권 외(2019). 나도 할 수 있어요! 과정중심 프로젝트 수업. 서울: 펌프킨.

교육부(2015). 국어과 교육과정. 교육부 고시 제2015-74호 [별책 5].

교육부(2015). 영어과 교육과정. 교육부 고시 제2020-255호 [별책 14].

교육부(2015). 과학과 교육과정. 교육부 고시 제2015-74호 [별책 9].

교육부(2015). 사회과 교육과정. 교육부 고시 제2015-74호 [별책 7].

교육부(2022). 국어과 교육과정. 교육부 고시 제2022-34호 [별책 5].

교육부(2022). 영어과 교육과정. 교육부 고시 제2022-33호 [별책 14].

교육부(2022). 과학과 교육과정. 교육부 고시 제2022-33호 [별책 9].

교육부(2022). 미술과 교육과정. 교육부 고시 제2022-33호 [별책 13].

교육부(2022). 고등학교교양교과 교육과정. 교육부 고시 제2022-33호 [별책 19].

교육부(2022). 2022 개정 초 · 중등학교 및 특수교육 교육과정 확정 · 발표-배움의 즐거움을 일깨우는 미래교육으로의 전환. 보도자료. 2022.12.21.

교육부(2022). 초 · 중등학교 교육과정 총론, 교육부 고시 제2022-33호 [별책 1].

교육부(2022). 2022 개정 사회과 교육과정. 교육부 고시 제2022-33호 [별책 7].

김다원 외(2022). 지속가능발전교육 어떻게 할까? 푸른길.

김대현 · 이경화 · 왕경순 · 이은화(1999). 프로젝트 학습의 운영. 서울: 학지사.

김동식 외(2002). 네트워 기반 학습에서 협력적 성찰지원 도구 설계 전략 탐색. 한국컴퓨터학회, 5(3), 89~106.

김세헌 외(2018). 사회문제해결형 지속가능발전교육(ESD) 수업모델이 초 · 중등 학생들의 ESD 역량 향상에 미치는 효과. 환경교육, 31(2), 112-131.

김양은 외(2019). 중 · 고등학교 교사를 위한 디지털 시민교육 활용 가이드북. 방송통신위원회, 한국정보화진흥원.

김연숙(2021). SDGs 기반 지속가능개발교육 프로그램이 세계시민의식에 미치는 영향. 한국교원대학교 교육정책전문대학원. 석사학위논문.

김영순 · 정소민 · 윤현희(2016). 세계시민교육과 지속가능발전교육의 연계 방식에 관한 탐색적 논의. 중등교육연구, 64(3), 521-546.

김준성 외(2023). 진짜 ChatGPT 활용법. 위 귀 책자.

김태희(2019). 초등사회과에서 세계시민의식 함양을 위한 프로젝트 학습의 효과. 서울교육대학교 교육대학원. 석사학위논문.

남영숙, 지승현(2011). 지속가능발전 이해를 위한 프로젝트 학습의 개념과 의미-예비교사의 에코캠퍼스 만들기 프로젝트 경험을 중심으로-. 환경교육, 24(2), 21-34.

박길자 외(2023). 교사를 위한 블렌디드 러닝 기반 PBL 수업의 이해와 실제. 학지사.

박길자 외(2024). 생성형 AI 기반 CBL 수업의 이해와 실제. 학지사

손연아 외(2014). 지속가능발전교육(ESD) 사회문제해결형 수업 모델 개발 연구. 교육부 · 한국과학창의재단.

유네스코한국위원회(2008). 지속가능발전교육 10년 국제 이행 계획. 지속가능한 미래를 위한 교육. 유네스코위원회.

유네스코한국위원회(2013). 지속가능발전교육 길잡이. 유네스코한국위원회.

유네스코한국위원회(2017). 실천하는 학교: 지속가능발전을 위한 세계시민교육 교사용 지침서. 유네스코와 유네스코한국위원회 발간.

유네스코한국위원회(2019). 지속가능발전목표 달성을 위한 교육: 학습목표. 유네스코한국위원회.

유네스코한국위원회(2021). 지속가능발전교육(ESD) 로드맵. 국제연합 교육과학문화기구 발간.

유엔지속가능발전교육통영센터(2007). 지속가능발전교육을 위한 교사 지침서. 유네스코한국위원회.

이동수 외(2013). 시민은 누구인가. 인간사랑.

이선경 외(2005). 유엔 지속가능발전교육 10년을 위한 국가 추진 전략 개발연구. 서울: 대통령자문 지속가능발전위원회.

이성희 · 이상원(2019). 지속가능발전목표(SDGs) 5~8 영역에 근거한 지속가능발전교육 프로그램 개발 및 적용. 서울대학교 한국초등교육, 30(1), 37-55.

이용태(2023). 생성형 AI 빅3: ChatGPT · 미드저니 · 스테이블 디퓨전. 책바세.

이주영(2017). 2015개정 통합사회의 지속적 발전에 관한 질적분석. 이화여자대학교 교육대학원 석사학위논문.

이창언(2022). 지속가능발전목표의 이론과 실제: SDGs교과서. 선인.

정원민(2024). 지역설화를 활용한 시민성 함양 교육 방안. 부산대 석사학위논문.

장형찬 (2022). 세계시민성 함양을 위한 팬데믹 이슈 활용 프로젝트 학습. 서울교육대학원 교육전문대학원. 석사학위논문.

정혜승 · 김은혜(2020). 지속가능발전 프로젝트 활동을 경험한 예비유아교사의 변화. 유아교육연구, 40(5), 35-58.

조영철 · 이상원(2019). 지속가능발전목표(SDGs) 연계 지속가능발전교육 컨설팅 모형 개발. 서울교육대학교 한국초등교육, 30(1), 249-265.

조우진(2019). 지속가능발전목표를 위한 지속가능발전교육. 한국환경교육학회 학술대회 자료집.

최상희(2015). 디지털 시대 NIE 이해와 활용. 커뮤니케이션북스.

최은석(2023). 만들면서 배우는 나만의 인공지능 서비스. 위키북스.

한국교육과정평가원(2007). 2007 개정 교육과정에서의 지속가능발전교육 반영과 실천 방안. 한국교육과정평가원 연구 보고 RRC 2007-3.

한국교육과정평가원(2024). 2022 개정 교육과정에 따른 중・고등학교 진로와 직업 성취수준 개발 연구. 연구보고 CRC 2024-21.

한송이(2023). 생성형AI를 활용한 미래교육. 교육과학사.

▣ 번역서

수지 보스, 존 라머 지음, 장밝음 옮김(2020). 프로젝트 수업 어떻게 할 것인가?(2). 지식프레임.

존 라머, 존 머겐달러, 수지 보스 지음, 최선경・장밝음・김병식 옮김(2017). 프로젝트수업이란 무엇인가? 지식프레임.

Lilian G. Katz・Sylvia C. Chard・Yvonne Kogan 지음, 윤은주・이진희 공역(2019). 프로젝트 접근법. 아카데미프레스.

▣ 해외논문

Chard, S.(1994). The Project Approach: A Second Practical Guide for Teachers. The University of Alberta.

Dewey, J. (1933). How we think: A restatement of the relation of reflective thinking to the educative process. New York: D. C. Heath and Company.

Knapp, C. E. (1993). Lasting lessons: A teacher's guide to reflecting on experience. Charleston, WV: ERIC Clearinghouse on Rural Education and Small Schools.

Linda Sue Park, *A Long Walk to Water*, Claion Books, 2011.

▣ 웹 사이트

교육부 https://www.moe.go.kr/main.do?s=moe

국립기상과학원 http://www.nims.go.kr/?sub_num=826

부산광역시사편찬위원회 https://bssisa.com/

유네스코 ESD 웹페이지 https://en.unesco.org/themes/educatio...

유네스코한국위원회(KNCU)(2020). 지속가능발전교육(ESD) https://www.youtube.com/watch?v=B7P3ojRQI8Y

유네스코한국위원회 https://www.unesco.or.kr/

지속가능발전포털 https://ncsd.go.kr/committee

탄소중립녹색성장위원회 https://www.2050cnc.go.kr/base/main/view

■ 생성형 AI 활용 사이트

감마 https://gamma.app/ko

냅킨 https://www.napkin.ai/

뤼튼 https://wrtn.ai/
마이크로소프트 디자이너 https://designer.microsoft.com/
브루 https://vrew.ai/ko/
챗GPT https://chatgpt.com/
캔바 https://www.canva.com/
코파일럿 https://www.microsoft.com/ko-kr/microsoft-copilot
클로드 https://claude.ai/
패들렛 https://padlet.com/
플루닛 https://www.ploonet.com/studio
픽스아트 https://picsart.com/ko/

▣ 온라인 자료

감염병 확산 모의 실험 https://www.youtube.com/watch?v=TWIAGDv4eJY

김용구, "문화유산교육의 전개과정과 지역문화유산교육의 부상", 한국DOI센타 문화재지 51권 2호, June 2018, p.154~169. PDF, https://www.doi.or.kr/manage/DoiAttach/attach-file/ULxQm1VnFfaiTqD7j14NHA==

루마(Lumma Genie), https://lumalabs.ai/genie?view=create

'리우선언'과 '의제 21' https://sustainabledevelopment.un.org/content/documents/Agenda21.pdf

지속가능발전목표 SDGs(2016~2030년) https://sdgs.un.org/2030agenda "2030 Agenda for Sustainable Development", United Nations, 2015.

지속가능발전포털, "지속가능발전목표(UN-SDGs) 17개 목표와 현황", http://ncsd.go.kr/unsdgs?content=2

지속가능발전포털, "지속가능발전목표(UN-SDGs) 17개 목표와 현황", http://ncsd.go.kr/unsdgs?content=2

최병석, "인공지능과 문화유산", 한국시민프레스 칼럼, http://peoplekorea.press/View.aspx?No=3087272

코스페이시스(Cospaces), https://www.cospaces.io/

한국박물관협회, "지속가능한 사회를 위한 문화유산 보존관리의 새로운 방향", https://museumnews.kr/239column/

혜안 헤리티지, "인공지능, 문화유산을 혁신하다", https://hyeanheritage.kr/insight/?bmode=view&idx=14200284

5P의 관점에서 SDGs 분류: https://sustainabledevelopment.un.org/post2015/transformingourworld

KBS 2021.12.08: '부자 나라 한국', "소득 불평등 심각…부의 불평등은 더 심각" https://www.youtube.com/watch?v=WV81xTGeruI

UN Sustainable Development, “Sustainable Development Goals”, https://sdgs.un.org/

■ 신문기사

[사설] 빈집 해결 나선 영도구, 원도심 활력 제고 성과 내길(부산일보 2024년 4월 25일 23면)

2022 개정 교육과정 교실에서 바로 통하는 프로젝트 수업

AI와 만난 지속가능발전교육

2025년 4월 15일 1판 1쇄 인쇄
2025년 4월 20일 1판 1쇄 발행

저 자 : 박길자 정보배 심은희 김재우
송혜진 박해원 장영주 최상희
발행인 : 한 정 주
발행처 : 교 육 과 학 사

저자와의 협의하에 인지생략

경기도 파주시 광인사길 71
전화 (031)955-6956~8 / 팩스 (031)955-6037
Home-page : www.kyoyookbook.co.kr
E-mail : kyoyookbook@daum.net
등록 : 1970년 5월 18일 제2-73호

낙장 · 파본은 교환해 드립니다.
Printed in Korea.

정가 19,000원
ISBN 978-89-254-2031-8